哲学简史

WISDOM OF THE WEST

[英]伯特兰·罗素 著

Bertrand Russell

丁伟 译

北方联合出版传媒(集团)股份有限公司

万卷出版公司

*

想要搞清楚何谓哲学的唯一途径

就是研究哲学。

...

Bertrand Russell

罗素的影响

罗素是 20 世纪最著名的哲学家之一。他的名声主要是由于他参与社会和政治争论得到的。在差不多六十年的时间里，他曾是一个大家熟悉的公众人物。在通俗的报章杂志上，他有时是个遭受诽谤的对象，有时则是个权威性人物；在担当后一种角色时，他也曾上电台发表广播演说。他对于战争与和平、道德、两性关系、教育和人类幸福都发表过很多意见。他发表过许多通俗的著作和文章，他的见解给他带来了非常不同的回应——从被判入狱到获得诺贝尔奖。

但是他的最大贡献和声誉的真正基础却在逻辑和哲学这些专门领域。他对 20 世纪英语国家的哲学的内容和风格产生的影响极其普遍而深入，实际上可以说是无所不在。哲学家们使用他在其著作中提出的技术和思想而不感到有必要提起他的名字，这才显示出其真正的影响力。这样看来，他对哲学的贡献比起他的学生路德维希·维特根斯坦来要重要得多。哲学从维特根斯坦那里得到了一些有价值的东西，但是从罗素身上却获得了一个整体框架，构建人们现在所说的"分析哲学"。

在这个名称中"分析"的意思是指使用来自形式逻辑的方法和思想，对哲学上重要的概念以及体现这些概念的语言做出严格的分析。当然，分析哲学并不是单靠罗素一个人创建的。他曾受到逻辑学家皮亚诺和弗雷格以及他在剑桥的同事G.E.摩尔和A.N.怀特海的影响。其他影响则来自笛卡尔、莱布尼茨、贝克莱和休谟等17、18世纪思想家。实际上他的第一部哲学著作就是以同情的态度做出的关于莱布尼茨的研究。但是他把这些影响集聚起来，使之成为一种研究哲学问题的新方法，应用锐利的新逻辑来阐明这些问题。这就是说，他在革新20世纪英语国家哲学传统上起着至关重要的主导作用。

——英国哲学家　A.C.格雷林

思想盛宴

和之前的《西方哲学史》相比，罗素的这部《哲学简史》涉及的历史维度更广，内容也更为全面。其更突出的特点在于，罗素在这本书中不仅对每一位哲学家和每一场哲学运动都做了简明扼要的描述，而且这些描述都十分准确且富于启发性。和罗素的其他作品一样，本书也表现出一种非常清晰又统一的风格，这让读者在阅读的过程中，会不时地意识到罗素自己的观点。这或许会让那些严肃的哲学学习者感到不安，但在那些对哲学感兴趣的大众读者看来，这无疑是一场思想上的奢华盛宴。

——柯克斯书评

罗素肖像

  伯特兰·亚瑟·威廉·罗素（1872.5.18—1970.2.2），第三代罗素伯爵，英国哲学家、数学家和逻辑学家，致力于哲学的大众化、普及化。曾在三一学院、剑桥大学担任哲学教授。他写了许多著作，其中包括经典著作《西方哲学史》。罗素在数学哲学上采取弗雷格的逻辑主义立场，认为数学可以化约到逻辑，哲学可以像逻辑一样形式系统化，主张逻辑原子论。1920 年 7 月，罗素申请了一年假期，前往中国和日本讲学，对中国学术界有相当影响。1950 年，罗素获得诺贝尔文学奖，以表彰其"西欧思想界维护言论自由最勇敢的斗士，卓越的活力、勇气、智慧与感受性，代表了诺贝尔奖的原意和精神"。

亚历山大大帝东征

　　古代西方哲学有一种很独特的传播方式，那就是通过战争。随着马其顿的年轻国王亚历山大即位，原本城邦国家林立的希腊地区被统合为一个整体。在亚历山大大帝东征的过程中，希腊文明被传播到埃及、叙利亚、巴比伦乃至印度，这就是著名的希腊化时期。希腊哲学也是在这一时期与其他地区的思想相遇，并碰撞出新的火花，为日后西方哲学的发展提供了新的养分。

◀ 苏格拉底之死

　　对于西方哲学而言，苏格拉底虽不是西方第一位哲学家，但肯定是西方哲学家中最广为人知的一位。传说德尔菲神庙曾传出神谕，称苏格拉底是世上最有智慧的人，但苏格拉底对此感到怀疑，便四处寻访那些据说是有智慧的人，结果发现这些人并不真的具有智慧。最终苏格拉底只能承认自己唯一胜过别人的智慧，就是认识到自己的无知。在这一过程中，苏格拉底得罪了许多人，最终雅典人以不敬神和败坏青年的罪名判处苏格拉底死刑。在饮下毒芹汁前，苏格拉底还镇静自若地与他的学生和友人探讨灵魂与不朽，其高尚的品格一直是哲学家的榜样。

　　马可·奥勒留的遗言

　　　　继希腊化时代之后，欧洲迎来了罗马治世。总体而言，西方哲学在罗马时期的原创性并不比希腊时期高，并且其研究方向更明显地侧重于伦理道德，著名的斯多葛学派堪称这方面的代表。"五贤帝"时期的马可·奥勒留皇帝既是一位仁君，也是一位斯多葛主义哲学家，他的一生可说是完美地践行了他的哲学思想，缔造了罗马帝国的黄金时代。他撰写的《沉思录》在近两千年后仍被全世界读者喜爱。

三位一体

　　罗马帝国时期在文化思想领域发生的最重要的一件大事就是确立了基督教作为罗马国教。然而作为一种新宗教，基督教在教义方面还有很多不完备的地方，比如人们熟知的"三位一体"，其实是皇帝与各地主教经过很长时间讨论才最终确定的教义。不过，这种讨论并不如大家想的那般和平，其中充斥着很多政治较量与教派迫害。许多被判为异端的教徒，若不改信正统教义，就会面临悲惨的命运。

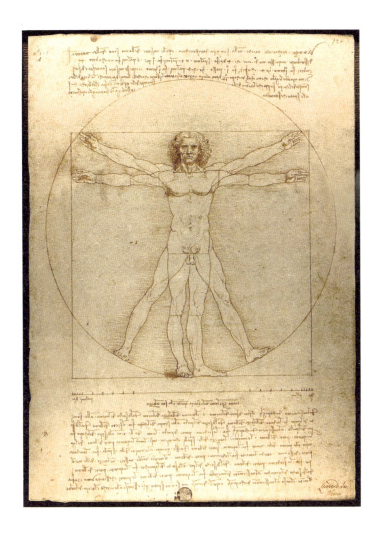

维特鲁威人

  西罗马帝国覆灭后，欧洲的大部分地区由文明水平较低的外族部落统治着。基督教作为帝国"遗产"，逐渐成为欧洲精神世界的绝对统治者。但这一千年的绝对统治最终变成了一种绝对堕落，这让欧洲人慢慢将目光从神转向人，从来世转向此生，文艺复兴便在这种转向中应运而生。不论是文学、绘画、雕塑还是建筑，当然也包括哲学思想，文艺复兴时期的那些伟大创作都彰显了人自身的力量。

宗教改革

　　就在世俗文化抗议教会堕落的同时，教会内部一些坚守着宗教朴素道德的教士也想要发起改革。以马丁·路德反赎罪券的《九十五条论纲》为导火索，宗教改革运动迅速爆发。宗教改革之后，从天主教分离出来的教派被称为新教，其最大的特点是认为人与神之间可以直接沟通，人可以直接阅读、理解《圣经》，而不必通过教会。宗教改革一方面打击了天主教力量，一方面也让各国国王逐渐将神权转化为君权，同时还推动了欧洲各新教国家的思想解放。

"白板说"

在经验主义哲学家看来，人生来并不具有任何天生的知识或禀赋，一切都是后天环境塑造的。用英国哲学家洛克的话说，人出生时的心灵就是一块白板，上面空无一物，是个体在后天环境中的经验在这块白板上画上了种种图案，而这些图案就是人类种种知识的根本来源。在这幅绘画中，德尔菲的女祭司手指一块白板，宣说着神谕，这种知识具有某种先天性的象征在经验主义哲学家看来是不可理喻的，但有一些哲学家则持相反的观点。

伊曼努尔·康德

如果人的所有知识皆源自经验，而每个人的经验都各不相同，那么我们如何能保证知识的客观性呢？这是经验主义哲学家解决不了的问题，因为这个问题似乎还是要求某种先天性的知识至少是框架存在。沿着这个思路对该问题给予解答的就是德国哲学家康德。康德认为，作为经验材料的现象，必须通过人的先天感受形式才能被人感知、理解，这种先天感受形式的客观性保证了感知、理解的客观性，继而保证了知识的客观性。

1851 年万国工业博览会

　　英国是最先发起工业革命的国家，凭借蒸汽机的改进与推广，近代早期的家庭手工作坊逐渐被大规模机械工厂替代，工业产品愈发多样，社会财富也愈发丰厚；与此同时，过往的社会关系也发生了根本性的转变。这种社会与人际关系的工业化，遭到了许多浪漫主义者的谴责和抵制。这些浪漫主义者认为工业生产让人与人、人与自然间原本友爱和谐的关系，变成了利用与被利用的关系，并认为这种改变最终会导致人类社会变得冷漠甚至衰亡。

电影《摩登时代》剧照

  浪漫主义者的这种担忧并非无端妄想，随着西方工业水平的进一步提升，西方社会出现了某种分裂：社会财富因大规模工业生产确实在不断提高，但这些财富在使一些人变得更富有的同时，也让另一些人变得更贫穷。前者是资本家与工厂主，后者则是在工厂工作的工人阶层。如果牺牲工人阶层的利益便能换得整个社会的发展，那么这种牺牲是正义的吗？功利主义与社会主义就此问题展开了长时间的争论与斗争。

路德维希·维特根斯坦

  当科学在探索世界本原的问题上节节进步，留给哲学的思考领域变得越来越少。哲学还能做些什么？这是当时西方不少哲学家对哲学本身的疑惑。形式逻辑的发展让一些哲学家弄清楚了这个问题，其中的代表人物就是维特根斯坦。维特根斯坦对于哲学问题有一句名言："凡能说清楚的，必须说清楚；凡不能说清楚的，必须保持沉默。"

目　　录

前　言

亚历山大港有位叫卡利马科斯的诗人有言："非艰难无以成巨著！"大体而言，我对这句话颇为赞同。至于我之所以敢将这本书呈现给读者，是因为和"艰难"相比，本书不过是略难而已。鉴于我过去曾写过一本同一主题的书，我有必要在这里对这本书做一个特别的解释：《哲学简史》是一部全新的作品。当然，若非先有《西方哲学史》的创作出版，《哲学简史》是不会问世的。

本书意欲概述西方哲学的历程，从泰勒斯始而至维特根斯坦止，同时展现西方哲学发展所依凭的历史环境。作为本人写就的第二本哲学史，有两件事情我觉得自己应加以辩护。第一，简洁而全面的哲学史作品并不常见。诚然，有不少哲学史作品所涉范围极广，相比本书，它们都用了更多的笔墨去对某些具体问题做更细致的阐述。本书实在无意与这些大作一较高下。那些对哲学这门学科深感兴趣的读者，若时机得当，自然会去阅读这些作品，并进一步去研读原著。第二，由于目前愈发严重的专业化倾向，人们总会忘记自己的智识实受惠于我们的祖先。本书的创作就是为了消除这种健忘。从某种意义上讲，西方哲学史就是希腊哲学史；在哲学冥思中不能自拔，断绝我们与过去伟大思想家的联系，实在是徒劳而无益。以往人们总认为哲学家凡事都略知一二，但这种观点可能是错误的——为了研究需要，哲学家确实需要各种各样的知识；然而，那种认为哲学家对任何事物都一无所知的流俗观点，无疑是大错特错。至于那些认为哲学真正诞生自 1921 年或 1921 年前不久的人，显然未能看出时下的种种哲学问题并非突然间凭空出现。由此可见，相对慷慨地给予希腊哲学更多篇幅，并不需要过多的辩解。

创作哲学史一般有两种写法，一种写法单纯是为了展示这位哲学家有什么观点，那位哲学家的影响有多大；另一种写法是用某种批判方式，呈现哲学如何演变。本书采用的便是第二种写法。需要说明的是，我不认为这种写法会让读者误以为，若某一哲学家的观点在我看来不甚高明，我便会对之敷衍了事。康德说过，他最怕的事情不是被反驳，而是被误解。所以，在我们将某个哲学家搁置一边之前，至少应该尝试理解他想要表达的是什么。同时我们也必须承认，有些时候我们在此付出的精力与获得的知识似乎并不平衡。这件事归根结底是每个人的判断问题，而该问题必须由其本人亲自解决。

本书写作的初衷是对西方的哲学家们讨论过的一些主要问题加以钩沉提要。读者若在阅读本书之后，会对一些自己不曾如此思考的问题产生进一步探索的兴趣，那么本书的主要目的便算达成了。

序

　　哲学家究竟把什么当成自己的工作？这实在是个奇怪的问题，而我们或可通过说明他们不做什么来予以回答。我们对自己周遭世界中的许多事情都很清楚。比如，蒸汽机的工作原理属于力学和热力学的领域；对于人体构造和活动方式，我们也了解其为解剖学和生理学研究的课题；我们还懂得天体如何运行，这归功于天文学的发展。所有这些非常确定的知识，都属于各类科学的范畴。

　　不过，所有已知的确定知识都与其周围未知的领域相连，当有人跨过这已知与未知的边缘时，他便从科学进入了思辨的领域。思辨是一种探究，而哲学就在其中。后面我们会发现，在这个意义上，所有科学的发展都始于哲学的探究。科学一旦有了坚实的基础，它便可以在相当程度上继续独立发展，边缘处的难题与探究就会被搁置一旁。然而，在某一个方面，探究的过程并不如科学的发展那样，它只是在继续寻找新的用途。

　　同时，我们必须把哲学探究和其他思辨区分开来。哲学探究的目的既非消除烦恼，也非拯救灵魂。诚如希腊人所说，哲学乃是一种冒险。所以，尽管有一些哲学家最后沦为顽固的教条主义者，哲学在原则上不可能有任何关于教条、礼仪或神圣存在的问题。人们面对未知可以采取两种态度：一种是接受他人的观点，采用此种态度的人会声称自己通过书本得知各种奥秘，获得诸多灵感；另一种态度是进入未知亲身探索，这是科学和哲学的态度。

最后，我们可以指出哲学的一个独特之处。若有人问什么是数学，我们可以回复一个字典里的定义。比如在辩论时，我们可以说"数学是一门关于数的科学"。这句话本身是一个无可挑剔的说法，即便提问者不了解数学也很容易理解它。只要存在确定的知识领域，就可以这样定义。然而，哲学不能这样定义。任何定义都会引起争议，并且这些争议本身就体现出种种哲学的态度。想要搞清楚何为哲学的唯一途径就是研究哲学。本书的主要目的便是向读者展示过去的人们是怎样从事这类研究的。

勤于思考的人有时会问自己许多科学无法回答的问题。那些试图独立思考的人永远不会相信占卜者现成的答案。哲学的任务就是探索和解决这些问题。

所以，我们常常会情不自禁地问自己这样的问题：若生命确实有意义，这意义是什么？世界的演化有无目的？历史的发展有无方向？这些问题有无意义？

我们也可能会问另一些问题：自然界是受规律支配，还是仅仅因为我们爱好秩序，便认为自然也是如此？另一个普遍的困惑是，世界是否截然分为物质和精神两个完全不同的部分？若是，那么两者又怎样整合在一起？

还有人类。我们是否如天文学家观察到的，不过是在微不足道的行星上爬行的渺小尘埃？或者如化学家相信的，只是一堆以某种奇怪的方式组合在一起的化学物质？又或者像哈姆雷特所说的，拥有高贵的理性和伟大的力量？或者上述几种情况，人类兼而有之？

与之相应的还有善恶伦理问题。人类的生活方式是否有善恶之分，或者不论我们怎样生活都无所谓？如果有一种好的生活方式，它是怎样的，我们如何能学会？智慧这种为人们重视的东西是否存在，又或者人们以为重要的智慧不过是毫无意义的疯狂？

所有这些问题都令人困惑不已。这些问题无法在实验室中用科学实验解决，那些思想独立者也不会去向自诩万能之人求助。对于这些问题，哲学史提供了答案。在学习这门难学的学科时，我们借鉴了不同时代的人对这些问题的思考。这样，我们便能更深入地了解这些人，因为对哲学问题的探究乃是他们生活中的一项重要内容。通过这种学习，即便最后我们仍所获不多，至少也可用这不多的收获指导自己的生活。

哲学简史

WISDOM OF THE WEST

苏格拉底以前

当人们问出一个一般性的问题时，哲学便诞生了，科学也如此。希腊人最早对一般性问题表现出好奇心。我们今天所知道的哲学和科学都是希腊人发明的。希腊文明的出现引爆了思维活动，这是历史上前所未有的、最为壮观的大事。在短短的两个世纪里，希腊艺术、文学、科学和哲学的杰作层出不穷，令人惊叹不已。这些杰作为西方文明确立了普遍的标准。

哲学与科学的故事，要从公元前 6 世纪米利都的泰勒斯开始讲起。在此之前我们要问：是怎样的历史发展让希腊人的天才突然迸发？对于这个问题，无论多么困难，我们都必须设法找到答案。20 世纪以来，考古学取得了长足的进步。凭借它的诸多成就，我们就可以对希腊人的发展有一个相当完整的描述。

在世界众多文明中，希腊文明是后来者。早在希腊文明诞生几千年前，埃及和美索不达米亚就已存在文明社会。这些农业文明依靠河流发展起来，其统治者是神圣的国王、军事贵族和掌控多神信仰的强大的祭司阶层。其社会中的大多数人口是从事耕作的奴隶。

希腊人后来吸收了埃及人和巴比伦人的一些知识。但是埃及人和巴比伦人没有发展出科学和哲学。是因为缺乏自然智力还是社会条件？在这里提出这样的问题是无用的，因为两者无疑都发挥了作用。有意义的是，宗教的作用不会导致理性的冒险。

在埃及，宗教更关注来世，金字塔是陵墓建筑。一些天文学知识确保了人们对尼罗河潮汐的预测。祭司作为国家宗教的管理者，设计创造出了象形文字。不过，帮助人们向其他方向发展的信息，却很少留存下来。

在美索不达米亚，伟大的闪族帝国取代了苏美尔人。闪族人采用楔形文字。就宗教而言，闪族人更侧重此世的幸福。在此基础上，他们对天体运动进行记录，巫术和占卜也以此为目的。

晚些时候，商贸团体发展起来。其中最重要的是克里特人，他们的文明直到现在才被揭示出来。克里特人最早可能生活在小亚细亚的沿海地区，后来很快便在爱琴海群岛占据重要地位。公元前1500年左右的移民潮导致了克里特文明的非凡发展。克里特人在克诺索斯和菲斯托斯建造了宏伟的宫殿，他们的船只在地中海各处游弋。

自公元前1700年以来，频繁的地震和火山爆发使克里特人不得不移民至毗邻的希腊和小亚细亚地区。来自克里特岛的工匠改变了大陆人民的文化。在希腊，这一点展现得最明显的地方就是阿哥利德的迈锡尼，那是传说中阿伽门农的故乡。《荷马史诗》记载的正是迈锡尼时代的记忆。公元前 1400 年左右，克里特岛突然发生强烈地震，克里特岛的霸权亦随之终结。

彼时，先后有两批外来者入侵希腊地区。第一批是公元前 2000 年左右来自北方的爱奥尼亚人，这些移民后来似乎逐渐融入了当地社会。大约三百年后，亚该亚人入侵了这里，这一次，这些外来者成了统治阶级。大致而言，在迈锡尼时代和荷马时代，希腊人是世袭的统治阶级。

在地中海地区，克里特人和亚该亚人的贸易联系十分广泛。公元前 1400 年在克里特岛发生的大灾难并未中断这种贸易联系。大约在公元前 1200 年，在威胁埃及人的"海洋民族"中，我们在埃及人的记录里发现了克里特人，他们称其为"非利士人"。这些人是最早的腓力斯丁人，其定居之处巴勒斯坦即取名于此。

大约在公元前 1100 年，外来者的进一步入侵所造成的伤害远超过此前的自然灾害。由于多利安人的入侵，整个希腊和爱琴海地区落入了充满活力、野蛮成性、喜欢四处掠夺的游牧民族手中。在公元前 12 世纪的特洛伊战争中，亚该亚人已死伤殆尽，他们无力阻止来自多利安人的屠杀。海权落入腓尼基人手中，希腊进入黑暗时代。就在那时，希腊人从腓尼基商人那里吸收了闪族字母，并通过添加一些元音来完善它。

希腊地区的地貌崎岖不平，气候多变。贫瘠的山峦将土地分割开来，使从一个山谷到另一个山谷的陆路旅行变得十分困难。肥沃的平原会养育独立的部族公社，但当土地无法容纳更多人口时，一些公社便会开始横渡大海寻找殖民地。从公元前 8 世纪中叶到公元前 6 世纪中叶，希腊的殖民城邦遍布西西里、意大利南部和黑海沿岸。随着殖民城邦的出现，贸易逐步发展，希腊人和东方人恢复了联系。

政治上，多利安人入侵后的希腊经历了一系列有规则的制度变迁。最开始是亲属间的权力交迭，后来由贵族掌握，接着是非世袭君主制或僭主统治时期，最后政治权力属于公民。"公民"一词的字面意思是"民主"。从此，暴政与民主交替出现。只要所有公民都能被召唤到市场上来，纯粹的民主就可以发挥作用。在我们这个时代，纯粹的民主只在瑞士较小的州中存在。

希腊世界最早、最伟大的文学丰碑是荷马的作品。我们对荷马一无所知，有些人甚至认为只有以这个名字命名的诗作才真实存在。总之，荷马的两部伟大史诗《伊利亚特》和《奥德赛》大约完成于公元前 800 年，其叙事的中心是发生在公元前 1200 年后不久的特洛伊战争，从中我们可以看到后多利安人对前多利安人事件的叙述，这使得诗歌会略显不连贯。就目前的诗歌形式而言，它可以追溯到公元前 6 世纪雅典僭主庇西特拉图退位。尽管其痕迹仍存，前一个时代的暴行在荷马时代已有所缓和。这些诗作真实地反映了无拘无束的统治阶级的理性态度。在迈锡尼时代，尸体不是像我们所知道的那样被埋葬，而是被焚化。在奥林匹斯的万神庙，希腊众神在吵闹中争夺信徒的供养。在大众眼里，神存不存在没什么两样。只有殷勤待

客的习俗是牢固不变的。至于那些更原始的事物，比如杀俘
虏来献祭这种事，虽然偶有发生，但确实变得更少了。总体而
言，宗教的激情处于一种被压抑的状态。

在某种程度上，这种秩序、理性与放荡不羁的本能冲动之
间的冲突，展现出希腊精神的张力。前者产生了哲学、艺术和
科学，后者起源于与收割仪式有关的原始宗教。在荷马时代，
这一因素得到了很好的控制。后来，特别是再次接触东方时，
它又一次处于显要地位。这主要与对狄奥尼索斯或酒神巴克斯
的崇拜有关。狄奥尼索斯最初是色雷斯的神。传说中，俄耳甫
斯对这种原始而野蛮的崇拜进行了矫正，但他最后据说是被崇
拜酒神巴克斯的狂热女信徒在醉酒后肢解了。俄耳甫斯主义倾
向于禁欲主义，强调精神的狂喜。这种学说希望人们获得一种
与神互相感应或与神合一的状态，以获得某种神秘的知识，这
种知识是无法通过其他方式获得的。在这种精妙的形式下，俄
耳甫斯教对希腊哲学产生了深远的影响。它首先表现在毕达哥
拉斯身上，毕达哥拉斯将它改编成自己的神秘主义。其中一些
与科学无关的因素，从毕达哥拉斯渗入柏拉图和大多数古希腊
哲学家的思想中。

但一些更原始的因素仍留存在俄耳甫斯教的传统中，这些
因素成了古希腊悲剧的源头。在古希腊悲剧中，同情总是偏爱
那些被狂热和激情困扰的人。亚里士多德曾正确地提出，悲剧
是气质的培养或情感的净化。归根结底，正是希腊人性格的双
重性使其能够彻底改变世界。尼采把这两种因素称为日神精神
和酒神精神。只有两者中的某个因素不可能导致希腊文化的非

凡发展。在东方，神秘主义起着至高无上的作用。米利都学派的出现将希腊人从这种单一的混乱中拯救了出来。然而，宁静本身就像神秘主义一样，无法引发思维革命。我们需要的是对真理和美的热情探索。俄耳甫斯教的影响似乎正好提供了这个想法。对苏格拉底来说，哲学是一种生活方式。值得指出的是，希腊语中的"理论"一词原本有某种的"观看"含义。希罗多德正是在这个意义上使用了"理论"这个词。充满活力的好奇心和对事物不计功利地探究的浓厚兴趣，赋予了希腊人独一无二的历史地位。

西方文明起源于古希腊，始于2500年前米利都学派的哲学和科学传统。正是因为这个传统，它才不同于世界上其他伟大的文明。贯穿整个希腊哲学的主导概念是逻各斯。对于这个术语，我们若先不管它的其他内涵，只关注其"词"和"度量"的含义，就可发现哲学话语与科学探究密切相关。在这种关系中出现了一种具有伦理价值的学说：知识乃是一种善，而善是对事物不计功利地探究的结果。

如上所述，提出一般性问题是哲学的开端。那么，这个问题是以什么形式提出的呢？广义地说，提这个问题意在寻找一种秩序，在寻找因果关系的观察者看来，这就像在偶然性和偶然事件中寻找线索。若问为什么最早提出的问题是关于秩序的，这是一个很有意思的问题。根据亚里士多德的说法，人是一种政治动物，人并非孤立地生活，而是生活在社会中。即使在最原始的层面上，这种生命也包含着某种组织，秩序的概念就是从这种组织中产生的。秩序原本是社会秩序。自然界中一些规律性的变化，如昼夜交替和季节循环，无疑在很久以前就已为人所知。然而，正是在人类的阐释下，这些变化才被人们理解。天体是神，是自然神的力量，是人类在自己的想象中创造出来的。

首先，生存问题意味着人类必须按照自己的意愿服从自然的力量。在用我们现在所说的科学方法之前，人们用巫术来做这件事。在这两种情况下，基本的一般概念是相同的。因为巫术是人们在严格规定的仪式基础上，为达到某种特定结果的一种尝试。它承认因果的原则，这意味着如果给出同样的前提条件，同样的结果也会随之而来。因此，巫术是一种原始科学。宗教则不同，它试图通过违反或忽略规则序列来获得结果，它属于超自然领域，可以抛弃因果关系。可见，巫术和宗教是两种完全不同的思维方式，尽管我们经常在最初的思维中看到它们混合在一起。

我们称之为语言的交流方式是从不同群体参与的联合活动发展而来的，其基本目的是使人们能够致力于实现共同的意图。因此，交流的基本概念是"同意"。同样，我们很可能把这个概念作为逻辑的起点。这个概念源于人们在交流中最终达成一致，即便人们可以保留不同的意见。当我们的祖先陷入僵局时，他们会诉诸武力来解决问题。一旦你的对手被杀，他就会停止反驳你。如果问题是可以被探索的话，有时人们也会通过讨论来替代杀人。这是一种科学的、哲学的方法。读者可以自己判断自史前时代以来，我们在这一领域取得了多大的进步。

希腊哲学显示了各种二元论在其各个阶段的普遍影响。以这样或那样的形式，这些二元论一直是哲学家们写作或争论的话题。它们都是基于真与假的区别。在希腊思想中，和真与假密切相关的是善与恶、和谐与冲突的二元论。因此，现象和实在的二元论在今天仍然存在。此外，还有精神与物质、自由与必然等问题，事物是一或多，宇宙是简单或复杂、混沌或有序、无限或有限等二元论问题。

早期哲学家解决这些问题的方式很有启发性。一个学派可以攻击二元论的一个方面，而另一个学派会对之加以批评并采取相反的观点。最后，第三派会更进一步，形成某种妥协，取代之前的两种观点。黑格尔看到了前苏格拉底哲学家之间各种对立理论的拉锯战，于是他着手提出了自己的辩证法。

各种二元论在某种程度上是相互联系的。然而，我们可以用一种粗略而方便的方式将它们分开，并展示哲学一直在讨论的不同类型的问题。真与假的问题属于逻辑学范畴，善与恶、和谐与冲突属于伦理学范畴，现象与实在、精神与物质的问题属于知识论或认识论范畴，余下的二元论问题或多或少属于本体论，即存在论范畴。当然，这些划分绝不是固定的。事实上，希腊哲学的一些鲜明特征正是由于这些界限被打破而产生的。

第一个科学的哲学学派在米利都出现。米利都位于爱奥尼亚海岸，是一个繁荣的贸易港口。它的东南部是塞浦路斯、腓尼基和埃及，北面是爱琴海和黑海，西面是希腊大陆和克里特岛。米利都位于吕底亚东部，与美索不达米亚帝国接壤。从吕底亚人那里，米利都人学会了把黄金铸成货币。米利都的港口挤满了来自世界各地的帆船，仓库里堆满了来自世界各地的货物。因为货币是储存价值的一般手段，人们可以用它来交换各种商品，所以当人们发现米利都哲学家提出"万物是由什么构成的"这种问题时，就不会觉得奇怪了。

"万物是由水构成的"，这句话据说是米利都的泰勒斯说的。哲学和科学是从他开始的。希腊传统将泰勒斯列为七贤之一。我们从希罗多德那里知道，他预见到了一次日食。根据天文学家的计算，那次日食发生在公元前585年，所以这一年被视为他的鼎盛期。泰勒斯或许不知道日食发生的原理，但他一定熟悉巴比伦人对这些现象的记录，所以他知道这些现象什么时候会发生。尽管是某种幸运让泰勒斯正好能在米利都观测到日食现象，对于历史记录来说却是十分确凿的证据，同时他也凭此赢得了声誉。同样，他是否建立了几何中的三角形相似定理也是不确定的。但是，他确实使用了埃及人测量金字塔高度的纯经验方法，测量了近海船只的距离，也测量了其他人无法测量的物体。因此，他对于几何学原理可以普遍运用在生活之中便有了一定的认识。这种"普遍性"的概念，是希腊人首创的。

据说，泰勒斯曾说过，磁铁之所以有灵魂，是因为它能搬动铁。他还进一步说，一切事物都充满了灵魂，但这个观点的争议性更大。虽然这可能是人们把过去的观点安放在了泰勒斯身上，但这种做法并不必要，因为只有一切事物都充满灵魂，说磁铁有灵魂才有意义。

许多与泰勒斯有关的故事流传了下来，其中一些可能是真的。据说，他曾一度接受挑战，并通过垄断橄榄油市场展现了自己真正的才华。他精通天文，提前知道来年的大丰收。因此，他租了所有能租的榨油机。等到橄榄丰收时，他就按自己定的价格租出去。他由此赚了很多钱，并向嘲笑者表明，如果哲学家愿意赚钱，他们可以成为富翁。

泰勒斯最重要的一点是声称万物是由水构成的。表面上看，这种说法并没有那么牵强，也不是脱离观察的纯粹臆想。在我们这个时代，人们一直坚持认为产生水的氢元素是一种化学元素，所有其他元素都可以利用氢元素合成。万物一体，这是一个值得尊重的科学假设。从观察的角度来看，居住在海边的人们一定注意到了，太阳蒸发水分，雾从海面形成云，云以雨的形式消散。虽然这一过程中的各种细节可能都是某种想象，但就人们发现实体在不同的聚合状态下仍然是相同的这一点而言，它仍是一项伟大的成就。

米利都学派的第二位哲学家是阿那克西曼德，他出生于公元前 610 年左右。和泰勒斯一样，他也是一个发明家和管理实际事务的大师。他是第一个绘制地图的人，也是黑海沿岸一个米利都殖民地的管理者。

阿那克西曼德批评了他的前辈的宇宙观。的确，我们为什么一定要选择水呢？构成万物的元素不可能是某种特定形态的元素。因此，它必须是比所有这些具体元素更根本的东西。事物的很多形态，比如热和冷、湿和干，总是相互对立的。这些形态不断地相互违背，或者说"违背正义"，这在希腊人眼里意味着缺乏平衡。如果其中某种形态的元素是根本的，那么它将在很长一段时间内战胜其他元素。根本的物质元素在亚里士多德那里被称为"物质因"，阿那克西曼德称之为"无限"，它是万物向四面八方扩展的无尽源泉。世界起源于它，最后又要归附于它。

根据阿那克西曼德的说法，地球是一个自由漂浮的圆柱体，我们自己在一端的表面。他假设我们的世界被无数个其他世界包围着，其中之一就是我们现在所说的银河系。每一个世界的内部功能都是由将地球引向中心的旋转运动控制的。所有的天体都像是隐藏在空气中燃烧着的车轮，只有一个小点可被人看见。我们不妨把它们想象成自行车轮胎，没有隐藏的一点是阀门。请记住，在当时的希腊人看来，空气是一种使一切不得被看见的东西。

关于人类的起源，阿那克西曼德有一个非常"现代"的观点。他观察到年轻人需要长期的关心和照顾，并由此得出结论，如果人们总是这样，他们就无法生存。所以，最初的人一定是和现在的人不一样的，也就是说，人一定是从一种可以快速独立生活的动物进化而来的。这种论证的方法被称为"归谬法"。如果你从你的假设中推断出一些明显错误的东西，比如说人无法生存，那便必须排除这个假设。如果这种假设，即"若最初的人和现在的人一样，则最初的人无法生存至今"是正确的，那么就可以毫不费力地表明，在最初的人与现在的人之间，存在某种演化过程。然而，阿那克西曼德对这种说法并不满意。他继续声称人类是从海鱼进化而来的，并以对化石遗迹的观察和鲨鱼如何喂养下一代作为他的论据。毫无疑问，阿那克西曼德警告我们不要吃鱼。至于生活在深海的同胞是否对我们有着同样细腻的感情，历史上并没有留下记载。

米利都学派第三位著名哲学家是阿那克西美尼。我们不知道他出生和死亡的确切年代，只知道他是三人中最小的。从某种角度来看，他的理论沿袭了前人的观点。虽然他的想法不够大胆，但总的来说，也经受住了时间的考验。像阿那克西曼德一样，阿那克西美尼也坚持认为有一种本源性的物质元素存在，并且他认为这种本源就是气。我们周边不同形态的物质是由气的聚散过程产生的。这也就是说，世间万物的一切差异都只是量方面的不同，所以完全有理由把一种特殊的物质元素看作本源。气构成了灵魂，正如它使我们活着一样，它也使世界得以存续。这一观点后来被毕达哥拉斯学派采纳。阿那克西美尼在宇宙论方面走上了错误的道路，所幸毕达哥拉斯学派的信徒在这方面追随的是阿那克西曼德，不过在其他方面，他们对阿那克西美尼的借鉴更多。从某种意义上看，这也无可厚非。阿那克西美尼是米利都学派的最后一位代表，他继承了这个学派的全部传统。正是他的气聚散论，才真正完成了米利都学派的世界观。

不同于今天那些拥有专家称号的人，米利都学派的哲学家都拥有独特的气质。他们从事城邦的各种实际事务，因此他们能够应对各种紧急情况。据说，曾有一篇地理论文概括了阿那克西曼德的理论，该论文现已散佚，但其"论物质属性"的标题被记录并流传下来，可见阿那克西曼德涉猎的主题十分广

泛，但其探究大概不是很深入。后来赫拉克利特反对的，正是
这种"关于许多事物的知识"。

就哲学而言，重要的不是给出答案，而是提出问题。从这
个角度来看，米利都学派是一个哲学学派，这应没有什么可奇
怪的。诞生了荷马的爱奥尼亚，理应也是科学和哲学的摇篮。
据我们所知，荷马作品中的宗教是以奥林匹斯信仰为特征的，
而且一直都有这个特征。在那里，神秘主义并没有对社会产生
很大的影响，科学探究很可能正在发展。虽然后来希腊的诸多
哲学流派都表现出某种共同的神秘主义，但我们必须记住，他
们都受益于米利都学派。

米利都学派与宗教运动无关。事实上，前苏格拉底时期各
哲学学派的一个突出特点是，它们都不同于流行的宗教传统，
甚至连毕达哥拉斯学派也一样——它表现出一种宗教性，但不
同于流行的宗教。总的来说，希腊的宗教实践与不同城邦的既
定习惯有关。哲学家总是在思想上特立独行，因此他们总是必
然会与其所在城邦的官方信仰发生冲突，这一点不足为奇。在
任何时间、任何地点，这种命运总会突然降临到那些有独立见
解的人身上。

离爱奥尼亚海岸不远就是萨摩斯岛。虽然自然环境相似，
但萨摩斯岛上的社会传统在一些重要方面要比大陆城邦更趋保
守。在这里，过去的爱琴海文明似乎被保留了下来，对于这种
差异，我们应该予以充分考虑。造就荷马与早期米利都学派的
爱奥尼亚一般不倾向于以某种严肃的态度对待宗教。萨摩斯岛
上的社会却从一开始就更多地接受了俄耳甫斯教的影响，这种

种影响后来逐渐渗入从克里特—爱琴海时代继承来的信仰中。

奥林匹斯信仰是一种极端理性的信仰，它没有严格的宗教教义。俄耳甫斯教却有神圣的经典，其信徒因共同的信仰而团结在一起。在这种背景下，哲学成为一种生活方式，并被后来的苏格拉底采纳。

在哲学方面，这种新精神的先驱是萨摩斯人毕达哥拉斯。我们几乎不知道他生活的细节。据说，他的鼎盛期大约是在公元前532年，那是波吕克拉底施行僭主统治的时期。萨摩斯是米利都的竞争对手。公元前544年波斯人占领萨狄斯后，位于大陆的城邦大多落入波斯人之手，但萨摩斯的船只仍往来于地中海。波吕克拉底曾一度与埃及国王阿玛西斯结成紧密的联盟。这大概就引出了这种故事——毕达哥拉斯游历了埃及，并从埃及获得了数学知识。后来因为受不了波吕克拉底的暴虐统治，他最终离开了萨摩斯，来到意大利南部的希腊殖民城邦克罗顿定居，并在这里建立了他自己的学派。毕达哥拉斯在克罗顿居住了二十年，直到公元前510年，他因遭到反对学派的迫害而来到梅达彭提翁，此后他便生活在这里直至去世。

如我们在前面谈到的，在米利都学派看来，哲学是一种实用的知识，而哲学家也应该是实干家。然而，在毕达哥拉斯那里，一种刚好相反的想法出现了——哲学乃是一种脱离现实世界的思辨。这与俄耳甫斯教对毕达哥拉斯学派生活态度的影响有关。我们可以看到，人的生活方式有三种，就像参加奥运会的人有三种，社会上也有三种人：最底层是从事买卖的人，然后是参加比赛的人，最上面是来观看的人。来"观看"的人，其字面意思就是"理论"家，而这些人对应的就是哲学家。哲学家的生活方式很独特，他们秉持这样一种希望，即超越现实世界的偶然性，寻求一条超脱轮回的出路。因为按照毕达哥拉斯学派的说法，灵魂会在不断的轮回中投生转世。

这种观念与一些原始的禁忌和禁欲原则相关。毕达哥拉斯学派的这种生活方式的三分法，我们还会在柏拉图的《理想国》中见到。至于毕达哥拉斯学派的其他观点和前苏格拉底时期其他学派的观点，我们也能从柏拉图那里窥见。我们可以这样说，柏拉图的哲学是对早期不同哲学思想的一种综合。

另一方面，毕达哥拉斯学派产生了科学的传统，或者说，数学的传统。那些数学家是毕达哥拉斯学派的真正继承者。虽然神秘主义是从俄耳甫斯教的复兴中出现的，但这个学派的科学方面并没有被宗教思想扭曲。尽管追求科学的生活方式具有宗教意义，科学本身并没有成为宗教。

在这种生活方式中，音乐是净化的强大动力。毕达哥拉斯对音乐的兴趣很可能就是在这种影响下产生的。不管这种影响如何，毕达哥拉斯确实发现了音乐中所谓音程的简单数字关系。一根琴弦若取其长度的一半，发出的声音就是一个第八度音程。同样，如果取其四分之三，则会发出一个第四度音程；取其三分之二，就是一个第五度音程。四度音程和五度音程共同构成八度音程，即 $3/4 \times 2/3 = 1/2$。因此，这些音程是按照 $2:4/3:1$ 的比例和谐连续的。有人提出，一个和弦的三个音程可以和三种生活方式相比较。虽然这个类比绝对是一种猜测，但有一点是真的，那就是琴弦在希腊哲学中是一种重要的意象。在平衡的意义上，和谐的概念就像高低的对立面。所有这些发现，归根结底都可以追溯到毕达哥拉斯精准协调的组合，伦理学中的中庸或中道概念，以及四种气质理论的发现。在柏拉图那里，我们会再次发现许多类似的意义。

音乐上的这些发现很可能会导致一切都是数字的想法，所以要想了解身边的世界，就要找到事物中的数。一旦我们掌握了数字结构，我们就能主宰世界。这确实是一个重要的观念。虽然它的意义在希腊化时期之后暂时黯然失色，但当文艺复兴引起人们对古代思想的新兴趣时，人们将再一次领会其重要性。这是现代科学最明显的特征。通过毕达哥拉斯，我们也第一次发现，希腊人对数学的兴趣最初并不是由实践的需要支配的。虽然埃及人有一些数学知识，但他们只是需要这些知识来建造金字塔或测量土地。希腊人开始研究数学问题"是为了探索"。用希罗多德的话说，毕达哥拉斯是从事这种研究的最重要的代表。

他提出了一种通过点或小石头的排列来描述数字的方法。这确实是一种计算方法，并且以这样或那样的方式延续了很长时间。在拉丁语中，"计算"一词的意思便是"排列石子"。

与此相关的是一些算术级数的研究。如果每行比上一行多一块石头，我们将从 1 开始得到一个"三角形"数字。尤其是，1+2+3+4 = 10，四行的三角形数量尤为重要。同样，连续的奇数之和是一个"正方形"数字，连续的偶数之和是一个"长方形"数字。

在几何学中，毕达哥拉斯发现了一个著名的定理：直角三角形中，斜边的平方等于两个直角边平方之和。虽然我们不知道他给出了什么证据，但我们再一次看到一般性的方法和证明的例子，而不仅仅是经验的方法。然而，这个定理的发现在学校引起了很大的丑闻，因为它的一个推论是，正方形对角线的平方等于边的平方的二倍。可是当时人们认为平方数无法被平分，也就是说正方形对角线与两边不成比例。该问题不是我们所谓的有理数能解决的，它需要毕达哥拉斯的追随者提出无理数的理论。在这种背景下，"无理数"这个名字显然可以追溯到早期数学的丑闻。据说，学派内有个兄弟因为泄露这个秘密，被沉入海底淹死了。

在宇宙论方面，毕达哥拉斯直接以米利都学派的理论为基础，并将其与自己的数论相结合。前面提到的数字分配被称为"界石"，无疑是因为这个概念可以追溯到土地测量或字面意义上的"几何"。拉丁语中的"界限"一词也有这种含义。根据毕达哥拉斯的观点，无所限定的气使数与数之间彼此独立，而数能使无所限定的气得以被度量。更进一步，无限之气是黑暗，有限之数是火，这显然对应的是夜空和星体。和米利都学派的哲学家一样，毕达哥拉斯也认为有很多世界，不过根据他的数字观念，世界在数量上并非无限多。毕达哥拉斯发展了阿那克西曼德的观点，坚持认为地球是球形的。他抛弃了米利都学派的地心说，但日心说的观点还有待后人继续推进。

由于毕达哥拉斯如此关注数学，我们在后面将会讨论的理念论或共相论才可能产生。当一个数学家证明某个三角形定理时，该定理与他正在谈论的、在某个地方画的任何图形都无关，相反，这种图形只存在于他的头脑中。我们可以由此理解这样一种观点：被理解的和被感知的是不同的。既定的定理是一种毫无亏欠的、永恒的真，凭此我们便能推断：理性的事物才是真实的、完美的、永恒的，而感性的东西总是肤浅的、有缺陷的、易腐的。这些都是毕达哥拉斯主义的逻辑和必然结果，自那以后，毕达哥拉斯主义一直主导着哲学和神学。

我们还必须记住，虽然毕达哥拉斯学派的信仰中有俄耳甫斯教的成分，但太阳神阿波罗才是他们的主神。正是日神精神倾向将欧洲理性主义与东方神秘主义区分开来。

在早期毕达哥拉斯学派的影响下，传统的奥林匹斯信仰被新发展出来的宗教思想取代。色诺芬尼继而给了神山上的众神以致命一击。色诺芬尼可能出生于公元前 565 年的爱奥尼亚。公元前 540 年波斯人入侵时，他逃到了西西里。他的目标似乎是摧毁万神殿中的人形众神。同时，他也反对俄耳甫斯教的复兴，并嘲笑毕达哥拉斯的思想。在这一思想传统中的另一位哲学家也是爱奥尼亚人，他就是爱菲斯的赫拉克利特，其鼎盛期在公元前 6 世纪末。关于赫拉克利特的身世，除了知道他出生在一个贵族家庭外，我们一无所知。不过，他的一些著作残篇留存了下来，从中我们可以很容易理解人们为何觉得他的思想晦涩难懂，他的语言有一种预言的味道。他的残篇文字简洁优雅，充满生动的隐喻。在谈到永生与死亡时，他说："时间是一个玩骰子的孩子，而孩子掌握着王权。"当他轻蔑地嘲笑麻木不仁之人时，他用尖刻的话来表示对其能力的极大蔑视："愚人对一切都充耳不闻：当他们在场时，和不在场毫无二致。"他还说:"若人有灵魂,而这灵魂理解不了他的话,那么眼睛和耳朵对他而言就是罪恶的见证。"

为了提醒人们,有价值的成就需要大量的辛劳努力,他说:"寻找金子的人在找到一点金子之前会挖很多土。"那些认为这项任务太难的人不会考虑它。"驴宁要草料,也不要黄金。"他甚至预示了苏格拉底后来用名言表达的思想,我们不应该对我们所知道的感到自满——"在神眼里,人是天真的,就像孩子在大人眼里是天真的一样"。

仔细研究一下赫拉克利特的理论将有助于我们更多地了解他的一些格言。虽然赫拉克利特没有他的爱奥尼亚先祖那种对科学的兴趣,但他的理论是基于米利都学派和毕达哥拉斯的教导的。阿那克西曼德说过,相互冲突的对立面会转化为无限,相互攻击的应得到补偿。和谐的概念是从毕达哥拉斯那里产生的,赫拉克利特继承并发展出一种新的理论,这是他在哲学上唯一的发现和贡献:世界在对立冲突中调整平衡。对立冲突的背后,世界依照各种尺度实现和谐或协调。

一般性的概念通常不自我揭露,因为"大自然喜欢隐藏"。看来他确实坚持这个观点。从某种意义上来说,协调一定不是一件能立刻吸引注意力的事情。"看不见的和谐比看得见的和谐好。"事实上,和谐的存在往往被人们忽视。"他们不知道相反如何相成:和谐源自对立,正如弓和六弦琴。"

因此,冲突是维持世界存续的驱动法则。荷马曾说:"我希望众神与人类之间的斗争能有终结之日!"但荷马错了,他没有意识到自己在为宇宙的毁灭祈祷,因为他的祈祷若被众神听到，世间的一切就都会消失。我们必须从逻辑而不是从军事规范的角度来理解赫拉克利特的这句断言："战争是万物之父。"他的观点需要一个强调活动重要性的新本源。他选择了火，这在原则而非细节上遵循了米利都学派的传统。"万物转化为火，火又转化为万物，就像货物转化为黄金，黄金又转化为货物一样。"这个借货币交换而成的比喻，恰好准确地表达了赫拉克利特的观点。油灯的火焰看起来像一个固定的物体，然而在整个过程中，灯油转化为火焰，烟灰又由燃烧而落下。因此，世界上发生的一切都是这种交换过程，没有什么是永久存在的。"人不可能两次踏入同一条河流，因为你总会遇到新的水流。"正是因为这种解释，后来的作家把"一切皆变"的名言署名为赫拉克利特。苏格拉底也给赫拉克利特起了个戏谑的外号——"流动之人"。

重要的是将赫拉克利特的这句话和另外一句话进行比较："我们都踏入了同一条河流，却没有踏入其中；我们存在，也不存在。"乍一看，这可能与前面的讨论一致。然而，这里的这种说法属于理论的不同方面，线索在于后半部分。我们既存在又不存在，这是一个有些模糊的说法，即我们存在的统一性在于不断变化，或者用柏拉图后来创造的语言来表达，我们的存在在于不断形成。河流也是如此。如果我们今天和明天踏进泰晤士河，我们将踏入同一条河，但我们踏入的水是不同的。我觉得这个观点很明确，但我不会推荐读者去尝试。关于这种观点的另一个论点是这样的："上升之路与下降之路是同一条路。"我们已经研究了油灯的情况：油上升，煤烟下降，这两者都是燃烧过程的一部分。这个说法一定要逐字地去理解。一条路既可以向上也可以向下，朝哪个方向走由你自己决定。因此，赫拉克利特的对立理论提醒我们，看似矛盾的特征实际上是一种情况的基本组成部分。这一观点在"善恶一体"的说法中表达得最为生动。显然，这并不意味着善与恶是一回事。相反，正如没有向下的路我们便无法想象向上的路一样，我们不了解恶就无法了解善。例如，如果你通过平整斜坡来破坏上行道路，那么你也同时破坏了下行道路；善恶也是如此。

就一切都是流变的理论而言，这并不新鲜。阿那克西曼德坚持类似的观点。但就解释事物为什么保持不变而言，赫拉克利特的思想要优于米利都学派。极限的最初概念源于毕达哥拉斯。正是因为保持适当的限度，不断的变化才使事物成为现在的样子。这既适用于人，也适用于世界。事物本质上根据其限度而变化。同样，人的灵魂也有干湿变化。一个潮湿的灵魂，如果不受火的控制，就会堕落，有崩溃的危险。另一方面，"一个干燥的灵魂是最聪明、最好的灵魂"。虽然我们不能在卓越中犯错，因为太多的火会杀死灵魂，就像过度的潮湿一样，但死于火似乎是一个光荣的结局，因为"伟大的死亡赢得伟大的回报"。原因可能是火是一个永恒的实体："这个世界对所有的存在都是一样的，它不是由任何神创造的，也不是由任何人创造的；它的过去、现在和未来，永远是一团永恒的活火，在一定的尺寸上燃烧，在一定的尺寸上熄灭。"

至于自然界的各种过程，都符合它们的限度。正如阿那克西曼德所坚持的，不公正不是在对立的冲突中发现的，而是在对限度的漠视中发现的。"太阳不会超越它的限度，否则复仇三女神就会把它揪出来。"但是这些限度并不是绝对固定的，只要不超过限度就可以。事实上，它们可以在一定范围内摆动，这解释了周期性现象的原因，如自然界中的白天和黑夜、人们的清醒和睡觉以及类似的变化。将摆动限度的概念与毕达哥拉斯学派用连分数解释无理数的方法联系起来是相当有吸引力的，因为在毕达哥拉斯学派的解释中，连分数有时会超过精确值，有时又达不到精确值。然而，我们不知道毕达哥拉斯学派在早期是否发展了这种方法。虽然这在柏拉图时代绝对是一种众所周知的方法，但我们不能非常确信地将这种知识归功于赫拉克利特。

和色诺芬尼一样，赫拉克利特也对当时的宗教进行了批判，无论是奥林匹斯信仰还是俄耳甫斯教。人不会通过仪式和牺牲变得善良。他清楚地认识到仪式实践的肤浅和原始。"他们用鲜血涂抹身体以使自己变得纯洁的行为是徒劳的，就像一个人掉进泥坑却想用污泥洗净自己一样。任何人看到别人这样做，都会把他当成疯子。"善不能从这方面产生。

不过，有一种方法可以获得智慧，那就是去掌握事物的基本原理。这个原理就是对立的和谐，尽管它随处可见，却无人意识到。"虽然这种逻各斯永远存在，但人们在听到它之前和第一次听到它之后都无法理解它。虽然一切都是按照逻各斯产生的，但即使人们体验到我按照其种类来区分其本质的言语和事物，他们也什么都理解不了。"如果我们不理解逻各斯，那么我们所学的许多东西都是无用的。"学习很多东西并不意味着理解。"在黑格尔那里，我们会再次看到这种观点，其根源在于赫拉克利特。

所以，智慧在于掌握万物共有的原理。我们必须遵守这一点，就像一个城邦必须遵守其法律一样。的确，我们必须做得更严格，因为即便不同城邦的法律不同，共有的原理却总是通用的。因此，赫拉克利特坚持原理的绝对特征，反对那个时代基于不同民族、不同习俗对比的相对主义观点。赫拉克利特的理论与诡辩派的实用主义相反。后来，普罗泰戈拉在"人是万物的尺度"的论述中表达了这种相对主义。

然而，虽然共有的原理或逻各斯随处可见，但很多人对此一无所知，每个人的行为似乎都出于自己的个人智慧。所以，一个共有的原理只是一个共同的看法。因为这种观点，赫拉克利特瞧不起普罗大众。他是贵族，从字面意义上说，他赞成由最优秀的人掌权。"如果爱菲斯的成年人都被绞死了，那就把城邦交给孩童去管理，这就没问题了。因为他们驱逐了他们之中最优秀的赫尔谟多罗，还说：'我们不要什么最优秀的人，如果有，就让他去别的地方和别人在一起吧。'"

赫拉克利特无疑自视甚高，所以他可能会被人们原谅。抛开这种个人奇思妙想不谈，他似乎是一个有影响力的思想家。他综合了前人的主要观点，对柏拉图产生了决定性的影响。

赫拉克利特的流变理论使人们注意到，一切事物都是在一定的运动中演变的。希腊哲学的下一个转折点把我们引向了平衡的另一端，有一位哲学家完全否定了运动。

到目前为止，我评论的所有理论都有一个共同特点，那就是每个理论都用一个单一的原理来解释世界。一个学派提出的个别结论与另一个学派不同，但都提出了事物如何构成的基本原则。然而，到目前为止，还没有人对这一普遍观点进行批判性研究。承担这项任务的是巴门尼德。

巴门尼德的生活和其他许多人一样，很少有让我们感兴趣的事情。他来自意大利南部的爱利亚，他以这个城邦之名创办了一个学派，即爱利亚学派。他的鼎盛期是在公元前5世纪上半叶。如果我们打算相信柏拉图，那么他和他的追随者芝诺曾一起访问过雅典，他们在公元前450年前后的某个时候遇见了苏格拉底。在所有希腊哲学家中，只有巴门尼德和恩培多克勒以诗歌的形式提出了他们的理论。就像许多其他古代哲学家给自己作品起的名字一样，巴门尼德的诗题也叫《论自然》。该诗分为两部分。第一部分是"真理之路"，包括他的逻辑理论，这是我们的主要兴趣所在。第二部分是"意见之路"，他在其中提出了本质上是毕达哥拉斯学派的宇宙观，但他说得很清楚，我们必须把这些都看作是虚幻的。他是毕达哥拉斯学派的追随者，但当他开始澄清他的一般批评时，他放弃了这一理论。因此，这部分诗歌就成了他已经摆脱的各种错误的说明。

巴门尼德的批评是从前辈理论共有的弱点开始的。他发现这个弱点在于认为一切都是由某个本源构成的观点和他们对虚空的讨论不一致。我们可以把物质描述为"存在"，把虚空描述为"不存在"。但是之前所有的哲学家在这一点上都犯了一个错误，当他们说不存在者时，仿佛这个不存在者是存在的。人们甚至可以像赫拉克利特那样，说某事物既存在又不存在。

巴门尼德反对所有这些观点，直言"存在"。这种观点认为，那些不存在的事物甚至不能被思考，因为我们不能不去思考。不可被思考的不能存在，所以存在的必须可被思考，这是巴门尼德论点的要旨。

一些推论立即产生。"存在"意味着这个世界处处充满物质。虚空既不存在于内心，也不存在于外界。而且，一个地方的物质一定和另一个地方的一样多，因为如果不是一样多，那我们就要谈一个密度小一点的地方，也就是说这个地方以某种方式不存在，这显然是不可能的。"存在"在任何方面都必须是相同的，它不能由某样东西产生，因为它之外没有任何东西。因此，我们获得的世界图景是一个固定的、有限的、一致的、物理的球体，没有时间、运动或变化。这的确是对常识的可怕打击，但却是完全物质一元论的逻辑结论。如果这冒犯了我们的感官，并且对感官来说是完全错误的，那么我们必须放弃我们那幻觉般的感性体验，而这正是巴门尼德所做的。他通过一元论的理论工作把这一点做到了极致，迫使后来的思想家必须准备一个新的起点。巴门尼德的球体世界图景证明了赫拉克利特的那句格言：要是斗争终止，那么世界就将终结。

值得指出的是，巴门尼德的批判没有触及赫拉克利特理论的真意。因为事物是由火构成的这一观点并不是赫拉克利特理论的本质，它的功能是隐喻的，即火焰以丰富多彩的方式阐明了这样一种重要的观点：没有东西永远是静止的，一切事物都是过程。在赫拉克利特那里，类似"存在而又不存在"的表达应被如何理解，之前已经解释过了。事实上，赫拉克利特的学说已在语言和形而上学方面包含了对巴门尼德的晦涩的批判。

在其语言形式上，巴门尼德的理论只达到这一点：当你思考和说话时，你正在思考到或言说某种东西。因此，一定存在我们思考或言说的独立而永恒的东西。你可以在许多不同的场合做到这一点，所以思考或言说的对象必须一直存在。如果它们随时存在，那么变化就不可能发生。若是如此，那么巴门尼德就无法否定任何事物，因为他无法说出什么事物是不存在的。按照这种道理，他甚至无法做出任何判断。于是，任何言论、任何语言、任何思维都是不可能的。除了"存在"这个空洞的同一性表达外，没有任何东西能够留存下来。

然而，这一理论产生了一个重要的观点。如果我们能理性地使用一个词，那么它就必须有一定的意义，必须以这样或那样的意义存在。如果我们记得赫拉克利特说过的话，那么荒谬就会消失。当问题被完全理解后，我们会发现从来没有人真正说过什么事物不存在。因此，如果我说"草不是红色的"，那么我不是说草不存在，而是草不属于拥有红色这种属性的那一类事物。所以，如果我不能提供其他红色的东西，比如汽车，那我就真不能说"草不是红色的"。赫拉克利特的观点是，现在是红色的，明天则可能是绿色的，红色的车可以被喷上绿色的油漆。

这就提出了一个一般性的问题：在什么条件下，文字才有意义？因为这个问题太大，我们不能在这里讨论。然而，巴门尼德对变化的否定成为所有唯物主义理论的渊源。被巴门尼德视为实存的"存在"后来被唯物主义者称为实体，被认为是不可改变、不可摧毁的物质。唯物主义者认为所有存在都是由质料构成的。

巴门尼德和赫拉克利特构成了前苏格拉底哲学家的两个极端对立面。值得注意的是，除了柏拉图，原子论者也综合了这两种对立的观点。他们从巴门尼德那里借用了恒定的基本粒子，从赫拉克利特那里借用了不停运动的概念。这是黑格尔辩证法的经典范例之一。这确实符合思想进步的情况，是综合的结果，也是坚持不懈地阐发两种极端论点的必然结果。

阿克拉加斯的恩培多克勒对巴门尼德关于构成事物之本源的批评给出了新的回应。我们不太了解恩培多克勒的生活，只知道他活跃于公元前 5 世纪上半叶。在政治上，他的立场站在大多数人一边。按照传统，他是民主阵营的领袖。但是他身上有一种神秘的色彩，这似乎和毕达哥拉斯学派及俄耳甫斯教的影响有关。他似乎和巴门尼德一样痴迷于毕达哥拉斯的教义；然后，像巴门尼德一样，他与它决裂了。流传下来的一些关于他的传说令人难以置信。据说，他能影响气候。大概是因为他的医术，他成功地控制了塞利努斯的疟疾疫情，后来人们把他的肖像刻在该城的货币上以示感谢。另有传说称他以神明自居，那他死的时候想必是升天了。还有人说他跳进了埃特纳火山坑，尽管这似乎完全不可思议，因为没有一个有能力的政治家会往火山里跳。

为了调和爱利亚学派的理论与感官的一般性感知，恩培多克勒吸收了前人所有的本源学说，并将之增添为四个。他将这些本源称为“根”，亚里士多德后来称它们为元素。这一著名的四根说——水、气、火、土是构成万物的本源——统治了化学科学近两千年，它的痕迹甚至在我们的日常语言中仍然保留着，就像我们谈论暴风雨天气时一样。这一理论实际上说的是湿与干、热与冷的两组对立的实体。

我们可以指出，要处理巴门尼德的批评，仅仅增加被视为最基本的实体类型是不够的。此外，一定有什么东西以不同的方式导致这些实体混合。恩培多克勒用爱和斗争的活动原则作为补充。它们唯一的功能是统一和分裂，虽然非实体功能的概念在当时还没有发展起来，但它们必须被视为实体。因此，它们被视为物质或实体，与其他四个实体一起，成为六个实体。当四个实体分离时，斗争占据了它们的空间；当它们统一时，爱将它们捆绑在一起。顺便说一下，动因必须是物质的观点有一些证据。虽然这种观点有一定的局限性，但它仍然是现代科学的观点，即一个作用必须在某个地方有一个实质性的根源，即使这个根源不在它发生作用的地方。

虽然我们不知道是基于怎样的理由，但阿那克西美尼显然已将气视为一种实体。恩培多克勒则不同，他通过水钟实验发现了气是实体的证据。所以值得指出的是，他的前辈在谈到气时，称这个实体为"以太"，这两个词都是希腊语。后一个术语在 19 世纪下半叶获得了新的科学地位，当时的电磁理论需要某种介质来传播电磁波。

当恩培多克勒进行这些创新时，他保留了爱利亚学派的大部分理论。所以本源是永恒不变的，无法进一步解释。即使科学解释原则经常没有被明确说明，但它仍然很重要。打个比方，我们用原子来解释化学事实，而这些原子本身肯定是无法被解释的。为了解释它们，我们不得不认为它们是由更小的粒子组成的，而这些更小的粒子是无法被更进一步地解释的。

那么，如上所述，存在者存在，没有什么可以从不存在中产生，也没有什么可以从不存在中消失，所有这些观点都是彻头彻尾的爱利亚学派的唯物主义思想。在这里，我们可以提出一个一般性的观点，恩培多克勒凭此修正了唯物主义理论，但这种修正无法应对巴门尼德的批评。这种观点认为，只要人们承认变化，就不可能不承认虚空存在。因为如果变化是可能的，那么一定量的物质可能会消失在特定的空间中，直到什么都没有剩下，这在原则上是不可能的。因此，当巴门尼德否认变化的可能性时，他已经否认了虚空的可能性，这是完全正确的；恩培多克勒并没有真正帮助克服这个困难。稍后我们将看到原子论者如何解决这个问题。

恩培多克勒知道时间与光有关，知道月亮并不直接产生光，然而他是如何获得这些知识的，我们不得而知。他的宇宙观是基于一系列导致宇宙成为一个球体的循环理论，这个球体有外部的斗争和内部的爱，把其他元素聚集在一起。斗争排除了爱，直到各种元素完全分离，彼此间完全没有爱。然后，相反的过程发生了，直到我们再次到达起点。他的生命理论与这一循环理论相联系。在周期的最后阶段，当爱侵入球体时，各种动物的基本元素就自己形成了。接下来，当斗争不再存在时，我们服从适者生存的任意组合。当斗争再次进入时，分化的过程开始了。我们自己的世界就是这个过程的发达阶段，被优胜劣汰的进化原则所支配。

最后，我们必须提到恩培多克勒对医学和生理学的兴趣。他从毕达哥拉斯学派的信徒、克罗顿的医生阿尔克迈翁那里学到了这个理论，即健康是正确的对立平衡。如果任何一部分的平衡颠倒了，就会产生疾病。另外，他用气孔或气道的学说来解释呼吸。他的视觉理论影响尤其深远，他认为当从被观察物体发出的流射和从眼睛发出的光相遇时，视觉就产生了。

恩培多克勒的宗教观属于俄耳甫斯教传统，与他的哲学观点完全脱节，对此我们不必了解。然而有趣的是，在他的宗教作品中，他似乎坚持了与他的宇宙观不可能调和的观点。这种不一致是很常见的，尤其是对于那些没有对自己的信仰进行批判性检查的人。人们确实无法同时持有两种对立的观点，但是人们很乐意现在相信某件事情的这一面，明天相信相反的一面，而不怀疑其中可能存在的不一致。

现在我们要来到公元前5世纪。在前苏格拉底哲学的标题下，大多数必须讨论的东西实际上与苏格拉底是同时代的，因此避免重叠的部分通常是不可能的。为了解释这些重叠间的相互关联，我们必须超越编年史的界限。这是困扰所有历史研究的难题，历史很少考虑编年史家的便利。

稍后，我们将更具体地讨论雅典。现在我们必须对公元前5世纪希腊的社会和政治环境有一个大致的了解。

虽然波斯战争使希腊人对他们的语言、文化和种族的共同联系有了更深刻的理解，但城邦在很大程度上仍然是利益的中心。除了希腊语是民众的共同语言这一传统外，每个城邦的当地习俗使他们自己充满活力的生活得以延续并保持其一致性。荷马可能确实是他们的共同遗产，但斯巴达不同于雅典，就像监狱不同于游乐场一样，它也不同于科林斯和底比斯。

斯巴达发展到了自己特殊的转折点。随着人口的增加，斯巴达人不得不征服邻近的迈锡尼部落，使后者沦为被奴役的种族。斯巴达逐渐转变为一个军营。

斯巴达的政府由被公民大会选出的长老议事会及其任命的两名执政官或监督员组成，另有两个国王，其中一个来自贵族阶层，但实际权力掌握在执政官手中。教育的全部目的是训练纪律严明的士兵。斯巴达人的好战在整个希腊是众所周知的，它确实代表了一股强大的力量。列奥尼达和斯巴达三百勇士在温泉关抵抗薛西斯大军的壮举，被视为斯巴达历史成就中最令人难忘的事例。斯巴达人不是一个情感泛滥的民族，其纪律严明，个人感情受到克制。几乎所有的畸形婴儿都被遗弃，以免降低种族的活力。年轻人很早就离开父母，集中精力在军营等机构接受培训。一般来说，女性和男性的待遇是一样的，女性的社会地位和男性大致相当。柏拉图《理想国》的大部分灵感即来自斯巴达。

地处地峡的科林斯在贸易和商业中占据主导地位。它由一个寡头统治，后来在伯罗奔尼撒战争中加入了斯巴达阵营。虽然科林斯人意外地参与了波斯战争，但该城邦没有领导能力。科林斯人的兴趣在商贸，这里并不出产政治家或思想家，反倒以其娱乐场而知名。它还有希腊最大的殖民都市之一——西西里的锡拉库萨。在科林斯湾这条受保护的海上航线上，这两个城市之间以及与希腊各地间的贸易非常活跃。

在西西里，希腊人是强大的迦太基腓尼基人的近邻。在薛西斯入侵希腊的同时，迦太基在公元前480年试图入侵该岛。锡拉库萨丰富的资源和僭主杰拉的领导挫败了这一企图，就像大陆上的希腊人在伟大国王的领导下不断抵抗征服的危险一样。

在公元前5世纪的历史进程中，雅典逐渐取代了科林斯，这无疑诱发了伯罗奔尼撒战争。正是灾难性的锡拉库萨战役导致了雅典的最终失败。

雅典西北的玻俄提亚平原上有一座古城底比斯，与著名的俄耳甫斯传说有关。公元前5世纪，底比斯也处于贵族寡头统治之下。在波斯战争期间，它的作用根本不值得称赞。底比斯人的背叛导致列奥尼达的失败，在薛西斯入侵底比斯后，底比斯人便与波斯人一起对抗普拉提亚。因为这种背叛，雅典人惩罚了底比斯人，剥夺了其在博洛尼亚的领导地位。从那时起，雅典人对底比斯人表现出轻微的蔑视。然而，当雅典的力量增加时，斯巴达与底比斯站在一起对抗雅典势力。在伯罗奔尼撒战争中，虽然底比斯周围的村庄遭到了蹂躏，但底比斯坚持反对雅典；但当斯巴达人获胜时，底比斯又向雅典倒戈。

大多数城邦控制着邻近地区。农村人种地，政权集中在城市。就像民主国家一样，公民参与公共事务的管理，尽管公民的范围有限。人们鄙视对政治没有兴趣的人，称他们为"白痴"，这个词在希腊语中的意思是"只关心私人利益"。

希腊土地不适合大规模种植，所以当人口增长时，需要从其他地方进口谷物。供应的主要来源是黑海海岸附近的土地，几个世纪以来，希腊人在那里建立了许多殖民地。作为回报，希腊人向那里出口橄榄油和陶器。

希腊人强烈的个人主义特征表现在他们对法律的态度上。在这方面，他们是完全独立的，与同时代的亚洲人完全不同。在亚洲，人们认为统治者的权威是由神圣的法律支撑的；希腊人认为法律是人制定的，是为民众服务的。如果法律不再适应新出现的问题可以通过协商进行修改。但只要有共同的力量支撑，人们就必须遵守。苏格拉底拒绝逃避雅典法庭的死刑判决，就是一个经典的例子。

同样，这意味着不同的城邦有不同的法律，因此没有哪种权力可以和平解决他们的争端。这样一来，内部的嫉妒和极具破坏性的个人主义，给希腊造成难以弥合的巨大分歧，致使地区稳定这一点从未实现过。它先落入亚历山大手中，后来又落入罗马人手中。然而，有一些共同的制度和理想，使它作为一个文化单位而存在。除了上面已经提到了民族史诗，还有其他共同的联系。所有希腊人都害怕科林斯湾北部山上的德尔菲神庙，在某种程度上，他们相当尊重德尔菲神庙的神谕。

德尔菲神庙是阿波罗崇拜的中心，阿波罗代表着光明和理性的力量。根据古代传说，他杀死了象征黑暗的蟒蛇。由于这一成就，人们在德尔菲建立了一座神庙。因此，阿波罗的作用是保护希腊精神的成就。与此相关，阿波罗崇拜蕴含着一种伦理倾向，这与道德净化仪式有关。阿波罗因杀死蟒蛇而沾染毒气，所以他不得不净化自身，这便让那些罪人看到了某种希望。不过，有一种罪是无法得到净化的，那就是弑母。在埃斯库罗斯的悲剧中，我们看到俄瑞斯忒斯犯下的正是这一罪行，最终他被雅典娜和显然不在同一时代的阿瑞俄帕戈斯法庭宣判无罪。这是雅典人自信心的显著标志。阿波罗的另一座主神殿矗立在提洛岛上，在一段时期里，那里一直是爱奥尼亚部落的宗教聚会场所和提洛同盟的金库所在地。

另一个充满希腊精神的伟大活动是西伯罗奔尼撒的奥林匹克运动会。运动会每四年定期举行一次，它优先于任何事务，甚至战争。没有比赢得奥运会更大的荣誉了。获胜者戴着桂冠，他的城市将在其奥林匹斯神庙中竖立一座雕像来纪念这一事件。第一次奥运会在公元前 776 年举行，从那以后，希腊人就用每四年一次的奥运会纪年。

奥运会是希腊人在身体上活生生的价值象征。这是另一个特别强调和谐的例子。人既有心灵，同时也有身体，两者都必须加以训练。我们还必须记住，这一时期的希腊哲学家并不是现代世界的那种继承了中世纪的学究传统、端坐在象牙塔中的知识分子。

最后，我们必须谈谈奴隶制。人们常说，希腊人在实验操作方面是无能的，因为实验意味着弄脏双手，而那是奴隶该做的事情。没有什么比类似的一般性结论更具误导性了。事实并非如此，许多关于他们的科学成就及其各种雕塑和建筑遗迹的记录足以说明这一点。即便我们认为摆架子的上等人凡事不必动手，也不用对奴隶的作用给予过高的评价。虽然那些在劳里温银矿工作的人确实遭遇了非人的对待，但总体而言，希腊城邦中的奴隶并没有被故意虐待。原因是奴隶太值钱了，特别是当一个奴隶有某项技能或特长时。许多奴隶后来成为自由人。公元前5世纪后，希腊地区才出现大规模的奴隶制。

也许公元前5世纪最惊人的事情是知识的探究和发明的激增，艺术和哲学也是如此。公元前6世纪的雕塑还保留着埃及原型的僵硬形态，如今却突然展现出一种生命的活力。在文学上，旧的形式主义已经变成了一种更柔和的雅典戏剧。一切都在发展，似乎没有什么目标是人们无法企及的。这种强烈的自信在索福克勒斯的名剧《安提戈涅》中表现得最为彻底："世间虽有众多凶猛野兽，但人无疑是最强有力的。"这种情感在后来消失了，但在近代文艺复兴时期得到了恢复。在意大利人文主义者阿尔伯蒂的作品中，我们可以看到非常相似的关于人类地位的观点。这个充满活力的时代看不到自我的局限，于是，自信很容易变成傲慢。在该世纪后期，让人们重新想起什么是善的正是苏格拉底。

以上这些就是当时导致希腊文明达到无与伦比高度的背景。它基于和谐的原则，但其他的内部冲突使它四分五裂，不过所有这些都可能使它更加坚强。因为虽然不可能逐渐发展出一个现实的泛希腊化国家，但它征服了任何征服过希腊的人，直到今天它仍然是西方文明的框架。

第一个生活在雅典的哲学家是阿那克萨戈拉，他在那里度过了大约三十年，从波斯战争结束到那个世纪中叶。他是克拉佐美纳伊爱奥尼亚人的后裔。就他的关注点而言，他是米利都学派的继承人。当爱奥尼亚人反叛时，他的家乡被波斯人占领，他似乎和波斯军队一起来到了雅典。据记载，他成了一名教师，是伯里克利的朋友。有人甚至说欧里庇得斯是他的学生。

科学和天文学是阿那克萨戈拉思想的核心所在。我们至少可以知道一个证据，证明他是一个敏锐的观察者。从公元前468年到公元前467年，一块相当大的陨石落在当地的河中。毫无疑问，一定是基于对这件事的了解，阿那克萨戈拉提出了恒星是由运动的热石组成的观点。

尽管阿那克萨戈拉在雅典有一些强大的朋友，但他仍然激起了狭隘的雅典保守主义者的敌意。即便是在最理想的情况下，独立和非常规的思维也是一件危险的事情。当它遇到那些想象自己是最聪明的人的偏见时，它可能会对那些不遵守规则的人构成真正的危险。阿那克萨戈拉年轻时是波斯人的同情者，这使得情况更加复杂。这种问题持续了两千五百年，至今仍没有什么变化。不管怎样，阿那克萨戈拉因被指控亵渎神明和与米底人私通而受审。我们无法确定他会受到什么样的惩罚，以及如何逃脱惩罚，只知道他的朋友伯里克利把他从监狱里救了出来，让他逃走了。之后，他定居在兰普萨库斯，在那里讲学直至终老。这里的居民对他十分宽容，这非常值得称赞。阿那克萨戈拉绝对是历史上唯一一个每年学校放假都会纪念其逝世的哲学家。阿那克萨戈拉的教导被记录在书中，他的一些不完整的文本被保存在其他材料里。后来，被指控犯有类似罪行的苏格拉底接受了法官的审判，法官称苏格拉底真正坚持的是阿那克萨戈拉那些与雅典习俗相悖的观点。在希腊，任何人都可以用一枚银币买到阿那克萨戈拉的书。

和恩培多克勒一样，阿那克萨戈拉的理论是吸收巴门尼德批评的新尝试。恩培多克勒认为每一个部分都是对立的，热与冷、干与湿都是构成事物的基本元素。阿那克萨戈拉则认为，所有这些对立的元素都可以以一定比例包含在事物之中，不论该事物有多小。为了证明他的观点，他转向物质的无限可分性。他认为简单地把事物分成更小的部分，最终不会让我们得到不同的东西，因为巴门尼德已经表明，那些不能存在的东西无论如何都不会存在。物质可以无限分割的假设很有趣，这是该假设第一次出现的形态。它的错误在这里并不重要，但它强调了物质无限分割的概念并不适用于空间。我们在这里似乎有了一个起点，后来的原子论者从这个起点发展出了虚空的概念。不管这种观点如何，如果我们同意这个假设，那么阿那克萨戈拉对恩培多克勒的批评是非常合理的。

造成事物之间区别的是事物在其内部对立中占据更大优势的那一部分。因此，如果白色不占优势，阿那克萨戈拉会说雪在某种程度上是黑色的。赫拉克利特在某种程度上同意这一观点。当对立面结合时，一切都可以转化为其他东西。阿那克萨戈拉说："世界上的东西不是孤立的，也不是用刀斧砍下来的。"他还说："每一事物都包含所有事物的一部分，但努斯除外，不过有些事物也包含努斯。"

这里提到的努斯或理性，是代替恩培多克勒的爱与斗争的活动原理。它仍然被视为一个实体，尽管它是一个非常稀薄而微妙的实体。努斯不同于其他实体，它纯粹而非混合，是一切运动的推动力。此外，是否有努斯也是生命与非生命的一大区别。

阿那克萨戈拉提出了关于世界起源的观点，从某种角度来说，这与现代人对这个问题的推测是相似的。努斯在某处发起涡旋运动，当这种运动聚集力量时，各种事物就根据其数量的多寡进行区分。大地的旋转运动会将沉重的石头抛出，并且抛得比其他东西更远。这些被抛出的石头以极快的速度运动，以至使它们发出火光，这便造就了星体。像米利都学派一样，阿那克萨戈拉也相信有许多世界。

关于感知，他提出了最早的生物学原理，认为差异是造成感觉的原因。因此，视力源自黑暗的消散，强烈的感觉会引发痛苦与不适。在今天，这些观点在生理学上仍然很流行。

在某些方面，阿那克萨戈拉提出了一个比他的前辈更精练的理论。至少有一些迹象表明，他试图通过自己的努力确立虚空这一概念。虽然当时他想让努斯成为一种实体性的动力，但他似乎并没有完全成功。就像恩培多克勒一样，他也没有触及巴门尼德的基本批评。无限可分的想法在解释世界是如何组成的方面取得了新的进展。他离认识到可分性属于空间还有一步之遥，而这一步将留给后来的原子论者。

认为阿那克萨戈拉是无神论者是错误的。他的宗教观念是哲学性的，这一点确实有悖于雅典的官方信仰。正是因为这种非正统观点，他被指控亵渎神明。因为他把神比作努斯，是一切运动的动力与根基。这种观点肯定会引起政府不愉快的关注，因为它肯定会质疑宗教仪式的价值，这便触及了政府的权威。

我们可能永远不知道毕达哥拉斯和他的学派为什么会在公元前510年被克罗顿驱逐，然而要知道该学派为什么会与诚实的公民发生冲突并不太困难。因为我们记得毕达哥拉斯学派确实干预了政治，就像希腊哲学家习惯于这样做一样。和其他人相比，哲学家对问题的态度往往是宽容而冷漠的，这一点非常明显；但当他们提出批评意见时，却能成功搅动政治活动的浑水。没有什么比认为这些统治者不可能像他们想象的那样聪明更使之困扰的了。克罗顿人一定是在这样的理由下烧毁了毕达哥拉斯的学院。然而，以此为由烧毁学院的人往往只能证明他们无法驳斥那些非正统的观点。于是，烧毁学院的行动带来了一个更严重的后果——因为学派迁移回希腊本土，他们的观点愈发地广为人知。

我们可以看到，爱利亚学派的创始人最初是毕达哥拉斯的追随者。但从爱利亚学派的芝诺开始，毕达哥拉斯学派的数论将遭到毁灭性的攻击。因此，有必要了解这一理论是如何发展的。

数字被认为是由单位组成的，单位由点表示，被认为具有空间维度。在这种观点中，一个点是有位置的单位，也就是说，不管它是什么，它都有一定的维度。这种数论处理有理数绰绰有余。人们总是有可能以某种方式选择一个有理数作为单位，任何有理数都是这个单位的整数倍。但是当我们遇到无理数时，这种解释就无法令人满意了。无理数无法用这种方式表述。需要说明的是，无理数的"无理"在希腊语中的意思是不

可测量，而不是不合理，至少对毕达哥拉斯来说是这样。为了
克服这一困难，毕达哥拉斯学派发明了一种通过近似值序列来
发现这些难以捉摸的数字的方法。这就是上面提到的连分数。
在这种序列中，连续的步骤交替超过或不及目标数，这样差值
会越来越小。不过这个过程是没有穷尽的，而所求的那个无理
数就是这个过程的极限结果。运用这种方法，我们可以尽可能
地逼近无理数的数值，其特征和近代的极限概念基本一致。

　　因此，数论可以沿着这些路径发展。无论如何，单位的概
念掩盖了离散数和连续量的混淆，只要把毕达哥拉斯理论应用
到几何上，它就会出现。当我们讨论芝诺的批评时，我们会看
到这是什么样的问题。

　　毕达哥拉斯数学的另一个主要遗产是苏格拉底采用并进一
步发展的理论，如果柏拉图是一个可靠的解说者，这也受到了
爱利亚学派的有效批评。我们已经提出了这个理论的数学起
源。以毕达哥拉斯定理为例，画一个极其精确的直角三角形，
并在每一边画正方形，然后开始测量它们的面积是没有用的。
画得再准，也还是不完全准；事实上，它永远不可能是准确
的。不是这样的图给出了定理的证明，因为我们需要的是可以
想象的完美图，而不是画出来的图。事实上，任何形象或多或
少都必须是精神意象的摹本，这是理念论的关键点，也是后来
毕达哥拉斯学派理论的一个众所周知的组成部分。

　　我们知道，毕达哥拉斯从发现对调和弦发展出了和谐理
论，而这种理论源出于医学，认为健康是一种对立的平衡。后
来毕达哥拉斯学派进一步推进了该理论，并将和谐的概念应用

于灵魂。根据这种观点，灵魂对身体起着协调作用，因此是灵魂使身体得以有序。若身体组织分解，身体也随之崩坏，灵魂也就毁灭了。我们可以将灵魂视为琴弦，将身体看作把琴弦抻开的琴身，如果琴身被毁坏，琴弦就会松下来，无法再演奏音乐。这一观点与早期毕达哥拉斯学派关于这一问题的观点大相径庭。毕达哥拉斯似乎相信灵魂的轮回，关于这一点更现代的观点是，灵魂的死亡就像身体的死亡。

在天文学上，后期毕达哥拉斯学派提出了一个非常大胆的假设。根据这个假设，宇宙的中心不是地球，而是中心火。地球是一颗围绕着中心火旋转的行星，但是我们看不到中心火，因为地球总是偏离这个中心。太阳也被视为一颗行星，它的光来自中心火的反射。这对阿里斯塔克斯提出的日心说而言是一大步。然而，就毕达哥拉斯学派的发展形势而言，其理论留下了太多问题，以至于亚里士多德恢复了他对地球的肤浅看法。因为他在其他问题上的权威更大，所以即便他的观点并不正确，当原始材料被遗忘时，它在后来也逐渐占据了主导地位。

就事物构成理论的发展而言，毕达哥拉斯学派承认了一个以前被许多哲学家忽视或误解的特征，这就是虚空的概念。没有虚空，人们就不能对运动给出令人满意的解释。在这方面，亚里士多德的理论后来又回到了自然厌恶虚空这种落后的观点。就原子论而言，我们必须找到物理理论发展的真正线索。

同时，毕达哥拉斯学派试图接受恩培多克勒的进步观点。他们的数学观点自然不会让他们认为这些元素是本源性的。相反，他们提出了折中方案，为物质结构奠定了数学基础。现在，元素被认为是由规则三维形式的粒子组成的。在柏拉图的《蒂迈欧篇》中，这一理论得到了进一步发展。"元素"这个词本身似乎是由这些后期毕达哥拉斯学派的哲人创造的。

从这个角度来看，唯物主义者对巴门尼德批评的回应都不令人满意。不管爱利亚学派的理论本身有多少弱点，事实仍然是，基本实体的简单增加不能提供答案。巴门尼德的追随者提出的一系列论点非常有力地证明了这一点。其中最重要的是爱利亚的芝诺，他和巴门尼德是同乡，也是后者的弟子。芝诺出生于公元前490年左右。除了他对政治事务的兴趣之外，我们了解的一件与他有关的重要事情是，他和巴门尼德在雅典遇到了苏格拉底。这是柏拉图的转述，我们没有理由不相信他。

如上所述，爱利亚学派的理论导致了令人非常惊讶的结论。为此，人们进行了许多尝试来补充唯物主义。芝诺试图证明的是，如果爱利亚学派不被常识接受，那么想要克服这一僵局的相反的理论将导致更难以置信的困难。因此，他没有直接为巴门尼德辩护，而是从自己的立场来处理这一问题。从一个相反的假设出发，借助演绎论证，他表明这包含着一个不可能的结论。因此，最初的假设不仅无法被接受，更在实际上被摧毁了。

这个论点类似于上面阿那克西曼德在进化论中讨论的归谬法。在一般的归谬法中，若结论被证明是错的，那么其前提也将是错的。

芝诺试图表明，从某个假设出发，人们可以推导出两个矛盾的结论。这意味着，只有一个结论不仅是不真实的，更是不可能的。因此，他继续论证得出结论的前提是不可能的。在这个论证过程中，没有结论和事实的对比。正是在这个意义上，它是纯粹辩证性的。芝诺首次系统地提出了辩证论证。它在哲学中起着非常重要的作用。苏格拉底和柏拉图从爱利亚学派那里吸收了它，并以自己的方式发展了它。此后，它在哲学上占据了突出的地位。

芝诺的论点通常是对毕达哥拉斯单位概念的攻击。与此相关的是反对虚空的论点和反对运动的可能性。

让我们首先考虑揭示单位概念不合理性的论点。芝诺认为任何存在物都必须有一定的大小，如果它没有大小可言，那么它就不存在。因此，我们可以理所当然地说每个事物及其每个部分都必须有一定的大小。他接着说，说某一存在物曾经存在和说它一直存在是一回事。这是提出无限可分性的简单方法，没有一个部分可以说是最小的部分。因此，如果有很多东西，它们就必须既小又大。的确，它们必须小到没有大小，因为无限可分性表明事物的组成部分在数量上是无限的，这就需要一个没有大小的单位，而这便使由该单位组成的总和也没有了大小。但一个事物必须有一定的大小，所以事物是无限大的。

这个论点的重要性在于证明了毕达哥拉斯数论在几何上的失败。如果我们看一条直线，根据毕达哥拉斯的理论，我们应该能够说出其中存在多少个单位。显然，如果我们假设无限可分性，那么这种数论将立即崩溃。同时我们要注意，这并不能证明毕达哥拉斯就是错的，它只是证明了单位概念与无限可分性不能同时成立，换句话说，两者是不相容的。数学需要无限可分性，所以必须抛弃毕达哥拉斯的单位概念。值得我们关注的是归谬法本身的推理。一个有意义的单一命题不能有不相容的直接推论，而只有当其他命题与之结合时，即在两个不同的证明中，一个证明中的附加命题与第二个证明中的附加命题才可能不相容。因此，在这种情况下，我们其实有两个证明：第一，事物很多，单位没有大小，所以事物没有大小；第二，事物很多，单位有大小，所以事物的大小是无限的。不相容的另外两个前提是单位没有维度和单位有维度。就任何一方而言，结论显然是荒谬的。因此，每个论点中的前提都是错误的。错误在于毕达哥拉斯的单位概念。

为了维护巴门尼德反对虚空的观点，芝诺提出了一个新的论点。如果空间存在，它一定包含在某个东西里，而这种东西只能是更大的空间，依此类推，空间必然是无限的。然而芝诺不认为虚空存在，所以不愿承认这种推断。这基本上否定了空间是一个空容器的观点。根据芝诺的观点，我们不必区分一个物体和它存在的空间。不难看出，容器理论可以被用来反对巴门尼德的观点，因为如果世界是一个有限的球体，那么在这种情况下，它就存在于虚空之中。芝诺试图在这方面维护他老师的理论，但即使他以这种方式提到了一个有限的领域，如果它超越了不存在，它是否有意义也是值得怀疑的。

这种人们可以重复进行的证明，叫作无限倒退。这并不总是导致矛盾。今天，人们不反对任何空间都是更大空间的一部分的观点。对芝诺来说，矛盾的产生正是因为他想当然地认为"存在"是有限的，因此他面临着所谓恶性的无限倒退。

恶性的倒退证明实际上也是一种归谬法，它揭示了论证的基础与其他假定为真的命题是不相容的。

芝诺最著名的论点是关于运动的四个悖论，四个悖论中最著名的是阿喀琉斯跑不过乌龟。这里需要再强调一下，芝诺对巴门尼德的理论辩护是间接的。为了提出更好的东西，他们把错误归咎于毕达哥拉斯学派，因为他们自己的理论无法解释运动。芝诺想要证明的是，如果让阿喀琉斯和乌龟进行让步赛跑，阿喀琉斯永远不会跑过他的对手。假设乌龟在距离起点一定距离处出发，当阿喀琉斯跑到乌龟的起点时，乌龟已经向前跑了一会儿；当阿喀琉斯跑到这个新位置时，乌龟又向前跑了一点儿。每次阿喀琉斯靠近乌龟之前的位置，这只讨厌的动物又会往前跑。当然，阿喀琉斯离乌龟越来越近了，但他永远也追不上乌龟。

我们必须记住，这个论点是反对毕达哥拉斯学派的，因此他们的假设前提是跑道被认为是由单位或点组成的。这也就是说，不管乌龟跑得多慢，它都会在比赛开始前跑完无限远的距离。其另一种论证形式就是事物的大小是无限的。

虽然人们很难证明结论错在哪里，但一定很清楚这个结论是错的。作为毕达哥拉斯单位概念的对立面，芝诺的论证无懈可击；只有抛弃这个单位理论，我们才能提出一种无限级数理论来证明该结论的错误。比如，若一个级数是由像比赛中各阶段前后不同长度的若干项组成，那么这些项就会按一定比例递减，最后我们就能算出阿喀琉斯会在什么地方追上乌龟。这样，该级数之和就是答案，而各项之和不论如何大，也不会大过这个数，但这些项的和可以无限趋近这个数。最终在这个既定级数中，这样的数有且只有一个。今天，任何熟悉基础数学的人都可以恰当地处理它，但我们不应该忘记，正是芝诺的批判性工作使人们有可能在此基础上提出这些充分的连续量理论。我们现在则将之视为儿童游戏。

另一个悖论又称运动场悖论，它显现出辩证攻击的另一面。该悖论的观点是，一个人永远不能从跑道的一边跑到另一边，因为这将意味着我们必须在有限的时间内跨越无限个点。因此，人永远不能开始。这一点，再加上阿喀琉斯和乌龟的故事，说明了当跑道是由无限个单元组成的假设被提出时，已经出发的人永远无法停下来。

芝诺给出的另外两个悖论表明，我们不能通过假设一条线上只有有限数量的单位来弥补这种情况。首先，让我们取三条相等的平行线，它们都由相同的有限数量的单位组成。让其中一个静止不动，而另外两个以相同的速度向相反的方向移动。当动线通过停留线时，它们都将处于彼此并排的某种状态。两条运动线的相对速度是其中一条停留线相对速度的两倍。这个论点依赖于时间单位和空间单位的进一步假设。因此，速度是通过在一定时刻内通过某一点的点的数量来衡量的。当一条运动线穿过一条停留线的一半长度时，它就穿过了另一条运动线的整个长度。因此，后者的时间是前者的两倍。然而，两条运动线需要相同的时间才能达到并列，所以运动线速度是它们移动速度的两倍。这个论点有点复杂，因为我们通常是借助距离来思考的，这和借助点来思考是不一样的。然而，它对单位理论的批评是完全合理的。

最后，还有飞矢不动的悖论。在任何时刻，飞行的箭矢占据的空间都与自身空间相同，所以箭矢并不运动，它总是静止的。这说明运动不能开始，上面的悖论说明运动总要比实际速度快。芝诺由此推翻了毕达哥拉斯的不连续量理论，为连续量理论奠定了基础。此外，这正是为巴门尼德连续的球体理论辩护所需要的。

爱利亚学派的另一位著名哲学家是萨摩斯的麦里梭，他是芝诺的同时代人。关于他的生平，我们只知道他是萨摩斯叛乱时期的将军，曾在公元前441年打败了雅典的舰队。麦里梭在一个重要方面修正了巴门尼德的理论。他看到芝诺不得不重申他对虚空的否认。然而，他无法说存在是一个有限的球体，因为这就意味着有某种东西（即虚空）存在于球体之外。当虚空消除后，我们不得不把物理宇宙看成在任何方向都是无限的，这就是麦里梭的结论。

当麦里梭为爱利亚学派的"一"辩护时，他几乎预见到了原子理论。他认为，如果有很多东西，那么每一个都一定像巴门尼德的"一"，因为没有什么会存在或消失。唯一有效的理论就是更多的存在是通过把巴门尼德的球体分解成一个个的小球来实现的。这是原子论者后来继续做的事情。

芝诺的辩证法主要是对毕达哥拉斯学派观点的破坏性攻击，同时也为苏格拉底的辩证法，尤其是为我们后面将要遇到的假设的方法奠定了基础。在这方面，我们第一次发现一个特殊的问题得到了系统而严格的论证。爱利亚学派可能非常精通毕达哥拉斯的数学思想，我们正是希望在这一领域中看到这些思想能被运用。不幸的是，几乎没有人知道希腊数学家是如何完成这些分析的。然而，似乎很明显，在公元前 5 世纪下半叶，数学的快速发展与既定的论证标准的出现有关。

我们如何才能充分解释我们周围世界变化的原因？显然，它需要得到一种具有真实性的解释，其依据本身不应该是多变的。首先提出这个问题的是早期的米利都学派，我们已经看到后来的学派是如何逐渐改造和提炼这个问题的。最后，另一位米利都哲学家给出了这个问题的最终答案。留基伯是原子论之父，我们对他一无所知。原子论是爱利亚学派的直接产物，麦里梭只是偶然发现了它。

原子论是一和多之间的一种调和。留基伯引入了构成事物的无限粒子的概念。每一个粒子都像巴门尼德球体一样具有坚硬、稳定和不可分割的特征。它们被称为原子，意思是"不可分割"。原子在虚空中运动，所有原子在结构上被认为是相同的，但在形状上可能各有差异。原子的特点是无法被物理粉碎。从数学的角度来看，它们所占据的空间当然是无限可分的。因为原子很小，人们不能用普通的方式看到它们。现在我们可以解释变异或变化了：世间万物的变化是原子重新排列的结果。

套用巴门尼德的话，原子论者可能会说不存在的事物和存在的事物一样真实。换句话说，有类似虚空的东西存在，但人们很难说出它是什么。在这方面，我认为今天的我们并不比古希腊人强多少。从某种意义上说，虚空在几何学中是真实的，所有人都可以对此确信无疑。唯物主义的早期困难来自坚持事物必须有形式。唯一清楚地注意到虚空可能是什么的哲学家是巴门尼德，他当然否认虚空的存在。需要注意的是，在希腊语中，说不存在者存在并不是一种错误表达。我们可以从希腊语里两个表达"不"的词中找到线索。其中一个是无条件的，就像"我不喜欢 ×"这句话；另一种是假设性的，用于指挥、希望等。正是这种假设的"不"出现在"不存在"这样的短语中，爱利亚学派使用的就是这个意思。如果"不存在者存在"这句话中的"不"是无条件的意思，那肯定是令人费解的。英语没有这样的区别，所以这些题外话是不可避免的。

人们经常会问古希腊人的原子理论是建立在观察的基础上，还是纯粹是无知中的侥幸猜想，除了哲学思辨之外没有其他依据。这个问题的答案没有想象的那么简单。一方面，从上面表述中可以清楚地看出，原子论是常识派和爱利亚派之间唯一可行的调和。爱利亚学派的理论是对以往唯物主义的逻辑批判。另一方面，留基伯是米利都人，熟悉他的伟大同胞和前辈的理论。他自己的宇宙观证明了这一点，因为他回到了阿那克西曼德的早期观点，而不是遵循毕达哥拉斯学派的观点。

在某种程度上，阿那克西美尼的聚散理论显然是基于对雾在光滑表面上凝结等现象的观察。因此，问题在于如何把爱利亚学派的批判与原子论结合起来。原子应该保持永恒运动的观点很可能源自同样的观察，或者是由太阳光线中尘埃的舞蹈激发的。总之，除非我们想到或多或少聚集在一起的一堆原子，否则阿那克西美尼的理论是行不通的。所以说古希腊的原子理论只是一个偶然的猜想，肯定是不准确的。道尔顿在近代重现原子论时，充分注意到古希腊人对这一问题的看法，并发现这是对他观察到的化合物组合比例不变的一种解释。

原子论并非是一种偶然发现还有更深层次的原因，这与解释本身的逻辑结构有关。给某物一个描述的目的是什么？它展示了所发生的事情是如何成为事物变化的结果的。因此，如果我们想解释物质对象的变化，我们必须参考假设的组成部分的变化排列来做到这一点。只要不研究原子本身，原子论的解释力就保持不变。一旦我们开始研究原子，原子就成为探究的对象，解释的实体就变成了亚原子粒子。这些亚原子粒子也无法解释。法国哲学家梅耶松（1859—1933）讨论了原子论的这一方面。因此，原子论本身与因果论的结构是一致的。

原子论的进一步发展是由阿布德拉的德谟克利特完成的，其鼎盛期大约是公元前420年。他比较特别的贡献是进一步对人们的感官印象和事物的本来面目作了区分。根据原子论，我们周围的世界实际上是由运动中的原子组成的，所以我们以不同的方式体验它。这导致了后来第一属性和第二属性的区别。一方面是形式、大小、材质，另一方面是颜色、声音、味道等。后者是根据前者来解释的，前者属于原子本身。

在我们的研究过程中，我们会再次遇到原子论。它的局限性是什么，我们将在适当的地方讨论。在这里，我们只指出，原子论不是幻想思辨的产物，而是经过一百五十年酝酿的对米利都学派问题的严肃回答。

除了对自然科学的发展产生重要影响，原子论还产生了新的灵魂理论。和其他事物一样，原子论者认为灵魂也是由原子组成的。构成灵魂的原子比其他原子更精致，并且遍布全身。按照这种观点，死亡意味着解体，个人永生便不可能。这是伊壁鸠鲁及其追随者的结论。幸福和生活的目的在于灵魂的平衡。

公元前 5 世纪，随着哲学流派的发展，出现了一批具有准哲学意义的人。人们通常称他们为智者学派。苏格拉底轻蔑地说他们强词夺理。我们有必要了解这场运动是如何发生的，以及它在古希腊社会中的作用。

哲学争论不断变换背景，让人很难看清真理到底站在哪一边。如果从事实践的人没有时间问问题，那真理将永远是一个悬而未决的谜。那些只把完成了的事情视为有意义的人，很难忍受那些未解决的问题。总的来说，这是智者陷入的困境。哲学家相互矛盾的理论完全有可能不提供任何知识。此外，与其他族裔群体不断接触的经验表明，不同族裔习俗之间存在着不可逾越的鸿沟。希罗多德曾经描述过这样的轶事：在亚历山大大帝的宫廷里，来自波斯帝国不同地区的各个部族的代表都出席了。当听到其他部族的丧葬习俗时，每个代表都感到震惊。一些人将尸体火化，另一些人则将尸体吃掉。希罗多德引用品达的话说："习俗是万物之王。"

因为智者认为人是不可能获得知识的，所以他们声称世上并没有什么知识，有的只是人们的种种意见。当然，这其中也有一定的道理。在指导实际事务时，成功确实是压倒一切的考虑，而苏格拉底的观点在这方面是真正的反面。智者对可靠的实践感兴趣，而苏格拉底则坚持认为这是不够的，因为未经审视的生活是不值得过的。

在希腊几乎没有系统教育的时候，智者完成的正是这一教育任务。他们是在专业基础上教学的巡回教师。苏格拉底讨厌他们的一点是他们收取学费。人们大概认为苏格拉底在这方面是不公平的，因为张口的人总要吃饭。值得指出的是，大学传统将工资视为一种雇佣费，这应该会让教授们忘记物质问题。

智者在讲课时讨论不同的话题。最值得人们尊重的是他们提供文学教育，还有人教授一些更直接和实用的科目。公元前5世纪，随着民主制度的发展，会说话变得越来越重要，修辞学教师满足了这一需求。也有一些政治学老师，指导自己的学生如何在会议中处理各种事务。最后，还有教授辩论或诡辩的老师，他们可以让坏事听起来更好。这种艺术在法庭上显然很有用。在法庭上，被告必须为自己辩护，他的老师会告诉他如何辩护，并提出似是而非的论点。

区分辩论术和辩证法是一件很重要的事，辩论术的目的在于制胜，辩证法的目的则在于真理，这实际上就是两者的区别。

虽然智者派在教育领域做了有价值的工作，但探讨他们的哲学观点并没有什么意义。他们是绝望的怀疑论者，对知识持否定态度。综上所述，这种观点就是普罗泰戈拉的教导："人是万物的尺度，是存在事物的存在的尺度，是不存在事物的不存在的尺度。"因此，每个人的意见对自己都是真实的，人与人之间的不一致不能根据真理来确定。所以，智者特拉西马库斯将正义定义为强者的优势也就不足为奇了。

然而，虽然普罗泰戈拉放弃了对真理的追求，但他似乎仍然在实用主义的意义上承认一种观点优于另一种观点，尽管这种观点容易受到实用主义的批评。因为如果我们问两种观点哪一种更好，我们会立即被迫回到绝对真理的问题上来。不管怎么说，普罗泰戈拉确实是实用主义的鼻祖。

一个有趣的笑话展示了人们如何看待智者。普罗泰戈拉相信即使傻瓜也能理解他的教导。他告诉一个穷学生用他第一次打官司的收入支付学费。训练结束后，年轻人没有去练习。普罗泰戈拉去法院收学费。他在法庭上辩称学生必须支付学费。如果学生赢了，就会按照约定付款；如果学生输了，就要根据赔偿金支付。没想到这位技高一筹的学生却声称，如果自己赢了官司，就不用按照判决付款；如果自己输了官司，也不用按照约定付款了。

"智者"这个词的本义就是有智慧之人。由于苏格拉底也是一位老师，在他那个时代，不识字的人称其为"智者"也算不上奇怪。我们已经表明这种分类是错误的。然而，直到柏拉图时代，人们才正确地认识到这种差异。当然，从某种意义上说，哲学家和智者也在公众中引起了类似的反应。

就一般哲学而言，从古至今，没有哲学头脑的人都表现出一点古怪和前后矛盾的态度。一方面，他们倾向于将态度温和、善良和居高临下的哲学家视为无害的傻瓜和疯子。他们有自己的思想，走在虚幻中，问着傻乎乎的问题，不去触碰人们实际关注的事情，不去关注明智的公民应该关注的事务。另一方面，哲学思辨可能对既定的实践和习俗产生深刻的破坏性影响。如今，人们以怀疑的眼光将哲学家视为不正常的人。他们推翻传统和习俗，不会全然同意对他人来说足够好的习俗和观点。因为他们质疑人们的信仰，那些不习惯被这样对待的人会感到不安，而他们的反应就是厌恶和敌意。苏格拉底被指控进行颠覆性的说教，他的说教和一般智者一样多，尤其是和许多辩论老师一样多。

雅　典

　　希腊哲学中三个最伟大的人物都与雅典有关。苏格拉底和柏拉图出生在雅典，亚里士多德在雅典学习，后来在这里讲学。因此，在我们讨论他们的作品之前，了解他们生活的城市是有益的。公元前490年，雅典人独自在马拉松平原击败了大流士的野蛮入侵。十年后，希腊人的联合力量粉碎了薛西斯的陆军和海军。在温泉关，斯巴达的守卫给了波斯人很大的打击。后来在雅典人的领导下，希腊舰队在萨拉米对敌舰给出了致命一击。第二年，在普拉提亚，波斯人最终被击败。

　　然而，雅典被遗弃了；她的人民已经撤离，波斯人烧毁了城市和寺庙。伟大的重建工作已经开始。雅典在战争爆发时首当其冲，她是战争的领导者。现在危险过去了，她成了和平时期的领袖。希腊大陆得救了，下一步就是解放爱琴海诸岛。在这方面，斯巴达军队并不是很有用，所以牵制波斯皇帝的任务就落在了拥有海军的雅典身上。因此，雅典人逐渐掌握了爱琴海的海权。后来在提洛岛上，提洛同盟成立，随着同盟演变成雅典帝国，岛上的金库也被迁到了雅典。

雅典在共同的抗敌事业中遭受了损失，现在她觉得唯一正确的做法就是用公共资金重建神庙。新卫城矗立起来，"山巅之城"有帕特农神庙等建筑，其遗迹至今仍保存。雅典已经成为希腊最宏伟的城市，艺术家和思想家在这里聚会，这里也是航运和贸易中心。雕塑家菲狄亚斯为这座新神庙雕刻了许多雕像，尤其是伟大的女神雅典娜的雕像，高耸在雅典卫城之上，俯瞰着卫城的入口和出口。历史学家希罗多德从爱奥尼亚的哈利卡那索斯搬到雅典居住，在那里他写就了波斯战争史。自埃斯库罗斯以来，希腊悲剧蓬勃发展。参加过萨拉米战役的埃斯库罗斯在戏剧《波斯人》中描述了薛西斯的失败，并首次涉及了一个没有从《荷马史诗》中延伸出来的主题。悲剧作家索福克勒斯和欧里庇得斯一生见证了雅典的衰落，喜剧诗人阿里斯托芬也生活在这一时期。他犀利的讽刺作品涉及方方面面。修昔底德记录了斯巴达和雅典之间的大战，他是第一位专业的历史学家。雅典在波斯战争和伯罗奔尼撒战争之间的几十年里达到了政治和文化的顶峰。造就这一以其名字命名的伟大人物是伯里克利。

伯里克利出身贵族，他的母亲是改革家克里斯提尼的侄女。他致力于使雅典更加民主。阿那克萨戈拉是伯里克利的老师。年轻的贵族从这位哲学家那里学到了机械论的宇宙观。伯里克利逐渐摆脱了那个时代流行的迷信。性格方面，他沉默寡言，温文尔雅。总的来说，他看不上大众，然而正是在他的领导下，雅典民主走向了成熟。雅典的最高法庭原是一种贵族议会，这时已经丧失了大部分权力，除了对谋杀案进行审判外，所有职能都交由五百人议事会、公民大会和陪审员接管。这些机构的所有成员都只是城邦雇用的民选官员。新的社会服务体系在一定程度上改变了古老而传统的美德。

伯里克利具有领导者的品质。公元前443年修昔底德被流放后，伯里克利连续几年被选为将军。作为一个雄辩的演说家和强大的政治家，他远胜于他的同事，他几乎像一个专制的君主一样统治雅典。后来修昔底德在《伯里克利》中写雅典时，口头上说是民主制度，但实际上是在第一公民的统治之下。直到伯罗奔尼撒战争爆发前的几年，民主势力才开始要求更多的权力。当时，公民身份仅限于雅典人，其双亲的血统则要追溯到公元前441年。由于大量资金被用于豪华建设项目，不良影响开始显现。嫉妒雅典帝国的斯巴达人发动了伯罗奔尼撒战争，这场战争从公元前431年持续到公元前404年，以雅典的彻底失败而告终。公元前429年，战争爆发后不久，伯里克利就去世了，这是一年前袭击雅典的瘟疫的结果。作为文化中心的雅典虽经历了政治衰落，然而时至今日，在我们这个时代，她仍然是人类努力下所有伟大和美好的象征。

现在我们来谈谈苏格拉底。他是一个雅典人，一位哲学家，他的名字可谓家喻户晓。我们不太了解他的生活，只知道他出生于公元前470年左右，是雅典公民，没有多少钱，也无意赚很多钱。他最喜欢的消遣是与朋友和其他人讨论问题，并向年轻人传授哲学。但与智者不同，他不收学费。喜剧作家阿里斯托芬在《云》中嘲笑他。由此我们可以看出，他一定是全城瞩目的人物。公元前399年，他因涉嫌危害雅典的活动被判有罪，并以毒芹汁处死。

在其他方面，我不得不依赖他的两个学生的作品，将军色诺芬和哲学家柏拉图，其中柏拉图的作品更重要。在柏拉图的一些对话中，他向我们描述了苏格拉底的生平和演讲。从《会饮篇》中我们知道，苏格拉底善于突然进入一种心不在焉的状态。他会突然在某个地方停下来，陷入沉思，有时会持续几个小时。然而，他很强壮。我们从他的兵役中知道，他比任何人都更能经受冷热的考验，而且他忍耐饥渴的时间也比别人长。我们也知道他在战斗中勇敢无畏，当阿尔西庇亚德受伤倒在地上时，他冒着生命危险救了这位朋友的命。无论是在战争时期还是和平时期，苏格拉底都是一个无所畏惧的人，直到去世前一刻，他仍然保持着这种品质。他又丑又不修边幅，衣衫褴褛，总是光着脚。他做事有节制，对自己的身体有惊人的控制力。虽然他很少喝酒，但一有机会，他就能让所有同伴醉倒在地。

在苏格拉底身上，我们可以看到晚期希腊哲学中斯多葛学派和犬儒学派的前身——喜欢冷嘲热讽，不关注世俗利益。像斯多葛学派一样，他最大的兴趣是善。在柏拉图早期的对话中，苏格拉底的这一方面特别引人注目，我们可以看到他在寻找伦理术语的定义。在《卡尔米德篇》中，他询问何谓适度；在《法律篇》中，他询问何谓友谊；在《拉凯斯篇》中，他询问何谓勇敢。他没有给我们这些问题的最终答案，但他向我们展示了问这些问题的重要性。

这显示了苏格拉底自己思想的脉络。虽然他总是说他什么都不知道，但他并不认为知识是高不可攀的，关键是我们要努力求知。因为他坚持认为一个人愚蠢只是因为他缺乏知识。只要他想要认识这个世界，他就不是一个愚昧之人。人之所以会有罪恶，其首要原因乃是无知。因此，要达到善，我们必须有知识，所以善就是知识。善与知识的关系是贯穿希腊思想的一个符号。基督教伦理与此相反。在那里，重要的是一颗纯洁的心，这在无知中很容易找到。

苏格拉底试图通过讨论来澄清伦理问题。这种通过问答发现事物的方法叫作辩证法，苏格拉底精通这种方法，虽然他不是第一个使用这种方法的人。柏拉图的《巴门尼德篇》说，年轻的苏格拉底遇到了芝诺和巴门尼德，他们给出了这种辩证的研究方法，后来他把它传授给了别人。柏拉图的对话表明，苏格拉底具有极大的幽默感和深刻的智慧。他以反语著称，他对反语的使用令人生畏。"反语"这个希腊词语的字面意思相当于英语中的"轻描淡写"一词（特别是为了达到更强的表达效果时）。因此，当苏格拉底说他只知道自己无知时，他是在说反语，而严肃的观点总是潜伏在最高级别的笑话中。毫无疑问，苏格拉底熟悉所有希腊思想家、作家和艺术家的成就，但是我们知道的很少。和广阔的未知领域相比，我们一无所知。一旦我们明白了这一点，我们就可以坦率地说我们是无知的。

对苏格拉底最生动的描写，非《申辩篇》莫属，该篇对话向我们展示了他受审时的场景。这是他为自己辩护的演讲，或者更确切地说，是柏拉图后来对他所说的话的回忆和整理。这不是一篇逐字逐句的报告，而是苏格拉底已说过或可能这样说的话。历史学家修昔底德对此也曾直接描述过，因此《申辩篇》也可被视为一篇历史作品。

苏格拉底被指控不相信官方宗教，教唆年轻人堕落。这只是诬告，政府反对他是因为他和贵族阶层有来往。他的大多数朋友和学生都来自这一阶层。由于当时的大赦，法庭不能就这件事情判他有罪。正式的原告是民主派的政客阿尼图斯、悲剧诗人梅利多斯和修辞学教师吕孔。

从一开始，苏格拉底就自由地发挥他说反语的技巧。他是这样说的，他称这几位原告伶牙俐齿，巧舌如簧，而他已经七十岁了才第一次上法庭，所以希望法官容忍他不合法的说话方式。苏格拉底提到了一类年龄更大、更危险的原告，因为他们更难以捉摸。他们游说多年，说苏格拉底是"有智慧的人，研究天地万物，能说会道又强词夺理"。他回答说，他不是科学家，不像智者那样为钱教书，也不知道他们知道什么。

那么，为什么人们称他为有智慧的人呢？原因是德尔菲神谕曾经说过，没有人比苏格拉底更聪明。他试图证明神谕是错的，因此他尽最大努力寻找被认为是有智慧的人并向他们提问。他询问政治家、诗人和工匠，发现没有人能解释他们在做什么，也没有人是有智慧的。在揭露他们的无知时，他树敌众多。他终于明白了神谕的意思：唯独神才有智慧，而人的智慧微不足道。众人中最聪明的看起来像苏格拉底，但他的智慧毫无价值。他一生都在揭露那些自认为是智慧的人，尽管这让他陷入贫困，他也不得不践行神谕。

　　他质问梅利多斯，迫使他承认，在城邦中除了苏格拉底，每个人都在把青年人朝好的方向教育。然而与其生活在坏人中间，不如生活在好人中间，因此他不会故意腐蚀雅典人。如果他是无意的，那么梅利多斯应该纠正他，而不是指责他。有人称苏格拉底创造了一个新神，梅利多斯却骂他是无神论者，这是一个明显的矛盾。

　　然后苏格拉底告诉法庭，他的职责是听从神的命令，探索自己和他人，甚至冒着与国家发生冲突的风险。苏格拉底的这种态度提醒我们，分裂的忠诚是希腊悲剧的主题。他接着说，他对这个国家来说只是一只牛虻，他提到他将永远遵从自己内心的声音。这声音不命令他做任何事，却会禁止他做某些事。正是这种声音阻止了他从政，因为没有人能老老实实在政治领域待很久。原告提议他以前的学生都不出庭，他也称自己不会带哭闹的孩子来求饶，他必须说服法官而不是乞求庇护。

　　在被判有罪后，苏格拉底发表了尖锐而犀利的演讲，并决定支付三十枚金币的罚款。这当然遭到法庭的驳回，死刑的判决被再次确认。在临终遗言里，苏格拉底警告那些判他死刑的人，他们将因这种罪行而受到严厉的惩罚。然后他转向他的朋友，告诉他们所发生的事情并不是一件坏事。人们不应该害怕死亡，因为死亡不是陷入沉睡就是前往另一个世界生活。若是后者，他可以在那个世界中泰然自若地会见俄耳甫斯、缪萨尤斯、赫西俄德与荷马，他们当然不会因为提问而杀死任何人。

　　苏格拉底在监狱里待了一个月，才饮毒而死。一年一度前往提洛岛进行宗教巡礼的帆船因风暴而耽搁，在船没有归来前，任何人不得被处死。在这期间，苏格拉底拒绝逃跑。根据《斐多篇》的说法，他与朋友和弟子们度过了生命的最后时刻，并与他们讨论了何为不朽。

如果你读完这本书，你会发现没有一个哲学家占据的篇幅像柏拉图或亚里士多德这样多。考虑到他们在哲学史上的独特地位，我们应该这样安排。首先，作为前苏格拉底学派的继承者和集大成者，他们发展了流传下来的思想，澄清了许多早期思想家没有被充分揭示的观点。其次，多年来，他们对人们的想象力产生了巨大的影响。虽然西方的思辨推理已经得到了充分的发展，但柏拉图和亚里士多德的影子一直在其中徘徊。最后，他们对哲学的贡献比他们之前或之后的哲学家更实际。几乎每一个哲学问题，他们都说过一些有价值的话。现在任何试图开宗立派的人，如果无视雅典的哲学，就会冒很大的风险。

柏拉图一生经历了雅典的衰落和马其顿的崛起。他出生于公元前 428 年，也就是伯里克利去世的第二年，所以他在伯罗奔尼撒战争期间长大。他死于公元前 348 年，享年八十岁。他出生于一个贵族家庭，所以他的教养是贵族式的。他父亲阿里斯顿的家世可以追溯到古雅典王室，而柏拉图的母亲克里提俄涅则出生在一个活跃于政治舞台的家庭。当阿里斯顿去世时，柏拉图还是个孩子，克里提俄涅后来改嫁她的叔父皮里兰佩，他是伯里克利的朋友和同党。似乎柏拉图在继父家的时间就是他性格形成的时期。有了这样的背景，他坚定地坚持公民的政治责任也就不足为奇了。他不仅在著名的《理想国》中提出了这些观点，而且付诸实践。他年轻的时候似乎被期望成为一名诗人，当他进入政治舞台时，人们或多或少也可以理解他的选择。然而，当苏格拉底被处决时，柏拉图的从政念头突然消失了。政治上的钩心斗角和险恶恐怖给这位年轻人的心中留下了不可磨灭的印象。在党派政治中，没有人能长期保持其独立性和尊严。柏拉图就是从这个时候开始献身于哲学的。

苏格拉底是他家的老朋友，柏拉图从小就认识他。苏格拉底死后，柏拉图和苏格拉底的其他弟子便前往墨伽拉避难，直到流言消失。之后，柏拉图似乎四处游历了好几年。他的旅行计划包括西西里、意大利南部，甚至可能包括埃及，但我们对这一时期几乎一无所知。不管怎么说，他在公元前387年又回到雅典，并创办了一所学院。这所学院位于离城市西北不远的树林里，这里与传奇英雄阿卡德谟斯的名字有关，所以该学院被称为阿卡德米学院。它的组织模仿了意大利南部的毕达哥拉斯学派，柏拉图在旅途中与这些学派有过接触。该学院是中世纪以来发展起来的各种大学的前身。作为一所学院，它已经存在了九百多年，比它之前和之后的任何类似机构都要长久。公元529年，它最终被查士丁尼皇帝关闭，因为这一古典传统的存在冒犯了他的基督教信仰。

学院里的各种学问大致与毕达哥拉斯学派的传统学科相似。算术和几何，以及天文学、声学，构成了学校所有课程的主要内容。另外不出所料的是，由于与毕达哥拉斯学派的密切关系，该学院非常重视数学。据说学院门口有一块碑文，上面写厌恶这类研究者不得入内。这些学科的传授需要十年的时间。

这种教育过程，旨在将人的思想从不断变化的经验世界转向其背后不变的框架，用柏拉图的话来说，就是将人的思想从变异转变为存在。然而，这些学科都不是独立存在的。归根结底，它们都依托于辩证法的原理，学习这些原理才是该学院教育中真正显著的特点。

在真正的实践意义上，即使在今天，这仍然是教育的真正目的。大学的作用不是把知识尽可能地往学生脑子里塞，大学真正的任务是引导学生形成批判性思考的习惯，引导他们理解对任何学科都有影响的原则和标准。

我们不可能知道这座学院的组织细节，但是根据文献资料，我们可以推测，它在很多方面肯定与现代高校相似。它配备了科学设备和图书馆，有讲座和研讨会。

由于这类学院提供了教育，智者的办学活动迅速减少。那些进入学院的人必须捐赠一些东西来维护房屋和设备，但是钱的问题在当时并不是关键问题，也不是因为柏拉图有钱到可以忽略这样的问题。重要的是学院的宗旨，它旨在培养人们独立思考的理性思维。他们不以任何与现实相关的事物作为学习目标，这与只研究实际事务的智者学派形成了鲜明的对比。

亚里士多德是该学院最早也最著名的学生之一，他年轻时去雅典求学，在该学院待了将近二十年，直到柏拉图去世。亚里士多德告诉我们，他的老师在讲课时并不准备讲义。从其他材料中我们得知，在研讨会或讨论组中，柏拉图会提出各种问题让学生回答。各种对话变成了书面的哲学论文，面向的是受过教育的大众而不是学生。柏拉图从来没有写过教科书，并且一直拒绝把他的哲学当作一个体系。他似乎已经感觉到，广阔的世界太复杂了，不能强行纳入预先设想的文本模式。

当柏拉图再次外出旅行时，学院已经建立了二十年。公元前367年，叙拉古的统治者狄奥尼索斯一世去世，他的儿子和继承人狄奥尼索斯二世继位。三十岁的他不成熟，没有经验，没有能力掌握像锡拉库萨这样重要的国家的命运。实际权力落到了狄奥尼索斯的姐夫狄翁手中。狄翁是柏拉图热情的朋友和崇拜者，是他邀请柏拉图去锡拉库萨，目的是教导狄奥尼索斯履行职责，使他成为一个知识渊博的人。虽然有成功从事这一工作的可能性，但这种可能性微乎其微，可柏拉图答应试一试。毫无疑问，这部分是因为他与狄翁的友谊，同时柏拉图也将之视为对自己学院声誉的挑战。这确实是柏拉图检验其统治者教育理论的时候了。科学教育本身是否能使从事政治事务的政治家成为更聪明的思想家当然值得怀疑，但柏拉图显然认为是可行的。如果希腊西部准备坚持反对迦太基日益增长的力量，那么西西里的强大统治者是必不可少的。而且，如果数学上的某种训练能把狄奥尼索斯变成这样的人，那么好处会更多；如果尝试失败了，无论如何也没有坏处。柏拉图在一开始取得了一些进展，但没有持续多久。狄奥尼索斯没有精力去忍受长期的教育过程。况且就他自己的资历来说，他是一个非常惹人讨厌的阴谋家。他嫉妒狄翁对叙拉古的影响和他与柏拉图的友谊，于是强行驱逐了他。柏拉图继续留下来，但因为什么也做不了，便回到了雅典的学院。他试图从远处改善各种情况，却徒劳无功。公元前361年，他再次前往锡拉库萨，试图

做最后一次努力来纠正各种事情。他花了将近一年的时间试图
制定一些切实可行的措施来团结西西里的希腊人对抗迦太基，
然而保守派的敌意显示这是不可能成功的事情。在第一次面对
生命危险的情况下，公元前360年，柏拉图设法从西西里回到
了雅典。之后，狄翁用武力夺回了自己的位置。狄翁不顾柏拉
图的警告，很快便暴露出自己并非一个高明的统治者，最终死
于谋杀。虽然柏拉图仍然尽力说服狄翁的追随者执行旧政策，
但没有人听他的建议。正如柏拉图所料，西西里没有逃脱被外
人征服的命运。

公元前360年回国后，柏拉图回到学院专心讲学写作。在
生前，他一直是一位活跃的作家。在古代所有哲学家中，柏拉
图是唯一一个作品几乎完整地流传下来的人。如上所述，他的
对话不必被视为对哲学主题的正式和技术性的阐述。柏拉图对
困扰这种探究的困难极其敏感，所以他永远不会像未来的许多
哲学家那样，热衷于建立一种体系以终结所有哲学问题。他是
一位无与伦比的哲学家，不仅是一位伟大的思想家，也是一位
伟大的作家。柏拉图的作品使他成为世界文学史上最杰出的人
物之一。不幸的是，这一特征在哲学上已经成为例外。现在有
大量的哲学著作，它们华而不实，烦琐而夸张。的确，在某些
地方，这几乎是一种传统，哲学著作必须晦涩才能深刻，流畅
的风格毫无意义。可遗憾的是，正是这种传统吓跑了对哲学感
兴趣的门外汉。当然，人们不必想象在柏拉图时代，受过教育
的雅典人一眼就能读懂那些对话并欣赏其哲学价值。这相当于
期待一个不懂数学的门外汉读一本关于微分几何的书并从中受

益。不过，你可以读柏拉图的书，他的书比大多数哲学家的书更有价值。

除了对话，柏拉图的书信也流传下来，主要是写给他在锡拉库萨的朋友。作为历史文献，这些信件很有价值，但没有特别的哲学意义。

我们有必要谈谈苏格拉底在对话中的作用。苏格拉底本人从来没有写过什么，所以我们对苏格拉底哲学的了解主要是通过柏拉图。然而，柏拉图后来的著作发展了他自己的理论，因此我们必须在对话中区分柏拉图的东西和苏格拉底的东西。这种任务有点棘手，但绝不是不可能的。例如，柏拉图在著作中批评了苏格拉底的一些早期理论，我们可以根据柏拉图自己的判断判定这些著作属于柏拉图的晚期作品。一般认为，对话中的苏格拉底只是柏拉图的代言人。借助这种写作技巧，他提出了当时贯彻他思想的各种观点。然而，这种赞美与事实不符，并不受人欢迎。

柏拉图对哲学的影响可能比任何人都大。柏拉图是西方哲学的一大支点，他是苏格拉底和前苏格拉底哲学的继承人，学院的创始人和亚里士多德的老师。也许正是因为这一点，法国逻辑学家戈布洛声称，柏拉图的思想不是普通的形而上学，而是独特的形而上学。如果我们还记得苏格拉底和柏拉图的区别，我们可以更准确地说，是柏拉图笔下苏格拉底的理论对哲学产生了重大影响。柏拉图思想本身的复兴是一个相对现代的事情。在科学领域，它可以追溯到17世纪初；就哲学本身而言，它属于我们这个时代。

学习柏拉图，关键是要记住数学的主要功能。这是柏拉图区别于苏格拉底的标志。在早期，他对科学和数学的兴趣逐渐消失了。在随后的几年里，光是认真领会柏拉图的理论是不够的。柏拉图把他的严肃研究转向了数字的神秘性。不幸的是，这种扭曲并不像人们希望的那样不寻常。当然，数学仍然是逻辑学家特别感兴趣的领域，但我们必须开始审查可以在对话中讨论的一些问题。作品的文学特征可能不容易传达，不过这也不是我们主要关心的。即使在翻译中，这些特征也得到充分保留，这表明哲学不一定读起来很难才有意义。

一提到柏拉图，人们就会马上提到理念论。这是苏格拉底在一些对话中提出的。它究竟应该归功于苏格拉底还是柏拉图，一直存在争议。虽然《巴门尼德篇》是一篇柏拉图后期的对话，但它描述了一个苏格拉底还是年轻人的场景，而此时柏拉图尚未出生。我们可以看到，苏格拉底试图坚持用理念论来反对芝诺和巴门尼德。在其他场合，我们发现苏格拉底与一些人交谈，这些人当然精通理念论。它起源于毕达哥拉斯学派。我们可以看看《理想国》对它的解读。

让我们从以下这个问题开始：什么是哲学家？字面上，这个词的意思是爱智者。但不是每个对知识好奇的人都是哲学家。这个定义必须是有限的：哲学家是爱真理的人。艺术收藏家喜欢美丽的事物，但这并不意味着他是哲学家。哲学家热爱美本身。爱美之事物者在梦里，爱美之本身者则是清醒的。热爱艺术的人只有见解，热爱美的人则有知识。然而，正如巴门尼德所说，知识必须有一个对象，而且它必须是关于存在或不存在的知识。知识是固定的、确定的，它是消除错误的真理。相反，意见可能是错误的，但因为意见既不是存在者的知识，也不是不存在者的知识，所以它们必须既是存在者又是不存在者的知识，这种观点来自赫拉克利特。

因此，苏格拉底认为，我们通过感官所能把握的一切特殊事物，都具有对立的特征。一个特殊而美丽的雕像也有一些丑陋的方面。一个具体的东西，从某个角度看大，从另一个角度看小。所有这些都是意见的对象。但是"美"和"大"不是感官给我们的，它们是不变的、永恒的，它们是知识的对象。通过结合巴门尼德和赫拉克利特，苏格拉底创造了"理念"或"形式"理论，这是前两位思想家所没有的新东西。希腊语中"理念"一词的意思是"图形"或"模型"。

这个理论有逻辑学和形而上学两个方面。在逻辑学方面，具体的特殊事物与我们用于指示它们的一般性指称是不同的。这样，"马"这个一般性指称不是单指这匹马或那匹马，而是指所有马。它的意义独立于各种特殊的、具体的马及其偶然属性。它不在空间和时间中，它是永恒的。就形而上学而言，"马"这个一般性指称指的是一匹"理想"的马，即马本身，它是独一无二的、不可改变的。特殊的、具体的马是它们被归类为"理想"马或"理想"马的一部分。理念是完美的现实，而特殊的、具体的东西是有缺陷的，仅仅是现象。

柏拉图著名的洞穴比喻有助于我们理解理念论。没有哲学思维的人就像是洞穴里的囚犯。他们被锁链锁住，无法转身。他们身后有一堆火在燃烧，他们面前有一堵空白的墙，把后面

的山洞隔断了。在这面墙上，就像在屏幕上一样，他们看到了
自己的影子和他们与火之间的东西的影子。因为他们看不到其
他东西，他们认为影子是真实的东西。最后，一个人摆脱了枷
锁，摸索着寻找那个洞穴的出口。在那里，他第一次看到阳光
照耀在现实世界的真实事物上。他回到洞穴，告诉他的狱友他
发现了什么，并试图表明那些东西只不过是现实的模糊反映，
一个纯粹的阴影世界。然而，看到太阳后，他的视力已经被太
阳的光芒弄得眼花缭乱，他发现现在更难分辨那些影子了。他
试图告诉囚犯通往光明的路，但在他们看来，他比逃跑前更愚
蠢，所以很难说服他们。如果我们是哲学门外汉，那么我们
就像囚犯。我们只看到影子，也就是事物的现象。当我们成为
哲学家的时候，我们在理性和真理的阳光下看到了洞外真实存
在的事物。这种给予我们真理和理解力量的光，代表了善的
理念。

总的来说，这里提出的理论是受到毕达哥拉斯学派的启
发。如前所述，这不是柏拉图自己的观点，至少不是他后期或
成熟的观点。人们似乎很容易看到这个事实。在后期的对话
中，理念论首先被摧毁，然后彻底消失。反驳理念论是《巴门
尼德篇》的核心主题。巴门尼德与芝诺和苏格拉底的相遇并非
不可思议，它可被看作一个历史事件。虽然偶然说的话不太可
能在对话中转述，但所有的演讲者都符合他们的角色，他们的
观点与我们从独立材料中了解到的一致。我们知道，巴门尼德
年轻时受毕达哥拉斯学派的影响，后来与他们的理论决裂。因
此，理念论对他来说是新思想，他很容易就年轻的苏格拉底对

理念论的阐述予以批评。

巴门尼德指出，苏格拉底承认数学对象和诸如善与美的概念为形式，但否认它们是元素和相对卑微的东西，这是没有可靠理由的。这导致了更严重的问题。苏格拉底的理念论是形式与个别事物之间的联系。形式为一，个别事物却为多。苏格拉底在解释两者间的联系时使用了分有的说法。但是我们想一想，单一的形式是如何被众多的事物分有的，这是非常令人困惑的。显然，一种形式无法完整地存在于一个具体事物之中，因为如果这样，它就不再是一种形式。如果用另一种解释，称每个具体事物都包含形式的一部分，那么这种形式又有什么意义呢？

可见，这里出现了错误。为了解释形式和与其相关的具体事物，苏格拉底不得不提出分有的概念。在许多情况下，分有也是一种形式。对此我们会马上问这样一个问题：分有这种形式，如何一方面与原处的形式相连，另一方面又与具体事物相连？可见，这个问题不是仅靠两种类型的形式就能处理的，它会将人引向恶性的无限倒退：每当我们想要提出一个新形式以弥补断裂，紧接着就会出现一个新的断裂，这种弥补断裂的行为无异于赫拉克勒斯的任务，可赫拉克勒斯的任务尚有完结的一天。这就有了著名的第三者论证，该论证得名于一个具体的实例，其讨论的是人的形式。苏格拉底试图避免困难，所以他提出形式是原型，个别事物与之相似，但这也成了第三者论证的牺牲品。因此，苏格拉底无法解释形式是如何与个体事物联系在一起的。不过，我们也可以直接指出来，虽然人们一直认

为这些形式是不可感知的，但其存在却是合理的，它们在各自
的领域中只能与自己和具体事物联系在一起。如此看来，形
式似乎是不可知的。但如果形式是不可知的，那么它们肯定
是虚幻的，不能解释任何事情。因此，我们可以从另一个角度
来问这个问题：如果形式是独立的，与我们的世界无关，那么
它们有什么意义？反过来，如果它们与我们的世界有关，那么
它们就不能属于自己的领域，所以这种形式的形而上学是不成
立的。

　　我们将在后面看到柏拉图本人是如何解决共相这一难题
的。这里我们只需要指出，苏格拉底的理论经不起严格的分
析。在《巴门尼德篇》中，这个问题还没有被进一步追查。巴
门尼德转向不同的问题，揭示出即使在苏格拉底的形式领域，
情况也无法令人满意。芝诺精妙的辩证法揭示了苏格拉底认为
一切形式都是相互分离的想法是不可靠的，这为柏拉图解决该
问题奠定了基础。

　　然而，若回到理念论在毕达哥拉斯那里最初的原型，我们
仍会发现某种困难。正如我们在前面指出的，理念论是在解释
数学论证对象时产生的。当数学家建立三角学时，他们显然不
关心人们实际上可能在纸上画出的任何图形，因为任何实际的
图形都有缺陷。无论人们如何努力画出一条准确的直线，它永
远不会完全准确。从这一点出发，我们得出结论：完美的直线
属于一个与现实不同的世界。因此，我们认为形式的存在不同
于感知对象的存在。

　　乍一看，这个观点似乎有点模糊。例如，人们坚持认为两

个可感知的物体几乎完全相同，但不是完全相同；看似合理的是，它们可能倾向于相同，但它们永远不可能完全相同。要让它们完全相同即便不是不可能的，也是非常困难的。另一方面，让我们以两件不相同的事情为例。我们一般可以一目了然地看出两者的不同，因此不同的形式在可感知的世界中可以完全地、清晰地显现出来。我们不会用正式的术语来解释这一点，但我们可以反思一下，看看我们通常是如何提出这样的问题的。我们自然会谈到两件几乎相同但不完全相同的事情，但如果这两件事情几乎完全不同，那么人们便没有充分的理由谈论这两件事情。这种批判直接击中了理念论的要害。

人们可能会问，如果爱利亚学派对理念论的攻击如此具有破坏性，为什么苏格拉底还要坚持这一理论？苏格拉底非常清楚这种破坏性，但改变这个问题的表述似乎更为关键。无论如何，人们的善良不能像他们头发的颜色一样被看到。但即使在这个领域，苏格拉底也对这个理论有点不满意，尽管他从未提出过其他理论。这里似乎有一种这样的暗示：答案并不在事物之中，而在我们对事物的讨论里。正是在这个方向上，柏拉图继续了他对共相问题的研究。

柏拉图在《斐多篇》中顺便提到了这个问题，尽管他没有继续发展这个方面的问题。柏拉图在《泰阿泰德篇》和《智者篇》中再次提出了这个问题。

《理想国》可能是柏拉图最著名的对话。它包含了许多哲学思考的雏形，直到我们这个时代，许多哲学家仍在继续这种研究。这篇对话的名字源于对建设理想国家的讨论。我们将在下面描述的就是这一讨论。我们知道，希腊人的国家是城邦式的，希腊语中"政体"一词的本义就是"城镇"，它包括了城镇中良性运行的整个社会网络。我们如今使用的"政治"一词也源出于此。

对柏拉图来说，理想国家的公民分为三个阶层：护国者、士兵和劳动者。护国者是一小撮精英，只有他们能行使政治权力。当国家刚建立时，立法者任命了护国者，这一身份将被他们的后代继承。但在下层阶级中，优秀的孩子可以被培养成为统治者，而护国者自身无用的后代可能沦为士兵或劳动者。护国者的任务是监督法典编纂者意志的执行。为了确保他们能做到这一点，柏拉图有一整套计划，包括如何培养和如何生活。他们应该在精神和身体上受到教育。在灵魂方面，有音乐教育，即由缪斯女神掌管的各种艺术。在身体方面，有体育教育，即运动，但这种运动不需要团队或比赛。音乐或文化方面的培训旨在培养人的修养。英国人所理解的"绅士"概念就起源于柏拉图。年轻人必须被培养成有尊严、有礼貌、有勇气的人。为了实现这个目标，要读的书应该严格筛选。诗人的作品必须被禁止，因为在像荷马与赫西俄德的诗作中，神的行为像一个有争议和无节制的人，这有害于神的威严。柏拉图想要的神不仅是整个世界的创造者，更是世间唯一的善。另外，任何可能会引起对死亡的恐惧，或者向往放荡的行为，或者引起这样的怀疑的事物都需要严加禁止，因为当善被破坏时，恶就会滋长。在今天的狭隘意义上的音乐也要审查：只有那些促进勇气和培养涵养的形式或节奏才被认可。他们必须吃清淡的食物，这样他们就不需要医生了。他们年轻时必须放弃庸俗的东西。但是到了一定年龄，他们不得不应对各种恐惧和诱惑。如果他们能抵抗这些，他们就适合当护国者。

护国者的社会和经济生活是严格的共产主义。他们有自己的小房子，但仅能满足他们个人生存所必需的条件。他们在群体中一起吃简单的伙食。该阶层中性别完全平等，全部妇女是全部男子的共同的妻子。为了维持他们的人数，统治者在某一庆典之日将适当的男人和女人聚到一起，据说通过抽签挑选，但实际上是按照生育出健康后代的要求进行配对。孩子在出生之日便被带走，一起养育，没有人知道谁是他们的双亲或者他们是谁的孩子。那些未受认可的婚姻所生的孩子是不合法的，而畸形的或者与下等阶层生出的孩子则会被抛弃。于是，私人感情逐渐减弱，而公共精神越来越强。最好的被挑选出来接受哲学训练，掌握哲学者是最合格的护国者。

当公众利益需要时，政府有权撒谎。特别是，它将灌输"忠实的谎言"，并将这个勇敢的新世界描述为神圣的。只需两代人的时间，谎言就会成为无可争议的信仰，至少在民众中间可以实现。

最后，我们来看看柏拉图对正义的定义，正是这个问题引出了整个《理想国》的讨论。柏拉图之所以提出理想国的理念，是因为他觉得直接而广泛地讨论正义是可能的。当每个人都用自己的头脑来指导自己的事情时，正义就占了上风。每个人都做自己的工作，不干涉别人的事，这样，政治有机体就能安全有效地运行。在希腊语中，正义与和谐的概念有关，即只有每个部分都能正确运作，整体才能合理运行。

在这里，我们确实看到了一个可怕的国家机器的景象，其中的个人几乎消失了。《理想国》中描述的乌托邦是阿道司·赫胥黎在《美丽新世界》中一系列类似幻想的先驱。这无疑会给处于一定地位的权贵以鼓励，影响巨大的社会变革，完全无视他们将遭受的严厉惩罚。这种观点无论在哪里流行，都必然会出现这样的情况，即人们被迫适应预先构想好的制度。国家应为人民服务，而人民不该是国家的奴隶，即使在今天，这种观点在很多地方仍被视为一种大逆不道。国家与人民之间的平衡点在哪里仍然是一个复杂的问题，但它在这里无关紧要。总之，《理想国》中的理想国家，让很多反对其原则的人给柏拉图贴上了可怕的标签。因此，我们必须考察其政治理论的确切含义。

首先，我们必须记住，柏拉图晚年在政治问题上的发展转向了完全不同的方面。我们过会儿再看这个。《理想国》中的理想国家是苏格拉底的，而不是柏拉图的，它似乎直接受到了毕达哥拉斯学派理想的启发。这就引出了问题的关键。理想的国家实际上是以正确的方式管理国家的科学家的观点。作为科学家的典范，很可能会诱导社会工程师发起巨大的变革，而他天真地认为自己是在科学地从事这样的变革。如果技术专家为所欲为，那么这就是他们会做的事情。《理想国》对这种想法做了很多说明，但归根结底，它只是一个讨论和澄清问题的模型。苏格拉底正是带着这样的意图提出了这个模型。这显然只是一个在尘世可能出现的天堂中的某些过于极端的措施。此外，我们必须考虑某种程度的反语。例如，没有人真的想肃清诗人，也没有人真正深思熟虑地提出一个完整和彻底的共产主义。理想国的一些特征是通过观察现实中存在的斯巴达而自然构想出来的。毕竟，模型就是模型，人们并不认为这是一幅现实中的新城邦的蓝图。柏拉图后来参与叙拉古政治时，并没有试图按照这种模式建立一个理想的国家。如上所述，他的目的更加谦虚和实际，旨在让被宠坏的国王成为这样一个适合指导一个越来越引人注目的重要城邦事务的人。柏拉图的失败是另一回事，这只能证明，教育不是人们通常认为的那样，而是一种治疗一切疾病的良药。

在晚年的对话中，柏拉图再次回到政治问题的讨论上。在《政治家篇》中，我们找到了对城邦中可能存在的不同政治组织的解释。不同的可能性取决于不同的统治者及其统治方式。我们可能有君主政体、寡头政体或民主政体，每一种政体都可以按照法律原则运作，也可以没有法律，这便形成六种不同的组合。如果没有法治，权力掌握在很多人手中，那么这种政体的危害最小，全社会也无法形成统一的目标。另一方面，如果有法治，民主是最糟糕的政府形式，因为任何事情都需要一个共同的目标才能成功。所以，人们更喜欢君主。

还有一种可能是混合制度，它吸收了六种单一制度的一些要素。在最后的一篇对话《法律篇》中，柏拉图最终承认，在我们的世界里，哲学王似乎无处可寻。我们能做得最好的，就是在法律原则的指导下，把专制和民主结合起来。这篇对话对如何组织这一系统以及如何挑选官员给出了非常详细的指示。

关于教育，它还详细解释了我们现在称之为中等教育的时间和内容安排。在希腊化时代，这种教育成为年轻人受教育过程中的一个固定阶段，其制度的基础就源自《法律篇》。

可见，《理想国》的政治理想不是使那种正义的国家成为现实。在这方面，反倒是与之完全不同的柏拉图的后期思想，对政治和教育给出了非常现实且实用的建议。这些建议有很多都为后世采纳，只是其源头很快便被人们遗忘。这些建议和《理想国》中的政治体制并不一样。作为一种制度，总的来说，它被人们误解了，其引人注目的条款不止一次吸引来热情的支持者。而接受实验的人则像实验室中的小白鼠一样备受其害。正是因为这种情况，柏拉图有时被描述为这些人的先驱，他们起初不理解他，然后凭借他的力量匆忙做出错误的行动。

我们必须承认，即使是柏拉图也表现出了一定的政治思想局限性。在这方面，他不可避免地有一种希腊人对野蛮人的那种常见的距离感。我们很难确定这是一种自我意识的优越感，还是来自毫无戒心的希腊文化的自然而然的思维方式。无论如何，柏拉图在《法律篇》中仍然坚持，人们在建设新的城邦时，必须选择远离海洋的地方，以避免贸易和与外国人接触带来的腐化堕落。这当然会造成一些困难，因为一个国家的贸易活动必须维持在一定的活跃程度。对于那些没有私有财产的人来说，有必要以某种方式谋生。在谈到学院教育的教师时，柏拉图还特别强调必须给这些教师以薪资，而且这些教师必须是外邦人。

归根结底，这种在政治问题上的孤立态度源自希腊世界无法实现一个更大、更实际的组织。他们面临的政治生活是静态的，而他们周围的世界正在迅速变化。这是希腊政治思维的主要弱点。罗马帝国最终将建立一个世界性的国家。如果说罗马人不像希腊人那么富于创造性，那么罗马人同样也没有希腊人那种基于城邦政治的极端个人主义。

因此，就政治理论而言，一方面，我们可以将苏格拉底的理论与柏拉图的后续发展区分开来；另一方面，他们分享了一般社会理论的一些特征。这些特点都体现在他们的教育观上。事实上，他们的研究只是为了阐明希腊人研究传统的观点。让我们回忆一下，科学和哲学是在学校或社会中进行的，在那里老师和学生密切合作。看来我们已经了解了重要的真相。从一开始，学习就不是一个接收信息的过程——尽管接收过程必定存在，教师的作用既不是唯一的，也不是最重要的。这在今天确实比那个时代更明显，那个时代的文字记录比现在更少，更难找到。我们有理由认为，任何会阅读的人都可以从图书馆收集信息。教师比以往任何时候都更不应该被要求简单地传达信息。这为希腊哲学家增添了光彩，他们可能已经明白如何从事真正的教育。老师的角色是提供引导，引导学生理解这个世界。

但是学会独立思考不是一蹴而就的事情。这种能力必须通过个人的努力和能够指导这些努力的导师的帮助来实现。这是一种有监督的研究方法，就像我们今天在大学里看到的那样。可以说，学校如果能实现其真正的功能，就会培养出学生独立思考的习惯以及摆脱偏见的研究精神。在今天，无法完成这一任务的大学显然已经退回到灌输信息的层面，而这种失败也带来了更严重的后果。不论是缺乏勇气还是缺少训练，在独立思考消失的地方，宣传与独裁的毒草就会不可遏制地疯长。因此，压制批评的后果会比很多人想象的要严重。压制批评无法让社会成员充满活力地团结在一起，而只会把一种脆弱又无聊的统一性强加给国家。不幸的是，那些位高权重之人并非总能认识到这一点。

因此，教育是在教师指导下学习独立思考。事实上，这种做法是从米利都学派开始的，而毕达哥拉斯学派明确承认了这种做法。法国哲学家索雷尔其实已经说过，哲学原本不是爱智慧的意思，而是"与智慧的友谊"。当然，这里的"友谊"指的是毕达哥拉斯学派的那种兄弟情义。不管这种理解是否正确，它至少强调了科学和哲学是在一种传统中共同成长起来的，而不是彼此孤立地发展。同时，我们也理解为什么苏格拉底和柏拉图强烈反对智者学派，因为这些人只是提供有用的知识，而且他们的教导也十分肤浅。他们可能在某种程度上能够引导一个人在各种情况下做出有效的反应，但这种信息的积累是没有基础也经不起考验的。当然，这并不是说名副其实的老师不会偶然遇到无望的情况。事实上，教育过程的独特之处正在于它需要师生双方的共同努力。

苏格拉底认为，这种教育理论与另一种思想有关，这种思想可以追溯到早期的毕达哥拉斯学派。在《美诺篇》中，学习被视为记住以前存在过，后来又忘记的已知事物的过程。正因如此，学习需要师生双方的共同努力。构建学习回忆说的理由如下：显然受到了毕达哥拉斯灵魂轮回观点的影响，苏格拉底认为灵魂会经历一系列与身体或分或合的状态；与身体分离的灵魂就像是睡着了，而当灵魂与身体相合并处于清醒状态时，灵魂此前学过的知识也一定会被唤醒。因此，苏格拉底试图通过向美诺的一个小奴隶提问来证明这一点。除了懂一些日常用语，这个孩子几乎没有接受过我们所说的任何教育。然而，苏格拉底只问了一些简单的问题，就成功地诱导这个孩子画出了一个比已知的正方形面积大两倍的另一个正方形。我们必须承认，这种解释作为回忆理论的证据并不完全令人信服，因为每当这个孩子误入"歧途"时，苏格拉底都会帮助他认识到自己的错误。但另一方面，它是对教育恰当而准确的描述。正是学生和老师以这种方式交流，产生了一个真正的学习过程。在这个意义上，学习可以被描述为一个辩证的过程。在这方面，这个词展现出它最原始的希腊语含义。

有趣的是，这种教育理念在与学习和哲学完全无关的日常口语表达中留下了痕迹，比如我们说某一事物"唤起"或"唤醒"了一个人的兴趣。在日常语言发展的漫长过程中，这不过是个小例子，但我们也能从中看出，日常语言中蕴含着过往的哲学理念。对于那些把日常语言奉为神明，认为哲学研究无法企及该领域的人，这个例子无疑将对他们大有裨益。

就回忆理论而言，苏格拉底用它来试图证明灵魂的不朽。这种观点在《斐多篇》中有描述，尽管人们可以评论说这不是一个成功的例子。无论如何，后期毕达哥拉斯学派在无意中形成的灵魂转生理论，还是值得我们回顾一下。如前所说，他们对于灵魂的构思是以和谐的理念为基础，但这种想法却导致了灵魂必死的矛盾结论。在回忆学习方面，我们可以注意到，心理治疗的实践也是基于唤起过去记忆。精神分析虽然有许多神秘的因素，但它比基于休谟的联想心理学更能准确地把握教育与治疗的关系。广义来说，教育是苏格拉底的灵魂疗法。

这是一个通向知识进而通向善的过程，也是一种通过知识和洞察力获得的自由的生活方式，而无知则是自由之路上某种需要克服的障碍。我们可以在黑格尔哲学中找到类似的观点，其中自由意味着人们对必然性的理解。

在《美诺篇》中也许还有一个更加重要的问题，虽然这个问题不像在《游叙弗伦篇》那样吸引人，这便是对逻辑的定义问题。在《游叙弗伦篇》中，游叙弗伦提问何为虔敬，其中的对话表明他想给这个词下一个定义，然而他的所有努力都白费了。不过这无关紧要，重要的是，苏格拉底在对话中让游叙弗伦明白了形成定义需要什么，从而阐明了由"属"和"种差"定义的形式逻辑的特征。

在现代读者眼里，这种处理逻辑问题的方式有点奇怪。今天，我们已经习惯了亚里士多德以及教科书上那枯燥又笨拙的解释。柏拉图的那种对话形式虽有不少模仿者，但那些模仿作品已经不合时下人的口味。可遗憾的是，我们仍不能说今天的哲学创作文体是更好的。对话的创作方式对作者的写作要求比其他任何方式都高，在这方面，柏拉图的早期对话是无可匹敌的。我们必须记住，我们谈论的是苏格拉底死后不久创作的对话。此时，柏拉图自己的思想虽还在酝酿当中，但他作为戏剧艺术家的天赋却被发挥到了极致。因此，这些对话作为文学作品比后期作品更具可读性，但是其哲学内容也更难被发现。

　　在一些早期对话中，当对话者被要求给一个术语下定义时，我们会发现对话者常常会犯一些基础性错误。他们没有给出定义，而是给出一些例子。和游叙弗伦一样，众人对何为虔敬这个问题不知该怎样回答。游叙弗伦说虔敬就是谴责那些蔑视宗教的人，但这根本不是一个定义，因为他只是说了一种行为，而除了这个行为之外，还有其他的行为可被用来举例。至于何为虔敬，我们仍然像过去一样不知所措。就像有人被问到什么是哲学家，他回答说苏格拉底是哲学家。如果我们回忆一下对话的背景，那么这种情况就是一种令人愉悦的反语。为了弄清自己被指控罪名的性质，苏格拉底打算前往法庭，他在路上遇到了游叙弗伦，游叙弗伦刚好也有法务在身——他要控告他的父亲，理由是他父亲因疏忽而使一个奴隶死亡。游叙弗伦的行为符合当时雅典的传统和习惯，因此他对自己信心十足。那些对自己所属群体约定俗成的规矩盲目遵从的人，总会表现出这样的神态。于是，苏格拉底便奉承他，称其为伦理道德方面的专家，想要向他讨教。游叙弗伦自然以这方面的权威自居。

　　把伦理问题搁置一边，我们发现苏格拉底成功地解释了逻辑中的一些必要成分。我们追问的是虔敬的"形式"，将之用一句话表达出来，使虔敬成为其所是。用平常的话来讲，就是要把关于虔敬的必不可少的要素说出来。比如，若某种动物拥有理性，那么它就是人，刚会爬行的幼儿或许被排除在外，因为他们和其他四足动物没什么区别。我们可以用两个相交的圆来表示：一个圆表示动物，另一个圆表示理性，而有待定义的"人"则是两个圆相交的部分。在这种情况下，"人"作为一种"动物"，受到了"理性"的限定。在这里，"动物"就是"属"，"理性"就是"种差"。如果你愿意也可以这样理解：人是有物种差异的动物，这种物种差异就是理性。至少教科书上是这样写的。不过如果我们仔细想一想，我们就不免会怀疑，尽管这个定义在形式上是正确的，其本质却难保不是一个善意的错误。

在伦理道德方面，这篇对话对雅典的官方信仰给出了一些解释，也解释了为什么苏格拉底的伦理观与这种宗教不同。这就是专制伦理和原教旨主义伦理的区别。当苏格拉底要求游叙弗伦把自己关于"虔敬就是众神一致认可之事"这个定义加以说明时，他便把这个问题引向了关键之处。苏格拉底想要确认，一个人是否虔敬，是否取决于他获得了众神的认可。显然，这是对游叙弗伦回答的一种隐晦的批评。苏格拉底认为，虔敬的关键在于，神降下了一道命令，而人能不能完成它。在拥有官方信仰的雅典，虔敬就意味着公民大会的法令应被服从。然而奇怪的是，苏格拉底虽也同意这是一个政治实践的问题，但他认为自己有必要对政府本身的活动进行伦理质询。这种伦理质询，像游叙弗伦这样的人可能会做，也可能不会做。这便立即将我们引向那古老的、分裂的、彼此矛盾的处境。如我们前面所言，这正是希腊悲剧的一项重要主题。这绝不是一个腐烂的、已被埋进土里的问题，通过观察法律和正义之间的关系，我们就会发现这个问题与我们息息相关——当我们被要求遵守明显不正义的法律时，我们要怎样做？当我们对独裁者的顺从将整个世界推向不可挽回的毁灭威胁时，这个问题比以往任何时候都更加鲜活。

游叙弗伦和苏格拉底的区别归根结底在于，前者把法律看作静止的东西，而苏格拉底的观点意味着法律不是一成不变的。虽然苏格拉底没有说这么多话，但他现在似乎是社会理论的经验主义者。因此，他应该探索一些常见的做法是好是坏，而不论做这些事的人是谁。这使他很可能遭受国家的敌视和迫害，他必然知道这种情况。看来这确实是攻击正统的异端思想家的共同命运。尽管他们的行为可能是出于纯粹的正义，以纠正对他人的不正义，但社会对他们表现出的敌意是一样的。

苏格拉底对雅典法律的态度体现在《克里同篇》中，在这篇对话里，苏格拉底表明自己不愿意为了逃避死刑而逃亡。即使法律不公平，也必须遵守，否则法律将不再有任何信誉可言。然而他不明白，自己之所以会被判死刑，正是因为法律的不公。

苏格拉底对权威不一致的态度使他鄙视逃避，这是解决问题的一个简单方法。因为他拒绝妥协，强迫法庭执行死刑，他成了自由思想的殉道者。描述他临终时刻的《斐多篇》是世界文学史上的杰作之一。这篇对话的核心是试图证明灵魂是不朽的。我们不必在这里考虑争论的细节。作为一种论点，它并不完美，尽管它是围绕身心关系展开了一场有趣的辩论。对话结束于一个观点的达成，没有人准备提出进一步的反对意见。那

些在场的毕达哥拉斯主义者其实并不难看出最后的观点仍有可
诘难之处，但鉴于这件不祥之事，以及众人的悲悯之情，苏格
拉底那些在场的友人不愿提出怀疑。这篇对话在哲学方面最重
要的部分就是它对假设和演绎的阐述，这是所有科学论证所必
需的框架。

因为论证中各种无法解决的困难，某种压抑在一群人身上
滋生。当苏格拉底解释这个问题的时候，他警告他的朋友不要
厌恶讨论、不信任或否认一般性的论点，然后他开始正式总结
他的方法。

我们必须从某些假定或假说开始。这两个词的意思相同，
都有放什么东西在下面的意思。至关重要的是，我们必须确定
论点的基础。从假设出发，我们推导出结论，看看结论是否与
事实相符。这就是"保全体面"最原初的意思。如果一个假设
的结果与事实相符，那么这个假设无疑维护了事物的现象，使
之能被完善地解释。这个想法无疑与后期毕达哥拉斯学派的天
文学有关，尤其是行星的概念。行星显现出来的不规则运动，
无法与形而上学那种简单的构造相符，因此必须有一个简单的
假设来挽救这种矛盾。

如果事实与假设的一系列结论不一致，那么我们就会抛弃
这个假设，而必须尝试一些其他的假设。需要注意的是，假设
本身并没有被证明。这并不是说我们选择的出发点完全是武断
的，而是说即使是为了论证，出于当时最低限度的信任，你也
必须从所有讨论者都承认的事情出发。假设的证明完全是另一
回事，所以我们必须从更高的起点出发，也就是说，这里讨论

的假设可以证明是一个结论。这正是苏格拉底设想的辩证法的任务。我们必须打破不同科学的特殊假设，以排除它们的特殊意义。归根结底，辩证法的目的是达到最终的出发点——善的形式。当然，这会突然间使我们丧失希望，但现实是理论科学总是朝着一个更普遍的方向发展，并统一了乍一看似乎完全不同的领域。在数学哲学家眼中，更专业的学科是算术和几何的统一，大约两千年后，笛卡尔终于以非凡的天赋解决了这个问题。

我们已经知道，苏格拉底不是第一个用假设来论证的人。爱利亚学派很早就用这种方式去反对那些坚持各种信念的人，但他们的目的通常是破坏性的。苏格拉底的新颖之处正是用这种方式去维持事物的现象。换句话说，问题在于给我们观察到的事实一个积极的解释，或者说是逻各斯。给出一个解释，意即我们根据假设解释各种事实。值得指出的是，在这种研究方法中，隐藏着一个伦理概念，即已经被解释的事实比没有被解释的事实在某种程度上更好。我们可以回想起苏格拉底的坚持，即未经审视的生活是不值得一过的。归根结底，这一切都与毕达哥拉斯学派对探究的理解有关，在他们看来，探究本身就是善的。此外，统一将变得越来越大，最终把所有事物都包含在善的理念之下。就某种程度而言，这也是爱利亚学派显现出积极一面的地方。苏格拉底的"善"与爱利亚学派的"一"有一个相似之处，即理论科学是以这些思想所隐含的方式发展的。

假设和演绎的方法从来没有像《斐多篇》中所说的那么

好。奇怪的是，苏格拉底似乎从未发现这种方法与他的知识和意见理论出奇地不一致。因为显而易见，由假设推导出的理论要求被维护的现象不可以是错误的，否则现象与假设推导的理论将无法比较谁真谁假。另一方面，感官无法把握现象，人们坚持认为这些感官产生容易出错的意见。因此，如果我们严格采用假设和演绎理论，那么我们就必须抛弃知识和意见的理论，就其基于知识和意见的差异而言，它间接削弱了理念论的基础。这就是经验主义者所做的。

还有一个根本没有涉及的问题，即最初的假设如何建立起来的。我们无法就这个问题给出一个大致的答案，并且也无法保证对此问题的研究能够成功。苏格拉底没有提出这个问题，表明了他自己的局限。"发明逻辑"这种事情，毕竟是不可能的。

《斐多篇》显然是一部历史文献，其意义不亚于《申辩篇》，它表现出苏格拉底至死都坚持自己的人生态度。他善解人意，傲岸而不自觉，勇敢而冷静。他觉得过分表露自己的情绪有损自己的尊严。在饮下毒芹汁前的最后一刻，他斥责自己的朋友对这件事太过紧张。在淡定地喝完毒芹汁后，他安然躺下，等待死亡的来临。他最后让他的朋友克里同给阿斯克勒庇俄斯献祭一只公鸡，这似乎是在表达，灵魂经由死亡从身体中抽离，就像大病痊愈一样。

我们已经在介绍《巴门尼德篇》时讨论过巴门尼德对苏格拉底理念论的批评。在《泰阿泰德篇》这篇似乎与《巴门尼德篇》写于同一时期的对话中，我们确定柏拉图抛弃了苏格拉底的观点，他自己的思想开始成型。我们可以回想一下，对于苏格拉底来说，知识是关于形式的，而感官只产生意见。这种观点正确地强调了数学知识和感性经验之间的一些区别，但作为一般的认识论，它从未成功过。事实上，《巴门尼德篇》表明它可能会成功，而《泰阿泰德篇》试图再次处理这个难题。

苏格拉底仍然是对话的中心人物。由于该篇对话讨论的是对《理想国》中关于知识论的批判，所以让苏格拉底来引领这场对话无疑是合适的。但是苏格拉底的观点在这里不再占据主导地位，在随后的对话中，柏拉图终于提出了自己成熟的观点。他用一种技巧介绍一个陌生人来宣布他的理论，苏格拉底则退居二线。

为此篇对话命名的泰阿泰德是一位著名的数学家，他以算术和几何闻名。他发明了一种解二次方程不尽根数的方法，并完善了关于正四面体的理论。这场对话的时间被设定在苏格拉底受审前不久，此时泰阿泰德作为一个前途光明的年轻人出现。这篇对话也有纪念泰阿泰德的意味，因为他在公元前369年科林斯战役后因伤去世。

这篇对话以一个善意的玩笑开始，并引出了一个问题：知识是什么？起初，泰阿泰德犯了通常的错误，他给出了各种例子而不是定义，但他很快就看到了错误，并着手给出一个初步的定义——知识是基本的感觉。这是一个常见的希腊术语，意思是任何一种感知。比如，我们使用"麻木"这个词，指的是感觉的丧失。将知识和感觉画等号，这和普罗泰戈拉"人是万物的尺度"并无二致。在感性知觉中，事物就是它们表现出的样子，所以我们不能犯错。随着讨论的展开，我们可以看到拟议的定义是不充分的。起初，我们很难说事物如其表现出的样子，因为没有什么是真正存在的。正如赫拉克利特所说，事物总是处于流变之中。事实上，感知是感知者和被感知者之间的互动。而且，普罗泰戈拉自己也会承认，针对某些情况的判断，虽然一个人的意见并不一定好过别人的，但专家总比外行人有更好的判断力。此外，没有受过哲学训练的人根本不会同意这种观点，所以普罗泰戈拉也必须承认，对于这样的人来说，这个理论是不真实的。讨论的结果如下：如果我们试图根据赫拉克利特的流变理论来定义知识，那么我们会发现自己什么都不能说，因为任何事物在被一个词束缚之前，它已经变成了别的东西。因此，我们必须尝试其他方法来回答什么是知识的问题。

那么让我们考虑这样一个事实，当每一种感觉都有一个确切的对象时，一切——包括不同感官之间的联系——都需要某种一般的感官功能。这就是所谓的灵魂或心灵。在柏拉图看来，两者没有区别。灵魂能够理解事物的一般属性，如同一性、差异性、存在性、数，以及伦理和艺术，因此不能简单地把知识定义为感性知觉。灵魂的功能是引导与自身的对话，当问题解决时，我们说它已经做出了判断。我们现在必须审视我们是否能够将知识定义为真正的判断。我们在研究中发现，根据这一理论，人们不可能对错误的判断给出令人满意的解释。显而易见，任何人都承认会犯错误，真假的区别在这个阶段是没有的。柏拉图只是把问题的范围搞清楚了，他自己对问题的解释在当时很难完全展开。

　　如果判断仅仅是灵魂的活动，那么判断是不可能的。我们可以假设头脑就像一块白板，上面印着各种记忆的印记。如此，错误可能在于现有感觉和错误印象之间的联系。但是它对算术错误不起作用，因为那里没有任何感觉。如果我们假设头脑是某种笼子，里面的鸟是各种各样的知识，那么我们可能偶尔会把生病的鸟抓进笼子，这就导致了错误。但在这种情况下，承认错误并不等于公布无关的真相。因此，我们必须假设一些鸟是各种各样的错误。但是如果我们抓住了其中一个，我们就会知道被抓住的就是错误，所以我们永远不会犯错。此外，我们可以指出该论点忽略的关键点，即如果有人引入各种错误，整个论述在解释错误时会变成一个循环论证。

　　此外，一个人可能出于偶然或其他原因说出真实的判断。比如他想坚持的一点，事实上恰好是真的。最后的定义试图满足这一点：知识是有论据支持的真实判断。没有争论，就没有知识。我们可以想象能被命名但没有意义的字母，它们组合成可以依次分析的音节，成为被理解的对象。若音节是字母的总和，那么音节就会如构成它的字母一样不可知；若音节在字母总和外还有其他可知的特征，那么它仍然是无意义的。这种论证的意义何在？这显然是为了说明一件事物何以区别于其他所有事物。这要么是进一步的判断，要么是对差异的理解。前者意味着无限倒退，后者意味着循环论证。虽然我们的问题没有解决，但一些误解已经被澄清了。无论是感知还是推理，都不能自行解释知识产生的原因。

　　知识问题和错误问题显然是同一个问题的两个方面，因为这两个问题在目前的讨论中都无法解决，所以必须建立一个新的起点。我们现在将集中讨论这一方面。

　　我们接下来要看的这篇对话是《智者篇》，它是《泰阿泰德篇》的续作，其创作年代要比后者晚很多。对话中的人物没有发生变化，只是多了一个来自爱利亚的陌生人。对话便是以这个陌生人为中心展开的，而苏格拉底在这篇对话中的作用微乎其微。从表面上看，《智者篇》关注的是定义，问题是定义什么是智者，以区分智者和哲学家。这篇对话暗含着一种对抗，其对抗的目标是反对墨伽拉的苏格拉底学派，该学派发展了一种片面的、破坏性的方法，即爱利亚学派的辩论方式。在那个来自爱利亚的陌生人口中，我们能听到柏拉图自己的声音，他展现出自己对各种论点更真实的把握，并对错误的问题提出优秀的解决方案。柏拉图以陌生人为代言人，试图让我们明白他站在哲学发展的本真传统，而墨伽拉的那些售卖诡辩者只会让人误入歧途。

　　《智者篇》所要解决的实际上并不是巴门尼德的不存在者之谜。巴门尼德将之视为一个关于物质世界的问题，但在其追随者那里，它发展成了一个逻辑问题，这个逻辑问题才是我们现在必须要面对的。在回到这次对话的核心问题之前，我们可以对分类方法做一些补充说明，尤其是因为这是学院使用的分类程序。还在学院学习时期，亚里士多德就写出了关于动物分类的著作。他为我们提供了一个详细的术语定义，即分类工作的每一个环节都可被一分为二，最开始是确定属，然后是加上各种可供选择的种差。《智者篇》中提出了解决这一问题的初步例子。要定义的术语是钓鱼。首先，钓鱼是一门技术，所以技术形成了最初的属。我们可以把它们分为生产技术和收获技术，钓鱼显然属于后者。收获技术按其对象的收获方式，可分为自愿性的和捕获性的，钓鱼又属于捕获性的。捕获又可被分为公开性的和隐蔽性的，钓鱼属于隐蔽性的。捕获的东西可分为无生命的和有生命的，钓鱼捕获的是有生命的。有生命的可以分为陆上的和水中的，钓鱼的对象是水中的。水中的动物有水鸟和鱼，钓鱼的对象显然是鱼。捕获鱼可以用网，也可以用钓竿，钓鱼用的是钓竿。可以晚上钓，也可以白天钓，钓鱼是在白天钓。可以从上面钓，也可以从下面钓，钓鱼是在下面钓。现在我们把各个环节整合在一起，就能把钓鱼定义为：在白天进行的从下面隐蔽地用钓竿获取水中活鱼的技术。不要把这个例子看得太重，之所以选择它，是因为智者也可以被视为渔夫，他们的目标是人类的灵魂。智者的各种定义都是这样的，但是这个问题我们就不用继续讨论了。

现在我们不妨回去讨论一下爱利亚学派的问题。不存在者之谜之所以是一道难题，是因为哲学家们还没有理解存在意味着什么，正如陌生人敏锐地意识到的那样。回顾《泰阿泰德篇》，我们知道不论知识需要什么条件，它总是源于一种相互作用，所以"运动"是必不可少的。同时它也需要"静止"，否则知识便无法形成。任何东西要成为探究的对象，它必须在某种意义上是固定的，这给了我们一个解决问题的提示。因为运动和静止无疑是存在的，但因为它们是对立的，所以不能结

合。运动和静止可以构成三组组合：所有事物完全分离，运动
和静止不存在；所有事物组合在一起，运动和静止也同样，但
显然二者无法这样组合；基于这两种情况，我们可以假定有些
事物能组合在一起，而有些事物不能。解决困难的方法在于承
认存在和不存在本身是没有意义的，它们只在判断中有意义。
"形式"或范畴，如运动、静止和存在，是《泰阿泰德篇》中
已经提到的一般属性。它们与苏格拉底的形式明显不同，柏拉
图的形式理论是范畴理论发展的起点。

辩证法要处理的，就是这些"形式"或"最高的类"，哪
些可以组合，哪些不能。我们知道，运动和静止无法互相组
合，但它们可以和其他存在组合，每种组合也都存在。另外，
运动具有自身同一性，并与静止相异。同一性或一致性，不同
性或差异性，就像存在一样，无处不在。它们都首先与自身相
同，但又和所有其他存在相异。

这样，我们便能理解什么是不存在者。我们可以说运动存
在和不存在，因为它是运动的，但不是静止的。在这个意义
上，不存在和存在是在同一层面上存在的。但显然，这里的不
存在的意义不需要按完全抽象的意义去理解。不存在只是这样
或那样的不存在，或者更准确地讲是不同于这样或那样之存在
的存在。可见，柏拉图揭示了困难的根源。用现代术语来讲，
我们可以把"是"作为表示存在的用法与其作为判断命题中
作系动词的用法区别开来，后一种用法在逻辑上具有相当的重
要性。

我们现在可以在这个基础上对错误做一个简单的解释。正

确的判断就是对事物的本来面目进行判断。如果我们判断某件事不是它本来的样子，那么我们就判断错了，我们也因此而犯错。读者可能会惊讶，觉得这结果并不那么令人生畏或神秘。一旦我们知道了解决方案，我们就可以处理任何难题。

最后，我们可以指出，《泰阿泰德篇》中的难题也被解决了。从某种意义上说，这不是一个特殊的问题。我们必须坚持各种判断，如上所述，这些判断可能是真的，也可能是假的，但是我们如何知道一个特定的判断是真是假呢？答案是，如果某样东西存在这么多，那么它就是真的；如果像这样的东西不存在，那就是假的。没有正式的标准保护我们不犯错。

我们刚才总结的关于不存在者的解释，使我们能够从现在开始处理变化的问题。它使赫拉克利特的理论变得清晰，并减轻了其自相矛盾的味道。然而，柏拉图还有另一种变化理论，与我们今天所知的原子理论和数学物理直接相关。这一理论见于《蒂迈欧篇》，它创作于柏拉图晚年思想成熟时期。这篇对话中的宇宙起源论或许会让我们离题太远，我们只需看到，这篇对话中有许多毕达哥拉斯哲学的高级元素，以及一些关于正确解释行星运动的提示。的确，日心说很可能诞生于希腊的学院中。对话中还涉及许多其他科学问题，但我们必须把这些问题放在一边。让我们立即回到可称为柏拉图几何学或数学的原子理论。根据这种观点，我们必须在形式、构成事物的元素和可感世界的有形现实之间做出三重区分。这里的元素不过是虚空，可感世界的有形现实是形式与空间混合的产物，是形式以某种方式在空间中留下的一些痕迹。在此基础上，我们根据四根说对物理世界和生物世界提出一种解释。然而，这些元素现在被认为是由两个基本三角形依次组成的几何实体，其中一个是等边三角形的一半，另一个是正方形的一半。从这些三角形开始，我们可以构建五个立面体中的四个。火的基本粒子是四面体，土的基本粒子是立方体，气的基本粒子是八面体，水的基本粒子是二十面体。这些实体被分解成构成它们的各种三角形，它们被重新配置，这样我们就可以影响元素之间的转换。比如，火的粒子由于其尖锐的点而渗透到其他三维空间；水是由相对光滑的颗粒组成的，所以水流是流动的。

这里所说的转化理论，其实是现代物理理论的杰出先驱。柏拉图确实比德谟克利特的唯物主义原子论走得更远。这两种基本三角形显然意味着现代物理学中的原子或其他基本粒子，它们是物质的基本构成。但我们需要指出，在柏拉图那里，这些基本粒子不是原子。若将之称为原子，希腊人就会视其为一种语义矛盾，因为在希腊语中，原子的意思是不可分割之物，所以还能被分解成其他东西的事物严格来讲不能被称为原子。

在这方面，柏拉图成为现代科学主要传统的先驱。笛卡尔明确坚持一切都可以恢复到几何形状，爱因斯坦也以不同的方式坚持这一点。柏拉图局限于四个要素，这在某种意义上肯定是一个局限。之所以选择这个，是因为它是那个时代的流行观点。柏拉图试图做的是给这种观点一种"逻各斯"或一个解释现象的理由，他使用的假设是数学性的。最终，这个世界可以根据数字来证明。如上所述，这是柏拉图接受的毕达哥拉斯学派的思想。因此，我们有一个服务于物理解释的数学模型。从方法论的角度来看，这就是今天数学物理的目的。

柏拉图的这种理论和各种等边立体图形有十分特殊的关系，这也表现出毕达哥拉斯神秘主义的特点。在这个理论中没有十二面体的位置，因为在五种立面体里，它是唯一一个不是由上述两种基本三角形，而是由正五边形构成的。读者可能还记得，五边形是毕达哥拉斯学派的神秘符号之一，它的结构包含了我们在讨论后期毕达哥拉斯学派时指出的无理数。此外，十二面体看起来比其他四个立体图形中的任何一个都更完美，所以柏拉图用它来代表世界。这种推测对数学模型是否合理并没有什么影响。

篇幅所限，我们无法充分讨论柏拉图的数学理论。无论如何，这个理论必须通过对话中的一些暗示与亚里士多德的陈述相结合。然而，重要的是要指出两件事。一个是柏拉图，或者至少是学院，修改了毕达哥拉斯学派的数论，以避免来自爱利亚学派的批评。在这方面，它再次预示了一个极其现代的观点。数列的开头被认为是零，而不是一个单位。这使得人们发展无理数的一般理论成为可能。如果我们想炫耀我们的知识，那么它将不再被称为无理数。同样，在几何学中，线现在被认为是由点的运动产生的，这在牛顿的微积分理论中起着主要作用，该理论被称为微积分的早期形式之一。我们可以清楚地看到，这些发展方式是用辩证法的精神为算术和几何的统一而做出的。

第二件重要的事是亚里士多德的说法，他称柏拉图曾说过，数是不可能相加的。这个观点实际上包含了极其现代的数字概念的萌芽。柏拉图模仿毕达哥拉斯学派，把数看作形式。显然，这些形式不能加在一起。当我们做加法时，我们把一些东西放在一起，比如鹅卵石。然而，数学讨论的与鹅卵石和形式不同，它介于两者之间。在数学家看来，被加到一起的不是任何具体的一类东西，而是在相关条件上和所加的东西相同的那一类事物。根据弗雷格给出的数的定义，以及 A.N. 怀特海（1861—1947）和我后来给出的定义，这是非常明显的。例如，数字 3 是所有三个部分的一个类别。三个部分一组是一类特殊事物，其余所有基数也是如此，比如数字 2 就是两个部分的一个类别。我们可以把同类别的三个部分和两个部分相加，但不能把数字 3 和数字 2 相加。

这就决定了柏拉图一些更重要的理论的轮廓。没有人曾超越他，甚至达到其广度和深度的人都很少。任何从事哲学研究的人忽视他都是不明智的。

亚里士多德是在雅典生活并讲学的三位伟大思想家中的最后一位，同时也可能是第一位职业哲学家。他生活在古典时期的顶峰已经过去的时代。在政治上，希腊变得越来越不重要。马其顿的亚历山大年轻时是亚里士多德的学生，他奠定了帝国的基础，希腊化的世界在这个基础上开始繁荣。不过，这都是以后的事情了。

与苏格拉底和柏拉图不同，对雅典而言，亚里士多德是一个外邦人。大约在公元前 384 年，亚里士多德出生在色雷斯的斯塔吉拉，他的父亲是马其顿国王的御用医师。十八岁那年，亚里士多德被派往雅典，在柏拉图的学院里学习。这一阶段持续了二十年，直到公元前 348 年或前 347 年柏拉图去世。学院的新领袖斯珀西波斯坚持了柏拉图哲学中的数学倾向，而这是亚里士多德在其老师的思想中最不理解也最讨厌的一点。因此，他离开了雅典，在接下来的十二年里，他曾在许多地方工作。亚里士多德接受了小亚细亚沿岸密西亚统治者赫米亚斯的邀请，在那里他加入了当地的学院团体，并与赫米亚斯的侄女结婚。三年后，他前往莱斯博斯的米蒂利尼。

正如我们所说，他在动物分类方面的工作是他在柏拉图身边时完成的。他在爱琴海沿岸生活的时候，肯定从事过海洋生物方面的研究，并在该领域做出了很多重要贡献，直到 19 世纪，人们才在这方面做出新的贡献。公元前 343 年，他被召到马其顿腓力二世的宫廷，当时腓力二世正在为他的儿子亚历山大寻找教师。亚里士多德担任这个职位长达三年，但是我们没有关于这个时期的任何有价值的信息，这可能是一个遗憾。人们不禁要问，明智的哲学家是如何管教桀骜不驯的王子的。这种问题是合理的，因为两人观点完全一致的情况或许很少。亚里士多德的政治观点源自垂死的希腊城邦。在他看来——事实上对所有希腊人来说——像亚历山大创建的中央集权帝国是野蛮人的发明。在这方面，和一般文化一样，他们表现出一种独特的优越感。但是时代在变，城邦在衰落，帝国正在形成。亚历山大尊重雅典的文化是真的，但当时其他人也尊重雅典文化，这种尊重的原因与亚里士多德无关。

从公元前 340 年到前 335 年，直到腓力二世去世，亚里士多德一直住在他的家乡。从那时起直到公元前 323 年亚历山大去世，他一直在雅典工作。正是在这一时期，他建立了自己的学院——吕克昂学院。该学院得名于附近供奉"屠狼者"吕刻俄斯的神庙。亚里士多德在这里讲课，在走廊和花园散步，边走边谈。因为这种习惯，该学派逐渐被称为漫步学派或逍遥学派。有趣的是，英语中的"论说"（discourse）一词，其字面意思就是闲逛。直到中世纪，它的拉丁语词根才使它具有理性和辩论的意义。它会得到这个意思，可能是因为这个用法和随后的哲学有关，虽然这完全是猜测。

亚历山大死后不久，雅典人奋起反抗马其顿国王的统治。亚里士多德自然被怀疑与马其顿人串通，所以被指责不敬神明。苏格拉底之死已经表明，执行这样的起诉有时会导致不愉快的结果。与苏格拉底不同，亚里士多德决定避开这些爱国者，以防止雅典人再次犯下反哲学的罪行。他让泰奥弗拉斯托斯接管学院，随后前往卡尔基斯，并于公元前322年去世。

亚里士多德留给我们的大部分作品都属于他重返雅典的时期。这些作品并非都是著作，全集中的很多内容无疑都只是授课的讲义。因此，亚里士多德似乎是第一个教科书作者。他的一些作品甚至可以看作学生的笔记。虽然我们知道他也写柏拉图式的对话，但总体而言，亚里士多德的文风有些单调。这些对话都没有流传下来，但从他的其余作品来看，亚里士多德显然没有柏拉图那样高的文学地位。柏拉图创作戏剧杰作，亚里士多德则编写枯燥的教科书。柏拉图滔滔不绝地讲着不连贯的对话，而亚里士多德则编写极具系统性的论文。

要理解亚里士多德，我们必须记住他是柏拉图的第一个批评家。然而，我们不能说亚里士多德的批评总是非常明确的。当亚里士多德叙述柏拉图的理论时，信任他通常是可靠的，但当他开始解释其含义时，他就不再可靠了。当然，我们可以假设亚里士多德熟悉他那个时代的数学。他是柏拉图学院的成员，这似乎保证了上述说法。但同样明显的是，他不同意柏拉图哲学的数学方面。事实上，他从来没有理解过。我们对亚里士多德关于前苏格拉底哲学的评论也有所保留。在我们看到直接叙述的地方，我们可以依赖它们，但所有的解释都必须半信半疑地接受。

　　亚里士多德是一位著名的生物学家。即使我们考虑到一些奇怪的错误，他对物理学和天文学的看法也是模糊和令人失望的。柏拉图结合了米利都学派和毕达哥拉斯学派的传统，几乎达到了他的目的。后来的希腊科学家也是如此，比如阿里斯塔克斯和埃拉托斯特尼。亚里士多德对系统思维的贡献可能是他的逻辑著作，其思想大部分来源于柏拉图。然而，在柏拉图那里，逻辑理论被分散在各种材料中；亚里士多德则将它们整合在一起，构建了一套形式逻辑。直到现在，人们仍在以这种形式教授逻辑理论。从历史的角度来看，亚里士多德的影响受到了一定的阻碍，主要是因为他的许多追随者是盲目的和过度教条的。当然，这不能怪亚里士多德。文艺复兴时期的科学复兴，依然是告别亚里士多德，回归柏拉图。从亚里士多德的角度来看，他仍然生活在古典时代，尽管雅典在他出生之前就已经衰落了。他从来不理解他生活的时代发生的政治变革的意义，古典时代在那时早已终结。

亚里士多德的形而上学不容易讨论，部分是因为它广泛分布在他的著作中，部分是因为它缺乏一些明确的承诺。我们有必要从一开始就指出，我们现在所说的形而上学在亚里士多德那个时代并不存在。形而上学字面意思是"在物理之后"，这本书之所以有这个标题，是因为早期的编辑在编排他的作品时，把它放在了《物理学》之后。恐怕放在物理之前更贴切，因为探讨事物本质的内容显然应该属于这里。亚里士多德也许会称其为"第一哲学"，即讨论和研究的总前提。然而，形而上学这个名字后来已被普遍使用了。亚里士多德在这一领域的著作可以看作他试图用自己的理论取代苏格拉底的思想理论。亚里士多德的批判主要是针对第三者论证，这恰恰是对柏拉图在《巴门尼德篇》中批判的呼应。亚里士多德的替代理论是质料和形式。比如逐渐形成圆柱体的材料会是一种材料，它的形态有点类似建筑师描述的圆柱体。两者在某种意义上是抽象的，因为真正的对象是两者的结合。亚里士多德会说，当一种质料被强行赋予形式时，质料才是其所是。形式赋予质料特征，事实上，形式将质料转化为实体。要想正确理解亚里士多德，关键是不要把质料和实体混为一谈。"实体"这个词是从亚里士多德的希腊语作品翻译过来的，只指基本的事物。它是不可移动的东西，是大自然的承载者。正是因为我们天生倾向于根据一些原子理论来思考，所以我们倾向于将实体等同于质料。因为在这个要求的意义上，原子是实体，它们的功能有各种属性，它们是变化的原因。当与原子论者打交道时，我们已经指出了这一点。

　　在亚里士多德的理论中，归根结底，形式比质料更重要。因为形式具有创造性，质料虽也必要，但它只是某种原材料。从字面意义上看，形式的意思是具有实体性的，根据刚才的解释，这是显而易见的，这意味着形式是现实世界过程的基础、不变性和永恒的现实。可见，它们与苏格拉底的思想或形式并非那么完全不同。说各种形式都是实体，就是说它们独立于任何特殊的事物而存在。这些实体是如何存在的从来没有被清楚地解释过。无论如何，似乎没有人试图把它们归因于自己独特的世界观。值得指出的是，亚里士多德认为他的形式与共相完全不同。事实上，对理念论的批评与简单的语言学观点有关。在日常用语中，有代表事物的词语，也有代表这些事物相似之处的词语。前者是名词，后者是形容词。在专业术语中，名词有时被称为独立实体。这个术语可以追溯到希腊化时代，它展示了亚里士多德的理论是如何对语法学家产生强烈影响的。名词是实词，而形容词是限定词，但如果我们从这一点来推断一定有一个独立的共相，而关于它的形容词是一个名称，那就错了。亚里士多德对共相的观点是有机的，正如人们可能从生物学家那里预期的那样。共相在某种程度上干扰了事物的产生，但它们并不存在于自己的影像世界中。虽然亚里士多德没有试图用他的质料和形式理论来取代共相，但它无论如何都与这个难题有关。而且如上所述，它实际上未能与理念论决裂。关于亚里士多德的理论，我们可以恰当地谈论非物质实体，比如灵魂，因为它赋予身体形式，所以它是实体，而不是质料或物质。

总有一些共相之外的理论可以解释变化。有些人，比如巴门尼德，认为这个问题很难解决，便干脆否认。其他人采用了精致的爱利亚学派的思想，并求助于原子论，还有一些人仍然使用某种共相论。从亚里士多德那里，我们可以看出，现实和潜在的理论与其说类似于原子论，不如说类似于共相论。

当讨论潜在的问题时，我们必须小心地省略一些无关紧要的形式。有人认为，对潜在这个概念的使用不过是事情已经发生之后的小聪明。比如，有一个油瓶开始燃烧，如果我们说油瓶在燃烧之前就已经开始潜在地燃烧了，那么这显然不能算是一种完善的解释。事实上，出于这个原因，一些哲学流派否认他们可以在这个话题上说任何有用的话，其中就有墨伽拉的安提斯泰尼，我们会在后面讲到他。按照这种观点，一个事物要么具有某种属性，要么不具有某种属性，否则就是无稽之谈。但显而易见，我们确实做出了"油是易燃的"这样的声明，而且它们是完全可信的。亚里士多德的分析提供了正确的答案。当我们说某个东西的潜在是 A 时，我们的意思是在一定条件下它实际上会变成 A。说油易燃，就是承认如果能规定一系列条件，它就会燃烧。因此，如果温度合适，你点燃一根火柴，让它靠近油的表面，你就会点燃油。当然，这里的条件必须是能够实际发生并成为现实。从这个意义上说，现实在逻辑上先于潜在。这样，我们就可以根据实体来解释变化：实体是具有一系列属性的潜在的承载者，其中各种属性相继成为现实。不管这个解释有什么缺陷，如果我们记得亚里士多德对潜在的分析，至少它在原理上是不可忽视的。显然，这种理论视角与其说让我们想起了原子论者，不如说是想起了苏格拉底和柏拉图。亚里士多德对生物学的兴趣在一定程度上影响了他的观点，潜在的概念在生物学中特别有用。这里给出的解释在一个重要方面并不全面，它没有提到变化发生的原因与过程是怎样的。亚里士多德对这一点有非常详细的回答，我们在讨论他的因果论时会考虑到这一点。至于宇宙起源说，以及神被认为是第一因或不动的推动者的观点，我们将留待以后审查。我们应该记住，亚里士多德的神学，在他看来是我们现在所说的形而上学的一部分。

现在让我们回到亚里士多德关于逻辑的著作。正如我们之前所说，希腊科学和哲学的一个显著特征是证明的概念。东方的天文学家满足于记录各种现象，而希腊思想家则试图解释它们。证明命题的过程包括论证的建构。在亚里士多德之前，这种工作持续了很长时间；然而据我们所知，没有人曾对论证的形式给出一个大致的解释。亚里士多德对此给出一个概述，至少从他开始到康德那里，这个概述被认为是完备的。他在这方面犯了一个可怕的错误，但这并不特别重要，关键是他看到了对形式逻辑进行一般性解释的可能性。也许我们最好直接强调，不存在非正式逻辑这种东西。也就是说，一般证明的形式属于逻辑学领域的一种研究。亚里士多德的逻辑依赖于一些与他的形而上学相关的假设。首先，所有命题都是主谓形式的，这是理所当然的。日常语言中的许多命题都是这种形式，这是物质和自然的形而上学来源之一。主谓形式的提出源自柏拉图的《泰阿泰德篇》，我们可以假设亚里士多德最初就是从它衍生出这种形式的。正是在这篇对话的语境下，共相问题被提了出来。共相与个体成为命题的划分标准，一个命题若是关于共相的，那就是全称命题，它覆盖了共相的整个范围，比如"所有人都会死"。相反，若一个命题只能覆盖一些个体，那就是特称命题，比如"有些人是聪明的"。如果一个命题只说明一个个体，那么就是单称命题，如"苏格拉底是人"。当我们在论证中使用各种命题时，对单称命题的处理需要如全称命题那样，命题的真假取决于主词。

在这种分类的基础上，我们现在考虑一下论证中发生了什么。从所谓前提的一个或多个命题出发，我们从这些前提推导出其他命题或结论。按照亚里士多德的说法，所有论证的类型都是他所谓的三段论。三段论是有两个主谓前提的论点，它们有一个共同的术语，其中间项在结论中会消失。比如所有人都是理性的，婴儿也是人，所以婴儿是理性的，这就是三段论的一个例子。在这种情况下，结论是从前提中得出的，所以论点是有效的。至于前提是真是假，当然是完全不同的问题。重要的是，如果前提是真的，那么任何有效推导出的结论也是真的，所以我们必须找出哪些三段论形式是有效的，哪些是无效的。亚里士多德系统地阐述了各种有效的三段论，它们被依据不同命题的排列顺序而分为不同的结构。亚里士多德确定了三种，斯多葛学派后来发现了第四种。在各种情况中，有些证明是有效的，有些是无效的。检验三段论证明的巧妙方法是18世纪瑞士数学家欧拉发明的。通过用圆圈画出名词的范围，很容易看出一个论点是正确的还是不正确的。因此，我们很容易易看出上面的例子是正确的。经院哲学家给三段论的第一种形式起了一个专业名称叫芭芭拉式。同样，哺乳动物不会飞，猪全是哺乳动物，所以没有猪会飞，这也是一个有效证明，这种形式被称为塞拉伦特式。请注意，在这种特殊情况下，尽管其中一个前提是错误的，结论也是正确的，因为蝙蝠是会飞的哺乳动物。

由于亚里士多德在后世的权威地位，两千多年来三段论一直是逻辑学家公认的唯一论证形式。归根结底，对它的一些批评首先是由亚里士多德本人提出的。比如，在证明"所有人都会死"时，苏格拉底是人，所以苏格拉底死了。人们一直认为，如果你知道第一个前提，你就会知道结论，所以证明是用未经证实的假设来论证的。这是基于以下的疑惑，即我们怎么知道所有的 A 都是 B。通常我们不会去看每一个 A 是不是 B，相反，我们只需几个例子就能看出两者的联系。这在几何学中非常明显。所有三角形的内角和都等于两个直角之和，但没有一个几何学家有能力在做全称命题之前，负责地把所有三角形都仔细研究一遍，以使自己的心灵获得满足。

总之，这是三段论理论的要点。亚里士多德还研究由模态命题构成的三段论，这是一种包含"可能是"或"必须是"但不包含"是"的陈述。模态逻辑在现代符号逻辑领域的地位再次凸显。由于许多新的发展，三段论理论似乎没有人们通常想象的那么重要。就科学而言，三段论理论留下了未经证实的前提，这就使人们提出了关于论证出发点的问题。按照亚里士多德的说法，科学必须从不需要证明的命题开始。他把这些命题称为公理。就经验而言，它们不必特别常见，只要对它们进行解释，人们就会清楚地理解它们。需要再加以补充的是，这些命题与大部分科学事实有关，但与研究过程无关。命题的序列总是隐藏着发现的序列。在实际研究中，有很多模糊不清的印象。问题一旦解决，就会水落石出。

当亚里士多德谈到正义时，他想到的似乎是几何学。在他那个时代，几何学开始以系统的形式出现。亚里士多德和欧几里得仅相隔几十年。当时，没有其他科学的发展能达到几何学的高度。科学可以按照一定的等级顺序排列，这似乎是从这里开始的。在古典时期，数学是最高的，天文学紧随其后，因为它不可避免地需要数学来解释它观察到的天体运动。在这个领域，亚里士多德为后来的工作做了铺垫，尤其是法国实证主义者孔德的科学分类工作。

对亚里士多德来说，语言研究是哲学研究的一个重要方面。在这方面，柏拉图的《泰阿泰德篇》和《智者篇》也可谓先驱之作。事实上，希腊哲学中的一个主要概念是逻各斯，我们在毕达哥拉斯和赫拉克利特那里遇到过这个术语。它有多种不同的含义：词语、尺度、公式、论据和理由。如果我们想掌握希腊哲学的精神，那么我们必须记住这一系列含义。"逻辑"一词显然就是由此而来的，逻辑就是逻各斯。

但是逻辑在某种程度上有着特殊的地位。它与我们通常所说的科学完全不同。亚里士多德根据每门科学的目的区分了三种科学。理论科学提供知识，这是与意见相反意义上的知识。数学是这方面最明显的例子，尽管亚里士多德也将物理学和形而上学囊括其中。他对物理学的理解与我们今天的理解完全不同，他认为物理学是对空间、时间和因果关系的一般性研究，其中一些属于形而上学。如果我们从广义的角度来理解逻辑，那么它甚至是逻辑学研究的对象。

第二是实践科学，它类似于伦理学，是用来指导人们在社会中的行为的。最后还有生产科学，其作用是指导我们制作生活所需的物品或审美所需的艺术品。因此，它不是通常意义上的科学，它是研究事物的一般方法，但这实际上是科学所必需的。它提供了区分和证明的标准，应该被视为影响科学研究的工具或手段。这就符合希腊语中"工具"一词的意思，亚里士多德在谈到逻辑时曾用到这个词。逻辑这个术语本身是由斯多葛派发明的。对于论证形式的研究，亚里士多德称之为分析，其字面意思是释放。因此，被释放出来检验的是论证的结构。

虽然逻辑要和文字打交道，但对亚里士多德来说，它和简单的文字无关。因为大多数单词或多或少都是代表非单词事物的偶然标记。因此，虽然逻辑可能影响语法，但逻辑不同于语法。逻辑也不同于形而上学，因为它与其说是关于存在者，不如说是关于我们认识存在者的方式。亚里士多德否定理念论的重要性就在于这一方面。对于坚持理念论的人来说，我们考察的逻辑可能和形而上学是一样的。亚里士多德则坚持认为它们是不同的。他解决共相问题的尝试，是在我们所谓"概念"的帮助下开始的。无论如何，这个概念并不存在于与我们不同的世界。最后，逻辑不同于心理学。这在数学中尤其明显。欧几里得的《几何原本》是一回事，数学探究的过程涉及揭示这种知识的曲折的精神苦恼，则完全是另一回事。科学的逻辑结构和科学探究的心理是两种不同且独立的东西。同样，在美学方面，艺术作品的美感也和生产心理无关。

作为一种概述，对逻辑的全面回顾必须大致确定语言的结构和它能说什么，亚里士多德在《范畴篇》中探讨了这个问题。正如我们在《智者篇》中看到的，这个问题也发端于柏拉图。然而，亚里士多德的讨论更接近现实，与实际语言的关系更密切。讨论中，他区分了十个不同的可以识别的一般范畴，它们是实体、性质、数量、关系、地点、时间、姿态、状态、行动和影响。第一类是实体，它包含在任何语句中。其他范畴则可能包含在由实体组成的不同类型的语句中。因此，如果我们谈论苏格拉底，可以说他有一定的性质，比如他是哲学家。不管他的身材如何，他总有一定的体重，这就是数量。因为他的所作所为和所受的苦难源自他与环境的互动，所以在地点和时间方面，他和其他事物有一些关系。我们后面会看到，范畴理论有许多著名的继承者，尽管在大多数情况下，这些继承者比亚里士多德的语言研究更偏向形而上学，康德和黑格尔尤其如此。

抽象的范畴无疑可以回答就任何事物提出的一般性问题。按照亚里士多德的说法，范畴就是词本身的意思。词的意义是认识的对象，它的意义不同于判断的意义。就范畴而言，亚里士多德会说人有直接的认识。在现代语言学中，它有时被表达为对某一事物"有"一个"概念"。这种知识在真判断中是完全不同的东西。在这里，概念的组合意味着一种状态。

　　亚里士多德的逻辑学是第一次试图以系统的方式解释语言和论证的一般形式。虽然它大部分都是从柏拉图的原始资料中汲取灵感，但这并没有抹杀它的优点。在柏拉图那里，分散于对话各处的逻辑尽管会提出一些特殊问题，由于即时听写的氛围，这些问题被搁置了。在不久的将来，亚里士多德对待逻辑的方式与欧几里得对待几何的方式相同。直到19世纪，亚里士多德的逻辑仍然占据着至高无上的地位。人们在严格的条件下教授亚里士多德的逻辑，像许多其他事情一样，他们被亚里士多德的权威吓倒，极少有人敢质疑他。文艺复兴时期大多数哲学家的特点是他们对经院哲学中的亚里士多德思想根本不满意，这引起了对任何与亚里士多德有关的事物的排斥反应。可这是一个遗憾，因为人们仍能从他身上学到许多有价值的东西。严格来说，亚里士多德的逻辑在一个重要方面是不完整的，因为他不在乎数学中特别重要的表达关系的论点。举个简单的例子，A 大于 B，B 大于 C，所以 A 大于 C，这里关键的是"大于"的传递特性。我们可以把这个论点强行变成三段论，但在更复杂的情况下，其效果似乎会令人失望。即便如此，论证的表达关系的特点并没有被考虑进去。

　　我们现在必须回到许多可以在自然哲学的框架下讨论的一般问题。在一本名为《物理学》的书中，亚里士多德讨论了许多相关问题。我们应该记住，希腊语中的物理学指向自然。在写作时，亚里士多德回顾了前辈们在过去所写的一系列以"论自然"为题的作品。自泰勒斯时代以来，任何认为自己终于发现世界真的存在的人，都会写这样的作品。在今天，虽然也会有一般性的问题穿插其中，但物理学终究意味着更专业的研究。人们通常说的自然哲学，在不久前仍在苏格兰各所大学中被谈论着，但它不应该和德国唯心主义的自然哲学混为一谈，因为它不是一种对物理学的形而上学歪曲。我们以后会意识到这一点。

这里的一个重要内容是亚里士多德的因果理论。这个理论和质料与形式理论有关。亚里士多德从质料与形式两个方面去考察因果关系，其中在形式方面又可分为三个角度：第一个角度是严格意义上的形式，即形式因；第二个角度是事物需要动力才能发生改变，就像扣动扳机和开枪一样，这是动力因；第三个角度是改变有其目的或目标，这是目的因；再加上质料因，一共有四种因素。一个简单的例子可以说明这一点。我们考虑台阶边上一块摇摇欲坠的石头，它被推出了台阶，开始落下。在这种情况下，质料因就是石头本身的质地，形式因是周围的环境，也即台阶和石头所在的位置；动力因是使石头运动的原因，目的因是向下落，即受引力影响。

关于质料因和形式因，我们不需要说什么，因为我们不再认为两者是因果关系中的必要条件，毕竟一件事情的发生，肯定意味着某个事物在某个地方。至于动力因和目的因，我们应该评论一下。在现代术语中，我们简单地将动力因称为原因，因此一块石头从台阶上掉下来，一定是因为有人或什么东西击中了它。在物理学中，这是唯一公认的因果关系。综上所述，科学的趋势是试图根据动态因素建立各种解释。至于目的因，由于这个词仍保留着神学残余，今天的物理学仍然对之不予承认。吸引、排斥和向心等词是神学概念的残余，这些词提醒我们，亚里士多德因果理论直到大约三百五十年前仍被奉为权威。使用目的因可能带来的麻烦与我们在使用潜在概念时发生的危险非常相似。据说，一块石头掉下来是因为它有掉下去的趋势，但这根本算不上是原因。然而在某些情况下，目的一词确实可以发挥合理的作用。例如，在伦理学领域，指出目标是某种行为或行动的原因并不是无关紧要的，在一般人类活动领域也是如此。现在对未来事件的预期是我们行动的动机，动物也是如此。而且基于一些例子，人们甚至可能会倾向于认为植物也是一样。因此，当我们考虑生物问题和社会问题时，目的因显然不是微不足道的。正是出于对生物学的兴趣，亚里士多德提出了目的因的概念。在这种情况下，潜在的和最终的东西很明显是匹配的。生物学家面临着种子如何变成成熟的植物的问题。套用亚里士多德的话，他会说橡子潜在地包含橡树，而成为橡树是它自己的目的。这种说法自然是使用这些概念进行解释的一个简单例子。随着科学的发展，用动力因取代目的因进行解释的做法是非常普遍的，甚至心理学也遵循这一趋势。无论它的优点或缺点是什么，精神分析都试图根据过去发生的事情而不是未来可能发生的事情来解释行为。

　　归根结底，神学观点从我们的自然环境显示出某种秩序这一事实中汲取力量。因果必然性与有效因果性相关联，这似乎是一种盲目的力量，其运行并不能解释这种秩序的原因。另一方面，神学似乎有远见。在这方面，生物秩序可能再次足以使人们倾向于支持神学观点。亚里士多德大体上承认必然性与目的因的合理性，但在这种基础上，自然科学不可能繁荣发展，物理学尤其遭受这种思想的遏制。这种情况直到伽利略时代才有所好转，人们开始在方法论领域回归柏拉图。数学家不可能像生物学家那样去想事物的目的因，所以当我们发现柏拉图并没有受到目的因影响时，我们就不用大惊小怪了。目的因最终陷入了拟人论和神学的误区。有目标并追求目标的是人，因此目的因只在人事领域中才真正有意义。相对地，手杖和石头并无目的，试图说它们有目的也没有任何好处。通过采取适当的预防措施，我们当然可以使用目的这一概念，正如我们可以看到，就潜在而言，它是可能的。

说石头有掉下去的趋势，就是说在一定条件下石头会掉下去，但这不是亚里士多德的意思。亚里士多德从存在的秩序中推导出了终极因和目的因之间的关系。亚里士多德认为秩序意味着某种规划，这一点非常明显。按照这种观点，物理学不可能繁荣，因为如果研究者的好奇心被虚假的解释压制，对自然现象的真实解释就不会出现。尤其是在天文学领域，亚里士多德对科学造成了极大的破坏。目的因理论把一切都安排在恰当的位置，这使他区分了地上和天上两个不同的世界，并认为这两个世界受不同的秩序支配。当你把它与柏拉图那深刻的天文学比较时，就会发现这种思想的愚蠢。然而，真正的伤害是由那些对亚里士多德不作任何批判的人造成的——他们完全接受亚里士多德的观点，而不是否认不好的事情，从而使他臭名昭著。

自然哲学中讨论的另一个一般性话题是空间、时间和运动。我们认为运动与变化有关。在这方面，亚里士多德解决问题的方式值得注意。爱利亚学派在试图解释运动的原因时感到难以克服的困难；在亚里士多德这里，问题被以另一种角度问出。运动是真实的，这是我们绝对的出发点，既然我们把运动视为理所当然的事情，那么问题的关键实际上就是对运动的原因进行说明。亚里士多德在这方面使用了现代的区分，作为经验主义者，他抵制爱利亚学派的理性主义。这种观点很重要，尤其是当人们经常错误地认为经验主义的方法不可靠、不完善时。例如，亚里士多德坚持这一观点，即运动之所以可能是因为事物存在连续性，这是一种合理的想法。沿着这个想法继续，人们有可能发现这种连续性包含着什么，但不可能从不连续性中发明连续性。毕达哥拉斯时代的数学家想从无到有地构建数学世界，但他们通常忽略了后一点。连续性的分析理论可以用纯逻辑的方法来构造，而它在几何学中的应用则取决于连续性的假设。

我们上面考虑的运动是自然的变化，此外还有两种运动，即量的变化和空间的变化，运动只有这三种形态。根据亚里士多德的理论，我们不能像原子论者那样把所有的变化都归因于原子运动，因为我们不能把一个类别归因于另一个类别。其次，亚里士多德的观点站在经验主义一边，而原子论者，如上所述，是爱利亚学派传统的继承者，他们按照理性主义的简化原则进行思考。

在空间和时间方面，亚里士多德的理论更接近现代观点。不同的物体可以在不同的时间占据同一个空间，亚里士多德从这个事实中推断出有"位置"这样的东西。我们必须区分空间和其中存在的东西。为了确定一个物体的位置，我们可以从指出它存在的区域开始，然后这个区域逐渐缩小，直到我们到达它的确切位置。这样，亚里士多德开始定义一个物体的位置就是它的边界。从表面上看，对于这个看似棘手的问题，这是一个相当不完整的结论。然而，当我们这样分析问题时，结果往往惊人地简单并接近现实。这种答案虽然看起来像某种止痛药，却总会进一步产生有趣的结果。在目前的情况下，我们可以说问任何物体在哪里都是有意义的，但问世界在哪里是没有意义的。一切都在宇宙中，但宇宙不是那样的，因为它不包含在任何东西里。事实上，宇宙不是椅子和桌子那种意义上的东西。因此，我们可以自信地告诉任何想去世界上最远的地方旅行的人，他们想要做的事情不过是一种徒劳。也许应该指出，亚里士多德并不打算提供数学家或物理学家在分析地点或位置时可能提供的空间理论，他所做的更接近于语言分析。两者并非毫无关系，如果我们能分析位置的含义，显然有助于我们提高对空间陈述的理解。

亚里士多德反对原子论者，坚持认为虚空不存在。他对这一观点提出了许多证明，但都是不合理的。最有趣的是归谬法，这一证明凭借的理由是物体在介质中的运动受介质密度和物体质量的影响。从这个角度出发，亚里士多德首先得出了物体在虚空中应该有无限速度的结论，这显然是荒谬的，因为任何运动都需要一定的时间。其次，较重的物体应该比较轻的物体运动得更快，但这在虚空中显然不成立。综合这两点，他宣称虚空是不可能的。然而，这个结论不能从这些前提中得出。首先，物体在低密度介质中运动较快的现象，推导不出物体在虚空中可以运动得无限快这一结论。其次，在真空中，较重的物体和较轻的物体会以同样的速度下落。亚里士多德对虚空的误解直到大约两千年后才被澄清。但我们必须公平地说，即使是现代科学家也很难解释虚空，他们总是想用什么东西填充虚空，于是他们先用了以太这样奇怪的东西，最近他们又让能量承担这项任务。

亚里士多德对时间的讨论与他对空间的分析非常相似。时间序列中的事件就像空间序列中的对象有一个确切的位置那样，有一个确切的时间点。亚里士多德就连续性给事物做了三种排列方式。第一，它们可以是相邻的，一件接一件，其间没有任何干扰项。第二，各种各样的东西可以彼此挨着，就像相邻的物品靠近一样。第三，当连续项实际上共享它们的边界时，序列可能是连续的。如果两个事物是连续的，那么它们也是相邻的，反过来则不行。同样，两个接触的东西也是相邻的，也不能颠倒。

在解决了这些初步问题之后，我们可以看到，连续项不可能由不可分的单元组成。不可分割的事物不可能有边界，否则它就可被分割；另一方面，如果不可分割的事物没有大小，还说它们是相邻的、紧挨着的或连续的，这就没有意义了。例如，一条线的任意两点之间还有其他点。同样，在一段时间内的任意两个时刻之间也有其他时刻。因此，空间和时间是连续的，是无限可分的。亚里士多德开始在这种背景下解释芝诺悖论的原因。他给出的结论实际上是正确的，但他没有抓住芝诺论点的关键。我们知道，芝诺并没有提出自己的肯定性理论，而是着手证明毕达哥拉斯的单位理论作为一个整体是不够的。如果他抛开对爱利亚学派的偏见，他可能会同意亚里士多德的观点。

我们在这里不需要关心亚里士多德详细的科学理论。虽然他做了一些有用的工作，尤其是在生物学方面，但他的记录因夸张而受损，这是任何前苏格拉底哲学家都不会同意的。

正如我们之前指出的，我们会在伦理学中找到终极因，毕竟神学就起源于这个领域。对亚里士多德来说，善是一切事物的终极因。因为他否定了理念论，我们自然不会去寻找善的形式。他指出，"善"这个词可以有多种用法，不可能把它们列在一个标题下。然而，善的每一种表现最终都源于神的善。因此，乍看之下，它既不与理念论有多大不同，也不离它如何遥远。这种摇摆在亚里士多德的哲学中随处可见。一方面，他与柏拉图的学院决裂，另一方面，他似乎又回到了那里。在某些情况下，比如在对善的讨论中，他不能把两个方面分开，根据自己的优缺点只考虑其中一个方面。对"善"这个词的用法分析会向我们提供一些很有价值却易被人们忽略的区别，虽然近代的语言分析学家不会认同这一看法，但它确实很有趣，并且也不会把我们弄得离题太远。近代的语言分析学家在这方面可能有点草率，因为他们不能公平地对待某种无意义的、广泛的和流行的传播。毕竟，真理不是大多数人能决定的。至于神的形而上地位，对于亚里士多德来说，是完全没有人情味的。神是不动的第一推动者，给予世界最初的动力。一旦这个任务完成，他就不再对这个世界有积极的兴趣，他肯定不会关注人类做过什么。他是毫无感情的哲学家的神，是因果理论的附属品。

为了把握亚里士多德伦理学的本质，我们必须对他的灵魂理论进行评论。他从柏拉图那里借用了三分法，提出了植物灵魂、动物灵魂和理性灵魂。植物灵魂为一切生物所共有，起到新陈代谢的作用。动物灵魂为动物和人所共有，植物不具备。理性灵魂是人所独有的，伦理也只对理性灵魂有意义。植物只像植物一样生长，动物只像动物一样生活，灵魂是它们的物质形态，赋予形体以统一性。虽然理性灵魂本身是不朽的，但从个人意义上来说，它也不能免于死亡。

当我们问人生的目的是什么时，伦理问题就出现了。亚里士多德在理性灵魂的幸福中看到了这一点，而理性灵魂的幸福对他来说又意味着一种生活，即一种理性活动活跃、德行开明、追求无限的生活。因此，根据亚里士多德的理论，美德是达到目的的手段。当然，这个目标并不是每个人都达到同样的程度，但无论如何都是每个人能达到的最高目标。因为按照苏格拉底的说法，理论生活是最好的。

我们需要明白，对于亚里士多德时代的希腊人来说，这种生活并不意味着远离世俗。首先，伦理生活包含社会活动，并且这种活动应该是无私的。因此，尽管亚里士多德强调真理的获得在于反思而非发现，理论生活并非禁止使用实验方法的理由，不过这也为亚里士多德带来了前所未有的困难。为了评价某一事物，我们不得不在理智上做出努力，但谁能规定这种努力做到什么程度算够呢？问题的本质是研究不能局限于这种方法。其次，无论在平时还是战时，好公民都必须履行公民的职责，从事各种服务。哲学的象牙塔概念应该归于斯多葛学派，正是因为他们回避了感性世界，科学运动才停滞不前。

与道德或人的品行相关的是亚里士多德提出的中庸之道，即在各类情境中，过度或不足都不是正确的行为。美德处在这两种极端之间，比如勇气既不是鲁莽的进攻，也不是懦弱的退缩。中庸之道的灵感来自和谐理论，这可以追溯到毕达哥拉斯和赫拉克利特。亚里士多德描绘了具有所有美德的人，也就是具有伟大灵魂的人，这给了我们一个当时人们普遍认为值得称道的公民形象。尽管这一形象没有虚伪的谦虚，也颇令人觉得新鲜，但这样的人最终会让我们有些无法忍受。一个人不应该高估自己的价值，也不应该贬低自己。然而，只要大多数人从未有机会实践过所有这些美德，那么如此慷慨的人最终一定是非常罕见的例子。这一点，像苏格拉底和柏拉图一样，亚里士多德也倾向于关注伦理精英。中庸之道在理论上也并不完全成功。例如，我们如何定义诚实？诚实被认为是一种美德，但我们很难说它在撒谎和不说谎之间，而且人们会觉得这种美德并不会受人欢迎。总之，这种中庸的定义并不适合理智的德行。

至于人们所做的善与恶，亚里士多德认为任何行为都是自愿的，除非出于强迫或无知。与苏格拉底的观点相反，他允许人们以邪恶的方式谨慎行事。与这种观点相对应，他开始分析选择的意义，这当然不可能产生于任何人从未故意犯罪的理论。

亚里士多德在他的正义理论中采用了分配原则，这与《理想国》中苏格拉底对正义的定义相似。如果每个人都得到公平的分配，那么正义就会实现。这种观点的内在困难在于，它没有确定公平的依据何来，标准是什么。苏格拉底坚持至少一个标准，那就是教育程度。从合理的角度来看，这似乎是客观的。这大致是我们这个时代的一个有效观点，尽管它在中世纪是无效的。如果正义理论得以实施，那么确定什么是公平的问题显然必须以某种方式得到解决。

最后，我们必须提一下亚里士多德的友谊观。如果你想过上好的生活，那么在情况所需时，你必须有可以征询意见并寻求依靠的朋友。在亚里士多德看来，友谊是维护他人自尊的延续。你必须像爱自己一样爱你的同胞，这是你自己的利益所在。总的来说，亚里士多德的伦理学在这方面颇有点自命不凡和以自我为中心。

当我们审视亚里士多德的政治理论时，一开始便会遇到两件让人印象深刻的事情。第一，我们注意到政治学中的论点必须是目的论的，亚里士多德非常清楚这一点。第二，他把所有的注意力都放在城邦上。至于后者，亚里士多德不明白，在他生活的时代，希腊城邦正在消亡。马其顿正在获得希腊的领导权，它是一个在亚历山大统治下不断对外征服的帝国，但这类组织的政治问题并没有引起亚里士多德的兴趣。他的政治理论确实数次涉及亚历山大大帝、埃及和巴比伦，但这种对野蛮人的浅尝辄止只能让对比变得清晰。对亚里士多德来说，希腊城邦乃是政治生活的最高形式，城邦之外发生的一切不过是这样或那样的野蛮行为。

我们在其他地方看到，目的论的研究从一开始就被应用了。成立社团是为了追求某种目的，因为国家是最伟大、最全面的社团，所以它必须追求最终的目的。这个目的当然是伦理的美好生活，它是在有一定规模的社团，也就是城邦中实现的。这种城邦是由以家庭或家族为基础的小团体构成。人自然而然地会成为一种政治动物，因为每个人都一方面追求美好的生活，同时又无法自给自足地独自生活。亚里士多德继续讨论了奴隶制。他说，我们可以在自然界的任何地方看到高低的二元性。我们不禁会想到灵魂和身体，人和动物。在这种情况下，双方最好有统治者和被统治者的区别。希腊人天生优于野蛮人，所以外邦人是等级制度中的奴隶，而希腊人不是奴隶。这在某种程度上承认了奴隶制归根结底是不合理的。每个蛮族部落无疑都认为自己高人一等，从自己的角度看待问题。后来，来自马其顿的准野蛮人确实是这样看待事情的。

亚里士多德在讨论财富和获得财富的手段时提出了一个区别，这个区别在中世纪开始产生了很大的影响。他说，事物有两种价值，第一种是它的独特价值或使用价值，就像当一个人穿一双鞋子一样。第二种是交换价值，它产生一种非自然的价值。比如，一双鞋子换成了其他商品，不是立即使用，而是换成了货币。货币有一些优点，因为它构造了一种简洁的价值形式，而且更容易携带。然而，它也有缺点，这在于它获得了自己的独立价值。最糟糕的例子是以一定的利率放债。亚里士多德的大多数反对意见可能是由于各种经济和社会偏见。出身高贵的人不会以培养美好生活为代价而沉迷于赚钱。他忽略的是，没有一定的资金来源，人是不可能追求这个目的的。至于借钱，这方面的反对意见是基于对资本功能的一种相当狭隘的看法。毫无疑问，一个贫穷的自由人，当他自己的财富越来越少时，如果他寻求放债人的赞助，他可能会成为奴隶，人们可能会理所当然地反对这种做法。然而，资本也有建设性的用途，例如为商业企业筹集资金。这种货币借贷不会给亚里士多德留下好印象，因为大规模的贸易，尤其是与外国人的贸易，被视为厄运的先兆。

现在，当我们回来讨论理想国家时，我们发现它的规定比《理想国》中的蓝图更加成熟。亚里士多德强调家庭单位的重要性。为了培养真情实感，必须对它活跃的区域有一些限制。为了得到适当的照顾，孩子们必须由他们自己的父母来照顾。简单的社会责任往往忽略了这一领域。总的来说，《理想国》中的国家过于单一。它忽略了这样一个事实，即国家是在一定边界内有许多不同利益的社团。顺便说一下，我们可以指出，如果人们认识到利益的多样性，对忠诚的要求就不会成立。就土地所有权而言，亚里士多德提出它应该是私有的，但它的产品应该由社区共享。这相当于一种开明的私有制，即所有者用他们的财富来造福社区。正是教育产生了这种责任精神。

亚里士多德的公民概念采取了相对狭隘的观点。只有那些不仅有资格当选，而且有资格直接积极加入国家管理进程的人才能被称为公民。这就排除了大量的农民和劳动者，他们被贬为不适合参政的角色。在那个时代，完全没有人能想到代议制政府的可能性。在不同类型的政治制度上，亚里士多德一般遵循柏拉图在《政治学》中的图式。然而，与人数相比，他确实强调了财富的重要性。少数人统治还是多数人统治并不重要，重要的是他们是否行使经济权力。至于对权力的正当要求，亚里士多德认识到，所有人的意志都会为自己要求权力，在每一种情况下都要求同样的正义原则。也就是说，平等的人应该享有平等的份额，不平等的人不应该享有平等的份额。这种观点的困难在于如何评估平等和不平等。那些在某一领域出类拔萃的人认为自己什么都是高人一等的。走出这个死胡同的唯一途径在于对伦理原则的认可。平等必须根据善的原则来判断，好人应该有权力。

在考察了许多不同类型的政体之后，亚里士多德得出结论：最好的政体是既不拥有太多财富也不拥有太少财富的政体。因此，中产阶级占主导地位的国家是最好、最稳定的国家。我们将在下面讨论革命的原因和防止革命的措施。革命爆发的根本原因是为了维护正义原则：人们在某些方面是平等的或不平等的，但这并不意味着他们在所有方面都是平等的。最后，亚里士多德阐述了理想国家。它的人口必须有合适的规模和技能，从山顶上看一眼就能尽收眼底。它的公民应该是希腊人，只有他们能把北方人的力量和东方人的聪明结合起来。

最后，我们必须简要讨论一本书，它对艺术批评史，特别是戏剧文学领域有很大的影响，这就是亚里士多德的《诗学》，它侧重悲剧和史诗。我们应该指出，"诗学"一词字面上指的是创造事物的过程。因此一般来说，它可以用来指任何生产活动，但在目前的语境下，它仅限于艺术生产。"诗人"这个词指的是一首诗的作者。

按照亚里士多德的说法，所有艺术都是模仿。他的分类最初将绘画和雕塑与其他艺术区分开来，并将现代意义上的音乐、舞蹈和诗歌归为一类。他根据模仿的不同方式区分不同类型的诗歌。至于"模仿"是什么意思，他从来没有解释过。当然，这个概念与理念论有关，其中特殊的东西是对共相的模仿。对亚里士多德来说，模仿似乎意味着通过人工手段唤起与真实事物相似的情感。整个讨论似乎围绕着戏剧艺术，因为正是在这个领域，模仿的原则被应用得最为自然。当亚里士多德继续谈论对人类的模仿行为时，这一点变得更加清晰。我们可以用三种方式描述人的行为，或者如实描述，或者以正常行为为标准，或者在更高或更低的角度去模仿一些东西。这样，我们就可以区分悲剧和喜剧。在悲剧中，人们似乎比生命更伟大，尽管没有伟大到让我们对他们的事情没有同情心。另一方面，喜剧表明，人们的行为比他们做得更糟糕，因为它强调生活中荒谬的一面。一个人性格中的滑稽因素，虽然不是特别有害的因素，但总是被认为是一种缺陷。在这方面，我们可以看到艺术价值和伦理价值的一些趋同。这是一种来自《理想国》的偏见，艺术家的评价与社会伦理标准息息相关。纯粹的犯罪永远不可能有审美价值，这是现代文学标准不承认的限制。

亚里士多德区分了讲述故事的诗歌和描述行动的诗歌，这是史诗和戏剧的区别。戏剧艺术起源于朗诵与宗教仪式有关的诗歌。希腊悲剧显然源于发生在俄耳甫斯教宗教仪式上的一些咒语。对"悲剧"一词的一种可能的解释是，它与一首牧歌有关，这是俄耳甫斯的象征。在最早的悲剧雏形中，有一个读诗的领袖和一群回应的人，这与今天的宗教仪式非常相似。从这个仪式开始，最初的演员和合唱发展起来，正如亚里士多德展示的那样。另一方面，正如"狂欢之歌"这个名字表明的那样，喜剧起源于酒神节的狂欢。

史诗总是用同样的节奏，悲剧则因不同的部分而各有差异。更重要的是，悲剧是由舞台背景控制的。亚里士多德没有明确提出地点、时间和行为统一的理论，也未提到这两种创作在实践上的局限性。表演一定要在有限的空间内一幕幕地完成，史诗则可以在一个想象的舞台上想多长就多长。亚里士多德把悲剧定义为对人类行为的模仿，应完好、完整，长短合理，应该能引起观众的恐惧和同情，所以它可以净化人的灵魂。

至于完整性，亚里士多德坚持悲剧应该有头、有身、有尾。乍一看，这不是一个很有启发性的观点。但是，它所指的是完全合理的：悲剧必须有一个看似合理的起点，以合理的方式发展，逐渐达到它的终点。这必须是完整的，但它是自给自足的。其篇幅至关重要，因为如果一个剧本太长，头脑会犹豫；如果太短，就不会被记住。

通过情感的净化来净化灵魂，这是悲剧的终极因。"净化"

在希腊语中有宣泄的意思，正是通过各种恐惧和同情的情感体验，灵魂才能减轻沉重的负担，因此，悲剧有疗愈的目的。这个术语是从医学上借来的。亚里士多德观点的独到之处在于提出了一种治疗方法，将温和的抱怨形式作为一种预防精神疾病的疫苗。在对悲剧结局的这种解读中，必须理所当然地认为，恐惧和同情困扰着我们的整个身心。也许这是真的。

亚里士多德继续考察悲剧作品的各个方面，其中最重要的是情节，没有它就没有戏剧。就角色通过剧情实现自我而言，角色从属于剧情。潜在的角色在剧情中变成了现实。关于行为，有两类事件特别重要：一个是命运的突然逆转，一个是发现了影响剧情的意外情况。这些事件应该会压垮一个人，这在任何美德中都不明显，压垮他的原因不应该是邪恶，而是缺乏判断力，把他从高位拉下来，失去力量，使他成为一个被抛弃的人。在希腊戏剧中，这种例子比比皆是。

在讨论角色时，亚里士多德首先要求角色应该是真实的或典型的。和剧情一样，人物必须给人以生动的印象。正是在这个意义上，我们必须理解亚里士多德在其他地方的表述：诗歌描述的是一种普遍性情境，而历史则描述具体的事情。在悲剧中，我们看到了生活的一般特征，这赋予了作品一个主题。重要的是要指出我们所说的舞台表演，虽然亚里士多德提到过，但他却掉以轻心。这就把重点几乎完全放在了作品的文学性上。他可能认为悲剧适合阅读，就像它适合在舞台上演出一样。《诗学》并没有提供一个成熟的艺术与美的理论，但它明确提出了一些标准，对此后的文学批评产生了很大的影响，比如是要关注作品本身，而不是讨论作者的情感和意图。

我们已经看到，希腊哲学和理性科学是同时代的，这源于对事物本质的探究，即科学探究的边界线上出现了哲学问题。自毕达哥拉斯以来，算术和几何在希腊哲学中起着至关重要的作用。数学由于一些原因在这方面特别重要。首先，数学的问题简单明了。这并不是说它总是容易解决的，从这个意义上说，它不需要简单。但是，当人们将数学中的普通问题与生理学中的问题进行比较时，它们是简单的。其次，数学有一个既定的程序证明模式。检查和证明的一般原则正是希腊人的发明。在数学中，检查计算的功能比大多数其他科学更明显。再次，数学论证的结论，一旦被人们正确理解，就会被毫无疑问地承认。这当然更符合前提已被接受的有效论点的结论。数学的论点是那种你真正接受它的前提的程序的一部分，而在其他领域，你总是把结论与事实进行比较，因为害怕一个前提可能是错误的。在数学中，不存在这样一个事实，即需要比较的东西在于它本身。由于这种确定性，各个时代的哲学家通常都承认，数学提供的知识比在任何其他领域获得的知识都更优越、更可靠。很多人都说，只有数学，而不是其他任何信息，才能被称为知识。用《理想国》中的话来讲，可以说数学属于形式领域，所以它产生知识；其他领域处理特殊的事情，充其量只是这方面的意见。唯心主义将其起源归因于毕达哥拉斯的数学思想。在苏格拉底那里，它被扩展成共相的一般理论；在柏拉图的例子中，它再次被限制在数学科学领域。

公元前4世纪，数学活动的中心开始转移到亚历山大港。

这座城市由亚历山大大帝于公元前332年建立，很快成为地中海最重要的贸易中心。它的位置是通往东方大陆的门户，提供了西方文化接受巴比伦和波斯文化影响的接触点。在很短的时间内，一个庞大的犹太社区形成了，并迅速希腊化。来自希腊的学者建立了学校和图书馆，后者在整个古代都特别有名，没有任何其他收藏可以与亚历山大港图书馆的收藏相媲美。不幸的是，公元前47年，当尤利乌斯·恺撒占领这座城市时，古代科学和哲学的独特资源在火焰中被摧毁。正是在那个时候，大量关于古典时期伟大作家的资料不可挽回地丢失了，大量价值较低的东西无疑也被烧毁了。当图书馆被损坏时，这种自省可给人提供一些安慰。

亚历山大港最著名的数学家是欧几里得，他在公元前300年左右四处讲学，他的《几何原本》至今仍是希腊科学最伟大的丰碑。这项工作以演绎的形式，汇集了当时的几何知识。大部分知识不是欧几里得的发明，但他的功劳在于对之进行系统描述。千百年来，《几何原本》一直是许多人试图模仿的范式。当斯宾诺莎（1632—1677）声称自己的伦理学"具有几何学的特征"时，他模仿的正是欧几里得。另外，牛顿的《自然哲学的数学原理》也同样以《几何原本》为范式。

如前所言，后期毕达哥拉斯学派要解决的一个问题是如何以无理数来做连分数序列的极限值。不过，由于无法用算术的术语解释比例，且无理数无法用一个具体的数表示，这个问题在算术方面一直无法得到解决，只是不同时期的问题是不一样的。事实上，最初发现的困难在于试图给直角边边长为一个单位的等腰直角三角形的斜边赋予一个数。几何中成熟的比例理论应运而生。它的发明者似乎是和柏拉图同时代的欧多克索斯，我们看到的理论形式是在欧几里得那里找到的，在那里整个问题被描述得非常清楚且严格。最后，它又回到了算术。当笛卡尔假设几何可以用代数来处理时，他实际上是在追求苏格拉底辩证法的科学理想。当他摧毁了几何的特定假设时，他发现了可以建立几何的更普遍的原则。这是柏拉图学院数学家追求的目标，虽然我们不知道它有多成功。

欧几里得的《几何原本》是现代意义上的纯数学。在这方面，亚历山大港的数学家与学院的传统是一致的，他们继续研究是因为他们对这些问题感兴趣。在这方面，欧几里得表现得最为明显。在《几何原本》这本书中，没有任何迹象表明几何学可能有用。不仅如此，想要掌握这一学科需要长时间学习。当埃及国王要求欧几里得教他一些简单的几何学时，欧几里得做出了著名的反驳，他说学习数学没有捷径可言。认为数学不懂应用的观点也是错误的。探究某种学问的具体来源是一回事，判断该学问的价值是另一回事，但大家对这两件事往往分不清楚。人们经常对欧几里得吹毛求疵，因为他几乎不关心数学发现的社会意义，这是他几乎不感兴趣的一个方面。知道了数学知识，不管它有多成熟，他都着手研究它，并把它放入严格的演绎顺序中，这是一种科学的操作。究其效用而言，它与任何国家的情况，甚至任何具体事物都无关。这些说法确实同样适用于哲学本身。事情的真相是，和过去或未来的问题相比，时代的大势总会吸引人们去关注一些当下的问题，但这丝毫没有改变人们为解决这些问题而提出的理论的优缺点。

欧多克索斯的另一项发明是所谓的穷尽法，这是一种用于计算被任意曲线划定的面积的方法，其目的在于用一些面积容易求得的简单图形，填满曲线划定的面积，以计算出后者的面积。这种想法正好和积分的原理相合，所以穷尽法可谓积分的雏形。使用这种方法的最著名的数学家是阿基米德，他不仅是数学界的伟大人物，也是著名的物理学家和工程师。他住在锡拉库萨，根据普鲁塔克的说法，他的专业知识不止一次帮助保护这座城市免受敌人的攻击。罗马人最终征服了西西里和锡拉库萨。公元前212年，该城沦陷并被洗劫一空，阿基米德便死于这场灾难。传说，当他在花园里忙着解决一个几何问题时，一个罗马士兵用匕首刺死了他。

阿基米德用穷尽法画抛物线和圆。关于抛物线，阿基米德通过内接无限多的、越来越小的三角形，得出了精确的数学公式。在圆这方面，阿基米德计算了 π 这个常数，即圆的周长与直径之比。因为这不是一个有理数，所以可以用穷尽法来计算它的近似值。内接与外接的多边形边数越多，就越接近圆周。内接的多边形周长总比圆周小，外接的多边形周长总比圆周大，不过随着多边形边数的增加，其间的差异就会越来越小。

公元前3世纪另一位伟大的数学家是亚历山大港的阿波罗尼奥斯，他发明了圆锥曲线理论。在这方面，我们还有另一个明显的例子破坏了几何学的特定假设，因为现在一对直线、抛物线、椭圆、双曲线和圆都显示了同样的东西：直立圆锥的截面。

在其他科学领域，也许希腊人最引人注目的成就来自天文学。我们在讨论不同的哲学家时，已经提到了其中的一些观点。这一时期最引人注目的成就是日心说的发现。与欧几里得和阿波罗尼奥斯同时代的萨摩斯的阿里斯塔克斯似乎是第一个全面而详尽地阐述这一观点的人，尽管在公元前4世纪末，学院里的人可能已经在坚持这一观点。无论如何，我们从阿基米德那里得到了可靠的证据，那就是阿里斯塔克斯坚持这个理论。我们发现普鲁塔克也提到了这一点。这个理论的要点是，地球和行星围绕太阳旋转，太阳和恒星仍然是固定的，地球围绕自己的轴旋转，它遵循自己的轨道。赫拉克里德斯已经知道地球每天绕着自己的轴转一次，这是公元前4世纪的发现，而黄赤交角发现于公元前5世纪。因此，阿里斯塔克斯的理论绝不是全新的。然而，这种大胆背离时代常识的做法却遭到了一些反对甚至敌视。我们必须承认，一些哲学家可能主要基于伦理理由反对它，因为把地球排除在事物的中心之外，确实破坏了道德标准。斯多葛学派哲学家克里安西斯甚至要求希腊人指责阿里斯塔克斯不敬神明。太阳、月亮和星星在非圆形轨道上运行的观点在当时和政治学中的非正统观点一样危险。似乎在这种愤怒爆发后，阿里斯塔克斯的观点发生了更大程度的改变。在另一个著名的时刻，关于地球运动的观点激怒了时人的宗教情感，那就是当伽利略支持哥白尼的理论之时。我们可以指出，哥白尼实际上只是修正或重新发现了那位萨摩斯天文学家的理论。阿里斯塔克斯的名字出现在哥白尼手稿的边注中，这使这件事变得确定无疑。至于太阳系的相对大小和星体间距离，人们计算的结果并不都一样成功。对太阳和地球之间距离的最佳估计大约是实际大小的一半。地月距离被估计得非常正确。关于地球直径的计算结果与正确数值相差不超过五十英里。这一成就归功于埃拉托斯特尼，他是亚历山大港图书馆的图书管理员，也是一位精明的科学观察家。为了确定地球的周长，他选择了两个几乎在同一子午线上的观测点，其中一个是北回归线上的赛伊尼，在那里中午时刻太阳处于天顶，这是从太阳光在深井中的反射中观察到的。在四百英里以北的亚历山大港，人们只需要测定太阳高度角就可以。这件事很容易，不过是测量一下一座方尖塔一天中最短的影子。根据这些信息可以很容易地推断出地球的周长和直径。

　　这些知识大多很快被遗忘，主要是因为它与当时的宗教偏见相矛盾，所以人们不难理解哲学家在这方面犯下的"罪"，毕竟天文学的新发现有颠覆斯多葛学派伦理的危险。公正的观察者倾向于认为这证明了斯多葛主义是一种糟糕的理论，因此应该被抛弃。但与这种最好的建议相比，那些不会因自己的观点遭到如此批评就轻言放弃与奋斗，同时又自信而公正地坚持自己的观点，这样的人才是最罕见的。哲学家和科学家比其他人更努力地训练自己做到这一点，尽管他们最终并不比外行人更成功。数学家非常适合培养这种态度，这绝不是偶然的，许多伟大的哲学家也是数学家。

　　最后值得强调的是，除了问题的简单性和结构的清晰性，数学还为创造美好的事物提供了机会。如果允许出现言语误用，我们可以说希腊人确实有敏锐的审美感觉。我们今天使用的美学一词，是由18世纪的德国哲学家鲍姆嘉通提出的。济慈说，真理就是美，他表达的情感无论如何都是一种完整的希腊思想。当思考一个希腊茶壶的几何比例时，柏拉图主义者完全感受到了这样的事情。数学证明本身的结构也是如此。在这个领域，美正是优雅和经济等概念的特点。

希腊化时代

　　如果希腊人在公元前 5 世纪初抵抗了波斯人的入侵，那么波斯帝国在公元前 4 世纪初就已经显示出自己不过是个泥塑的巨人。色诺芬不就证明了指挥有方、纪律严明的小型希腊兵团能够坚持抵抗波斯的强大势力？希腊人在自己的土地上更是如此。

　　在亚历山大大帝的领导下，希腊人转向进攻。从公元前 334 年到前 324 年的短短十年间，波斯帝国就落入了年轻的马其顿征服者手中。从希腊到巴克特里亚，从尼罗河到印度河，世界都在亚历山大大帝的统治之下。虽然他是希腊人眼中马其顿的最高统治者，但希腊人却视他为希腊文明的传播者。他确实证明了自己是希腊文明的传播者。他不仅是征服者，也是殖民地的开拓者。无论他把军队带到哪里，他都以希腊的形式建造希腊城市。在这些希腊人的生活中心，最初的希腊人或马其顿人与当地居民融合在一起。

　　亚历山大鼓励马其顿人与亚洲女人结婚，他并不羞于实践他所鼓励的。顺便说一句，他为此娶了两个波斯公主。

作为一个国家，亚历山大的帝国是短暂的。他死后，他的将军们最终将领土分成了三部分。欧洲的安提柯王国，在一百多年后落入罗马人手中。亚洲的塞琉古王国被分成两部分，西部的一部分被罗马人接管，东部的一部分被帕提亚人和其他人接管。托勒密统治下的埃及在奥古斯都时期成为罗马的一部分。但作为希腊影响力的传递者，马其顿的征服相当成功。希腊文明涌入亚洲，希腊语成为各地受过教育的人的语言，并迅速发展成为贸易和商业的日常语言，这与近几十年来英语所发挥的作用非常相似。公元前200年左右，从海格力斯之柱到恒河，大多数人都会说希腊语。

因此，希腊的科学、哲学，尤其是艺术，逐渐影响了东方的古代文明。造币、花瓶、建筑和雕塑的遗迹，以及较低的层面在文学上的影响，就是这种文化入侵的见证。同样，东方对西方产生了新的影响，然而这些影响有些是消极的。在当时，最能激起希腊人想象力的似乎是巴比伦的占星术。尽管希腊的科学技术有所发展，但希腊化时代的人们比古典时代更加迷信，就像我们这个时代一样。在我年轻的时候，很多不能称其为正常的人痴迷于占星术。这种痴迷在今天甚至影响了那些主宰大众媒体的人，让他们在报刊上设置专栏来谈论占星术。这可能并不奇怪，因为直到罗马人到来之前，整个希腊化时期都是放荡不羁、不稳定、不安全的，交战各方的雇佣兵会不时地入侵各城邦或乡镇。从政治角度来看，亚历山大建立的新城缺乏旧殖民地与其中心城市传统联系的稳定性。那个时代的普遍气氛是不安全的。强大的帝国土崩瓦解，后继者在瞬息万变的势态中争夺霸权。人们在不稳定的氛围中深刻感受到事物的无常。

从文化的角度来看，我们发现专业化正在日益扩大。当机遇和环境需要时，古典时代的伟人可以作为城邦的成员做任何事情。希腊化世界的研究者局限于一个特殊的领域。科学研究中心已从雅典转移到亚历山大港，在亚历山大港建立一座新城，最成功的事情就是来自世界各地的学者和作家都聚集到这座城市。地理学家埃拉托斯特尼曾经是一个大图书馆的馆长。欧几里得和阿波罗尼奥斯在这里教数学，阿基米德也在这里从事研究工作。从社会的角度来看，稳定存在的基础由于奴隶人口的增加而逐渐被摧毁。自由人不容易在陆地上竞争。这是过去奴隶工作的地方。唯一能做的就是成为一名雇佣兵，把他们的希望寄托在一些掠夺性的发展上。希腊人的广泛影响告诉人们要有一个比城邦的理想范围更大的理想。然而，没有人有足够的力量将因亚历山大而破碎的世界团结起来。

长期的不安全会导致人们对公共事务缺乏兴趣，思想道德水平也会普遍下降。在古代，希腊人无法应对当时的政治问题，希腊化时代的人们对此也同样无能为力。最后，罗马有组织的天才着手处理这个问题。他们从混乱中创造了一个秩序，并将希腊文明传给了后世。

随着城邦黄金时代的过去，创新和活力的全面衰退压倒了希腊世界。如果说雅典所有的哲学家都有共同的显著特点，那就是他们大胆乐观的生活态度。这个世界是一个适合居住的好地方，人们能将之尽收眼底。我们可以看到，亚里士多德已经把这看作他理想城邦的特征。

由于马其顿人的扩张，这种沾沾自喜的观点彻底破灭了。在那个时代的哲学潮流中，这体现在整体的悲观和不安全感上。我们再也见不到柏拉图那样的贵族公民的自信了。

从某种意义上说，苏格拉底之死标志着希腊文化的分水岭。虽然柏拉图的著作一部接一部，但事实上，我们已经进入了希腊化世界的荒野。在哲学上，一些新的运动开始出现。最初的运动与苏格拉底的弟子安提斯泰尼直接相关。他的名声与爱利亚学派传统中的一个悖论有关。根据这个悖论，人们不可能做出有意义的陈述。A 是 A，这个说法是对的，但这个陈述没什么意义；A 是 B，但 B 和 A 并不同，所以这个陈述是错的。安提斯泰尼无疑开始对哲学失去信任。晚年，他放弃了上流社会的生活和背景，开始过着普通人的简朴生活。他反抗当时的生活习惯，希望回到原始生活，不受有组织国家的习俗和限制的束缚。

犬儒主义者第欧根尼出生于黑海上的希腊殖民地锡诺普，他是这一新运动的一大标志性人物。第欧根尼过着像狗一样原始的生活，这让他获得了"犬儒"的绰号。据说，他住在一个木桶里，亚历山大曾拜访过这位名人。年轻的马其顿国王让他许个愿望，自己会帮助他实现，第欧根尼回答说："不要挡住我的阳光。"这给亚历山大留下了深刻的印象，他对此回应说："如果我不是亚历山大，我宁愿做第欧根尼。"

犬儒主义的重点是摆脱世俗利益，专注于美德，这是信奉者认为唯一值得拥有的美好。这显然符合苏格拉底的理论。作为对世俗事务的回应，这确实有些消极。事实上，一个人受到的束缚越少，他受到伤害或失望的可能性就越小。但是人们不能指望从这种想法里获得更深刻的启发。冷嘲热讽逐渐成为一种普遍而强大的传统。公元前3世纪，它在整个希腊化世界非常流行。当然，这只是意味着犬儒学派低调的教学形式真实地反映了那个时代的伦理状况。这是一种机会主义的生活态度。有事情做的时候，用双手去做；时间不够就不要抱怨，能享受生活就享受生活；对于那些关于财富的奇思妙想，人们只会付之一笑。正是在这一理论的发展过程中，"犬儒主义"逐渐具有贬义。然而，犬儒主义作为一种运动，并不是经过深思熟虑的。它的伦理内容后来被斯多葛学派吸收，这一点我们以后再讨论。

哲学衰落的另一个截然不同的产物是怀疑论运动。从字面上看，怀疑论者就是对事物持怀疑态度的人，但作为哲学，怀疑论挑战的是宗教教义的秩序。它否认任何人都可以肯定地知道任何事情。当然，人们会想知道哲学上的怀疑论者是从哪里得到这些信息的。如果他的立场明确否定了知识的可能性，那他怎么知道这种否定是真的？作为一种批评，它提醒我们要对意见保持怀疑，这种谨慎是健康而有益的，在这方面，怀疑主义并无过错。

第一个哲学怀疑论者是皮浪，他是一个跟随亚历山大军队周游世界的伊利斯人。怀疑主义并不新鲜，因为如上所述，毕达哥拉斯学派和爱利亚学派都曾对感官的可靠性产生过怀疑，智者也提出了类似的观点作为他们的社会伦理相对主义的基础。然而，这些思想家都没有把怀疑本身作为核心问题。当17、18世纪的哲学家们提到怀疑主义哲学家时，他们所说的就是这个学派。我们对皮浪自己的观点几乎一无所知，但他的弟子蒂孟似乎否认了演绎的第一原则。因为亚里士多德对科学论证的解释是以第一原则为基础的，这对亚里士多德的追随者是一个沉重的打击。这解释了为什么中世纪经院哲学如此敌视皮浪哲学。苏格拉底对假设和演绎的解释不受怀疑论者的影响。在哲学史上，17世纪的学术复兴是离开亚里士多德，回归柏拉图。

蒂孟死于公元前235年。在他之后，怀疑论不再是一个独立的学派。相反，它被学院吸收，使学院保留了近两百年的怀疑主义倾向。这当然是对柏拉图主义传统的歪曲。事实上，我们在柏拉图那里找到了一些文章，它们似乎已经放弃了任何建设性思维的尝试。我们不禁想到《巴门尼德篇》中那些论辩的隐喻。然而，辩证法在柏拉图那里从来都不是某种目的。如果以这种方式被误解，可能会被扭曲成怀疑主义的意思。此外，在沉迷迷信的时代，怀疑论作为一个揭露者，确实完成了有价值的工作。然而，出于同样的原因，他们可能决定通过一些迷信仪式的动议，而不会感到内疚。正是因为这种完全否定的观点，怀疑主义作为一种制度，往往在它的追随者中产生一代草率的嘲笑者，他们不像智者那样通情达理。

公元前1世纪，怀疑主义再次成为一种独立的传统。公元前2世纪的讽刺作家卢西安和塞克斯图斯·恩披里柯的作品都流传了下来，它们属于晚期怀疑论哲学。然而，这个时代的趋势最终需要一个更明确一致的信仰体系。独断论的出现逐渐使怀疑主义哲学相形见绌。

当人们把希腊化时代的哲学思辨与伟大的雅典传统及其先驱的哲学思辨相比较时，一定会对前者苍白、疲惫和颓废的特点产生深刻印象。哲学是古代思想家的冒险事业，需要先行者的聪明才智和勇气。后来的哲学家虽然也有践行自己哲学观点的勇气，但那种勇气出于服从和忍耐，而非探险家的那种无畏与豪迈。在旧社会框架崩溃的时代，人们寻求和平。若这种和平在日常生活中无法得到保障，那他们不得不避难并做好事。伊壁鸠鲁的哲学在这方面最为明显。

伊壁鸠鲁生于公元前342年，父母都是雅典人，十八岁时从萨摩斯移居雅典；不久后，他去了小亚细亚，在那里他迷上了德谟克利特的哲学。刚过三十岁，他就建立了一所学院，从公元前307年到其前270年去世，这所学院一直活跃于雅典。这所学院是一个生活在一起的团体，其起居都不出伊壁鸠鲁的住宅与庭院，他们尽可能地远离世俗的喧嚣和冲突。伊壁鸠鲁一生饱受各种病痛的折磨，他学会了忍受病痛并且不会气馁。他的理论的主要目的是实现不受干扰的宁静。

在伊壁鸠鲁看来，最大的善是幸福。没有幸福，美好的生活是不可能的。这里的幸福既包括身体上的幸福，也包括精神上的幸福。后者在于对身体幸福的沉思，它不是任何生命意义上的最高幸福。我们对自己精神活动的方向有很大的掌控力，所以我们在某种程度上选择了沉思的对象，而身体的影响大多是强加给我们的，这是灵魂幸福的唯一好处。根据这种观点，善良的人在追求幸福时一定是谨慎的。

这种一般性的观点产生了与苏格拉底和柏拉图完全不同的关于美好生活的概念，其总体特征是远离社会活动和责任。当然，苏格拉底也认为理论生活是最好的生活。然而，这并不意味着完全脱离或独立于世界；相反，精英的职责之一是积极参与公共事务的管理。柏拉图也深受这种责任感的启发。从洞穴中出来的哲学家必须回来帮助解放那些比他更没有天赋和洞察力的人。正是出于这种信念，他冒险去了西西里。在伊壁鸠鲁那里，我们丝毫看不见生活的活力。他确实区分了积极幸福和消极幸福，但他优先考虑后者。在渴望稀缺事物的动力驱动下，人在追求一定的让人快乐的目标的同时，会体验到积极的幸福。一旦目标实现，消极的幸福就会在没有任何欲望的情况下获得，它麻木地陶醉在饱腹的状态中。

我们可以理解，当有人厌倦了生命的无常，就很容易接受这种审慎的伦理观。但在对何为善的解释方面，这是非常片面的。此外，它还忽略了一个事实，即缺乏欲望或情感是积极研究的一个特征。苏格拉底坚持知识是好的，这基本上是正确的。正是在对知识无所偏好的追求中，我们获得了伊壁鸠鲁所追求的某种无意识的敏锐。

然而，伊壁鸠鲁的阳刚之气确实使他前后矛盾，不像他有些苛刻的观点所暗示的那样。因为他给予友谊的价值高于其他任何东西，尽管它显然不能包含在消极的幸福中。伊壁鸠鲁的信徒逐渐成为奢侈生活的代表，这是因为伊壁鸠鲁受到了他同时代的斯多葛学派及其后继者的极大诽谤，他们鄙视那种自己理解的、源于伊壁鸠鲁的彻底唯物主义。对于那些在实际中奉行节俭的伊壁鸠鲁主义者，这实在是一种误解。

伊壁鸠鲁信奉德谟克利特的原子论，从这个意义上说，他是一个唯物主义者。然而，他没有采纳原子的运动受各种定律支配的观点。如前所述，法律的概念最初源于社会领域，后来才应用于物理世界的各种事件。同样，宗教是一种社会现象，这两种观念似乎在必然性的概念中相交：是神制定了最高的法律。当伊壁鸠鲁否定宗教时，他必然因此鄙视必然性的严格原则。因此，伊壁鸠鲁的原子论允许一定程度的任性独立，尽管一旦某个过程在进行，它的进一步过程还是会符合规律，这仍同于德谟克利特的观点。

至于灵魂，它只是一种特殊的物质，构成它的原子与构成身体的原子混合在一起。感觉被解释为物体散落的东西对灵魂原子的冲击。当死亡意外发生时，灵魂的原子因失去了与身体的联系而解离。它仍以原子的形态存在，但无法再有感知。伊壁鸠鲁以这种方式表明，对死亡的恐惧是非理性的，因为死亡本身不是我们可以体验的。虽然伊壁鸠鲁极力反对宗教，但他相信神是存在的。然而，我们既不会因为神的存在而变得更好，也不会因为神的存在而变得更差。神是伊壁鸠鲁主义的优秀实践者，他们对干涉别人的事情毫无兴趣。

神既不给予嘉奖，也不施加惩罚。可见，我们应该走一条谨慎适度的路线，旨在达到深沉的平静和极度的幸福，从而达到最高的善。

　　与其他学派不同，伊壁鸠鲁没有发展出科学传统。其思想自由、反对迷信习俗的态度，一直受到早期罗马帝国上层社会少数精英的推崇；但在伦理学上，它逐渐被斯多葛学派取代。在伊壁鸠鲁学派的传统中，另一个著名的人物是罗马诗人卢克莱修，他生活在公元前 99 年到前 55 年。他在著名的诗篇《物性论》中阐述了伊壁鸠鲁的理论。

　　希腊化时代哲学运动中最有影响的是斯多葛学派。与雅典的伟大学派相比，斯多葛学派与希腊的主权领土关系并不密切，它召集了一些来自东方和后来来自罗马的最著名的代表人物。这场运动的创始人是一位名叫芝诺的腓尼基族塞浦路斯人。他的出生日期不详，大约在公元前 4 世纪下半叶。家族的商业事务让他第一次来到雅典，在那里他对哲学产生了兴趣。他放弃了生意，最终创办了自己的学院。他经常在雅典广场的斯多葛柱廊演讲，其理论观点便被以他讲学的地点冠名。

　　斯多葛学派的哲学横跨了大约五个世纪，在如此长的一段时间里，其理论发生了相当大的变化。然而，使其在这场漫长的运动中保持不变的是它的伦理思想，这源自苏格拉底式的生活态度。斯多葛学派非常重视美德，比如不怕危险，安贫乐道，对物质生活漠不关心。正是这种对耐心和孤独的强调赋予了斯多葛学派这个词现代的含义。

　　当人们把斯多葛主义与古典时代的各种理论相比较时，作为一种伦理学理论，斯多葛主义就显得有些枯燥而严苛了。但与柏拉图和亚里士多德的理论相比，它已经成功地得到了人们更广泛的支持。柏拉图强调知识是最高的善，可能不容易被忙于生活的人接受。无论如何，似乎是斯多葛学派抓住了希腊世界的国王和统治者的想象力。这是否足以达到苏格拉底所希望的各种结果，比如哲学家必须成为国王，而国王就是哲学家，当然就更不确定了。

早期斯多葛主义者的作品除了一些片段之外，很少留存下来，尽管人们可以将这些片段放在一起，对其理论进行合理的阐述。芝诺自己的当务之急似乎主要是伦理问题，其中比较核心的是决定论与自由意志，这一直是斯多葛学派哲学的主题。它是一个具有足够生命力的哲学问题，一直吸引着哲学家们的关注，直到我们这个时代仍然如此。根据芝诺的观点，自然受到法则的严格控制，他的宇宙观似乎主要受到前苏格拉底观点的启发。按照芝诺的说法，事物的本源是火，正如赫拉克利特所坚持的那样。随着时间的推移，其他元素从这个本源中分离出来，这模仿了阿那克萨戈拉的理论。最后，发生了一场意想不到的大火灾，一切都回到了火最初的状态，整个世界再重新开始，正如恩培多克勒的循环理论所描述的那样。世界自然发展的规律源于以各种可能的方式控制历史的最高权力。一切都是为了某个目的，以注定的方式发生的。最高的或神圣的动力因被认为内在于世界之中而非之外，就如同渗入沙土中的水。因此，神是一种内在的力量，它内在于每个人的身上。受斯多葛学派影响的斯宾诺莎，使这种观点成为近代著名的哲学思想。

最高的善是美德，美德在于生活与世界的一致性。然而，这不会被解释为纯粹的同义反复，因为任何存在的东西都与世界远不一致。这是个人意志的问题，个人意志的取向与自然是一体的，而不是对立的。世俗利益在这里很少被考虑。暴君可以剥夺一个人所有外在的东西，甚至是生命，但不能剥夺他的美德，那是他内心中不可转让的事物。因此，我们得出这样的结论：一个人在拒绝外界利益的错误要求时，就变得完全自由了，因为外界的压力无法触及他唯一重要的东西——美德。

虽然有些建议作为高尚的人生格言值得被称赞，但作为伦理理论，该理论存在严重错误。如果这个世界是由法则统治的，祈祷最高的美德是没用的。有美德的人是如此，因为他们必须如此，对于恶人来说也是如此。那么我们如何理解神要创造恶呢？根据柏拉图的《理想国》，说神是世间善之事物的唯一创造者，在这里是没有意义的。后来的斯宾诺莎和莱布尼茨（1646—1716）也会面对几乎一样的反对意见。然而他们试图回避困难，坚持认为除非任何事情实际上都被安排在可能世界中最好的那种形态，人的心灵便无法把握整个世界的必然性。但是，如果把这个理论中的逻辑难点完全抛开，还是有一些明显的实际错误。大多数人担心痛苦不利于美德的提升或灵魂的崇高。再说，还有我们这个先进时代的一个令人悲伤的发现，那就是，充分有效的技术可以制服任何人，不管其性格有多强硬。不过，斯多葛主义中有一个观点很值得称道，它承认在某种意义上，内在善良是最重要的。物质占有的损失总能以某种方式得到补偿，但如果一个人失去了自尊，他就不足以成为一个人。

据说第一个系统阐述斯多葛主义哲学的是克利西波斯（前

280—前207），然而他的作品并没有流传下来。正是在这个时期，斯多葛学派对逻辑和语言产生了明显的兴趣。克利西波斯系统地阐述了选言三段论和假言三段论，并发现了一个重要的逻辑关系，即现代术语中的实质蕴涵。这是两个命题之间的关系：当第一个命题不为真，第二个命题就为假。比如，"气压下降就下雨"这句话，"气压下降"和"要下雨"之间的关系是一种实质蕴涵关系。斯多葛学派也发明了语法术语，语法第一次在他们手中成为一个系统的研究领域。语法中"格"的名称是斯多葛学派的发明。这些名词被翻译成拉丁语，其中还有一个关于"宾格"的错误翻译，但这些都被后人从罗马语法学家那里继承了下来，至今仍在使用。

斯多葛学派的学说通过西塞罗的文学创作在罗马获得了一席之地。西塞罗在斯多葛学派哲学家波希多尼的指导下从事研究。这位来自叙利亚的希腊人游历甚广，致力于许多领域。我们已经提到了他的天文学研究。作为一名历史学家，他继承了波利比乌斯的理念。我们看到，当学院受到怀疑主义的影响时，他的哲学立场在一定程度上仍然保留着古典学院的传统。

虽然从哲学的角度来看，后来的斯多葛学派倡导者并不是很重要，但有三个人的作品仍然保存下来，使人们对他们的生活有所了解。虽然他们的社会地位有很大不同，但其哲学观点非常相似。他们就是塞涅卡，出生于西班牙的罗马元老院议员；爱比克泰德，被罗马人释放的希腊奴隶；还有公元2世纪的罗马皇帝马可·奥勒留。他们都用斯多葛学派的理念创作出伦理学方面的作品。

塞涅卡出生于公元前 3 年左右。他是定居罗马的一个富裕的西班牙家庭的成员。他从事政治活动，并在适当的时候被提升为行政官员。在克劳狄一世的统治下，他遭受了短暂的挫折。克劳狄一世凡事不愿大动干戈，但在妻子美撒利娜的要求下，他在公元 41 年驱逐了塞涅卡。在批评皇后放荡的生活方面，这位元老院议员确实太不知收束了。几年之后，美撒利娜意外去世，克劳狄一世娶了第二位皇后小阿格里皮娜，也就是尼禄的母亲。小阿格里皮娜在公元 48 年将流亡于科西嘉的塞涅卡召回，并让他负责教育帝国的继承人。罗马帝国的这位皇子无法成为斯多葛学派哲学家在教学中期许的模样，而塞涅卡也不曾认真践行过斯多葛学派的伦理要求。他积累了大量财富，其中大部分是向不列颠尼亚的居民放高利贷所得，这或许就是日后不列颠尼亚发生叛乱的原因之一。所幸现在需要更高的利率才能点燃英国人的革命精神。当尼禄变得越来越专横和疯狂时，塞涅卡再次名誉扫地。结果，他被恩准自杀，而非被执行死刑。按照那个时代的方式，他割破血管自杀了。虽然他的生活总体上缺乏斯多葛学派的特征，但他的死亡方式符合他的哲学。

爱比克泰德出生于公元 66 年左右。他的名字提醒我们他是一个奴隶，因为这个名字的意思是获得自由。由于早期为奴时遭受虐待，他摔瘸了一条腿，身体也十分羸弱。爱比克泰德一获得自由就开始在罗马教书，直到公元 90 年，多米提安驱逐了他和其他斯多葛学派成员，因为他们批评罗马皇帝的独裁统治，并构成了一种反对皇权的道德威胁。爱比克泰德的一些语录被他的学生阿利安保存了下来。我们发现斯多葛学派伦理学是沿着爱比克泰德的思想发展的。

相较于奴隶出身的爱比克泰德，斯多葛学派最后一位伟大的作家则是罗马皇帝。马可·奥勒留生活在公元121年至180年，他是安东尼·庇护的养子，正如其名字暗示的那样，安东尼·庇护是罗马最开明的皇帝之一。马可·奥勒留于公元161年继承皇位，他的余生都在为帝国服务。这一时期，受到自然灾害和军事兵变的困扰，皇帝忙于应对各种入侵帝国边境，威胁帝国权威的蛮族部落。担任公职的重担压在他的肩上，但他认为这是他的职责。帝国内外都陷入了困境，他采取了许多似乎有助于维持秩序的措施。他迫害基督徒不是出于恶意，而是因为他们对国家宗教的否认是产生麻烦和动荡的根源，因此他可能是对的，尽管迫害总是统治者软弱的象征。一个坚实而自信的社会不需要迫害任何异教徒。马可·奥勒留用希腊语写就的《沉思录》和爱比克泰德的语录一样流传了下来，它们也都是记录哲学反思的日记。只要时间允许，马可·奥勒留就能从政务或军务中抽身出来，在纸上记录下自己的思索。值得指出的是，马可·奥勒留虽然认同斯多葛学派的伦理观，但在公共责任方面，他和柏拉图站在了一起。人是社会动物，所以我们应该加入政治组织。正如我们之前所暗示的，这凸显了自由意志和伦理决定论的困难。我们已经看到，按照一般斯多葛学派的观点，一个人的善恶是私事，并不影响他人。然而，从社会的角度来看，每个人的道德品质都可能对任何其他人造成非常明确的影响。如果皇帝玩忽职守，无疑会加剧现有的矛盾。在这个难题上，斯多葛学派从未给出真正令人信服的结论。

关于柏拉图和亚里士多德留下的第一原则，斯多葛学派提出了先天观念论，这是演绎过程的明确起点。这种观点主导了中世纪哲学，并被一些现代理性主义者采用，它是笛卡尔形而上学方法论的基石。就斯多葛学派的人类观而言，其理论比古典理论更加慷慨。我们可以回顾一下，亚里士多德甚至承认希腊人不应该成为他们同胞的奴隶。尽管奴隶制在帝国时代存在的规模比过去任何时候都要大，斯多葛学派仍坚持以亚历山大的实践为典范，即在某种意义上，所有人都是平等的。斯多葛学派沿着这一思路提出了自然法和国家法的区别，因此自然权利意味着人们被赋予对某件事的权利乃出于人的自然本性。自然权利理论对罗马法产生了有益的影响，因为它安抚了大多数处于被剥削地位的人。文艺复兴后，在反对国王君权神授的斗争中，它因类似的原因而复兴。

希腊和罗马之间的交流最初是通过意大利南部的希腊殖民地进行的。在政治上，亚历山大的胜利并没有扰乱希腊在西方的殖民地。在希腊化时代早期，这一地区的两个主要强国是锡拉库萨和迦太基。公元前3世纪，两方势力都开始进攻罗马，这导致了前两次布匿战争。在这些战争中，西班牙被吞并了。希腊和马其顿在公元前2世纪被征服。第三次布匿战争于公元前146年结束，迦太基被夷为平地。同年，科林斯在罗马军团的征服下遭受了同样的命运。这种肆无忌惮的破坏受到了同时代人的批评，也受到了后世的批评。此时，我们自己的时代也正在迅速退化为野蛮时代。

公元前 1 世纪，小亚细亚、叙利亚、埃及和高卢先后并入罗马版图。公元 1 世纪，不列颠岛也沦陷了。这些不断的征服不是纯粹的欲望和冒险的结果。罗马军团接受命令寻求帝国的自然边界，当遥远的敌对部落入侵时，击退敌人并不太困难。在帝国早期，这个目标已经实现：在北部，罗马的领土以莱茵河和多瑙河为界，东部是幼发拉底河和阿拉伯沙漠，南部是撒哈拉沙漠，西部是大西洋。这样的地理条件使罗马帝国在最初的两个世纪维持了一种相对稳定的社会环境。

从政治角度来看，罗马最初是作为一个城邦创建的，它在许多方面与希腊相似。在传说中的伊特鲁里亚国王统治结束后，出现的是由贵族阶层组成的元老院控制的共和国。随着国家规模和权势的增长，民主宪政的变革要求日益强烈。后来元老院虽保留了大部分权力，但公民大会逐渐聚集在保民官周围，让保民官替他们就国家事务发声。最后，非贵族出身的人也可以当执政官。然而，由于征服和扩张，统治家族获得了巨大的财富。同时，由于外国地主兼并土地并大规模地使用奴隶进行劳作，小地主和自由农被赶出了自己的土地。这使得元老院仍然是国家的最高权力机构。公元前 2 世纪末，格拉古兄弟领导的平民民主运动失败，一系列内战最终导致帝国统治的建立。恺撒大帝的养子屋大维最终让这个国家恢复了秩序，他被授予奥古斯都的称号，并作为皇帝实施统治。此时民主制度在形式上仍存续着。

公元 14 年，奥古斯都去世，其后大约两百年的时间里，帝国民众普遍生活在和平的环境中。内忧外患和宗教迫害确实存在，但不足以推翻帝国统治的根基。边境虽时有战事，罗马人民却过着和平有序的生活。

最后，军队开始用自己的军事力量巧取豪夺，受军队支持的人则会回报以黄金。许多皇帝就是在军队的支持下登上皇位，然而一旦失去了这种支持，皇帝的宝座就坐不稳了。由于戴克里先（286—305）和君士坦丁（312—337）的努力，帝国得以避免一场灾难，然而那些救急措施最终让帝国加速衰亡。大量日耳曼雇佣兵在帝国边境作战，就是帝国崩溃的原因之一。蛮族国王在为罗马军团服务时，接受了战争技术方面的训练，他们终于开始觉得，如果他们获得这些新技术不是用来为他们的罗马主人，而是为自己服务，他们就能获得更大的利益。一百年后，罗马落入哥特人手中。过去文化遗产中的一些东西确实因基督教的影响而被人遗忘，但既然君士坦丁在位时将基督教提升为合法国教，那么入侵者在皈依基督教后，一些希腊文明的成就仍可在教会中得到一定程度的保存。东罗马帝国的命运则不一样，在那里，穆斯林凭借征服战争传播伊斯兰教，并通过他们自己的文化将希腊传统传播到西方。

从文化的角度来看，罗马几乎完全是一个模仿者。在艺术、建筑、文学和哲学方面，罗马或多或少成功地模仿了希腊这一伟大榜样。然而有一个领域，其胜利独属于罗马，希腊人甚至亚历山大都失败了，这就是大政府、法律和行政领域。罗马在这方面对希腊思想产生了一些影响。如前所述，在政治学问题上，古典时代的希腊人已经无法超越城邦的理想。此外，罗马人视野开阔，这一点影响了历史学家波利比乌斯。波利比乌斯出生于公元前 200 年左右的希腊，后被罗马人俘虏。和斯多葛学派的巴内修斯一样，他属于聚集在小西庇阿周围的文人圈。除了这种政治影响，罗马没有产生任何可能激发希腊思想家想象力的新思想。至于希腊人，虽然作为一个民族失败了，但在文化领域却打败了罗马征服者。受过教育的罗马人说希腊语，就像现在受过教育的欧洲人说法语一样。雅典的学院吸引了罗马贵族的后代，西塞罗就是在学院接受了教育。希腊标准已经被各个领域采用，在很多方面，罗马作品都是希腊原著的苍白复制品，尤其是缺乏独创性的罗马哲学。

　　希腊传统中的那种不敬神与好奇心，随着希腊化时代一起衰落。罗马的社会风尚也因此变得温和，特别是当海外扩张导致大量富人涌入帝国时更是如此。希腊影响力减弱最明显的表现，首先体现在罗马城的贵族阶层。同时，希腊化文化中的非希腊元素，也变得越来越突出。如前所述，东方提供神秘主义，这不是希腊文明的主导因素。因此，来自美索不达米亚和更远地方的宗教力量产生了调和宗教信仰的作用，基督教最终应运而生并获得至高无上的地位。另外，神秘的情调促进了各种迷信信仰和神秘仪式的流行。由于人们既不相信这个世界有某种秩序，也不相信自身的力量，非理性的思想开始扩张自己的领地。罗马帝国确实有两个世纪的和平稳定时期（前 27 年—180 年），但这一时期中并没有出现具有建设意义的思想成就。哲学几乎被遏制在斯多葛主义之中，丝毫不得脱离。从政治的角度来看，这是一种进步，超越了伟大古典思想家的本土观念，因为斯多葛学派宣扬人与人之间的兄弟关系。至于罗马，作为世界的统治者已为人所知长达几个世纪了，但这种斯多葛学派的思想并没有展现出它的现实意义。帝国以自己的方式对待国界之外的世界，就像大多数希腊城邦过去展现出的态度。虽然罗马与远东地区有一些联系，但以下事实不足以打动罗马公民，即世界上还有其他伟大的文明，不能简单地将其作为野蛮人来忽视。虽然罗马人有着广阔的视野，但他们也容易傲慢，就像其文化先驱希腊人一样。这种偏见甚至被自称为普世教会的天主教继承了下来。尽管在东方也有其他伟大的宗教，其伦理道德丝毫不输基督教，但西方人仍以为自己的政治制度与文明是普世的。

当时，罗马最重要的作用一直是传承一种比自己更古老、更优秀的文化。它能发挥这一作用，是因为罗马行政人员的组织才能和帝国的社会凝聚力。遍布罗马领土的公路网废墟让我们想起了这个伟大的任务。尽管各民族之间存在差异，封建思想也在后来萌芽，罗马的扩张却保证了欧洲大部分地区必须继续作为一个文化单位运作。即使是蛮族入侵也无法摧毁这种文化的根基。在东方，罗马的影响并不持久。原因在于开展征服事业的穆斯林拥有强大的生命力。在西方，入侵者被一种传统慢慢同化，这种传统大多被归因于罗马。而在中东，他们几乎完全皈依了征服者的宗教。然而，西方将其大部分希腊知识归功于阿拉伯人，尤其是西班牙的穆斯林思想家。

不列颠岛被罗马人统治了三个世纪，盎格鲁-撒克逊人的入侵似乎导致了这座海岛与罗马传统的彻底决裂。由于这种入侵，伟大的罗马法传统不像在西欧其他地区那样在不列颠岛站稳脚跟。直到今天，英国普通法仍然是盎格鲁-撒克逊法。在哲学领域，有一个有趣的现象值得人们关注。中世纪经院哲学与法律紧密相连，哲学诡辩类似于罗马传统的严格而正规的训练。在英国，盎格鲁-撒克逊法律的传统是有效的，即使在经院哲学的巅峰时期，哲学也一直有强烈的经验主义味道。

在罗马帝国的统治下，在宗教领域发挥作用的信仰趋同化趋势伴随着哲学的类似发展。广义而言，早期罗马帝国的哲学主流是斯多葛主义，柏拉图和亚里士多德的乐观主义理论在一定程度上被取代了。然而到了公元3世纪，借助斯多葛学派的理论开始出现对旧伦理学的新解释，这是一种非常适合那个时代普遍情况的变化。这种不同理论的混合逐渐被称为新柏拉图主义，对基督教神学产生了巨大的影响。从某种意义上说，它是一座从古代到中世纪的桥梁。古代哲学在这里结束，而中世纪的思想从这里开始。

新柏拉图主义起源于东西方交汇的亚历山大港。来自波斯和巴比伦的宗教影响，埃及仪式的残余，一个强大的犹太宗教，以及各种基督教派别，所有这些都与希腊文化的总体背景共存。据说，新柏拉图主义是由阿摩尼阿斯·萨卡斯创立的，我们对他了解不多。他最重要的学生是普罗提诺（204—270），是最伟大的新柏拉图主义哲学家。普罗提诺出生在埃及，在亚历山大港学习，一直到公元243年。

因为对东方宗教和神秘主义感兴趣，普罗提诺跟随罗马皇帝戈尔迪安三世抗击波斯。这场征战并不成功——皇帝年轻又没有经验，不知怎么又惹得大臣们不高兴。当时，这一冲突很快得到解决，罗马皇帝的年轻生命断送在他应该领导的人手中。因此，普罗提诺在公元244年离开了发生弑君事件的美索不达米亚，前往罗马定居，他在那里教学直到去世。他的作品以晚年的课堂笔记为基础，由他的学生之一，表现出毕达哥拉斯主义倾向的波菲利编纂。因此，就我们现在看到的普罗提诺的作品而言，其之所以有一定的神秘主义色彩，大概是源于编者自身的原因。

目前，普罗提诺流传下来的作品共有九卷，被整理为《九章集》，其总体风格是柏拉图主义，但它们缺乏柏拉图作品的广度和光辉，几乎完全局限于唯心主义和一些毕达哥拉斯神话。他的作品有些脱离现实世界，如果考虑到罗马帝国的情况，人们就不会对此感到惊讶。它会让一个完全盲目或极度刚毅的人，即使在那个时代的混乱时刻，也能保持一种平静和从容的心情。把感性世界及其痛苦看成不真实的观念，很适合让人顺从命运。

普罗提诺的形而上学思想主要是他的三位一体理论。按照主次顺序，它由太一、努斯和灵魂组成。在讨论这个理论之前，我们必须指出，虽然这个理论对神学有影响，但它本身不是基督教教义，而是新柏拉图主义。同时代的俄利根与普罗提诺同门受业，他是基督徒，也提出了三位一体理论。这一理论也分三部分在不同层面提出，却被后人谴责为异端。作为一个局外人，普罗提诺显然没有因此受到谴责，也许正因为如此，他对君士坦丁大帝的影响更大。

普罗提诺三位一体中太一的内涵与巴门尼德存在所涉及的

范围非常相似，我们最多可以用"太一存在"来描述，如果用任何其他方式描述它，就意味着可能有比它更大的东西。有时，普罗提诺称太一是神；有时，他又像《理想国》那样称其为善。不过，它总是一种至大的存在，它无所不在却又无处可见，并且无法定义。对于太一，人们的探讨不如沉默。在这方面，我们看到了鲜明的神秘主义色彩，因为神秘主义者常用沉默与不可言说来回避这些问题。希腊哲学之所以伟大，正在于它彻底遵行逻各斯中心主义，所以即便其中有一些神秘主义因素，希腊人的思想在总体上还是反神秘主义的。

普罗提诺三位一体的第二个要素是努斯。在我们看来，不可能找到合适的翻译。它的意思是类似于精神的东西，但这不是一种神秘主义，它指的是知识。我们最好用比喻来解释努斯和太一的关系。太一就像太阳，提供自己的光，努斯便是这种使太一得以显现自身的光。从某种意义上说，努斯可以和自我意识相提并论，因为它在偏离感官的方向上训练我们的心，我们由此得以逐渐认识努斯，并通过它认识太一。我们在这里看到类似于《理想国》中的辩证法。在《理想国》中，一个类似的过程据说会让人们对善的形式有所了解。

三位一体的最后一个元素叫作灵魂。灵魂有两种属性：在向内的方面，它指向努斯；在向外的方面，它指向感官世界，是感官世界的创造者。与斯多葛学派把神和世界等同起来的做法不同，普罗提诺的理论否认泛神论并回到苏格拉底的观点。尽管普罗提诺认为自然是灵魂向外的一种展现，他并不像诺斯替派那样坚持称自然是一种邪恶；相反，普罗提诺的神秘主义完全承认自然是美好的，它存在于事物的系统中，就如它应该存在的那样。后来的神秘主义者、宗教导师甚至哲学家都不同意这种慷慨的观点。他们按照自己对来世的理解，诅咒美与幸福乃是卑鄙邪恶之事。无可置疑，除了那些狂热分子，无人会利用这种可怕的理论。然而，丑陋和颠倒的迷信确实统治了人们许多个世纪。基督教正式保留了快乐是邪恶的奇怪观念。

在永生问题上，普罗提诺吸收了《斐多篇》中的观点。他说人的灵魂是本质，本质是永恒的东西，灵魂也是。这类似于苏格拉底的解释，灵魂存在的地方被说成是形式的领域。然而，普罗提诺的理论中有一些亚里士多德式的因素。虽然灵魂是永恒的，但它往往是在努斯中产生的，因此它虽有同一性，却失去了个性。

我们对古代哲学的概述到此结束。在这个过程中，从泰勒斯到普罗提诺，我们跨越了大约九个世纪。如果我们在这里定义一条分界线，那么这并不是说后来的思想家没有严格恪守属于古代的传统。从某种意义上说，这实际上适用于所有哲学。人们可以看到文化传统发展的一些重大突破，这个转折点是和普罗提诺一起出现的。从这里开始，哲学，至少在西方，受到了教会的保护，即便有像波爱修斯这样的例外，也无法改变这一事实。与此同时，我们最好记住，当罗马陷落时，东方所有地区起初都处于拜占庭统治之下，然后又处于穆斯林统治之下，脱离宗教联系的哲学传统仍在那里延续着。

回望古代世界的哲学演变，古希腊精神看待一般问题的非凡能力给人留下了深刻的印象。柏拉图曾经说过，哲学是从刻苦思考开始的，早期希腊人在这方面的能力达到了非凡的水平，令人惊叹。对一般性问题的探讨与研究是希腊的伟大发明之一，它塑造了西方世界。当然，比较不同的文化总是令人不快的。如果人们想简明扼要地概括西方文明的特征，可以说它是建立在精神事业的伦理之上的，其本质是希腊式的。希腊哲学的另一个主要特点是其开放性，它并不声称有一种无法言说的奥秘。从一开始，语言和交流的重要性就被强调了。的确，还有一个神秘的因素，这个因素从很早的时候就存在了。毕达哥拉斯学派的神秘主义倾向贯穿于古代哲学的全过程，但在某种程度上，这种神秘主义倾向与研究本身并不相关，它反倒对哲学家的伦理观影响更深。神秘主义只有在衰落开始时才发挥更重要的作用。正如我们在讨论普罗提诺时所表明的，神秘主义与希腊哲学的精神背道而驰。

对于那些最重要的问题，古代思想家面对的方式比现代思想家更严肃，这是因为今人尚有过去的传统作支撑，古人却无前者可凭借。一般来说，我们从经典材料中吸收我们的哲学、科学和技术词汇，却往往不能掌握其全部内含。对于希腊人来说，一切都要从头开始。人们必须练习新的说话方式，发明新的术语，这些术语是从日常语言提供的材料中逐渐构建出来的。所以在我们看来，如果他们当时陈述事情的方式比较笨拙的话，我们要记住他们通常是在寻找表达方式，必要的工具还在制造。想回到这样的境地需要一些精神上的努力，好像我们不得不切断与希腊语和拉丁语的联系，用盎格鲁 - 撒克逊语从事哲学和科学。

从我们谈论的时间到文艺复兴和基于早期原始数据的现代科学的出现，已经过去了大约十二个世纪。问为什么一定要出现这种抑制发展的时期，可能没有意义，任何回答它的尝试都必然过于简单化。此外，古希腊和古罗马思想家确实没有发展出合适的政治理论。

如果说希腊人的失败缘于从优秀的智力中生出的某种傲慢，那么罗马就是完全没有想象力。灵魂的沉重负担有多种表现方式，其中很多表现在帝国时代的纪念性建筑上。将希腊庙宇与晚期罗马长方形教堂相比较，足以象征性地表达希腊精神与罗马精神的差异。在罗马人手中，希腊思想的遗产变得不那么精致优雅了。

希腊哲学传统本质上是启蒙运动和解放运动，因为它旨在将心灵从无知的束缚中解放出来，通过将世界描述为理性和可接近的东西来消除对无知的恐惧。它的载体是逻辑，它的欲望是在好的形式指导下对知识的追求。公正的询问本身在伦理学上被认为是好的，正是通过这种询问，而不是通过宗教神秘主义，人们实现了美好的生活。我们发现，与这种研究传统相关的是一种不带虚伪的乐观看法。对苏格拉底来说，未经审查的生活不值得一过。亚里士多德坚持认为，关键不是活得长，而是活得好。在希腊和罗马时代，当斯多葛学派将重心放在自我意识上时，这种原始想法的一些元素真的丢失了。在西方文明的思想结构中，所有最好的东西仍然可以追溯到希腊哲学传统。

早期基督教

　　希腊罗马哲学和今天的哲学一样，在很大程度上是独立于宗教的。当然，哲学家提出的问题也可以引起宗教相关人士的兴趣。然而，教会组织对当时的思想家没有影响，也没有统治权力。在这方面，从罗马陷落到中世纪结束这段时期，有一种与此前和此后都不同的特点：西方哲学在宗教的保护和指导下蓬勃发展。这种状态是由很多原因造成的。

　　西罗马帝国崩溃时，罗马皇帝政教合一的职能被划分为两种权力。

　　自从基督教成为国教后，教会接管了上帝和宗教的所有事务，只留下皇帝来处理世俗事务。教会的权威一直是无可争议的，尽管它逐渐衰落，直到出现宗教改革运动坚持人与上帝交流的个人性质，削弱了它的控制。此后，教会成为新兴民族国家的统治工具。

　　虽然在旧帝国的中心，世俗学问仍艰难维持了一段时间，但那些来自北方的野蛮人对此一无所知，所以精通文化几乎是教会人士的专属特征。对这一历史结果的记忆仍留在我们今天"clerk"（书记）这个词中。过去，传统的残余被教会保存，而哲学则成为一门科学，旨在捍卫基督教及其捍卫者的统治。只要基督教信条作为一个整体被接受，教会就会获得并占有权力和财富。但是，当时仍有其他传统努力争取最高地位，比如罗马帝国的旧传统以及想要取代旧帝国政治组织的、封建贵族的新日耳曼传统。然而，这两种传统都没有体现在一个适当的社会哲学中，尤其是因为这个原因，它们都不能成功地挑战教会的力量。自14世纪意大利文艺复兴以来，罗马传统逐渐得到重新确认，而日耳曼传统随着16世纪的宗教改革而复兴。在整个中世纪，哲学总是与教会紧密联系在一起。

随着政教合一的罗马皇帝被既代表上帝又代表君主的教皇取代，其他几个潜在的双重性开始引起人们的关注。首先是拉丁人和条顿人的对立。教会的权力仍然掌握在拉丁人手中，而帝国则落入野蛮入侵者的条顿后裔手中。这个帝国被称为日耳曼民族的神圣罗马帝国，直到因拿破仑的进攻而衰落。其次，僧侣和俗人之间有分歧。僧侣是正统教义的捍卫者。自从教会成功抵制了各种异端邪说的影响后，僧侣在西方的地位无论如何都得到了极大加强。虽然一些早期的基督教皇帝同情阿里乌教派，但正统教义最终还是取得了胜利。此外，天上的王国和地上的各种王国之间存在对立。这种对立的根源可以在福音书中找到，它在罗马陷落后获得了更直接的重视。最后是精神和肉体的对立。这种对立的起源要古老得多，可以追溯到苏格拉底的身体和灵魂理论。以新柏拉图主义的形式，这些思想成为保罗式的新宗教的核心。正是从这个源头，激发了早期基督教的禁欲主义。

大致上，这就是发展出被称为天主教哲学的社会环境。这种哲学在主要受柏拉图影响的奥古斯丁那里第一次成熟，在以亚里士多德学说为基础建立教会哲学的阿奎那那里达到顶峰。从那以后，教会的主要辩护者一直在使用这种哲学。因为这种哲学与教会紧密相连，描述它的发展及其对后世的影响，乍一看似乎涉及了太多的历史内容，然而如果我们想理解这个时代的精神和哲学，一些关于这些事件的叙述是必要的。

逐渐主导西方的基督教是犹太宗教的一个分支，其中有一些希腊和东方思想的混合成分。

和犹太教一样，基督教也相信上帝有他的宠儿；当然，在这两种宗教中，宠儿的身份是不同的。两种宗教的信徒对历史持有相同的看法，认为历史始于上帝的创世，按照上帝的某种目的发展。事实上，他们对谁是弥赛亚以及弥赛亚要完成什么使命的看法存在一些分歧。犹太人相信救世主还在后头，会给他们带来世界性的胜利；基督徒在拿撒勒的耶稣身上看到了救世主的形象，但耶稣的王国不在这个世界上。同样，基督教接受犹太教中的正义观念作为帮助同胞的指导原则。晚期犹太教和基督教都认同另一个世界的理念，其本质上是新柏拉图主义。然而，这种希腊理论是哲学性的，很难让每个人都掌握；犹太教和基督教更多相同之处是对来世的断言：那时，正直的人会升天，邪恶的人会下地狱。这一理论中的因果报应因素使其易于被普遍理解。

为了理解这些信仰是如何发展的，我们必须记住，犹太教的耶和华神最初是闪米特人的部落神，他保护自己的人民。除了他，还有掌管其他部落的神。此时，没有另一个世界的暗示。犹太神决定了他的部落在地球上的命运。他是一个善于嫉妒的神，不能忍受他的人民除了他之外还有其他神。古代先知是一些政治领袖，他们花了很多时间来摆脱对其他神的崇拜，因为他们害怕这种崇拜会引起耶和华的不悦，危及犹太人的社会凝聚力。犹太教的这种民族性和部落性在一系列民族灾难中得到强化。公元前722年，以色列北部王国被亚述人征服，亚述人驱逐了大部分居民。公元前606年，巴比伦人占领了尼尼微，摧毁了亚述帝国。南方的犹太王国被巴比伦国王尼布甲尼撒征服，他于公元前586年占领了耶路撒冷，烧毁了圣殿，并将大部分犹太人带到了巴比伦。

直到公元前538年，波斯国王居鲁士占领巴比伦后，犹太人才被允许返回巴勒斯坦。正是在巴比伦流亡期间，犹太教的教义和民族性得到了加强。因为圣殿被毁，犹太人不得不放弃祭祀仪式。许多保存至今的犹太教传说都可以追溯到这个时期。

正是在这个时候，犹太人四处流散，只有一些人回到了家乡，并重建了一个不甚重要的宗教政权。亚历山大之后，他们努力在埃及的托勒密王朝和亚洲的塞琉古王朝之间的长期战斗中生存下来。犹太人的一个重要居住地是亚历山大港，在那里，除了宗教，犹太人很快在所有方面被完全希腊化了。因此，希伯来语《圣经》不得不被翻译成希腊语，于是就有了

"七十士译本"。据说，有七十位译者各自独立地把希伯来语《圣经》翻译成希腊语，结果这七十个译本一字不差。但是在公元前 2 世纪上半叶，当塞琉古王朝的安条克四世试图强迫犹太人希腊化时，犹太人在马加比兄弟的领导下奋起反抗。他们以极大的勇气和毅力为以自己的方式崇拜上帝的权利而斗争。最终，他们赢了，马加比家族成为统治犹太人的大祭司。该家族的统治时期被称为哈斯蒙尼王朝，该王朝一直持续到希律王时代。

马加比兄弟的抵抗发生在分散的犹太人迅速希腊化的时候，因此在一定程度上，正是这种成功的抵抗使犹太教得以存续，从而为基督教以及后来的伊斯兰教的出现提供了条件。也是在这个时候，另一个世界的概念渗入了犹太教，因为叛乱表明，地球上的灾难往往首先袭击最善良的人。公元前 1 世纪，除了正统势力之外，在希腊化的影响下，一场更成熟的运动出现了，其教义预言了福音中关于耶稣倡导的全新的道德。原始基督教实际上是改革了的犹太教，正如新教最初是天主教教会内部的改革运动一样。

在马可·安东尼时代，大祭司的统治被废除了。希律王，一个完全希腊化的犹太人，被任命为国王。他死于公元前 4 年，之后犹太国家直接归罗马总督管辖。然而，犹太人不喜欢罗马皇帝，因为他是君主和上帝的结合体。基督徒也是如此。但与至少在原则上同意屈服的基督徒不同，犹太人普遍对皇权不屑一顾。在这方面，他们与古典时期的希腊人非常相似。他们顽固地拒绝承认除了他们自己的神之外的任何其他神。耶稣的忠告——恺撒的归恺撒，上帝的归上帝——是犹太人不服从的典型例子。表面上看，这是一种妥协，但它仍然拒绝承认皇帝可以代表上帝。公元 66 年，犹太人奋起反抗罗马人。经过一场残酷的战争，耶路撒冷在公元 70 年被攻陷，圣殿再次被毁。对这场战争的记录保存在犹太历史学家约瑟夫斯的希腊语著作中。

这件事导致了犹太人的第二次也是最后一次大逃亡。就像"巴比伦之囚"时那样，正统势力变得更加厉害。公元 1 世纪后，基督教和犹太教作为两种不同的宗教相互对峙。在西方，基督教激起了可怕的反犹情绪。从那时起，犹太人生活在社会的边缘，受到迫害和剥削，直到 19 世纪才获得政治解放。犹太教只在伊斯兰教国家兴盛，尤其是西班牙。当摩尔人最终被驱逐时，主要是通过西班牙的犹太思想家，古典传统和阿拉伯学问才传到了基督教教士那里。1948 年，犹太人再次赢得了应许之地。现在说他们是否能发展出自己新的文化影响力还为时过早。

最初形成原始基督教的犹太异端教派，不希望新的教义支配非犹太人。这些早期的基督徒保持着排外的旧传统。犹太教过去从未寻求外国人皈依。此时，即使改革后，对于割礼和斋戒传统的保留，仍不能吸引新的教徒。若非有人致力于取消入教的条件限制，基督教很可能仍是一个非正统的犹太教教派。塔尔苏斯的保罗，一个希腊化的犹太人和基督徒，消除了这些外部障碍，使更多人可以成为基督徒。

然而，对于帝国希腊化的国民而言，基督是犹太上帝的儿子仍然是不可接受的。诺斯替教派避免了这个缺陷。它与基督教同时诞生，是一场融合各种信仰的运动。诺斯替教派认为，情感和物质世界是主创造的，主其实是一个小神，他和至高神对立且作恶多端。最后，至高神的儿子为了纠正《旧约》中的错误教导，把自己伪装成凡人，生活在地球上。这些命题，连同柏拉图的一些理论，成为诺斯替教派教义不可分割的一部分。诺斯替教派将希腊传说、俄耳甫斯神秘教义与基督教教义和其他东方影响结合在一起，以一种妥协的哲学（通常是柏拉图主义和斯多葛学派）使其完整。作为后期诺斯替教派的变种，摩尼教走得更远，它把精神和物质的区别等同于善恶的对立。在对物质的蔑视方面，摩尼教徒超越了斯多葛学派一切大胆的尝试。他们禁止吃肉，并声称任何形式的性欲都是邪恶的。摩尼教已经存在了几个世纪，从中我们可以恰当地推断，这些禁欲主义并没有完全成功地实施。

在君士坦丁时代之后，诺斯替教派就不那么重要了，但还是有一定的影响。幻影论派声称被钉在十字架上的不是耶稣，而是某种幻影替代品。这让人回想起希腊传说中的伊菲吉妮娅。穆罕默德并没有把耶稣当成像他一样的重要人物，而是承认耶稣是先知，后来他接受了幻影理论。

随着基督教的建立，其对《旧约》的宗教敌意变得更加严重。它认为犹太人不承认古代先知预言的弥赛亚，所以他们一定是邪恶的。自君士坦丁时代以来，反犹太主义已经成为基督教热情的一种体面形式。当然，这种宗教动机其实并不是唯一的。奇怪的是，经历过骇人听闻的迫害的基督教，一旦上台，便开始残忍地攻击一个同样信仰坚定的少数群体。

从一个方面来说，新宗教实现了一个新的、引人注目的转折点。一般来说，犹太教教义简单明了，没有什么神学上的复杂性，通过对观福音书就能很明显地看出这一点。然而，在《约翰福音》中，我们发现了神学思辨的开端。当基督教思想家试图在他们新的教义框架中容纳希腊形而上学时，思辨的重要性就愈发显现。我们不再只关注神人基督的"受膏者"形象，而是关注他在《圣经》中的神学形象，他的思想可以通过斯多葛学派和柏拉图追溯到赫拉克利特。亚历山大港的俄利根首次系统地表达了这一神学传统。他接受了普罗提诺的老师阿摩尼阿斯·萨卡斯的教育，并与普罗提诺分享了许多观点。根据俄利根的说法，只有上帝在三位一体中是无形体的。他坚持古代苏格拉底的理论，即灵魂在肉体之前处于独立状态，在人出生时进入肉体。因为这种观点，也因为他相信所有的灵魂最终都会得救，俄利根后来被认为是异端。但在他的一生中，他也与教会发生过冲突。年轻时，他轻率地用阉割这种极端方式来克服肉欲，这是教会所不能接受的。因此，他被降职并被取消当选为神职人员的资格，尽管在这个问题上似乎有一些不同的观点。

在《反西尔撒斯论》中，俄利根详细驳斥了西尔撒斯。西尔撒斯写了一本反对基督教的书，现已失传。在俄利根的书中，我们第一次看到了坚持《圣经》神启性质的辩护论点。除了其他论点之外，信仰对其追随者具有社会价值影响的事实也被当作证明信仰合法性的证据。这是一个务实的观点。像威廉·詹姆斯这样的现代思想家也提倡这种观点。然而，很明显，这种说法是一把双刃剑，因为这完全取决于你认为什么是有价值的。马克思主义者不赞成制度化的基督教，他们称宗教为人民的鸦片。根据实用主义，他们完全有理由尽可能做违背宗教的事情。教会的中央集权是一个渐进的过程。最初，主教是由教会成员按地区选举产生的。只是在君士坦丁时代之后，罗马主教的权力才日益增强。通过帮助穷人，教会得到了大量受保护的人，这与过去罗马元老院成员的做法非常相似。君士坦丁时代是一个教义纷争的时代，给帝国造成了无数的动乱。为了解决其中的一些问题，君士坦丁发挥他的影响力，于公元325年召开了尼西亚会议。会议确定了与阿里乌教派相对的正统派教义。从那以后，教会在教义的发展中一直使用这种方法来解决争端。阿里乌是亚历山大港的一名教士，他的学说认为圣父先于圣子，两者是不同的。另一方面，撒伯里乌持相反的学说，认为圣父与圣子是一体两面。获胜的正统派最终将圣父和圣子放在同一层面上，称两者是同体异位。然而，阿里乌派仍然盛行，其他不同的教派也是如此。正统派的主要支持者是亚他那修，他在公元328年至373年间担任亚历山大港主教。除了"叛教者"尤利安是异教徒外，阿里乌派的教义得到了君士坦丁继承者的支持。然而，随着公元379年狄奥多西的到来，正统派也得到了帝国的支持。

西罗马帝国末期活跃着三位重要的基督教思想家，他们以不同的方式加强了教会的权力。他们三人后来都被封为圣徒。安布罗斯、杰罗姆和奥古斯丁在公元4世纪中叶前后相继出生，他们与公元 6 世纪的教皇大格里高利一起，被称为"教会的博士"。

这三个人中，只有奥古斯丁是哲学家。安布罗斯勇敢地捍卫教皇的权力，他为整个中世纪盛行的国家和教会之间的关系奠定了基础。杰罗姆是第一个把《圣经》翻译成拉丁文的人。奥古斯丁思考神学和形而上学，直到宗教改革，天主教的神学框架主要归功于他，改革后的宗教的指导原则也来自他。路德本人是奥古斯丁派的僧侣。

安布罗斯于公元 340 年出生在特雷韦斯。他在罗马接受教育，然后从事法律职业。三十岁时，他被任命为意大利北部利古里亚和艾米利亚的总督，任期四年。在此期间，由于某种原因，他放弃了世俗生活，但肯定没有放弃政治生活。他被选为米兰主教，米兰是当时西罗马帝国的首都。作为一名主教，安布罗斯无畏且常常毫不妥协地坚持教会在精神上的最高权威，这种权威产生了深远的政治影响。

一开始，在天主教徒格拉提安做皇帝时，宗教的地位很明确，似乎并没有对传统产生威胁。然而，格拉提安疏于政务，最终被谋杀，谁来继承皇位成了一个大问题。除了意大利，整个西罗马的权力都被马克西穆斯篡夺了，而意大利王位则合法地传给了格拉提安的弟弟瓦伦提尼安二世。因为小皇帝还没有成年，所以实际上是由他母亲贾斯蒂娜摄政。贾斯蒂娜信奉阿里乌派教义，冲突由之而起。异教和基督教最引人注目的冲突中心自然是罗马。在君士坦丁的儿子君士坦提乌斯统治期间，元老院的胜利女神像被移走了。"叛教者"尤利安将之恢复，而格拉提安则再次将其移除，因此一些元老院议员提出新的恢复请求。然而，在安布罗斯和教皇达马苏斯的帮助下，元老院中的基督徒占据了上风。格拉提安死后，异教徒在公元384年开始向瓦伦提尼安二世请愿。为了防止异教徒的提议让皇帝同情异教徒，安布罗斯在演讲中提醒皇帝，正如臣民有义务为皇帝服兵役一样，皇帝也有责任侍奉上帝。它的意义远远超出了耶稣要求把上帝的归上帝、把恺撒的归恺撒。在这里，我们看到一种说法：它断言教会作为上帝控制世界的工具，其地位高于国家。从某种意义上说，这是当时国家权力衰落的真实反映。作为一种普遍的制度，教会将在罗马帝国的政治解体中幸存下来。

一个主教可以暗示这样的事情而不受惩罚，这是罗马帝国衰落的标志。然而，胜利女神像事件并没有结束。在后来的篡位者尤金尼厄斯在位期间，这座雕像被恢复到原来的位置。然而公元394年，当狄奥多西击败尤金尼厄斯时，基督教赢得了最后的胜利。

由于贾斯蒂娜信奉阿里乌派，安布罗斯也与她有所争论。贾斯蒂娜曾要求在米兰为信奉阿里乌派的哥特士兵保留一座教堂，但安布罗斯拒绝了这一要求，人民站在他这一边。被派去接管教堂的哥特士兵也与群众联合起来，拒绝诉诸武力。面对武装的野蛮雇佣兵，安布罗斯并不打算屈服，这是一种表现勇气的行为。皇帝做出了让步，这使安布罗斯在争取教会独立的斗争中赢得了巨大的精神胜利。

然而，并非安布罗斯的所有行为都同样值得称赞。在狄奥多西统治时期，皇帝命令当地的一名主教支付一座被烧毁的犹太教堂的重建费用，但安布罗斯不同意。这场火灾是在教士的煽动下故意引起的，皇帝不想鼓励这种恐吓，但安布罗斯认为，基督徒没有理由承担赔偿这一损失的责任。这是一个危险的观点，它导致了中世纪的许多迫害。

如果说安布罗斯的主要成就在于政治领域，那么杰罗姆就是当时著名的学者。杰罗姆于公元345年出生在达尔马提亚边境附近的斯特里顿。十八岁时，他去罗马学习。在高卢旅行几年后，他定居在离家乡不远的阿奎莱亚。因为一场争论，他去了东方，在叙利亚的沙漠地区隐居了五年。之后，他去了君士坦丁堡，然后回到罗马。他从公元382年到385年住在罗马。公元384年，教皇达马苏斯去世，但新教皇似乎不喜欢喜欢跟人争论的杰罗姆。杰罗姆再次向东旅行，陪同他的是一群善良的罗马妇女，她们赞同杰罗姆的独身和禁欲戒律。最后，在公元386年，他们定居在伯利恒，开始了他们的修道生活。他于公元420年在这座城市去世。他的著名作品是拉丁语《圣经》，它已经成为公认的正统译本。在他最后一次留在罗马期间，他把福音书从希腊原文翻译过来。至于《旧约》，他追溯到原始的希伯来文本，在犹太学者的帮助下，在晚年完成了翻译工作。

通过这种生活方式，杰罗姆对当时正在兴起的修道运动产生了巨大的影响。他的罗马追随者陪同他搬到伯利恒，并在那里建造了四座修道院。像安布罗斯一样，杰罗姆写了很多信，其中许多是写给年轻女性的，告诉她们要保持美德和贞洁。公元 410 年，哥特侵略者洗劫了罗马，杰罗姆似乎采取了听天由命的态度。他仍然更热衷于赞美贞洁的价值，而不太关心是否有可能通过行动拯救帝国。

奥古斯丁于公元 354 年出生在努米底亚。他接受了纯粹的罗马教育，二十岁时带着妻子和年幼的儿子来到罗马。不久，他前往米兰以教书为生。在此期间，他信奉摩尼教，但最终由于自责和母亲不断施压，他皈依了基督教。公元 387 年，他接受了安布罗斯的洗礼。公元 396 年，他回到非洲，成为希波的主教，在那里一直生活到公元 430 年去世。

在奥古斯丁的《忏悔录》中，我们可以看到他对与罪做斗争的生动描述。童年有一件事困扰了他一生。小时候，他从邻居家花园的梨树上偷梨。这是一件小事，纯粹是一时的恶作剧，然而他对罪恶的病态关注极大地夸大了这种过错，以至于他一生都无法完全原谅自己。在他看来，偷梨这件事总是一件危险的事情。

在《旧约》时代的早期，罪被视为国家的缺陷，后来逐渐被视为个人的污点。对于基督教神学来说，这种侧重点的转变非常重要，因为教会作为一个机构是不可能犯罪的，只有作为个体的基督徒才能犯罪。奥古斯丁之所以被视为新教神学的先驱，就是因为他强调了后面这一点。在天主教中，教会的作用被认为是至关重要的。奥古斯丁认为教会与教徒这两个方面都很重要。人们被定罪，本质上是因为人有原罪，只有通过教会的中介，人才能得救。然而，遵循宗教礼仪制度，甚至过上有道德的生活，都不能保证得救。既然上帝是善的，人是恶的，上帝给予救赎就是一种恩赐，但拒绝拯救是无可非议的。这种预先确定的理论后来被宗教改革运动中的那些偏执教派采纳。另一方面，他认为邪恶不是摩尼教提倡的物质原则，而是不良意志的结果。这种观点是一种有价值的信条并被新教接受，是新教责任观念的基础。

奥古斯丁写作的目的主要是为了与伯拉纠更温和的观点进行争论。与同时代的大多数教士相比，这位威尔士僧侣更具人文主义倾向。他反对原罪论，认为一个人如果选择了一种有德的生活，就可以靠自己的努力得救。这一理论温而开明，因此必然会赢得许多支持者，尤其是那些仍然保留着一定希腊哲学家精神的人。奥古斯丁非常强烈地反对伯拉纠的学说，主要是因为他的驳斥，伯拉纠的学说最终被宣布为异端。奥古斯丁根据保罗的信创造了预定论，如果保罗看到有人从他的教导中推导出这样一个可怕的命题，他可能会感到惊讶。这一理论后来被加尔文接受，而教会明智地放弃了它。

奥古斯丁主要关注的是神学，即使涉及哲学问题，也基本是为了调和基督教教义与柏拉图学派的哲学遗产。在这方面，他是宗教辩护传统的先驱。尽管如此，他的哲学思辨本身仍然是有趣的，这表明他是一个敏锐而细致的思想家。这一点在他的《忏悔录》第十一卷就可以看出来，该卷对于闲谈来说没有什么价值，所以通俗版一般都会删掉。

奥古斯丁试图解决如何协调上帝的全能和《创世纪》中描述的创造事实的问题。首先，我们必须区分犹太教和基督教以及希腊哲学对于"创造"的不同理解。对于一个希腊人来说，世界可以从"无"中召唤出来，这在任何时候都是相当愚蠢的。如果上帝创造了世界，他被认为是一个伟大的建筑师，他使用现有的原材料来建造世界。说某物可以从无到有，这与希腊人的科学倾向是不一致的。《圣经》中的上帝不是这样的，他被认为创造了建筑和建筑材料。希腊人的观点自然导致了上帝即世界的泛神论，并一直吸引着那些具有强烈神秘主义倾向的人。支持泛神论最著名的哲学家是斯宾诺莎。奥古斯丁接受了《旧约》中的造物主——一个在世界之外的神。这个神是一种永恒的精神，不受因果关系和历史发展的限制。他创造世界的同时，也创造了时间。我们不能问创造之前发生了什么，因为在时间不存在的情况下，这个问题没有意义。

对奥古斯丁来说，时间意味着三种现在。当下无疑是现在，这是唯一的现实；过去作为现在的记忆而存在，未来作为现在的期待而存在。奥古斯丁的理论并非没有缺点，但其意义在于强调了时间的主体性，即时间是人的精神经验的一个组成部分，是一种被创造的存在。根据这种观点，在创造之前询问事物是没有意义的。对时间同样的主观解释也可以在康德那里找到，他认为时间是一种感性形式。这种主观方法使奥古斯丁预示了笛卡尔的理论，即一个人唯一不能怀疑的是他在思考。主观主义是一种最终在逻辑上站不住脚的理论，然而奥古斯丁仍然是它杰出的解释者之一。

奥古斯丁时代的标志性事件是西罗马帝国的灭亡。公元410年，亚拉里克率哥特人攻占了罗马。从这一事件中，基督徒可能会看到对他们的罪恶的惩罚。对于异教徒来说，这件事还有另一层含义：远古的神灵已经被人们抛弃，朱庇特神自然会停止提供保护。为了从基督教的角度反驳这种异教观点，奥古斯丁撰写了《上帝之城》，并在写作过程中逐渐形成了成熟的基督教历史理论。时至今日，这本书大概只会引起文物研究者的兴趣，但其中心话题，即教会独立于国家之外，在中世纪具有重大意义；甚至在今天，它仍然影响着一些地区。如果一个国家想要被拯救，它必须服从教会，这种观点实际上是基于《旧约》中犹太国家的例子。

在狄奥多里克在位时期，罗马出现了一位杰出的思想家，他的生活和工作与当时文明的普遍衰落形成了鲜明的对比。波爱修斯大约在公元480年出生于罗马，他是一个贵族的儿子，与元老院的议员们关系密切。他是狄奥多里克的朋友。公元500年，哥特国王成为罗马的统治者，波爱修斯于公元510年被任命为大臣。几年后，他的命运发生了巨大的变化。公元524年，他因背叛被囚禁并处死。在狱中等待死亡的时候，他写就了名著《哲学的慰藉》。

在去世之前，波爱修斯就以智慧和博学著称。他是第一个把亚里士多德的逻辑学著作翻译成拉丁语的人，他还写了关于亚里士多德逻辑学的评论和著作。他关于音乐、算术和几何的论文长期以来被视为中世纪学院的权威著作。他计划翻译柏拉图和亚里士多德的所有著作，但这个计划从未完成。奇怪的是，在中世纪，他不仅被视为古典哲学的伟大学者，而且被视为基督徒而受到尊重。波爱修斯确实写过一些关于神学问题的小册子，尽管它们看起来像赝品。正如《哲学的慰藉》所显示的，波爱修斯自己的立场是柏拉图主义。当然，他不可能只是一个基督徒，因为当时大多数人都是基督徒。即便如此，就他的思想而言，他对基督教的信仰可能最多只是名义上的，因为与教父们的神学思辨相比，柏拉图的哲学对他的影响要大得多。他也许会被人们认为是一个坚定的正统派，不然的话，我们很难理解，在后来的几个世纪里，僧侣们如何能够安全地从他那里吸收大量柏拉图主义。因为在那些世纪里，异端的污点很可能抹杀他的作品。

无论如何，《哲学的慰藉》与基督教神学无关。整本书是用诗歌和散文交替的方式写就的。波爱修斯自己表达观点时用散文书写，在回答问题时则用一个女人的形象代表哲学，以诗歌作答。从理论和观点上看，这部作品并不能引起当时教士们的兴趣。一开始，它重申了三位伟大的雅典哲学家的最高地位。为了寻找一种好的生活方式，波爱修斯遵循了毕达哥拉斯的传统。他的伦理学主要是禁欲主义的，而他的形而上学直接追溯到柏拉图。有些章节的基调是泛神论，他据此提出了一个理论，指出邪恶是不真实的。上帝就是善，他不能作恶，既然上帝无所不能，恶肯定是虚幻的。这一理论的许多内容与基督教神学和伦理学有很大不同，但出于某种原因，这似乎并没有打扰到正统派中的任何人。整本书的精神是回忆柏拉图。它避免了像普罗提诺这样的新柏拉图主义者的神秘主义，也没有受到当时盛行的迷信的影响。在这本书里，笼罩在那个时代上空的基督教思想家的极端罪恶感消失了。也许这本书最显著的特点是它的作者是一个被监禁和判处死刑的人。

　　认为波爱修斯是象牙塔里的思想家，远离他那个时代的真实生活，那是错误的。相反，像古代哲学家一样，他是一个能干而冷静的执政官，致力于向他的哥特国王尽忠。后来，他被认为因受到阿里乌派的迫害而成为殉道者，或许是这个原因让他的著作受到欢迎。然而，由于他是一个没有偏见的思想家，不受狂热信仰的影响，他从未被封圣，成为圣徒的是西里尔，我们很快会介绍更多关于他的事。

　　在当时的历史背景下，波爱修斯提出了一个新的问题：人在多大程度上是他所处时代的产物？波爱修斯生活在一个敌视理性讨论、充满迷信和极端狂热的时代，但他的作品中似乎并没有显现这些，他讨论的问题也绝不是他所处的时代所独有的。当然，罗马的贵族阶层无疑没有那么容易屈服于当时盛行的风气和激情。只有在贵族阶层而非其他地方，一些古老的美德在帝国灭亡后还能长期存在，这在一定程度上可以解释波爱修斯伦理思想中的禁欲主义倾向。尽管有野蛮人的入侵和狂热迷信在内部进行破坏，这样一个群体仍然可以存在，其何以存在也成为一个必须解释的问题。我认为答案是两方面的。人是传统的产物，这很正确。首先，人是由成长的环境造就的；在那之后，他们的生活方式得到了他们完全自觉或盲目坚持的传统的支持。另一方面，传统并非以某种方式被限定在某一时间之中，它有自己的生命，可以长久地存在下去，就像余烬在一定情况下可以重新燃起。在某种程度上，古典时代的传统在蛮族入侵的动荡环境中继续存在，正因如此，像波爱修斯这样的人才能出现。波爱修斯一定已经意识到他与同时代人的差距。

支撑一个传统需要多大的意志力，取决于传统的生命力，而波爱修斯也需要鼓起自己全部的勇气。

现在，我们可以回答另一个相关的问题。要理解一个哲学问题，必须研究哲学史吗？我们必须了解某个时代的历史才能理解它的哲学吗？显然，从上述观点来看，社会传统与哲学传统之间存在着某种互动。迷信的传统不会产生破除迷信的思想家，欣赏温和而轻视进取的传统不会产生建设性的政治措施来应对紧急情况下的挑战。另一方面，如果你不了解一个哲学问题背后的整个历史背景，这个哲学问题也很有可能不被理解。考察哲学史的意义在于了解前人提出过的大多数问题，而他们也对这些问题给出过一些明智的回答。

对罗马的掠夺带来了一段侵略和斗争的时期，这导致了西罗马帝国的灭亡和日耳曼部落在其整个领土上建立一个个新的国家。在北方，不列颠被盎格鲁人、撒克逊人和朱特人蹂躏，法兰克部落入侵高卢，汪达尔人向南进军西班牙和北非。一些国家和地区使用的名称提醒人们这些事件。盎格鲁人命名了英国，法兰克人命名了法国，汪达尔人命名了安达卢西亚。

西哥特人占领了法国南部，东哥特人征服了意大利，后者更早的时候试图征服东罗马，但以失败告终。从公元 3 世纪末开始，哥特雇佣兵为罗马人作战，所以他们逐渐学会了罗马人的作战技巧。罗马陷落后，帝国残存了数年，最终在公元 476 年被奥多亚塞领导的东哥特人灭亡。奥多亚塞的统治一直持续到公元 493 年狄奥多里克派人谋杀了他。狄奥多里克成为东哥特国王，统治意大利直到公元 526 年去世。继东哥特人之后，来自蒙古的匈人在阿提拉的带领下，从东向西逼近。虽然他们经常与邻国结盟，但在公元451年阿提拉入侵高卢时，他们与哥特人发生了争执。哥特人和罗马军队联合起来在沙隆战役阻止了匈人。后来，教皇利奥一世勇敢地利用道德压力挫败了阿提拉入侵罗马的企图。匈人首领不久后就去世了，他的部落失去了领袖，掠夺成性的亚洲骑兵便慢慢消失在了历史中。

人们可能会认为这些剧烈的动荡会引起教会某种大胆的反应，但教会把注意力集中在与基督多重身份的隐秘领域相关的细节上。有人认为基督具有两种属性，但只有圣子一个位格，这种观点最后成为正统。它的主要倡导者是西里尔，他在公元412年至444年担任亚历山大港主教。西里尔是正统观念的坚定而偏执的支持者。他用实际行动显示了他的热情。他鼓励迫害生活在亚历山大港的犹太人，还策划了对希帕提娅的残酷谋杀，后者是数学史上为数不多留下好名声的女性之一。西里尔后来被封为圣徒。

另一方面，那些追随君士坦丁堡主教聂斯托利的人同意基督有两种身份，即作为人的基督和作为上帝之子的基督。我们知道，这种观点就像是诺斯替教派的先驱。聂斯托利派的支持者主要在小亚细亚和叙利亚。为了解决这个神学争论，公元431年，一场宗教会议在爱菲斯召开。西里尔一派设法先到达会场，并在对方被允许进入会场之前迅速通过了一项对他们有利的决议。聂斯托利派从此被判为异端，主张基督只有一个位格的观点成为正统。西里尔死后，公元449年，在爱菲斯举办的另一场宗教会议更进一步宣布基督不仅只有一个位格，而且只有一种本性。这一著名观点被称为基督一性论，在公元451年的卡尔西顿会议上被斥为异端。如果当时西里尔还活着，他很可能成为基督一性论者而非圣徒。尽管基督教大公会议可以裁判什么是正统思想，但异端学说仍然存在，特别是在东方。伊斯兰教的巨大成功很大程度上是由于正统势力对异端的不宽容态度。

在意大利，哥特侵略者并没有盲目破坏当时的社会结构。狄奥多里克的统治一直持续到他公元526年去世，他保留了旧的行政机构。他在宗教事务上显然是温和的。他本人信奉阿里乌派，对在罗马贵族家庭中幸存下来的非基督教因素似乎有一种特别的好感，新柏拉图主义者波爱修斯就是他的大臣。然而，查士丁皇帝却是一个心胸狭窄的人。公元523年，他宣布阿里乌派为非法，这让狄奥多里克陷入了尴尬的境地，因为他的意大利领土是一个天主教世界，他自己的力量不足以抵抗查士丁。由于害怕自己的支持者叛乱，狄奥多里克囚禁了波爱修斯，并于公元524年将其处死。公元526年狄奥多里克去世，次年查士丁去世，查士丁尼继承皇位。正是在查士丁尼的任命下，罗马法的大纲、法典和理论得以编纂。查士丁尼是正统观念的坚定捍卫者。在即位后不久的公元529年，查士丁尼下令关闭作为旧传统最后堡垒的雅典学院。虽然在关闭之前，它的理论已经被新柏拉图主义的神秘主义大大冲淡了。公元532年，君士坦丁堡开始建造圣索菲亚大教堂。公元1453年，在君士坦丁堡被土耳其人占领之前，这座教堂是东罗马帝国教会的中心。

　　查士丁尼的妻子，著名的狄奥多拉，和皇帝一样对宗教感兴趣。她过去的经历很普通，也是一名基督一性论者。正是因为狄奥多拉，查士丁尼参与了关于"三章案"的辩论。在卡尔西顿，三个具有聂斯托利派倾向的教父被宣布属于正统教派，这一决议违背了基督一性论的观点。查士丁尼判定这三个人是异端，这在教会引起了长期的争论。最后，查士丁尼本人也成了异端，因为他认为基督的肉身是不朽的，这是基督一性论的必然推论。

　　查士丁尼在位期间，曾最后一次试图从蛮族统治者手中夺回帝国的西部省份。公元535年，意大利被侵略，随后这个国家被战争蹂躏了十八年。非洲再次被征服，但总的来说，拜占庭统治的结果并不是什么好事。无论如何，虽然教会站在皇帝那一边，但拜占庭的力量不足以恢复整个帝国。公元565年，查士丁尼去世，三年后，意大利再次遭到野蛮人的袭击。由于伦巴第入侵者长期占领北部地区，这片土地也被称为伦巴第。他们与拜占庭人战斗了两百年，后者最终在南方萨拉森人的压力下撤退了。公元751年，作为拜占庭在意大利的最后一个要塞，拉韦纳落进伦巴第人手中。

　　在我们正在讨论的时期，像波爱修斯这样的人非常少见。这一时期的趋势不是哲学性的，但我们必须提到对中世纪哲学有重要影响的两个发展。首先是西方修道院制度的完善，其次是教皇权力和权威的增加，两者与边奈狄克特和大格里高利有关。修道院制度始于公元4世纪的东方帝国，一开始和教堂没什么关系。亚他那修是使修道运动最终由教会主导的始祖。如前所述，杰罗姆是倡导僧侣修道生活的重要人物。公元6世纪，高卢和爱尔兰开始建立修道院。确立西方修道院制度的决定性人物是边奈狄克特，边奈狄克特修道团就是以他的名字命名的。公元480年，边奈狄克特出生于一个贵族家庭，在罗马贵族舒适奢华的环境中长大。二十岁那年，他对自己所在的传统产生了强烈的反感，便到一个山洞里隐居了三年。公元520年，他在卡西诺山创办了一所修道院，这所修道院成为边奈狄克特修道团的中心。由他起草的修道院院规规定，其成员必须发誓过清贫、服从和贞洁的生活。边奈狄克特厌恶东方僧侣暗中过度的苦行。对于基督教认为身体是邪恶的观点，东方僧侣的传统侧重于字面理解，他们因此互相竞争，看谁最能达到放弃身体的程度。边奈狄克特的院规坚决杜绝这些有害的偏执做法，使权力掌握在修道院院长手中。后来，边奈狄克特修道团发展了自己的传统，这与其创始人的意图略有不同。在卡西诺山修道院，修道团的学者们收集了大量的书籍和文献，为保护残存的古典学术传统做出了巨大贡献。

边奈狄克特于公元543年去世，大约四十年后，伦巴第人洗劫了这所修道院，修道团成员逃到了罗马。卡西诺山修道院在漫长的历史中被毁过两次，第一次是公元9世纪被萨拉森人毁灭，第二次是世界大战期间。它的图书馆幸存了下来，现在修道院已被完全修复了。

边奈狄克特的一些生活细节可见于教皇大格里高利《对话录》的第二卷。这本书的大部分内容都是关于神秘事件的传说，说明了当时受过教育的人的普遍精神状态。我们必须记住，阅读在当时只是极少数人拥有的一项技能。与如今超人小说、科幻小说等作品不同，大格里高利的作品根本不是为广大易受骗的文盲创作的。此外，这些对话也是我们了解边奈狄克特的主要信息来源。作为作者，大格里高利被认为是西欧教会的第四位博士。公元540年，他出生在罗马的一个贵族家庭，从小就过着富裕奢华的生活。他接受了适合他身份的良好教育，尽管他在宫廷中生活了六年，但没有学习希腊语这一缺憾始终未得到弥补。公元573年，大格里高利成为罗马城的执政官。但没过多久，他似乎听到了召唤，辞去了官职，放弃了财产，成了一名边奈狄克特修道团的僧侣。因为这个巨大的变化，艰苦节俭的生活过早地损害了他的健康。然而，他并没有过上他曾经向往的那种沉思的生活。他的政治才能没有被遗忘，教皇伯拉纠二世任命他为君士坦丁堡特使。当时，西方也对君士坦丁堡表达了一些象征性的忠诚。大格里高利从公元579年到585年一直住在宫廷里，但他未能完成他的主要任务，即说服皇帝与伦巴第人开战。军事干预的历史已经过去，查士丁尼统治下的最后一次军事干预尝试只是短暂的成功，最终还是徒劳。回到罗马后，大格里高利在宫殿里建造的修道院中生活了五年。公元590年，教皇去世，原本更愿当修士的大格里高利被选为教皇的继承人。当时西罗马政权的崩溃导致国家处于动荡不安的局面，这就需要大格里高利使出浑身解数来治理国家。伦巴第人正在侵略意大利，受摩尔部落困扰的日益衰落的拜占庭政权使非洲成为战场。西哥特人和法兰克人在高卢作战，不列颠因盎格鲁-撒克逊入侵者而变成异教徒的度。异教徒继续骚扰教会，道德标准普遍丧失，这破坏了应该主导教士生活的基督教原则。买卖圣职的行为随处可见，在长达五个世纪的时间里从未得到有效禁止。所有这些问题都落到了大格里高利肩上，他必须尽力克服它们，然而正是整个西方的混乱，使他在比以往任何时候都能在更加坚实的基础上建立教皇权力。在此之前，没有哪个罗马主教能像大格里高利那样广泛而成功地行使他的权力。大格里高利通过与各地主教和世俗统治者大量通信的方式来行使他的权力。大格里高利之所以给这些人写信，是因为在他眼中，他们不是失职就是越权。通过颁布《主教法规》，大格里高利为罗马教廷管理教会一般事务的最高权力奠定了基础。这一法规在整个中世纪都备受尊重，甚至被译成希腊语影响了东正教。在大格里高利神学教义的影响下，对《圣经》的研究趋于符号化。这种忽略历史事实的纯符号化解读，直到古典学复兴才引起人们的关注。

就坚定不移地努力加强罗马天主教的地位而言，大格里高利是一位有功的教皇，但他也是个狭隘之人。在政治上，如果皇帝恣意放荡可以满足自己的利益，或者当觉得自己若反对会带来危险时，他会原谅皇帝的这些行为。与安布罗斯这样的人相比，大格里高利是一个老练的机会主义者。他为扩大边奈狄克特修道团的影响做出了巨大贡献，这是后来修道院的典范。然而在他那个时代，教会并不尊重世俗知识，大格里高利也不例外。

经院哲学

随着罗马中央政权的崩溃，西罗马帝国开始陷入蛮族时代。在这个时代，欧洲经历了普遍的文化衰落。所谓"黑暗时期"是指公元 600 年到 1000 年这段时期。当然，任何试图以这种方式将历史分割成整齐碎片的做法都是极其不自然的。这种区分不应被赋予太多的含义，而只能暗示在那个时期一些常见的特征。所以，我们千万不要以为，欧洲在 7 世纪初突然陷入黑暗，四百年后才从黑暗中走出来。首先，过去的古典传统在某种程度上继续存在着，尽管它们的持久影响是不稳定且有限的。一些知识已经在修道院中得到研究，尤其是在像爱尔兰这样的偏远地区。把这几百年称为黑暗时期是不合适的，但把它们与过去和未来的历史相比较更不合适。我们最好记住，东罗马帝国并没有经历西罗马帝国那样程度的崩溃。拜占庭的宫廷仍然掌控着帝国的权力，因此相较于西方在接下来几个世纪的变化，知识在这里的世俗化程度更高。此外，当西方文化衰落时，年轻而充满活力的伊斯兰教文明达到了顶峰，它影响了印度、中东、北非和西班牙的大部分地区。在遥远的地方，中华文明在唐朝正经历自己最重要的文化时代之一。

为了理解哲学和教会为什么能如此紧密地联系在一起，我们必须大致描述教廷和世俗权力在这一时期的主要发展趋势。教皇之所以能在西方保持统治地位，很大程度上是因为西罗马帝国皇权消失造成的政治真空。一方面东方的主教更受皇权的约束，另一方面他们总是鄙视罗马主教的自命不凡，所以东方教会最终与天主教分道扬镳。此外，入侵部落对西方的野蛮影响降低了罗马时代盛行于整个帝国的文化标准。僧侣们保存了剩余的知识，从而成为一个有读写能力的特权群体。数百年后，当欧洲摆脱冲突和混乱，进入相对稳定的阶段时，创建和管理各种学院的正是僧侣。文艺复兴之前，经院哲学统治着西方世界。

公元 7 世纪和 8 世纪，罗马教廷在拜占庭皇帝和蛮族国王这两股相互竞争的政治力量之间走了一条坎坷的中间道路。在某些方面，与其依赖野蛮入侵者，不如联系希腊的正统皇权。拜占庭皇帝的权力至少有一个适当的法律依据，而征服部落的统治者则通过武力获得权力。此外，东罗马帝国保存了曾经在罗马强盛时统治罗马的文明规范，因此，一些与野蛮人狭隘的民族主义形成鲜明对比的世界性观点，在东罗马帝国仍然具有生命力。哥特人和伦巴第人不久前都信仰阿里乌教派，拜占庭虽也拒绝服从罗马的教会权力，但它仍然信奉正统教义。

然而，东罗马帝国已经不再那么强大，几乎无法维持其在西方的势力。公元 739 年，伦巴第人试图征服罗马，但没有成功。为了消除伦巴第人的威胁，教皇格里高利三世试图从法兰克人那里获得帮助。作为克洛维的继承者，墨洛温王朝的国王已经失去了他们在法兰克王国的所有权力，宫相才是真正的统治者。8世纪初，查理·马特成为宫相。他在公元732年的图尔战役中遏制了伊斯兰教的崛起趋势。查理和格里高利三世都死于公元741年，但他们的继承人丕平和司提反三世达成了协议：丕平求教皇正式承认他的王位，从而取代墨洛温王朝；作为回报，丕平把伦巴第人在公元751年占领的拉韦纳和拜占庭总督的其他管辖区献给教皇。这导致了教皇和拜占庭的最终分裂。

在没有中央政府的情况下，罗马教廷的权力比东正教在自己领土上的权力大得多。当然，拉韦纳的转交并不合法。为了使其具有合法性，罗马教廷伪造了一份后来被称为"君士坦丁捐赠"的文件。这份文件声称是君士坦丁皇帝的敕令，根据这道敕令，他将曾经属于西罗马帝国的所有领土都交给了教皇。通过这种方式，教皇的世俗权力得以确立，并贯穿整个中世纪。直到15世纪，这份文件才被揭露是伪造的。

伦巴第人试图抵抗法兰克人的干涉，但在公元774年，丕平的儿子查理曼最终翻越阿尔卑斯山，果断击败了伦巴第军队。他宣布自己为伦巴第国王，并游行到罗马，在那里他重申了他父亲在公元754年的捐赠。教廷支持查理曼，查理曼则致力于将基督教带入撒克逊人的领地。当然，他让异教徒改宗的方法不是劝说，而是用刀和剑。在东部边境，查理曼征服了德意志大部分地区，但在南方，他赶走西班牙阿拉伯人的努力很少成功。公元 778 年，查理曼的卫队败北，著名的罗兰传说就发生在此时。

查理曼的目标并不仅限于巩固自己的边疆。他认为自己是西罗马帝国的真正继承人。公元 800 年圣诞节期间，他被教皇加冕为皇帝，这标志着日耳曼神圣罗马帝国的开始。与拜占庭的分裂实际上是由丕平献土引起的，随着西方新皇帝的出现而完成。当时坐在拜占庭皇位上的是伊琳娜女皇，查理曼认为这不符合帝王惯例，所以皇位仍然是空的。查理曼要求教皇为他加冕，这样他就可以作为恺撒的合法继承人行使他的权力。查理曼的观点显然站不住脚，不过通过这件事，教廷与皇权建立了联系。虽然后来一些恣意妄为的皇帝可以根据自己的目的废黜或确立教皇，但皇帝仍必须接受教皇的加冕来确认自己登基的合法性。因此，世俗权力和精神权力形成了一种至关重要的相互依存关系。然而分歧不可避免，命运多舛的教皇和皇帝陷入了激烈的斗争。冲突的主要原因之一是主教任命权，我们将在后面详细描述。公元 13 世纪，双方的斗争终于到了无法调和的地步。在后来的斗争中，罗马教廷是获胜的一方，但由于文艺复兴初期教皇道德标准的退化，罗马教廷失去了它来之不易的主导地位。同时，英国、法国和西班牙王权的兴起也产生了新的力量，逐渐削弱了在教会精神领导下保存下来的统一性。这个帝国一直存在到拿破仑征服欧洲，而罗马教廷一直延续到现在。当然，它至高无上的地位已经被宗教改革摧毁了。

查理曼在世时热情地保护着教皇，而教皇则小心翼翼地遵从查理曼的意图。查理曼本人不擅长写作也不虔诚，但他并不敌视别人的学问或虔诚的生活方式。虽然他自己的消遣很少和书有关，但他鼓励文学复兴，庇护学者。他还认为诚实的基督教行为对他的臣民有益，但主张这种行为不得过度干扰宫廷生活。

在查理曼的后继者统治期间，皇帝的权力衰落了，尤其是在虔诚的路易的三个儿子瓜分了帝国领土之后。后来，这些事件逐渐在德国人和法国人之间形成了裂痕。梵蒂冈从皇帝在世俗斗争的失败中加强了自己的力量。与此同时，罗马不得不加强对主教的权威。正如我们所说的，这些主教或多或少都在自己的领地上赢得了独立，尤其是那些远离中央权威的主教。在主教的任命上，教皇尼古拉一世（858—867）基本上成功地维护了罗马的权威。然而，关于教皇权力的问题或多或少仍然存在，这不仅是世俗权力提出的，也是教会内部提出的。一个明智果断的主教可能不会服从一个不明智果断的教皇。结果在尼古拉一世死后，教皇的权力再次下降。

公元10世纪，罗马教廷被罗马当地贵族控制。由于拜占庭、伦巴第和法国军队之间的战斗造成的持续破坏，罗马陷入了野蛮和混乱。整个西部土地都被封建领主和独立诸侯撼动，无论是皇帝还是法国国王都无法有效控制这些桀骜不驯的贵族。匈牙利人入侵意大利北部，北欧海盗则让欧洲的海岸和河流充满恐惧和灾难。诺曼人最终在法国获得了一块狭小的领土，作为回报，他们皈依了基督教。在9世纪，来自南方萨拉森人的威胁变得越来越严重。直到公元915年在那不勒斯附近的加里利亚诺河击败了萨拉森入侵者，东罗马军队才挽救了这场灾难。然而，就像查士丁尼时代的努力一样，皇权仍然太弱，无法统治整个西方。在这场大混乱中，罗马教廷不得不受制于任性的罗马贵族的奇思妙想。它不仅失去了仅存的对东正教事务的影响，而且当地主们再次宣布他们的独立地位时，它失去了对西方僧侣的控制。在这方面，当地主教也没有成功，因为尽管他们与罗马的联系可能已经减弱，但他们与当地世俗权力的联系已经增加。在此期间，许多教皇并没有防止社会和道德瓦解的人格力量。

11 世纪，民族大动乱结束，来自伊斯兰教的外部威胁也得到遏制。从这个时候开始，西方变成了进攻方。

虽然古希腊文化在西方大部分地区已经被遗忘，但它却在遥远的爱尔兰保留了下来。西方普遍经历了衰落，爱尔兰文化却蓬勃发展。最后，由于丹麦人的到来，这一小片土地上的文明被摧毁了。

因此，当时最伟大的学者是爱尔兰人也就不足为奇了。约翰内斯·司各特，9 世纪的一位哲学家，新柏拉图主义者，传统希腊学者。他在观点上是伯拉纠的信徒，在神学上是泛神论者。虽然他持有非正统的观点，但他似乎设法逃脱了迫害。一些有趣的生活环境使当时的爱尔兰文化十分活跃。当高卢开始被野蛮人入侵时，大量的学者前往西部最远的地方寻求可能的保护。那些逃至英格兰的人很难在盎格鲁人、撒克逊人和朱特人这些异教徒中间找到立足之地。但是爱尔兰是安全的，所以很多学者都在爱尔兰避难。至于英格兰，我们也必须用稍微不同的方式来计算它的"黑暗时期"。在盎格鲁 - 撒克逊人入侵期间，它的文化发展一度中断，但在阿尔弗雷德大帝的统治下又恢复了。因此，英格兰"黑暗时期"的开始和结束都比人们以为的要早两百年。从公元9世纪到10世纪，丹麦人的进攻使英格兰的发展陷入停顿，使爱尔兰陷入持久的倒退。这时，大批学者逃了回来。罗马远在天边，无法控制爱尔兰教会的事务。主教的权威不是压倒性的，修道院的学者也不沉迷于教义的争论。因此，约翰内斯·司各特的自由思想才可能在这里产生，如果在其他地方，就会立即得到纠正。

我们对约翰内斯的生活知之甚少，只了解他在法兰克国王"秃头"查理的宫廷待过一段时间。他的生卒年也不确定，大致生于公元800年，死于公元877年。公元843年，约翰内斯被邀请到法兰克宫廷掌管宫廷学校。在那里，他参与了关于宿命和自由意志的辩论。约翰内斯支持那些主张自由意志的人，认为人类自身在美德方面的努力真的很重要。虽然他对伯拉纠的看法引起了极大的不满，但他用来讨论问题的简单哲学方法却引起了更多的谴责。他认为理性和启示是真理的两个独立来源，两者既不重叠也不冲突。如果两者在特定的情况下产生冲突，我们必须相信理性而不是启示。事实上，他说真正的宗教就是真正的哲学，反之亦然。宫廷里死板的僧侣不接受约翰内斯的观点，他讨论这些问题的作品受到了谴责。只因为他和国王的私人友谊，他才逃脱了惩罚。查理和他的爱尔兰学者都死于公元877年。

约翰内斯是哲学中的实在论者，这是基于"实在论"这个术语的经院哲学含义。理解这个术语的含义是非常重要的。实在论起源于柏拉图和苏格拉底阐述的思想。它认为共相是一种事物，它存在于个体之前。与实在论相对立的阵营是唯名论，它以亚里士多德的概念理论为基础。唯名论认为共相只是一个名称，个体存在于共相之前。实在论和唯名论在共相问题上的激烈争论贯穿了整个中世纪。时至今日，它仍然存在于科学和数学中。因为经院哲学的实在论是与理念论联系在一起的，所以在现代也叫唯心主义。我们必须将这种观点与这些术语后来在非经院哲学中的用法完全区分开来。关于这一点，我会在适当的地方解释。

约翰内斯的实在论在他的主要哲学著作《论自然的区分》中得到了鲜明的体现。他认为，根据某物是创造者还是非创造者，以及是否被创造，可以分为四个部分：（1）创造者而不是被创造者，这显然是上帝。（2）创造者也是被创造者，在这一范畴中，有柏拉图和苏格拉底意义上的理念，它们创造了个体，并由存在于其中的上帝创造。（3）时空中的事物，他们是被创造的，但他们不是创造者。（4）非创造者和非被创造者，我们在这里兜了个圈，回到了上帝，上帝是万物必须归附的最终目标。从这个意义上说，上帝和他自己的目的是无法区分的，所以他是非创造者和非被创造者。

上述所谓的事物，都是指现存的事物，但是约翰内斯也将自然界中不存在的东西囊括了进去。首先是普通的有形体的物质。根据真正的新柏拉图主义，这些物质被排除在可理解的世界之外。同样，邪恶被认为是一种缺陷或缺乏，这与神圣的原型不一致，因此属于不存在的领域。所有这些最终回到了柏拉图的理论，即善等于知识。

上帝等于其目的的观点直接导致了一种泛神论，这是完全不正统的。上帝的本质不仅人类不知道，上帝自己也不知道，因为上帝不是一个可以认知的对象。在逻辑上，虽然约翰内斯没有这样陈述，但他显然认为上帝即一切，所以不可能有一个认知情境既包括认知者也包括被知者。约翰内斯的三位一体思想和普罗提诺相似。上帝的存在表现在事物的存在上，他的智慧表现在事物的秩序上，他的生命表现在事物的运动上。这些方面分别对应圣父、圣子和圣灵。就理念王国而言，这三个方面共同构成了逻各斯，通过圣灵的力量引起或产生个别事物。这些个别事物并非独立的物质存在。上帝从无到有创造了一切，从这个意义上说，这种无就是上帝自己——他超越了所有的知识，所以是无。约翰内斯认同亚里士多德关于个别事物独立存在的观点。另一方面，按照创造和被创造的标准对自然进行的前三种分类，都源于亚里士多德类似的标准：推动的和被推动的。第四种分类源于新柏拉图主义的狄奥尼索斯理论。狄奥尼索斯是雅典人，他是保罗的信徒，也是一本被认为是调和新柏拉图主义和基督教的书的作者。约翰内斯把这本书从希腊语翻译过来，这本书或许正因此才得以留存下来。出于他和保罗的关系，这位所谓的狄奥尼索斯被人误以为是站在正统派的阵营里。

11世纪，欧洲终于开始进入文化复兴时期。诺曼人遏制了来自南北的外部威胁，他们对英格兰的征服结束了斯堪的纳维亚人的入侵，他们在西西里岛的战斗将该岛从萨拉森人手中永远解放了出来。修道院制度的改革取得了进展，教皇选举和教会组织的原则也受到了审查。随着教育水平的提高，不仅僧侣的文化水平有所提高，贵族阶层的文化水平也有所提高。

当时困扰教会的两个主要问题是神职的买卖和僧侣的独身，这两个问题都与多年来发展起来的所有神职人员的地位有关。由于神职人员是宗教奇迹和宗教力量的执行者，他们逐渐对世俗事务产生了巨大的影响。只要人们相信宗教权力的真实性，神职人员的影响力就会一直有效。整个中世纪，人们的信仰虔诚而普遍。然而，权力的增长往往会刺激欲望，如果没有强大有效的道德传统来引导，身居要职的人通常会谋求私利。这样，用金钱换取教职的任命，就成为有权分配教职之人的财富和权力来源。虽然不时有人试图与这种邪恶做斗争，但这些交易最终毁了教会体系。另一方面，僧侣的独身问题并不那么清楚。这个问题的道德本质从来没有最终解决。无论是东正教还是后来的西方新教，独身主义从来没有被认为有道德价值，伊斯兰教甚至谴责独身。同时，从政治角度来看，当时的变化并非没有合理依据。如果神职人员结婚，他们会倾向于形成世袭特权阶级；如果保护财富的经济动机也成为其中一个因素，那就更是如此。神职人员必须不同于其他人，这就是他们之间的区别。

修道院改革运动的中心是建于公元910年的克吕尼修道院。那里第一次实施了一项新的组织原则。修道院是独立的，直接对教皇负责；另一方面，修道院院长有权管理属于修道院的机构。新制度试图避免奢侈享受和极端禁欲。其他改革者也相应地采取行动，建立了新的秩序。嘉玛道理会成立于公元 1012 年，加尔都西会成立于公元 1084 年，而恪守边奈狄克特教规的熙笃会成立于公元 1098 年。至于教廷本身，改革主要是皇帝和教皇争夺最高权力的结果。为了改革罗马教廷，格里高利六世从他的前任本尼狄克九世手中买下了教皇职位。但是年轻的皇帝亨利三世本身是一个精力充沛的创新者，无论格里高利六世的动机多么值得称赞，他都无法批准这笔交易。公元 1046 年，二十二岁的亨利三世来到罗马，废黜了格里高利六世。从此以后，亨利三世继续自己任命教皇。他在这件事上很谨慎，如果教皇有不良行为，他就会废黜他们。亨利四世统治时期为公元 1056 年至 1106 年。当他未成年时，教廷再次恢复了它的一些独立性。教皇尼古拉二世上台后颁布一道教令，使得教皇的选举实际上由红衣主教控制，而皇帝则被完全排除在外。尼古拉二世加强了他对大主教的控制。公元 1059 年，为了维护教皇的权力，支持当地的改革运动，尼古拉二世派嘉玛道理会的学者彼得·达米安前往米兰。达米安是一个有趣的人，他创立了一种理论，认为上帝不受矛盾律的约束，能使现在的事物变成过去的原样。这一观点后来遭到阿奎那的反对。达米安认为哲学是神学的侍女，他也反对辩证法。他说上帝应该能够超越矛盾的原则，这就隐含了全能概念的困境。如果上帝是无所不能的，那么，比如说，为什么他不能造一块自己举不起来的重石？如果他真的无所不能，他一定能创造出这样的石头。因此，他似乎既能创造这样的石头，也能举起这块石头。如果人们不放弃矛盾原则，那么全能的概念就不可能存在。放弃矛盾原则的建议将使讨论无法进行。正是这个原因，达米安的理论必然会遭到反对。

尼古拉二世继任者的选举加剧了教廷和皇帝之间的冲突，结果是红衣主教们从中得利。之后，新的教皇是希尔德布兰德，他于公元1073年当选为格里高利七世。他在任时，与皇帝就任命主教问题爆发了一场持续了几个世纪的大争论。新任命的主教应该得到一枚戒指和一根牧羊杖，作为权威的象征，这曾经是世俗统治者给予的。格里高利七世将这一权力归于自己，以加强教廷的权威。公元1075年，当皇帝任命米兰大主教时，势态变得紧张起来。教皇威胁要废黜皇帝并将其逐出教会。皇帝声称他拥有最高权力，并宣布废黜教皇。作为报复，格里高利七世将皇帝和他的主教逐出教会，并宣布他们被废黜。第一轮，教皇占了上风。公元1077年，亨利四世上演了卡诺莎之行，这不过是一种政治手段。虽然亨利四世的对手选择了一个对手来代替他，但亨利四世最终还是击败了对手。公元1080年，格里高利七世终于宣布支持与亨利四世对峙的皇帝鲁道夫，但这无济于事。亨利四世任命了一个不按教规选举的教皇，并于1084年将他带到罗马接受加冕。格里高利七世在西西里诺曼人的帮助下迫使亨利四世和他的教皇匆忙撤退，但格里高利七世成了他的保护者的囚犯，并于第二年去世。格里高利七世失败了，但他的政策后来成功了。

很快，像坎特伯雷大主教安瑟伦（1093—1109）这样的人跟随格里高利七世的脚步，与世俗权力争论不休。作为上帝存在的本体论证明的发明者，安瑟伦是哲学史上的重要人物。他认为上帝是思维可能拥有的最高对象，所以上帝必须存在，不然就不会是最高对象。这里真正的错误是把存在当作一种属性。从那以后，许多哲学家一直在与他的论点做斗争。

虽然西方被蛮族蹂躏，但蛮族最终还是接受了基督教，东罗马帝国也逐渐受到穆斯林的猛烈攻击。穆斯林没有致力于改变被征服民族的宗教，他们采取了一项真正惠及大多数人的优惠措施，即皈依伊斯兰教的人可免纳贡。伊斯兰教的纪元始于公元622年穆罕默德从麦加逃往麦地那。公元632年，穆罕默德去世，短短一个世纪后，阿拉伯人的征服改变了整个世界。叙利亚于公元634年至636年被征服，埃及于642年被征服，印度于664年被征服，迦太基于697年被征服，西班牙于716年至717年被征服。公元732年的图尔战役改变了局势，阿拉伯人撤回了西班牙。公元669年，君士坦丁堡被围困，从716年到717年，这座城市再次被困。拜占庭帝国的领土逐渐缩小，但一直持续到公元1453年，奥斯曼土耳其人最终征服了君士坦丁堡。这一次，穆斯林的巨大成功得益于被侵略的东西方罗马都陷入了一种衰弱状态。此外，许多地方的内部冲突也有利于穆斯林征服者，特别是叙利亚和埃及，这两个地方因为信仰非正统宗教而被征服。

在某些方面，先知穆罕默德创立的新宗教是对《旧约》中禁欲主义一神论的回归，同时抛弃了《新约》中增加的神秘内容。和犹太人一样，穆罕默德也禁止崇拜偶像；但与犹太人不同，他禁止饮酒。我们很难确定禁酒令在多大程度上有效。至于禁止崇拜偶像，则与聂斯托利派反对偶像崇拜的倾向不谋而合。对于穆斯林来说，征服几乎是一种宗教义务，当然，"信奉圣典者"不会受到迫害。这触动了坚定遵循自己圣典训诫的基督徒、犹太人和琐罗亚斯德教徒。

起初，阿拉伯人并不打算有计划地实行征服活动。他们的土地贫瘠而干燥，他们袭击边境通常只是为了抢劫。由于对方抵抗力弱，攻击者成了征服者。在许多情况下，新统治者领导下的新土地管理保持不变。阿拉伯帝国由哈里发统治，哈里发是先知穆罕默德及其权力的继承者。哈里发的地位最初是由选举决定的，但很快就在倭马亚王朝变成世袭制，其统治一直持续到公元 750 年。倭马亚王朝信奉先知穆罕默德的教义是出于政治原因而非宗教原因，宗教狂热并不受人欢迎。总的来说，阿拉伯人并不虔诚，他们扩张的动机一如既往地是掠夺物质财富。正是因为没有宗教狂热，他们能统治广袤大地上文明程度较高、宗教信仰不同的居民。在波斯，先知穆罕默德的教导则面临一个由以前的宗教和思辨传统塑造的新环境。公元 661年，穆罕默德的女婿阿里去世。从那以后，穆斯林分为逊尼派和什叶派。后一个群体可以算是少数派，他们忠于阿里，排斥倭马亚王朝，波斯人属于这一少数派别。由于波斯人的影响，倭马亚王朝的统治被推翻，阿拔斯王朝取而代之，并将首都从大马士革迁至巴格达。新王朝的政策对穆斯林中的狂热分子控制不严。阿拔斯王朝失去了西班牙，幸存的倭马亚王朝势力在西班牙科尔多瓦建立了独立的哈里发政权。在阿拔斯王朝哈伦·拉希德统治时期，阿拉伯帝国进入了一个辉煌的时代。哈伦·拉希德与查理曼是同时代人，因《天方夜谭》的传说而家喻户晓。他死于公元809年。之后和罗马使用蛮族士兵的结果一样，阿拉伯帝国开始因为土耳其雇佣兵的大规模使用而遭受损失。阿拔斯王朝衰落了，公元1256年蒙古人攻占了巴格达，这个王朝就此覆灭。

伊斯兰教文化起源于叙利亚，但很快就以波斯和西班牙为中心。在叙利亚，阿拉伯人继承了聂斯托利派的亚里士多德传统，而当时的正统天主教徒则认同新柏拉图主义。亚里士多德的理论和一些新柏拉图主义的影响的结合造成了很多混乱。在波斯，穆斯林学者逐渐接触到印度数学，引入了其实应该叫印度数字的阿拉伯数字。波斯文明造就了菲尔多西这样的诗人，即使在13世纪蒙古人入侵后，这种文明仍然保持着很高的艺术水平。

公元481年拜占庭皇帝芝诺关闭埃德萨学院后，聂斯托利派也传入波斯，阿拉伯人正是通过它第一次接触到希腊学问。穆斯林学者从这两个源头吸收了亚里士多德的逻辑和哲学以及古人的科学遗产。波斯最伟大的伊斯兰教哲学家是阿维森纳（980—1037）。他出生在布哈拉，后来在伊斯法罕教哲学和医学，最后定居在德黑兰。他过着一种精致的生活，其非正统观点引来神学家的敌意。他作品的拉丁语译本在西方颇有影响。阿维森纳的主要哲学兴趣之一是共相问题，这在经院哲学中也非常重要。阿维森纳试图通过调和柏拉图和亚里士多德来解决共相问题。他的出发点是，形式上存在的东西，一般是由思维产生的。这是亚里士多德的观点，它被阿威罗伊（1126—1198）和后来阿奎那的老师大阿尔伯特重复了一遍。阿维森纳进一步限制了这一观点：不论是在事物之前、事物之中还是事物之后，共相都同时存在。在神以形式创造事物时，共相就在事物之前，因为它在神的心中；因为共相属于外部世界，所以它在事物之中；因为人凭其经验及思想，在观察事物后认出了共相，所以共相又在事物之后。

西班牙还产生了杰出的伊斯兰教哲学家阿威罗伊。他出生在科尔多瓦的一个法官家庭。除了学习法律，他还学习了其他科目，并在塞维利亚和科尔多瓦担任法官。公元 1184 年，阿威罗伊成为一名医生，但最终被流放到摩洛哥，理由是他对自己的信仰感到不安，并坚持自己的哲学观点。他的主要贡献是使亚里士多德的研究不再受到新柏拉图主义扭曲的影响。像后来的阿奎那一样，阿威罗伊相信上帝的存在可以通过理性来证明。在灵魂问题上，他附和亚里士多德，认为虽然努斯是不朽的，但灵魂不是不朽的。因为这个抽象的理性是一元的，它的继续存在并不意味着个人的不朽。这些观点自然遭到基督教哲学家的反对。阿威罗伊作品的拉丁语译本不仅影响了经院学者，也受到自由思想家的欢迎，后者也反对灵魂的不朽。后来，他们被称为阿威罗伊主义者。

公元 1085 年，格里高利七世去世，他的政策似乎已经使教廷失去了在帝国事务中的权力和影响力。然而，未来的形势表明，世俗与精神力量的拉锯战远未结束。罗马教廷尚未达到其政治权力的顶峰，在伦巴第等新兴城市的支持下，上帝的代理人在精神事务上的权威得到加强，而第一次十字军运动则大大提高了其威望。

教皇乌尔班二世（1088—1099）再次挑起了关于主教任命权的斗争，他再次将这些权力据为己有。公元1093年，亨利四世的儿子康拉德反抗他的父皇，寻求并得到了乌尔班二世的支持。北方城市愿意支持教皇，所以整个伦巴第很容易被征服。法国国王腓力一世也加入了教皇阵营。公元1094年，乌尔班二世举行了一次横跨伦巴第和法国的胜利之旅。第二年，在克莱芒的宗教会议上，乌尔班二世发起了第一次十字军东征。

乌尔班二世的继任者帕斯加尔二世继续实施前任政策，直到亨利四世于公元1106年去世。从那以后，至少在德意志地区，新皇帝亨利五世有了优势。教皇建议皇帝不要干涉主教任命，作为交换，僧侣们放弃了对世俗财产的权利。然而，教士们对尘世生活的依恋超出了这个虔诚教皇的想象。当这一建议的条款公布后，德意志的教士们表示强烈反对。当时在罗马的亨利五世胁迫教皇为自己加冕，但这只是一场短暂的胜利。十一年后的公元1122年，教皇加里斯都二世凭借《沃姆斯宗教协定》重新获得了他的权威。

在腓特烈·巴巴罗萨（1152—1190）的统治下，皇帝和教廷之间的斗争进入了一个新的阶段。公元1154年，英格兰人哈德良四世当选为教皇。起初，教皇和皇帝联合起来对付不服从他们的罗马。布雷西亚的阿诺德是罗马独立运动的领袖，这位强壮勇敢的异教徒愤怒地抨击僧侣奢侈的世俗生活。在他看来，拥有世俗财产的神职人员不能进入天国。这种观点遭到了教会领袖的反对，阿诺德则因为持有这种异端观点而遭到猛烈抨击。上一任教皇就有这些烦恼，当哈德良四世当选时，这些麻烦变成了危机。哈德良四世因罗马公民的骚动而惩罚了罗马人，并颁布了剥夺他们宗教权利的教令。最后，罗马人争取独立的精神崩溃了，他们同意驱逐异教徒领袖阿诺德。阿诺德躲藏了起来，但被巴巴罗萨的军队抓获，后者立即将他烧死。公元1155年，群众在皇帝加冕时示威游行，遭到皇帝的残酷镇压。两年后，教皇和皇帝之间的联盟破裂了。随之而来的是他们之间持续了二十年的战争。伦巴第联盟为教皇或者说是为反对皇帝而战。战争的进程是多变的。公元1162年，米兰沦陷，巴巴罗萨和他私自任命的教皇不久后也败在了自然灾害的手里，他们的军队在去罗马的路上遭遇了瘟疫。在1176年的摄政者之战中，巴巴罗萨试图最后一次摧毁教皇的权力，但以失败告终。之后，他们达成了一项不稳定的和平条约。巴巴罗萨参加了第三次十字军东征，于公元1190年在小亚细亚去世。

教皇和皇帝之间的斗争最终没有给双方带来任何好处。意大利北部的城邦开始兴起一股新的力量。当皇帝威胁他们的独立时，这些城邦支持教皇。当威胁不存在时，他们就追求自己的利益，发展了一种与教会文化完全不同的世俗文化。他们虽然名义上信仰基督教，但与17世纪后的新教社会相似，也产生了极其自由的思想。在十字军运动期间，意大利北部的沿海城市作为船只和补给的提供者变得越来越重要。宗教热情可能是十字军运动最早的驱动力之一，但强大的经济动机也在其中发挥了作用。在东方，获得财富的希望很大，更重要的是，这是一项诚实而神圣的事业；同时，附近的欧洲犹太人也是发泄宗教义愤的有利目标。至于基督教世界的骑士们，他们正在与一种比自己文明优越得多的伊斯兰教文明做斗争。这在一开始对他们来说并不明显。

作为一场运动，经院哲学和古典哲学的区别在于，它的结论先于事实，它必须在正统教义的范围内起作用。在古代哲学家中，亚里士多德被视为守护神，亚里士多德的影响逐渐取代了柏拉图的影响。在方法上，经院哲学倾向于亚里士多德的分类，在论证过程中忽视事实。它关注的最大理论问题之一是共相问题。围绕这个问题，哲学界分成了两个对立阵营。实在论者认为，共相是一个实存的事物，他们的理论基础是柏拉图和他的理念论。相比之下，唯名论者认为共相只不过是一个名称，他们求助的权威是亚里士多德。经院哲学通常始于法国僧侣罗塞林，他是阿伯拉尔的老师。我们对罗塞林知之甚少，他的哲学观点主要记载在安瑟伦和阿伯拉尔的著作中。罗塞林是唯名论者。根据安瑟伦的说法，他主张共相不过是说话时的气息。从否定共相的现实性出发，他进一步否定了整体实际高于部分的观点。这种观点肯定会导致一些僵化的逻辑原子主义，也自然会导致罗塞林关于三位一体的异端观点。公元 1092 年，他被迫放弃在兰斯的观点。出生于公元 1079 年的阿伯拉尔是一位更重要的思想家。他在巴黎学习并在那里教书。后来他停止教学，专门研究神学，并于公元 1113 年恢复教学。他正是在这时成为爱洛伊斯的情人，这惹恼了爱洛伊斯的叔叔迦农富勒，后者阉割了这个鲁莽的情人，并把这对恋人送到了修道院。阿伯拉尔一直活到了公元 1142 年。作为一名教师，他总是享有很高的声誉。他也是唯名论者，他比罗塞林更清楚地指出，我们所说的话并不是实际发生的事情，而是有一定意义的。共相产生于事物之间的相似性，但相似性本身不是一个事物，实在论的错误在于把它当作一个事物。

13世纪，经院哲学运动达到了顶峰，教皇与皇帝的斗争也进入白热化阶段。这一时期的许多方面标志着欧洲中世纪世界的顶峰。在随后的几个世纪里，从15世纪意大利的文艺复兴到17世纪科学和哲学的复兴，各种新生力量不断涌现。

在最伟大的政治教皇英诺森三世（1198—1216）的统治下，教皇的权力达到了日后难再企及的高度。巴巴罗萨的儿子亨利六世征服了西西里岛，并娶了岛上诺曼国王的后裔康斯坦斯公主为妻。公元1197年，亨利六世年仅两岁的儿子腓特烈二世成为国王。英诺森三世一上任，腓特烈二世的母亲就把儿子托付给他。教皇尊重腓特烈二世的权力，作为回报，他至高无上的地位得到了承认。欧洲大多数统治者也承认教皇的地位。在第四次十字军东征中，教皇的计划受到威尼斯人的阻挠，威尼斯人迫使他为了威尼斯人的目的进攻君士坦丁堡。另一方面，教皇征讨阿尔比派的冒险行动取得了巨大成功。在这次行动中，法国南部的异端邪说被一扫而光。在神圣罗马帝国，奥托皇帝被废黜，成年的腓特烈二世取代了奥托。就这样，英诺森三世控制了皇帝和国王。在教会内部，教廷也享有更大的权力。在某种程度上，教廷在世俗社会的成功已经预示了它的衰落，因为随着它对这个世界的控制越来越强，它在另一个世界事务中的权威已经下降。正是这种情况导致了宗教改革。

　　腓特烈二世在教皇的支持下当选为皇帝，代价是做出了一些承诺来维护教皇的最高权力。除非迫不得已，年轻的皇帝不想遵守这些诺言。这个年轻的西西里人出生在一个德意志人和诺曼人的联姻家庭，成长于一个正在形成新文化的社会。当时穆斯林与拜占庭、德意志和意大利的文化在这里交融，创造了最早推动意大利文艺复兴的现代文明。腓特烈二世深受这些传统的影响，所以他同时赢得了东方和西方的尊重。他的视野超越了他的时代，他的政治改革也是新颖的。他是一个敢于思考和行动的人。他强有力的建设性政策为他赢得了"世界奇迹"的美誉。

　　英诺森三世和奥托在两年内相继死去。教皇之位传给了霍诺里乌斯三世，不久，年轻的皇帝与新教皇发生了争吵。腓特烈二世熟悉阿拉伯人的优秀文明，所以他不愿意参加十字军东征。其次，德意志的影响在伦巴第并不受欢迎，而教皇经常得到伦巴第和其他城市的支持，这造成了一种困境，引起了皇帝和教皇之间的进一步摩擦。公元1227年，霍诺里乌斯三世去世，他的继任者格里高利九世立即将腓特烈二世逐出教会，理由是他没有参加十字军运动。皇帝并没有对这种待遇感到特别不安。他娶了耶路撒冷国王的女儿，并于公元1228年去了巴勒斯坦。虽然他被逐出教会，但他通过与穆斯林谈判解决了那里的问题。耶路撒冷几乎没有军事价值，但基督徒对它有宗教感情。经过和谈，圣城最终被移交，腓特烈二世加冕为耶路撒冷的国王。

就算是教皇也不得不承认，这是解决冲突的最好办法，于是在公元 1230 年，他不得不与获得胜利的腓特烈二世讲和。随之而来的是一段改革时期，在此期间，西西里国王实施了新的管理并颁布了新的法典。内地完全取消关税壁垒刺激了贸易和商业，而在那不勒斯创办的一所大学促进了教育的发展。公元 1237 年，伦巴第战争再次打响。腓特烈二世在公元 1250 年去世前，与几位教皇连续交战。越来越残酷的斗争使他前期统治的那段更加开明的岁月黯然失色。

根除异端的运动进行得很彻底，但总的来说并不完全成功。当十字军在公元 1209 年进军时，阿尔比派——法国南部摩尼教的一个分支——确实已经被彻底清除了，但其他异端派别幸存了下来。公元 1233 年建立的宗教裁判所从未完全制服西班牙和葡萄牙的犹太人。韦尔多派在 12 世纪末发起了一场运动，这预示着宗教改革的到来。彼得·韦尔多的信徒跟随他们的领袖从里昂逃到都灵西部皮埃蒙特的阿尔卑斯山谷。直到今天，他们仍然作为新教徒和法语教团生活在那里。根据这些事件，人们可能会想到，后人应该明白政治迫害不能轻易扼杀思想。但历史似乎表明，人们没有吸取这一教训。

在 13 世纪，教会极其强大，但即使在纯粹的教士圈子里，它的至高无上也不是没有争议的。如果天主教会没有完全遵守其创始人的信条，那么它的两个教团在某种程度上恢复了最初的平衡。在早期，多明我会和方济各会的许多僧侣遵循教团创始人的戒律，但这些要求过清贫生活的誓约并没有约束他们很长时间。多明我会和方济各会在宗教裁判所发挥着重要作用。

幸运的是，这种裁判制度从未渗透到英格兰和斯堪的纳维亚半岛。宗教裁判所的残酷可能来自对受害者有利的考虑，因为有人认为世界上短暂的痛苦可以将灵魂从地狱的永劫中拯救出来。这种考虑无疑会让法官变得更加虚伪。当看到圣女贞德遭受这样的审判时，英国人对此并无异议。然而，多明我会和方济各会后来违背了其创始人的初衷，致力于知识的研究。大阿尔伯特和他的学生阿奎那便来自多明我会，而罗吉尔·培根、邓斯·司各脱（约1270—1308）和威廉·奥卡姆则来自方济各会。对于当时的文化来说，他们真正有价值的贡献是在哲学方面。

如果说在此之前的教士主要从新柏拉图主义中汲取哲学灵感，那么13世纪就是亚里士多德的世界。托马斯·阿奎那（1225—1274）努力将天主教教义建立在亚里士多德哲学的基础上。对于他能在这种纯哲学领域获得多大成功——比如他将亚里士多德的神等同于基督教的上帝——我们持怀疑态度，但作为教会内部的哲学影响，阿奎那的亚里士多德学说实现了全面而持久的统治，这是毋庸置疑的。托马斯主义成为罗马教会的官方教义，并在罗马教会的所有学院中教授。今天，除了共产主义的官方学说辩证唯物主义，没有任何哲学能享有如此显赫的地位和如此强大的支持。在阿奎那所处的时代，他的哲学自然没有这种特殊的地位。但后来，随着他的思想变得越来越具有宗教权威，哲学的主流又逐渐转向世俗的一面，恢复了古代哲学盛行的独立精神。

托马斯·阿奎那出生于卡西诺山附近的阿奎那伯爵家族，

他的学习之路也是从那里开始。他在那不勒斯大学学习了六年，后来在公元1244年加入了多明我会，跟随大阿尔伯特继续在科隆工作。他是多明我会的高级讲师，也是当时亚里士多德学派的著名学者。在科隆和巴黎生活了一段时间后，阿奎那于公元1259年回到意大利，然后花了五年时间写了他最重要的一本书《反异教大全》。公元1266年，他开始写另一本书《神学大全》。在这些年里，他还为亚里士多德的许多作品写了评注。他的朋友穆尔贝克的威廉为他提供了一份直接从希腊语翻译过来的亚里士多德著作。公元1269年，阿奎那再次前往巴黎，并在那里生活了三年。当时，巴黎大学对多明我会的亚里士多德主义感到不满，因为它使人们想起了巴黎大学中的阿威罗伊主义者。我们已经看到，在灵魂不朽的问题上，阿威罗伊的观点更近于亚里士多德的哲学而非基督教教义，这对亚里士多德思想的传播造成了不利影响。阿奎那致力于将阿威罗伊从亚里士多德的大本营驱逐出去。他的努力是完全成功的，这一胜利为基督教神学挽救了这位斯塔吉拉人，即便代价是放弃他的一些原意。阿奎那于公元1272年回到意大利。两年后，他在去里昂参加宗教会议的路上去世了。

阿奎那的哲学体系很快得到了认可。公元1309年，它被宣布为多明我会的正式教义；1323年，他的作品被列为经典。从哲学上讲，阿奎那的体系可能没有其历史影响暗示的那么重要。它的结论是由基督教教义预先决定的，这对哲学而言是一种伤害。在他的哲学中，没有苏格拉底和柏拉图那种公正的客观态度，这两个人的论点让我们可以去他们要去的地方。另一方面，"大全"体系又是智慧的丰碑，对立的观点总是被清楚而公正地表达出来。在评论亚里士多德时，阿奎那就像是这位斯塔吉拉人严肃而聪明的信徒。在这方面，他超越了所有的前辈，包括他的老师。他的同时代人称他为"天使博士"。对罗马教会来说，托马斯·阿奎那的确是一个信使和老师。

早期新柏拉图主义的神学体系不包括理性与启示的二元论，托马斯主义形成了与新柏拉图主义相反的理论。新柏拉图主义在存在领域中持有共相和个体的二元论。或许更准确地说，存在是有层次的，从"一"开始，通过理念下沉到存在的底层，即个体。共相和个体之间的差距由逻各斯填补，这是比较现实的说法，也是相当合理的观点。因为语言虽然有一般意义，但也可以用来指代特殊的事物。新柏拉图主义在存在上是二元论，在认识上是一元论：人只有一种理性，这种理性只有一种认知方式，即辩证法。阿奎那的观点恰恰相反。按照亚里士多德的方式，他认为存在只有在特殊的情况下才能被看到，上帝的存在是以某种方式从中推导出来的。个体被认为具有原初性，从这个意义上说，阿奎那的观点是经验主义的，这与理性主义试图从共相中演绎个体是相悖的。另一方面，虽然阿奎那的方法是一元存在论，但它导致了认知领域的二元论。他假定有两种知识来源。第一种，如前一种观点，是理性，它从感官体验中获得思想的滋养。经院哲学有一个非常著名的命题：理性中没有任何东西不先于感官经验中存在。除此之外，启示也是知识的独立来源。理性产生推理的知识，而启示给人信心。有些事情似乎完全超出了理性的范围，如果想获得这些知识，就必须借助启示。宗教教义中的一些具体内容就属于这一类，比如那些超越理性的信仰，上帝的三位一体、耶稣复活和基督教末世论也是如此。然而，上帝的存在虽然可以先由启示传达，但也可以根据理性辩证地证明，各种证明上帝存在的尝试都是针对这一点。因此，任何可以用理性证明的宗教原则，都可以和不信教的人辩论，而在其他情况下，启示是唯一的实现途径。归根结底，托马斯主义并没有真正把两种知识来源放在同一位置。在追求理性知识之前，人们似乎试图获得启示。人们必须有信念，才能推理，因为推理的真理是自证的，但只有启示才是该去追求的。这种说法包含一些危险，它揭示的真相是武断的。虽然阿奎那认为理性和启示并不冲突，哲学和神学也没有对立，但实际上它们是相互削弱的。理性能处理事实的地方，启示是多余的，反之亦然。

至于神学，我们必须记住，它实际上分为两类。第一类是所谓的自然神学，在第一因、第一推动者等话题中讨论上帝，这正是亚里士多德所说的神学，可以与形而上学并列。但是，作为基督徒的阿奎那也提出了一个类别，叫作教义神学。这类讨论的内容只能通过启示提供。在这里，阿奎那回到了早期的基督教作家的传统，特别是奥古斯丁，他似乎完全同意奥古斯丁关于神的恩典和救赎的观点。这些问题确实超出了理性的范畴。毫无疑问，教义神学与古代哲学精神完全不同，在亚里士多德那里，根本没有类似的领域。

正是基于这种神学因素，阿奎那的形而上学在一个重要方面超越了亚里士多德。我们仍然记得亚里士多德的神是一个公正的建筑师。存在不被认为是必须给予个人的东西，他们就在那里，仅此而已，形成他们的原始物质也是如此。阿奎那认为上帝是一切存在的源泉。有限的东西据说只是偶然存在的，其存在直接或间接地取决于某种必然的东西，即上帝。在经院哲学的语言中，这一点是通过本质和存在来表达的。事物的本质大致而言即是其属性，而存在指的是某物存在的事实。本质和存在都不可能是独立的，从这个意义上说，它们都是抽象的。一个特定的事物必须包含这两者，但一些语言表述暗示了它们之间的差异，这就是弗雷格在区分意义和指称时想要表达的意思。一个词是什么意思是一回事，它是否有指称对象是另一回事，因此，有限的事物被认为有两个不可分割但可区分的特征，即存在和本质。只有在上帝那里，本质和存在才没有区别。有限的个体是凭借什么而存在，对这个形而上学问题的回答就是《神学大全》中关于上帝存在五种证明的第三种。该证明的起点是事物诞生和消逝是日常的经验事实，从特定的意义来看，事物的存在并不是必然的。如果事物有时实际上不存在，那也可以说在此前的某一个时刻，任何事物都不存在，因此现在才会出现事物实际上不存在的情况。可见，有限的个体不能使自己存在，必须有某种必然的存在使其得以存在，这就是上帝。

我们需要对这个证明做几点评论。首先，该证明认为任何事物之所以存在，需要充分的证明或解释，这是阿奎那形而上学的主要观点。如果像亚里士多德一样，他不提倡这样的观点，就不可能有进一步的讨论。但是，如果为了讨论而承认这个前提，这个证明就有了使这个前提站不住脚的缺陷。任何有限的事物确实可以在某个时刻不存在，但我们不能从这个事实中得出以下结论：有一个时刻，任何事物都不存在。

阿奎那关于"本质"和"存在"的术语是基于亚里士多德的潜在和现实理论。本质是完全潜在的，而存在是完全现实的。因此，在有限的事物中，本质和存在总是混合在一起的。存在就是以某种方式从事某种活动。对于任何有限的事物来说，活动必然来自其他事物。

关于上帝存在的第一个和第二个证明实际上具有亚里士多德理论的性质。阿奎那需要证明一个不动的推动者和第一因存在，并规定这种证明不可以无限倒退，这种规定实际上破坏了这两个证明。以第二个证明为例，如果每一个原因背后还有其他原因，那么说"没有原因也是一种原因"就是自相矛盾的说法。需要指出的是，阿奎那关注的不是时间上的因果序列，而是原因的连续性。一个原因取决于另一个原因，很像一个挂在天花板的钩子上的链环。这个天花板是第一个原因，或者说没有原因，因为它不是挂在别的东西上的一个环节。然而，只要倒退证明不会导致矛盾，那么我们就没有充足的理由来反对。大于零、达到并包含一的有理级数是无限的，但没有第一项。就运动而言，甚至没有倒退证明的必要。两个分子可以像太阳和行星一样围绕彼此旋转，并将永远无休止地旋转。

关于上帝存在的第四个证明的出发点是承认有限的事物有不同程度的完美。这种观点的前提是存在某种绝对完美的事物。第五个也是最后一个证明指出，自然界的所有生物似乎都是为了某种目的而运动的，因为世界体现了某种秩序。这个证明是用来指向外界的原因，而它的目的就变成了运动的目标，因为无生命的物体不可能有自己的目的。在这个被称为目的论或预定论的证明中，秩序被认为是必须解释的东西。这个假设在逻辑上肯定是站不住脚的。我们也可以说，无序也需要解释，这样论证就会走向反面。前面提到的安瑟伦的本体论证明遭到了阿奎那的反对，但令人惊讶的是，他的反对是基于实践而不是逻辑。既然被创造和被限制的头脑不能理解上帝的本质，那么包含在上帝本质中的上帝的存在就永远不能像上面提到的那样被推导出来。

从某种意义上说，新柏拉图主义的上帝与世界处于同一范围，而阿奎那的上帝则是放置在被创造的世界之外的无形的天父。因此，阿奎那的上帝具有无限的积极属性，这被认为是从上帝以某种方式存在的单一事实中推断出来的，尽管这个话题只能用消极的方式来描述，因为有限的头脑无法达成明确的定义。

亚里士多德以阿奎那的形式统治哲学，直到文艺复兴时期。但文艺复兴所反对的，并不全是亚里士多德的学说，甚至不是阿奎那的学说，而主要是反对用形而上学的思辨牵强附会的习惯。在许多方济各会学者的影响下，中世纪的思维方式开始瓦解。

罗吉尔·培根就是其中之一。他反对形而上学的思辨，强调实证研究的重要性。培根是阿奎那同时代的人，他从不反对神学。他为后来发展出的更为现代的研究方法奠定了基础，但又不想损害教会在精神事务上的权威。一般来说，13 世纪末14 世纪初方济各会的思想家都是这样的，但他们对信仰和理性的讨论加速了中世纪的崩溃。

对于托马斯主义，正如我们刚刚看到的，理性和启示可以重叠。方济各会的学者重新审视了这个问题，并试图澄清两者的界限。他们想明确区分理性领域和信仰领域，让严格意义上的神学摆脱对古典哲学的依赖。与此同时，哲学也因此摆脱了从属于神学目的的地位。随着哲学思维对自由的追求，科学研究也随之出现。方济各会特别代表了被重新强调的新柏拉图主义传统，它鼓励数学研究。一旦理性研究被严格排除在信仰领域之外，就需要科学和哲学停止对宗教信条吹毛求疵。同样，在科学和哲学能够胜任的地方，信仰也不能横加指责。这种情况将不可避免地导致比以前更加尖锐的冲突，因为如果掌管信仰的人对他们不应该干预的事情下命令，他们要么撤销命令，要么在别人的领土上开战。启示只有不陷入争论的土地，才能保持其独立性。只有这样，人们在致力于科学研究的同时，才能对上帝有一定形式的信仰。托马斯主义者试图证明上帝的存在，但他们的论证不仅不成功，而且削弱了自己的神学立场。这意味着理性的标准根本不适合宗教信仰，在某种意义上，灵魂可以忠实于它所信仰的东西。

罗吉尔·培根的生卒年无法确定，可能是公元 1214 年到1294 年。他在剑桥和巴黎读书时，对各种学科都有百科全书式的了解，这有些像过去的阿拉伯哲学家。他直言反对托马斯主义，认为阿奎那不用读亚里士多德的原著就能以权威的方式解释亚里士多德这件事实在奇怪。亚里士多德虽然重要，但还有其他同样重要的东西，比如阿奎那严重忽略了数学。为了获得新知识，我们必须依靠实验，而不是依靠权威。培根并不反对经院哲学的演绎方法，但他坚持认为仅仅得出结论是不够的。结论要有说服力，必须经过实验检验。

这些新思想不禁引起正统学派的不满。公元1257年，培根被牛津大学开除，流放到巴黎。公元1265年，前教皇驻英国特使吉·富尔克斯成为教皇克雷芒四世。他对英国学者感兴趣，并请培根写一份他的哲学大纲。尽管当时对方济各会的禁令仍然有效，这项任务还是在公元1268年完成了。培根的理论很受欢迎，他本人也被允许回到牛津。克雷芒四世当年便去世了，而培根仍然没有学会谨慎和圆滑。公元1277年，一场针对异端思想的大讨伐开始了，培根和许多其他人被要求解释他们的观点。他的确切罪名尚不清楚，但他在监狱里度过了十五年。他于公元1292年获释，两年后去世。

在哲学方面，更重要的人物是邓斯·司各脱。他是苏格兰人，也隶属于方济各会。他在牛津大学学习，二十三岁时成为一名教师。后来他在巴黎和科隆教书，晚年在科隆度过。邓斯·司各脱使理性和信仰的分界更加清晰。一方面，理性的领域缩小了；另一方面，上帝重新获得了完全的自由和独立。神学的职责是表达上帝，它不再是一门理性的学科，而是从启示中诞生的一套有用的信仰。本着这种精神，司各脱反对阿奎那对上帝存在的证明，因为这些证明是基于感官体验。同样，他不赞成奥古斯丁的证明，因为后者在某种程度上依赖于上帝的启示。由于论证和证明都属于哲学的范畴，而神学和哲学是相互排斥的，所以司各脱不能接受奥古斯丁的证明。另一方面，他不反对第一因的证明，这与阿维森纳的证明有些相似。这种证明实际上是安瑟伦本体论证明的变体。关于上帝的知识不能通过被创造者获得，因为被创造者的存在不具有必然性，它凭借的是上帝的意志。事实上，事物的存在和本质是一样的。我们要记住，这个定义在阿奎那那里是被用来表述上帝的。知识是对本质的理解。既然我们不可能认识上帝，这些本质就与上帝心中的想法不同。因为本质和存在是一致的，导致具体事物存在的必然是形式，而不是物质，这与阿奎那的观点相反。虽然司各脱认为形式是真实的，但他不赞成极端柏拉图主义的理念论。具体事物可以有各种不同的形式，但各种形式之间的区别仅有形式上的意义，这就意味着形式是不可能独立存在的。

正如至高无上的权力在于上帝的意志一样，司各脱认为，在人类的灵魂中，主宰理性的是意志。意志的力量给人自由，而理性却被它指向的对象限制着。因此，意志只能把握有限的东西，而既然没有任何限制的无限者是必然存在的，自由就被取消了。自由和必然之间的相对性理论与奥古斯丁的传统是一脉相承的。在方济各会的学者中，这一传统有力地促进了怀疑主义。如果上帝不受这个世界永恒法则的限制，那么任何人对上帝的信仰都是可以被怀疑的。

更激进的经验主义出现在方济各会最伟大的学者威廉·奥卡姆的著作中。奥卡姆大约生于公元 1290 年到 1300 年间，他先在牛津，后在巴黎求学任教。公元 1324 年，由于奥卡姆的非正统理论，教皇在阿维尼翁召见了他。四年后，他与教皇约翰二十二世发生争执。方济各会的极端派别之一唯灵派，其信徒虔诚地发誓要过清贫的生活，这引起了教皇的不满。过去曾有一个折中的办法，即教皇可以在形式上占有该派的财产，但这个办法实行不久便被废除了。很多唯灵派信徒公然无视教皇的权威。奥卡姆、帕多瓦的马西略（1270—1342）和方济各会教团长塞纳的迈克尔都支持唯灵派。1328年，他们因废除宗教信仰而受到惩罚。幸运的是，他们逃离了阿维尼翁，在皇帝路易四世的保护下定居在慕尼黑。

在与皇权的斗争中，教皇支持另一位皇帝，将路易四世逐出教会。路易四世又在整个教会会议上指责教皇为异端。为了报答皇帝的保护，奥卡姆在其手下成为思维敏捷、实力强大的小册子作者，对教皇及其干涉世俗事务的行为发起了数次猛烈的攻击。路易四世于公元1347年去世，奥卡姆一直住在慕尼黑，直到公元1349年去世。

帕多瓦的马西略是奥卡姆的密友，他们一起被流放。马西略也反对教皇，他对世俗权力和精神权力的组织和权威表达了非常新颖的观点。他认为，对于教会和神圣罗马帝国来说，最高主权属于大多数人。宗教议会是由普选产生的，只有这样的机构才有权采取纪律处分，废除教会成员资格，而这些也必须得到教区僧侣的批准。只有宗教议会才能制定正统的标准，但它不应该干涉国家的事务。奥卡姆的政治思想虽然没有这么极端，却深受马西略的影响。

哲学上，与其他方济各会的思想家相比，奥卡姆向经验主义迈进了一大步。虽然邓斯·司各脱将上帝驱逐出了理性思维的领域，但他还是或多或少地保留了传统的形而上学。奥卡姆完全反对形而上学，他认为柏拉图、亚里士多德及其追随者的一般本体论是根本不成立的。只有个别的、单一的东西才是实在的，只有这样的东西才能成为产生直接的、确定的知识的经验对象。也就是说，亚里士多德精妙的形而上学装置对于解释存在是完全多余的。我们还必须从这个意义上理解奥卡姆的座右铭："如无必要，勿增实体。"虽然这句格言在奥卡姆的作品中找不到，但它以"奥卡姆的剃刀"而闻名。这里的实体，当然是传统形而上学所讲的形式和本质，后世一些主要对科学方法感兴趣的思想家却赋予了这句话截然不同的含义。在消除表象的过程中，奥卡姆剃刀已成为普遍的经济原则。如果一个简单的解释会起作用，那么寻求一个复杂的解释就是徒劳的。虽然奥卡姆坚持存在属于个别事物，但他也承认在处理词语的逻辑领域中有关于意义的一般知识。这种知识不同于个人知识，它不是一种直接认知，而是一种抽象认知。此外，经由抽象认知而存在的对象不一定会作为一个事物存在，因此奥卡姆是一个彻底的唯名论者。从严格的亚里士多德主义来讲，逻辑必须被视为文字的工具，它与文字的意义有关。在这方面，奥卡姆的观点是 11 世纪初唯名论的进一步发展。事实上，波爱修斯认为亚里士多德的范畴是关于词的范畴。

在交谈和论述中，概念和名词完全是心灵的产物，只要未用文字表达出来，就是所谓的自然共相或原初符号，它们与文字形式相对，后者是约定俗成的记号。为了避免错误，我们需要将表述事物的语言和表述文字的语言区别开来。比如，当我们在科学研究中谈到某物时，所用的名词可称为"第一概念"；而当我们像在逻辑分析中使用某个名词时，该名词在这里表示的可称为"第二概念"。需要注意的是，我们在论述中必须保证所用的名词都属于同一种概念。从这个角度来看，我们可以称唯名论者讨论的共相是第二概念，而实在论者则认为共相是第一概念。然而，这是错误的。在这个问题上，阿奎那和奥卡姆一样，反对把共相看成一个东西。再者，他们都承认共相的存在先于事物，这就好比起源于阿维森纳的观点，认为共相是上帝心中的观念。按照阿奎那的说法，这是一个可以用理性证明的形而上学真理。奥卡姆却认为这是一个神学命题，所以它不在理性的范围之内。至于神学，对于奥卡姆来说，完全是信仰的问题，上帝的存在不能用逻辑来证明。在这方面，奥卡姆比邓斯·司各脱走得更远。他反对阿奎那和安瑟伦，认为通过感官经验认识上帝是不可能的，我们的理性工具也无法证明上帝是否存在。我们信仰上帝及其各种属性，三位一体、灵魂不朽、世界创造等也都是如此。

在上述意义上，奥卡姆可以被视为怀疑论者，但认为他是非宗教人士是错误的。他限制了理性的范围，使逻辑摆脱了形而上学和神学的负担，极大地促进了科学探索活动的复兴。与此同时，信仰领域已经成为所有人都可被原谅的世界。因此，神秘主义运动在许多方面回归新柏拉图主义传统便不让人感到奇怪了。这一运动最著名的代表是埃克哈特大师（1260—1327），他是一位多明我会修士，他的理论完全无视正统宗教的规定。对正统教会而言，神秘主义者带来的威胁不亚于自由思想家，甚至可能更糟。公元1329年，埃克哈特的学说被判为异端。

也许，但丁（1265—1321）的作品才是中世纪思想的集合体。但丁写《神曲》的时候，中世纪其实已经开始解体了，因此在这部作品中，我们可以对这样一个世界有一个大致的了解：它已经过了全盛时期，正在回顾阿奎那的亚里士多德主义的复兴；此外，圭尔夫派和吉贝林派之间也有争议，这些争议一直萦绕在意大利各城邦。但丁显然读过阿奎那的著作，他不仅熟悉当时的一般文化活动，还熟悉当时能了解到的希腊和罗马的古典文化。从表面上看，《神曲》是一个通过炼狱从地狱到天堂的旅程，但在这个旅程中，我们实际上看到的是一个用隐喻的方式表达的中世纪思想的概貌。公元1302年，但丁被逐出故乡佛罗伦萨。在当时对立党派的长期拉锯战中，圭尔夫派最终上台。但丁的家人支持吉贝林派，他本人也非常欣赏帝国的作用。这些政治斗争中的许多事件以及导致这些事件的近代历史背景在《神曲》中都有提及。但丁本身也是吉贝林派，他仰慕腓特烈二世，因为这位皇帝视野开阔，阅历丰富，他正是诗人但丁所希望的皇帝典范。但丁是西方文学中为数不多的伟人之一，但这并不是他成名的唯一原因。最重要的是，他把通俗语言变成了一种通用的文学工具，这使它第一次成为超越地方方言的规范语言。在此之前，只有拉丁语扮演了这个角色，现在意大利语已经成为文学作品的媒介。从那以后，作为一种语言，意大利语几乎没有变化。意大利诗歌起源于腓特烈二世的大臣彼埃尔·德拉·维涅。但丁从众多方言中吸收他认为最好的要素，建立了以托斯卡纳语为中心的现代意大利文学语言。大约在同一时期，各地方言也在法国、神圣罗马帝国和英国发展起来。在很长一段时间里，学术语言仍然是拉丁语。第一个用母语写作的哲学家是笛卡尔，但他只是偶尔这么做。后来拉丁语逐渐衰落，到19世纪初，它作为学者表达工具的功能消失了。从17世纪到20世纪，法语代替拉丁语在交流中发挥重要作用。在我们这个时代，英语正在取代法语。

但丁在政治思想上极力主张建立一个强大的帝国政权，但在当时，帝国的旧影响已经丧失。法国、英国等民族国家欣欣向荣，人们对世界帝国的想法并不太重视。这种政治重心的转变对但丁的影响并不大，这与他基本属于中世纪的世界观是一致的。如果他能理解这种变化，意大利将更早地进入现代国家。这并不是说包容一切的帝国的旧传统丝毫不能被新兴国家采纳，而是说时代还没有为这样的发展做好准备。因此，在现实的政治领域，但丁的政治理论总是微不足道的。

关于《神曲》中古代人的地位有一些奇怪的问题。在我们看来，它们极其不重要。当然，古典时代的伟大哲学家不能只被视为应该永远下地狱的异教徒。尤其是"知识大师"亚里士多德，他当然值得我们称赞。这些思想家肯定不是基督徒，因为他们没有受过洗礼，但作为一个折中的解决方案，但丁留给他们的是一个特别僻静的地方，虽然周围的地方都很可怕，但这是一片净土。在当时，基督教的束缚如此之强，如何处理那些伟大的非基督教思想家确实是一个难题。

虽然中世纪充满恐惧和迷信，但生活方面基本是有序的。一个人的地位是天生的，他应该忠于他的封建领主。整个国家被巧妙地划分各种等级，没有什么能改变这一点。马西略和奥卡姆在政治理论领域打破了这一传统。至于精神力量，它是控制人的恐惧的主要实施者，然而一旦被认为是可以抛弃的教义，它的影响力就开始下降。奥卡姆的初衷并非如此，但他的理论确实对改革者产生了这样的影响。路德认为奥卡姆是最杰出的经院哲学家，而但丁根本没有预见到这些巨大的变化。他反对教皇并不是因为他偏离了正统教义，而是因为教会干涉了皇帝职能范围内的事情。在但丁时代，虽然教皇的权力被大大削弱，但神圣罗马帝国皇帝再也无法维持他在意大利的权威。公元 1309 年后，罗马教廷迁到阿维尼翁，教皇实际上成了法国国王的工具。教皇和皇帝之间的冲突变成了法国和神圣罗马帝国之间的斗争，而英国则支持帝国。公元 1308 年，卢森堡的亨利七世成为皇帝。这时，帝国似乎有可能复兴，但丁也称赞亨利七世为救世主。然而，亨利七世的成功是不完整且短暂的。虽然他定居在意大利，并于公元 1312 年在罗马加冕，但他无法对抗那不勒斯和佛罗伦萨，最终在加冕后第二年去世。公元 1321 年，但丁也在流放中死于拉韦纳。

随着各国语言的发展，教会已经部分失去了对哲学和科学领域意识形态活动的控制。与此同时，世俗文学迅速崛起，先是在意大利，然后逐渐北移。信仰与理性的分裂带来的探索领域的扩大和一定程度的怀疑主义，使人们不再关注外界的事物，而是引导人们努力改善自己的命运，或者至少使之改变。

所有这些趋势都是在 14 世纪上半叶开始出现的。但丁没有预见到这些，他基本上仍停留在腓特烈二世时期。原则上讲，中世纪世界处于中央集权状态，而文艺复兴的新兴力量不得不打破中世纪社会的统一结构。在我们这个时代，由于各种原因，统一的思想似乎有可能重新出现。

在 14 世纪，教皇的权力急剧下降。虽然罗马教廷曾经是反对帝国斗争的强者，但现在教会再也不能以开除教籍的威胁轻易控制基督徒。人们逐渐敢于独自思考上帝。罗马教廷在道德和精神上已经无法控制思想家和学者，而国王和人民仍然担心教皇特使收集巨额资金。所有这些趋势都在形成，尽管在 14 世纪初，它们不会以公开的形式爆发。事实上，教皇卜尼法斯八世在他的《独一至圣》谕令中把教廷的地位抬到了比英诺森三世时更高的位置。公元 1300 年，他宣布大赦一年，在这一年里，任何来罗马朝圣的朝拜者都将获得大赦。这种做法的目的不仅是为了强调教皇的精神力量，也是为了让大量的金钱流入他的金库，让罗马公民变得富有——他们的生计依赖于为朝圣者提供世俗服务。大赦年的成功使它每五十年而不是一百年举行一次，后来又缩短到每二十五年举行一次。

表面上看，卜尼法斯八世十分强势，但这强势是一种虚假的表象。作为一个人，他爱钱胜过教皇的宝座。在信仰问题上，他也不是正统的典范。在整个任期内，他要么与法国主教发生冲突，要么与他们的国王腓力四世产生争执。在这场争端中，是法国国王赢了。公元 1305 年，克雷芒五世被选为继任教皇。他是一个法国人，于公元 1309 年在阿维尼翁登基。在任期间，他允许腓力四世镇压圣殿骑士团，这种纯粹的掠夺行为是在毫无根据的异端指控的幌子下进行的。从那以后，罗马教廷的争吵总是损害其自身的权威。约翰二十三世和方济各会之间的分歧导致了奥卡姆的争议。教皇不在罗马而是在阿维尼翁，这使得罗马在柯拉·迪·里恩佐的带领下暂时摆脱了罗马教廷。起初，罗马公民只反对罗马腐朽的贵族，最后却公然与教皇和皇帝对抗，声称罗马自古以来就是统治者。公元 1352年，教皇克雷芒六世成功俘虏了里恩佐。直到教皇去世两年后，里恩佐才被释放。里恩佐在罗马重新掌权，但几个月后，他就被暴徒杀害了。

　　罗马教廷搬到法国后，其威望大大降低。公元 1377 年，格里高利十一世想要重振教廷，但他第二年就去世了。他的继任者乌尔班六世与法国主教发生了争执，法国主教选举日内瓦的罗伯特为他们的教皇。罗伯特以克雷芒七世的名义回到阿维尼翁，一场教会大分裂由此开始并一直持续到康斯坦茨会议。法国人支持阿维尼翁教皇，神圣罗马帝国则承认罗马教皇。每一位教皇都任命自己的枢机主教，而这些枢机主教又反过来选举他的教皇继任者，因此分歧无法弥合。公元 1409 年，在比萨举行的一次宗教会议试图打破僵局。两位现任教皇都被废黜，会议选出了新教皇，但被废黜的教皇不愿辞职，这使天主教世界同时出现了三个教皇。公元 1414 年，在康斯坦茨举行的宗教会议最终恢复了一些秩序。在比萨选出的教皇被废黜，罗马教皇被建议退位，阿维尼翁教廷因失去支持而解体，因为英国人在法国已经占据主导地位。公元 1417 年，宗教会议任命马丁五世为教皇，从而结束了大分裂。由于马丁五世反对教会改革运动，教会并没有从内部进行改革，罗马教廷的威望被进一步削弱了。

在英国，反对罗马教廷的斗士是约翰·威克里夫（1320—1384）。他来自约克郡，后来成为牛津大学的学者和教师。值得注意的是，长期以来，英国对罗马教廷的顺从程度不如欧洲大陆。"征服者"威廉已经规定，除非国王同意，罗马教皇不得在他的王国中任命任何主教。

作为一名僧侣，威克里夫不属于任何修道院，他的纯哲学著作也不如方济各会的学者重要。他不同意奥卡姆的唯名论，而更喜欢柏拉图式的实在论。奥卡姆给了上帝绝对的自由和权力，威克里夫虽认同上帝意志的必然性，却认为上帝也会受到约束。这个世界必然是现在这个样子，这是新柏拉图主义明确提出的一点，后来在17世纪斯宾诺莎的哲学中得到重申。威克里夫晚年开始反对教会，最初是因为教皇和主教沉溺于世俗生活方式，而大多数信徒生活在赤贫之中。公元1376年，在牛津大学的一系列讲座中，他表达了自己对世俗统治的新观点。他认为只有正义之士才能享受财富和权力。由于僧侣可能经不起这种考验，他们实际上已经失去了财产，这应该由国家决定。无论如何，财产是邪恶的。如果基督和他的门徒没有财产，那么僧侣现在就不应该有财产。这些教义侵犯了拥有财产的僧侣，但它们受到了英国政府的欢迎，英国政府试图取消向罗马教廷纳贡。教皇格里高利十一世注意到威克里夫的异端观点与马西略的观点是一脉相承的，便下令对他进行审判，但审判被伦敦市民阻止了。此外，牛津大学还宣布拥有服从国王的学术自由，并否认教皇有权将其教师送上法庭。

自从那次大分裂后，威克里夫进一步宣称教皇是反基督的。他和一些朋友把拉丁语《圣经》翻译成英文，并建立了一个由贫苦僧侣组成的世俗修道团，他们是决心为穷人服务的巡回传教士。最终，他以与后来宗教改革领袖相同的方式拒绝了质变学说。在公元1381年的农民起义中，威克里夫保持中立的态度，尽管他过去的经历表明他是起义的同情者。公元1384年，他在拉特沃思去世。他在死前躲过了宗教迫害，但在他死后，康斯坦茨会议对他的尸骸进行了报复。在英国，作为他的追随者，罗拉德派被无情地镇压。在波希米亚，威克里夫的理论启发了胡斯运动，这一运动一直持续到宗教改革。

如果我们问自己希腊思想和中世纪思想的主要区别是什么，那么我们可以说，希腊人的观念中缺乏罪恶感。对希腊人来说，人类似乎没有天生的罪恶负担。希腊人可能确实认为世俗生活是善变的，可能会被神的反复无常毁灭，但这绝不是由于先前的罪恶，而是因为公正的命运，因此在希腊人的心目中，并没有赎罪或救赎这样的东西，古典时代的伦理思想完全是非形而上学的。在希腊化时期，尤其是从斯多葛学派开始，一种听天由命的调子逐渐渗透到伦理学中，后来被传到早期基督教的各个派别。总的来说，希腊哲学不考虑神学问题，所以完全是世俗哲学。

当基督教在西方占据主导地位时，伦理的状况发生了巨大的变化。基督徒把现世的生活看作一个为即将到来的更伟大的生活做准备的阶段，认为人类生存的苦难是强加于自己身上的考验，以此来解除人类代代相传的先天罪恶的负担。但这实际上是一项超越人类极限的任务。为了成功经受住这种考验，人们需要上帝的帮助，这种帮助可能有，也可能没有。对希腊人来说，善良就是善良；但基督徒之所以必须是好的，是因为这是上帝的意志。虽然走狭窄的美德之路不能保证得救，但无论如何这是一个先决条件。当然，我们必须相信一些这样的信条，正是在这里，我们最需要上帝的帮助。因为人要想获得信仰，尊重自己的信条，就需要上帝的恩赐。连这第一步都达不到的无可救药之人，注定要下地狱。

在这种背景下，哲学开始具有某种宗教的功能。虽然信仰超越理性，但信徒要尽量用理性表现自己的信仰，从而努力让自己的信仰坚定并抵制怀疑。因此，中世纪哲学成了神学的侍女。只要这种观点还在流行，基督教哲学家就一定是神职人员。所有幸存下来的世俗知识都由教士保存，学院和后来的大学也由属于这个或那个教团的人管理。这些思想家使用的哲学材料可以追溯到柏拉图和亚里士多德。一个更显著的特点是，亚里士多德主义在13世纪占据了主导地位。不难看出为什么亚里士多德比柏拉图更适合基督教神学。我们可以用经院哲学的语言来解释这个问题：实在论并没有为一个具有主宰一切重要功能的神提供太多的用途。在这方面，唯名论构造了一个更广阔的世界。当然，犹太人和基督徒的上帝与亚里士多德的神有很大的不同，但亚里士多德的学说比柏拉图主义更适合基督教体系。柏拉图的理论被用来推动泛神论的发展，比如斯宾诺莎的思想。当然，斯宾诺莎的泛神论是纯逻辑的，我们后面会描述。只要认识到理性在某种程度上可以支持信仰，哲学和神学的这种结合就可以继续下去。当14世纪的方济各会否认这种可能性，坚持理性和信仰互不相干时，中世纪思想逐渐淡化的时期就开始了。哲学不再服务于神学，奥卡姆使信仰摆脱了与理性探索的一切可能联系，从而使哲学回归世俗。自16世纪以来，教会不再统治哲学。

同时，这种划分也使人们能够严格区分自己的理性活动和宗教活动。认为这种区分是虚伪的是一个很大的错误。曾经有，现在也有相当一部分人不愿意让自己的日常实践干扰自己的宗教信仰。另一方面，只有这样，宗教才能保护自己不受怀疑。如果把神学放入辩证法的战场，就必须遵守理性讨论的规则。

另外，如果一个人不得不盲目接受一个不符合经验探究的陈述，那么他就会陷入一个难以处理的僵局。以我们生活的星球的年龄为例，《旧约》估计它大约是五千七百五十年，正统教义一定相信这个估计，而地理学家认为地球已经存在了四十多亿年。除非有宗教信仰的研究人员愿意在周日持一种观点，在一周的其他时间持另一种观点，否则就必须改变其中的一种。重要的问题是，每当宗教原则和研究结果发生冲突时，宗教总是处于守势，不得不修正自己的立场。因为信仰不应该和理性冲突，而这里的冲突发生在理性争论的范围内，所以必须让步的总是宗教。不过，做出退让的宗教，其立场仍然是明确而独特的。

经院学者在尽力以理性解释宗教教义时，往往表现出杰出的精神创造力和深刻微妙的思维。这些练习的长期效果是磨砺语言工具，文艺复兴时期的思想家继承了这些工具，这也许是经院哲学所完成的最有价值的任务，其缺陷在于没有足够重视实证研究。关注这一缺陷是方济各会学者的事。在一个我们更关心上帝和来世而不是尘世问题的时代，经验的研究成果不被重视是很自然的。文艺复兴时期的思想家再次把人提到中心位置，正是在这样一种氛围下，人们的行动被理解成是为了达成自己的目的，科学研究因此取得了巨大的新进展。

在过去的三四百年里，一种实践性的伦理最终将西方与世界其他地区区分开来。当西方技术征服世界时，伴随技术而来的实践伦理也在某种程度上产生了新的影响。

近代哲学的兴起

　　14世纪，中世纪的思想开始衰落，锻造我们现代社会的各种新生力量逐渐崛起。就社会而言，强大的商人阶级的崛起动摇了中世纪社会的封建结构。这个阶级与君主联合，反对为所欲为的贵族。政治上，当更好的进攻武器让贵族们的堡垒不再牢不可破，贵族们也就不再那么肆无忌惮了。农民的棍棒和长矛还不能打破城堡，火药却能炸开它。从中世纪衰落到17世纪巨变的过渡时期，以四大运动为标志。

　　第一次是15世纪和16世纪的意大利文艺复兴。虽然但丁还沉浸在中世纪的思维方式中，但非拉丁民族语言已经成为不懂拉丁语的门外汉理解书面语言的工具。从薄伽丘和彼特拉克开始，出现了对世俗理想的回归。艺术和科学的所有领域都显示出对古代世俗文化兴趣的复苏，这标志着与中世纪僧侣传统的决裂。如果说中世纪时期人们对上帝的关注是压倒性的，那么文艺复兴时期的思想家更关注人。正是这种情况使人文主义成为这场新文化运动的关键词，而人文主义是第二次大运动。

不像人文主义运动仅限于思想家和学者，文艺复兴直接影响了全体欧洲人的人生观。意大利的复兴并没有伴随着民族团结的持久复兴，该地区仍然被分割成由城邦控制的一块块小领土，到处都是无政府状态。意大利落入奥地利和西班牙哈布斯堡王朝手中，直到19世纪中叶才作为主权国家出现。意大利文艺复兴影响很大，逐渐向北转移到德意志、法国和低地国家。大约一百年后，伟大的人文主义者出现在这些地区，他们追随了他们的意大利先驱的脚步。

这里的人文主义运动与路德的宗教改革运动属于同一时代，是改变中世纪世界的第三次大运动。有一段时间，教会真的认为应该进行某种改革。人文主义思想家批评了教会管理机构的弊端，但野心勃勃、贪得无厌的教皇权力太大，宗教改革运动从一开始就遭到罗马的强烈反对和谴责。因此，宗教改革作为一种新的运动，本可以被世界各地的教会容纳，但现在却被迫孤立，出现了许多国家性的新教教会。当天主教会最终开始自我改革时，弥合宗教分歧为时已晚。此后，西方基督教分裂。由于人文主义的影响，新教产生了人人都可以成为牧师的思想。每个人都能与上帝直接接触，基督徒不需要代理人。第四次大运动直接源于奥卡姆批判所引发的实证研究的复兴。在接下来的两百年里，科学领域取得了巨大的进步，其中哥白尼重新发现的日心说至关重要。公元1543年，一本关于日心说的书出版了。17世纪以来，物理学和数学迅速发展，推动了技术的巨大进步，从而保证了西方的主导地位。科学传统除了提供物质利益之外，本身也是独立思考的极大推动者。无论西方文明走到哪里，它的政治理想总是伴随着它的物质扩张。

被科学研究发展推动的思想，基本都是希腊思想。搞科学探索，就是关注实际现象。与中世纪教会试图支配人的教条主义相比，科学传统具有截然不同的权威性。当研究者有不同意见时，在一定程度上，一个由武断的信仰体系支撑的主教团肯定会对各种事情达成共识。有些人认为这种坚如磐石的一致性是优越感的表现，但他们从来没有解释过为什么一致性是优越的。这种一致性无疑会让支持它的人感到强大。然而，正如某个主张不会因大声宣布就更加正确一样，一致性不会使那些人的观点更加有效。科学探究唯一需要尊重的是理性讨论中的普遍准则，或者用苏格拉底的话说，就是辩证法。

然而，科学在技术应用方面的辉煌成就导致了另一种危险。很多人逐渐认为，只要人的努力得到适当的引导和应用，就可以做任何事情。现代技术的巨大进步依赖于许多头脑和人力的合作。那些以发明新的解决方案为己任的人似乎认为自己的力量是无穷的。这些计划都包括人的努力，都应该服务于人的目的，但这一点容易被遗忘。在这方面，我们自己的世界面临着超越各种极端危险。

在哲学领域，人们开始将重点倾向于思辨自我，这导致了一种与产生权力哲学的观点完全相反的观点。这个时候，人们变成了自我能力的批评者，除了一些直接经验，没有什么是不受挑战的。这种主观态度造成了一种极端的怀疑主义，就像完全否定个人倾向一样，其本身也是一种不自然的东西。显然，有必要找到某种解决方案来调和这两者。

　　我们正在讨论的过渡时期还有两个特别重要的发展。首先是活字印刷机的发明。就西方而言，这项发明至少可以追溯到15世纪。中国人使用这种方法比西方早五百年，但欧洲不知道。随着印刷业的出现，新思想的传播大大增加。这最终将有助于逐渐摧毁旧的权威，因为如果人们可以很容易得到非拉丁语的《圣经》，那么教会就没有理由坚持自己对信仰的监管权。就常识而言，同样的原因也加速了世俗主义的回归。印刷业不仅为传播批判旧秩序的新政治理论提供了手段，也使人文学者能够出版各种版本的古代作品。这反过来又促进了对古典学术资料更广泛的研究，并有助于教育标准的普遍提高。

　　也许没有必要指出，如果印刷业没有伴随着自由讨论的保护措施，它的发明是一个可疑的祝福。因为谬误就像真理一样，是很容易被印刷和传播的。如果一个人必须毫无疑问地接受他之前的阅读，那么他能够阅读和写作几乎是没有好处的。只有在言论和批评自由的地方，出版物的广泛传播才能促进研究。没有这种自由，我们还不如不识字。在我们这个时代，印刷业不再是大众传播的唯一有效媒介，所以这个问题变得更加尖锐。自从无线电报和电视发明以来，一直保持这种警惕变得越来越重要。没有这种警惕，自由就会开始失去活力。

　　随着信息的日益传播，人们开始对他们生活的地球有了更正确的看法。这是通过一系列航海发现完成的，它为西方发挥其进取和冒险精神提供了新的途径。正是由于造船和航海技术的进步，以及古代天文学的复兴，这些伟大的探险才有可能成功。在15世纪之前，水手们害怕远离大西洋海岸线，部分原因是没有必要这样做，但更重要的是，冒险深入没有陆地标志的海域是不安全的。指南针的使用使船只能够进入公海。从那时起，探险家可以穿越海洋去寻找新的土地和新的路线。

对中世纪的人来说，世界是一个静止的、有限的、有序的地方。它里面的一切都有它指定的功能，星星沿着它们的路线运行，人类生活在他出生的地方。文艺复兴无情地撕裂了这种自满的景象，两种相反的倾向产生了一个新概念。一方面，人们对自己的实力和创造力非常有信心，现在他们占据了舞台的中心位置。另一方面，人类在宇宙中的地位变得不那么居高临下了，因为空间的无限性已经开始唤起哲学家的想象力。这些观点最早出现在德意志主教尼古拉（1401—1464）的著作中，并在16世纪的哥白尼体系中得到体现。同样，也有回到毕达哥拉斯和柏拉图的古代思想，即世界是一种数学模型。这些思想都颠覆了现存的事物秩序，破坏了教会和世俗世界的既定权威。教会试图限制异端的传播，但很少成功。然而我们最好记住，在公元1600年，宗教裁判所也像以前一样处死了布鲁诺。现有秩序的代理人害怕被颠覆，经常折磨那些敢于持有异议的人，但这也明示了他们想要维持的地位是多么脆弱。在政治领域，关于权力的新思想逐渐发展，世袭统治者的权力日益受到限制。

宗教改革导致的分裂在各个方面都没有取得成果。人们可能会认为，由于许多宗教出现，人们最终应该意识到，同一个上帝可以用许多不同的方式来崇拜。早在宗教改革之前，尼古拉就提倡这种观点，但是这个相当明显的结论并没有被信徒们接受。

文艺复兴的精神并不是突然觉醒，仿佛过去的岁月只是古代知识在沉睡。事实上，我们已经看到在整个中世纪都保留着一些古老传统的痕迹。历史决不会被如此明显的界线分割，但只要我们小心处理，这种区别仍然可以使用。因此，如果关于意大利文艺复兴的说法是合理的，那么这意味着中世纪和现代有一些明显的区别。比如，经院哲学家的作品与14世纪以民族语言创作的世俗文学有很大不同，世俗文学的复兴先于以古典资料为基础的人文主义的复兴。新文学以普通民众的语言为工具，因此比以拉丁语为媒介的学者的作品更受欢迎。

每个领域都在努力摆脱中世纪思想的束缚。最初的动力是这个时代对世界的兴趣上升，后来是对古代的理想化。当然，当时形成的古代观念或多或少被那代人重新发现其历史连续性的热情所扭曲。这种对古代人有些浪漫的看法一直持续到19世纪。与文艺复兴时期的艺术家和作家相比，我们现在对这些事情的了解当然要好得多。

在意大利，古代文明的遗迹是过去的有形象征。因此，这里的文艺复兴比阿尔卑斯山以北的文艺复兴有更广泛的基础。在政治上，这个国家的分裂与古希腊非常相似。北部有几个城邦，中部有教皇领地，南部有那不勒斯和西西里。在北方城市中，米兰、威尼斯和佛罗伦萨是最强大的。城市内部有派系斗争，国家之间也有不断的摩擦。虽然个人钩心斗角，家族互相仇杀，但国家整体损失不大。贵族和城市之间的战斗依靠雇佣兵的力量，这些雇佣兵以此为生。当意大利成为法国国王和皇帝之间的战场时，它松散的状况被彻底改变了。然而，这个国家太分裂了，无法真正抵抗外来入侵，所以国家还是不统一，主要是外国人统治。在法国和帝国的反复斗争中，哈布斯堡王朝成为胜利者。那不勒斯和西西里一直在西班牙人手中，但教皇领地的独立是被默许的。公元1535年，罗马教皇的大本营米兰成为西班牙哈布斯堡王朝的属地。威尼斯人有着特殊的地位，部分原因是他们从未被野蛮人征服，部分原因是他们与拜占庭有联系。通过十字军东征，威尼斯人变得强大而富有。打败敌人热那亚人后，他们控制了整个地中海的贸易。公元1453年，君士坦丁堡落入奥斯曼土耳其人手中，威尼斯开始衰落，从好望角到印度路线的发现和新大陆的开发加速了这一衰落。

佛罗伦萨是文艺复兴时期最富有成果的地方。除了雅典，没有其他城市出现过这样一群艺术家和思想家。他们中的少数几个是但丁、米开朗琪罗、达·芬奇以及后来的伽利略，他们都是佛罗伦萨人。佛罗伦萨的内部动荡一度导致但丁流亡，最终让美第奇家族上台。自1400年以来，除了几次短暂的中断，这个商业世家统治了这座城市三百多年。

对教廷来说，文艺复兴有双重影响。一方面，教皇们对人文主义者的学术追求持开放态度，成为艺术的伟大赞助者。梵蒂冈对世俗权力的要求源于伪造的"君士坦丁捐赠"，戳穿这一谎言的是对天主教充满怀疑的洛伦佐·瓦拉，但教皇尼古拉五世十分欣赏他的才华，并不予以追究，甚至任命其为教皇秘书。另一方面，这种信仰标准的放松导致了人们对世俗生活的关注，并使罗马教廷的精神影响力大大丧失。像教皇亚历山大六世（1492—1503 在位）这样的人，作为上帝在尘世的代表，显然有些缺乏虔诚。此外，16 世纪的教皇们对世俗生活的追求耗尽了国外的大量资金。所有这些不满情绪在宗教改革期间达到了顶峰。

从哲学上讲，意大利文艺复兴总体上并没有产生伟大的作品。这是一个重新发现起源的时代，而不是一个伟大的哲学思考的时代。尤其是对柏拉图的研究，再次挑战了学术上的亚里士多德主义。15 世纪初，佛罗伦萨学院在科西莫·德·美第奇统治时成立。与老牌大学不同，这所学院支持柏拉图。总之，人文主义者的努力为 17 世纪哲学的大发展铺平了道路。

文艺复兴把人们从教会的教条主义中解放出来，但它并没有把人们从各种古老的迷信中解放出来。被教会贬损的占星术，现在被广泛使用，不仅影响到了无知者，也影响到了有文化的人。就巫术而言，人们将成百上千的无辜的奇形怪状的人当作女巫，烧死在火刑柱上。当然，即使在我们这个时代，政治迫害也不是什么新鲜事，但焚烧被迫害者不再常见。随着中世纪对教条主义的反对，对现有行为准则的尊重丧失了。正是这一点，加上其他因素，使得意大利在面对来自北方的外部危险时，无法获得某种形式的民族团结。这一时期，奸诈的阴谋和两面派的行为比比皆是。如何悄无声息地除掉对手，成为当时最高超的技艺。在这种欺诈和不信任的气氛中，不可能形成可行的政治合作。

在政治哲学领域，意大利文艺复兴产生了一位杰出的人物。尼可罗·马基雅维利（1469—1527）是佛罗伦萨一位律师的儿子。他的政治生涯始于1494年，当时美第奇家族被逐出了佛罗伦萨，萨伏那洛拉掌控着这座城市。萨伏那洛拉是一位多明我会改革家，他坚决抵制发生在他那个时代的邪恶和腐败。萨伏那洛拉努力工作，最终与教皇亚历山大六世发生争执，并于1498年被烧死在火刑柱上。据说，这些事件激发了人们对权力本质和政治成功的思考。马基雅维利后来以萨伏那洛拉为例，指出手无寸铁的先知总会失败。美第奇家族流亡期间，佛罗伦萨是一个共和国，马基雅维利在政府任职，直到1512年美第奇家族重新掌权。在任期间，他一直反对美第奇家族，所以此时被降职。他被迫退出政治舞台，转而致力于政治哲学和相关领域的写作。公元1513年，为了重新获得美第奇家族的赏识，他将自己的名作《君主论》献给了洛伦佐二世，但对方并没有接受。他死于1527年，当时皇帝查理五世的雇佣兵洗劫了罗马。

马基雅维利的两部伟大的政治学著作是《君主论》和《论李维》。前一本书试图研究赢得和维护专制权力的方法，后一本书对不同统治类型的权力及其运用进行了概括性的论述。《君主论》并没有对如何成为一个有道明君给出虔诚的建议，相反，它证实了一些邪恶的手段有助于夺取政治权力。正是在这种情况下，"马基雅维利主义"这个词有了邪恶和贬义的色彩。为了公正地评说马基雅维利，我们必须了解他并不主张把"恶"作为一个原则。就像核物理学家的研究一样，他的研究领域超越了善恶的范畴。其论点是这样的：如果你想要权力，你必须冷酷无情。这是善是恶完全是另一个问题，与马基雅维利无关。指责他不重视这个问题是可以的，指责他研究强权政治却是没有意义的。《君主论》的内容或多或少地概括了文艺复兴时期意大利的普遍政治实践。

在为佛罗伦萨共和国服务的政治生涯中，马基雅维利被委以各种外交使命，这使他有大量机会直接研究复杂的政治策略。在外交工作中，他逐渐对恺撒·博尔吉亚有了深入了解。这个亚历山大六世的儿子，和他的父亲一样，是一个精力充沛的奸夫。博尔吉亚以高超的技巧和勇气计划在他父亲去世时保住他的职位。他的哥哥是他雄心勃勃的道路上的绊脚石，所以他就把哥哥除掉了。在军事方面，博尔吉亚帮助父亲扩大了教廷的领土，而他希望这些领土将来都归自己所有。在教皇继承问题上，博尔吉亚做了周密的安排，使他的一个同伴最终占据了教皇的位置。在追求这些目标时，他表现出令人钦佩的机智和老练的手腕，有时假装友好，有时杀人。当然，这种政治才能的展示不能不考虑其受害者的感受，而从摆脱个人恩怨的角度来看，这些受害者很可能会佩服博尔吉亚不容置疑的手腕；那是那个时代的趋势。博尔吉亚的计划最终失败了，因为碰巧他的父亲在1503年去世时，他自己也生病了。博尔吉亚的死敌之一尤利乌斯二世继任教皇。就恺撒·博尔吉亚的具体目标而言，人们当然认可他追求这些目标的能力。正因为如此，马基雅维利毫不犹豫地称赞了他。在《君主论》中，他以博尔吉亚为榜样，并推荐给其他同样渴望权力的人。他认为，这种奸

诈手段有其存在的理由，与当时通行的标准是一致的。从 17
世纪到 19 世纪，这种无情的方法一般是不被容忍的，至少在
公众面前是不被欣赏的。在 20 世纪，许多政治领袖再次实践
了这种马基雅维利主义。

从 1513 年到 1521 年，教皇的宝座被美第奇家族的成员利
奥十世占据。因为马基雅维利试图取悦美第奇家族，我们发现
他在《君主论》中用一些虚假的陈词滥调回避了教皇权力的
问题。《论李维》对教廷的批判态度要严厉得多。在这里，所
有的讨论都充满了伦理观念。按照价值顺序，马基雅维利考
察了从宗教创始人到专制政治创始人的各种掌权者。他沿着实
用主义的道路思考宗教在国家中的作用。只要国家能够获得一
定程度的社会凝聚力，宗教信仰是真是假并不重要。根据这种
观点，迫害异教徒当然是非常正当的。教会受到谴责有两个原
因：一是教会中许多神职人员的邪恶生活方式动摇了人们对宗
教的信心；二是罗马教廷对世俗政治的兴趣是意大利国家统一
的障碍。也许可以顺便指出，他对教会的看法源自他看到一些
政治老练的教皇用高超的手段达到了自己的目的。《君主论》
不涉及这些关于目的的问题，但《论李维》经常谈到。

对于传统的道德标准，《君主论》中的观点非常明确：统
治者不受这些道德标准的约束，除非权宜之计要求统治者遵守
道德法则，否则他可以完全违背这些道德标准。如果他想保持
他的权力，他必须总是违反道德法则。同时，他应该在别人面
前表现得像个有道德的人。只有通过这种两面派的方法，统治
者才能保住自己的位置。

在《论李维》的总论中，马基雅维利阐述了"制约与平衡"的理论。社会的各个阶层都应该有某种立法权，这样他们才能在一定程度上相互控制。这一理论可以追溯到柏拉图的《政治学》，并在17世纪通过洛克而变得非常突出；18世纪，孟德斯鸠对此进行了解释。因此，马基雅维利不仅影响了当时专制者的政治实践，也影响了现代自由主义政治哲学家的理论。马基雅维利主义在很多人手里被运用到了极致，尽管它有着马基雅维利从未考虑过的各种局限性。

15世纪，席卷意大利的文艺复兴花了很长时间才推进到阿尔卑斯山以北。在向北方传播的过程中，复兴的力量经历了一些巨大变化。比如在北方，新思想一直是学者们主要关注的问题。严格来讲，这里甚至没有文艺复兴，因为这里没有曾经存在过的、让现在可以复兴的东西。如果说在南方，过去的传统对于普通人来说有一些模糊的意义，那么在北方，罗马的影响是短暂的，或者说它根本就不存在。因此，北方的新运动主要由学者领导，其影响或多或少是有限的。北方的人文主义在某些方面更为严重，因为它没有像南方那样在艺术领域发挥作用，导致北方和中世纪权威之间的决裂比意大利更为突然和明显。有许多人文学者不赞成宗教改革运动造成的宗教分裂，但他们还是在一定程度上有这样一种期望：如果分裂必然要发生，那应该发生在北方文艺复兴之后。

文艺复兴之后，宗教在阿尔卑斯山南北两侧人们的生活中扮演了截然不同的角色。在意大利，罗马教廷在某种程度上代表着与前帝国的直接联系。然而，宗教生活本身已经成了日常的事情，人们对待日常生活的这一部分，就像吃饭一样，抱着一种平静的态度。即使在今天，与其他地方相同的宗教活动相比，意大利的宗教活动仍然相对平静。因此，关于为什么不能完全打破现有的宗教传统，有双重解释：第一，即使马基雅维利指出教廷妨碍了意大利的国家统一，教会在一定意义上仍是现有权力体系的一部分；第二，人们从来没有带着深刻的信仰去对待宗教。如果有这样的信念，必要的时候会导致剧变。北方的人文主义思想家对宗教极为关注，所以他们对宗教带来的伤害更加严肃。在他们的辩论文章中，他们极其憎恨教廷的卑鄙行径。此外，他们还有一种意大利主教从未尊重过的民族自豪感。这不仅是对那些用来修缮和装饰罗马的捐税的关注，也是对奸诈的意大利人在面对庄重的条顿人时那伪善的居高临下的愤慨。

北方最伟大的人文主义者是鹿特丹的伊拉斯谟（1466—1536）。他的父母在他不到二十岁的时候便双双亡故，这似乎是他没能直接考上大学的原因。他的监护人把他送到了一所修道院学校。经过一段时间的学习，他进入了斯泰恩的奥古斯丁修道院。这些早期的经历使他讨厌强加给他一生的僵化和缺乏想象力的经院哲学。1494 年，康布雷主教任命伊拉斯谟为他的秘书，从而将他从斯泰恩的修道院生活中解放出来。之后，他数次前往巴黎，但巴黎大学的哲学氛围已不再有利于推进新的学术研究，因为面对文艺复兴，托马斯主义与奥卡姆学派已经摒弃了过去的嫌隙，共同反对人文主义者。

1499 年底，伊拉斯谟对英国进行了一次短暂的访问，在那里他遇到了约翰·科利特，更重要的是，他还结交了莫尔。回到欧洲大陆后，他立即开始学习希腊语，并达到了非常熟练的水平。1506年，他访问意大利，在都灵获得博士学位，并发现他的希腊语水平在那里没有对手。1516年，他用希腊语出版了第一本《新约》。在他的作品中，《愚人颂》是影响最大的一部。这是一部讽刺作品，写于1509年伦敦莫尔的宅邸，其希腊语书名正是莫尔的名字。在这本书里，除了许多关于人类缺点的讽刺之外，伊拉斯谟还猛烈抨击了宗教机构及其领袖的堕落。虽然他的批评直截了当，但当宗教改革爆发时，他并没有公开支持。他基本上持新教观点，即当人与神直接相连时，教会是多余的。同时，他也没有投身于宗教改革后的宗教辩论。他的兴趣在于追求知识和出版作品，他认为宗教分裂无论如何都不是一件好事。从某种程度上来说，这种宗教争论确实令人讨厌，但它们涉及的问题也不容忽视。最后，伊拉斯谟转向了天主教，但此时他并不那么重要，因为更有勇气的人走上了舞台。

伊拉斯谟在教育领域有着最持久的影响。直到最近，人文主义仍然是西欧思想盛行的中学教育的核心，这在很大程度上归功于伊拉斯谟的著作和教学活动。当他从事出版工作时，他并不总是注意对文本进行详尽的批判性评论。他的服务对象是读者，不是高校专家。同时，他没有用民族语言写作，相反，他尽力加强拉丁语的地位。

英国最杰出的人文主义者是托马斯·莫尔（1478—1535）。十四岁时，他被送到牛津，开始学习希腊语。这在当时很容易被认为是一件不正常的事情，年轻学者的父亲确实对此持怀疑态度。莫尔被要求和父亲一样从事法律工作。1499年，伊拉斯谟第一次访问英国时与他相遇，这使他再次接触到新的学术研究，并加强了他学习希腊语的兴趣。此后不久，他遵循加尔都西会的严格戒律，过着禁欲的生活。他最终放弃了出家的想法，部分原因是伊拉斯谟的反对。1504年，他进入议会，并在议会公开谴责亨利七世的财政要求。1509年国王去世后，莫尔又开始从事法律工作。亨利八世很快将他召回处理公共事务，一段时间后，他被提升到他人生中的最高职位，取代1529年下台的沃尔西成为大法官。莫尔并没有长期担任重要职务，他反对国王与阿拉贡的凯瑟琳离婚，并于1532年辞职。他拒绝接受邀请参加安妮·博林女王的加冕仪式，这让国王非常生气。1534年，《至尊法案》让国王成为英国教会领袖，但莫尔拒绝宣誓，因此被关进伦敦塔。在1535年的审判中，他被判犯有叛国罪，因为他说议会不能让亨利国王成为教会领袖。根据这一罪行，他被处以死刑。当时，没有在政治问题上宽大处理的做法。

莫尔是一位多产的作家，但他的大部分作品如今很少有人阅读。他的名声完全取决于一部以《乌托邦》闻名的政治幻想作品。这本书表达了一种思辨的社会政治理论，显然是受柏拉图《理想国》的启发。《乌托邦》的形式是一个水手的报告，他已经在这个名叫乌托邦的岛国社会生活了五年。与柏拉图的《理想国》一样，乌托邦也出于同样的原因强调公共财产。该社会认为，在有私有财产的地方，不可能表现出对公共利益的完全尊重。此外，如果人们自己拥有财产，他们将根据财富的不同而不同。所有人都应该是平等的——在乌托邦，这当然被视为一个基本事实。所以，私有财产是导致腐败的因素，不能被接受。当乌托邦的居民从他们的客人那里听说基督教时，他们主要对基督教教义中关于财产的共产主义色彩感兴趣。

该书对理想国家的组织形式做了详细的描述。在乌托邦中，有一个首都和五十三个城市，所有城市都以相同的模式建造，拥有相同的住房，任何人都可以自由出入。在那里，没有私有财产，偷窃是没有意义的。农村分散在各地，所有农场都以同样的方式管理。所有人穿的衣服都一样，但已婚女性和未婚女性在衣服的缝纫方面略有不同。衣服不华美，款式永远不变，没有奇装异服。公民的工作方式完全相同。所有人每天工作六小时，晚上八点睡觉，早上四点起床。

那些具有学者品质的人专注于他们的精神工作，而不做其他事情。政府机构的成员就是从这些人中选出的。统治制度采用间接选举的代议制民主。只要国家领导人行为得体，他就会终身服役；如果行为不端，就会被免职。这个社区的社会生活也受到严格的规定。与外国的关系被限制在最低限度。乌托邦没有铁，必须依靠进口。男人和女人都接受军事训练，但乌托邦人从不发动战争，除非是为了自卫和援助盟友或被压迫的国家。战争总是尽可能由雇佣兵来进行。乌托邦人通过贸易储备贵金属，在战时支付雇佣兵。至于他们自己，他们从来不需要货币。他们的生活方式既不偏执也不是禁欲主义，但有一个小小的限制：无神论者虽然可以不受干扰地坚持自己的观点，但不能享有公民的地位，不能参与政治。至于一些低贱的工作，则由奴隶、犯下严重罪行的人和逃避本国惩罚的外国人来做。

毫无疑问，在这样一个设计良好的国家，生活是枯燥的。这是各种理想国家的共同特征。在莫尔的讨论中，与他所处的时代更密切相关的是他对宗教宽容的新的自由探索。宗教改革运动动摇了欧洲基督教社会自以为是的权威观念。正如我们已经提到的，这些改革事件有其先驱，他们强烈主张在宗教问题上实行宽容政策。当宗教改革运动在欧洲造成持久的宗教分裂时，宽容的概念最终成为一种普遍意识。与宽容相反的全面根除和压制的做法已经尝试过，但终究是无效的。在16世纪，所有人的宗教信仰都可以得到尊重的观点仍然是一种非同寻常的观点，这足以引起人们的注意。

宗教改革运动的结果之一是，宗教越来越明显地成为一个政治问题，而且和英国一样，它通常有一个国家基础。显然，如果世界宗教仍然盛行，这种情况永远不会发生。像莫尔这样的人不支持宗教改革，正是因为他们对宗教忠诚的新政治本质感到痛惜。在谈论伊拉斯谟时，我们已经指出，莫尔这类人实际上同意某种改革的必要性。他们哀叹一种完全独立的宗教信仰的出现，这种信仰伴随着暴力和斗争。他们当然是非常正确的。在英国，宗教分裂的民族特征非常突出，新建立的教会与政府机器的政治结构密切合作。同时，它的分裂在某些方面也没有其他地方那么激烈，因为英国长期保存着相对独立于罗马的传统。"征服者"威廉曾经坚持认为他在任命主教方面有发言权。自威廉和玛丽以来，新教会的这种反罗马倾向一直保留着。我们在不成文的法律中还发现，罗马天主教徒不允许就职美国总统。

我们已经看到，在宗教改革爆发前的数百年里，社会思想的逐渐变化削弱了教会至高无上的旧观念。导致这一革命性变化的原因是复杂的。表面上，我们看到的只是对神与人之间代理权的反抗。然而，如果没有教会本身的帮助，这个值得称赞的原则就不会突显，是教会本身让人们注意到它在言行上的不一致——僧侣们经常拥有大量地产。但是，如果耶稣的教义没有那么难与他的尘世代理人的世俗行为相协调，那么这种情况本身可能是无可非议的。至于宗教教义，奥卡姆认为，即便没有罗马教皇那种不受约束的最高权威，基督教也可以发挥作用。因此，彻底改革基督教世界宗教生活的所有因素都已经存在于教会中。最后，由于各种政治力量的作用，对改革的追求演变成了分裂。

理论上，宗教改革者本身不如为改革准备基础的人文学者，但具有批判精神的思想家往往难以激起革命热情。马丁·路德（1483—1546）是奥古斯丁主义的僧侣和神学教师。像许多其他人一样，他对出售赎罪券的恶劣行为感到难过。1517年，他公开宣布了著名的《九十五条论纲》，并将其钉在维滕贝格的诸圣堂大门上。在这次对罗马教廷的挑战中，他没有想到建立一种新的宗教。因为出售赎罪券这一令人烦恼的问题涉及向外国列强支付大量资金的政治问题，所以当1520年路德公开烧毁教皇谴责的通谕时，这不再仅仅是一个宗教改革的问题。德意志诸王公开始联合起来，宗教改革成为德国人对教皇权力的政治反叛。

1521 年沃姆斯会议结束后，路德隐匿踪迹达十个月之久，其间他把《新约》译成了德语。在某种程度上，这版德语《新约》对德意志人的意义类似于但丁的《神曲》对意大利人的意义。无论如何，它对在民众中普及福音书的内容大有帮助。现在，任何能阅读的人都可以看到，耶稣的教导与现有的社会秩序有很大不同。1524 年的农民起义从这种认识和以《圣经》为唯一权威的新教思想中找到了自己的道德根据。路德不是一个民主改革家，他公开反对那些不服从他的政治主张的人，在政治思想方面，他的思想仍然是中世纪的。起义伴随着各方面的大量暴力，最终被残酷镇压。作为一场社会革命的失败尝试，它在一定程度上削弱了宗教改革的动力。"新教"一词源于新教支持者，他们反对皇帝在 1529 年发出的呼吁，即他打算重新引用沃姆斯会议的规定。会议宣布路德和他的同伴被开除教籍，但这一措施自 1526 年以来一直被搁置。现在路德再次受到帝国禁令的限制，所以他没有参加 1530 年的奥格斯堡会议。新教运动在当时是如此强大，以至于无法被压制。1532 年，在《纽伦堡和平条约》的压力下，皇帝不得不勉强为那些追求宗教自由的人提供保障。

宗教改革迅速蔓延到法国和瑞士。在路德之后，最有影响力的改革家是约翰·加尔文（1509—1564），一个住在日内瓦的法国人。早在二十多岁时，他就转向宗教改革运动，后来成为法国和荷兰的新教精神领袖。作为一种教义，加尔文主义中的奥古斯丁主义比路德的更强烈、更不妥协。他深受清教理想的影响，坚持救赎是早已注定之事。这在基督教神学中是一个不太吸引人的方面，罗马教会明智地将这一教义剔除出去。这一点其实并没有初看起来那么有害，因为每个人都可以把自己当成被恩典选中之人。

16世纪下半叶，法国因胡格诺派新教徒和天主教徒之间的宗教战争而四分五裂。和神圣罗马帝国一样，这些骚乱不纯粹是出于宗教原因，也有部分经济原因。我们可以更准确地说，宗教原因和经济原因是标志从中世纪向现代过渡的普遍变化的症结所在，因为改革后的宗教及其清教特征与现代贸易的兴起是齐头并进的。在法国，宗教争端曾经通过1598年在南特宣布的宽容法令得到解决。1685年，法令被撤销，大批胡格诺教徒离开家乡，定居在英国和德国。

由于新教不是世界性的宗教，它需要国家政治领袖的保护，而后者也想成为其国家教会的领袖。这其实算是一种幸运，因为新教神职人员往往和其他人一样偏执、不宽容，但因为缺乏罗马教士的力量，他们不能凭借自己不受约束的权力去做坏事。最后，人们意识到宗教斗争是多余的、没有结果的，因为斗争的任何一方都没有强大到足以摧毁另一方。正是通过这种消极的理解，宗教宽容的事实才最终形成。

16世纪中期，罗马教会出现了一场新的改革运动，它以耶稣会士为中心。耶稣会由罗耀拉（1491—1556）创立，并于1540年得到正式承认。受早年军旅生涯的启发，罗耀拉按照军事原则组织耶稣会。在教义上，耶稣会成员反对被新教徒接受的奥古斯丁理论。他们特别强调自由意志，他们的实际活动包括传教、教育和根除异端。他们是西班牙宗教裁判所的主要组织者。

北方的人文主义孕育了基督教新思想，而意大利的人文主义思想家并不太关心宗教，所以和今天一样，天主教是意大利人日常生活的一部分，并没有渗透到人们的意识中。从某种意义上来说，宗教在意大利人生活中的作用相对较小，确实很少有人认为宗教能唤起他们的感情。另外，因为罗马是僧侣统治集团的中心，罗马天主教不可能损害意大利人的民族自豪感。就其真实情况而言，这种民族自豪感是古代帝国民族崇拜原则的残余。这种影响在罗马教会行政机构中的优势一直保留到今天。

在意大利人文主义者的思想中，对毕达哥拉斯和柏拉图数学传统的重新强调具有重大意义。世界的数学结构再次受到重视，因此它取代了曾经让它黯然失色的亚里士多德传统。这是导致16、17世纪科学研究伟大复兴的重大进步之一。这种对数学的强调在意大利文艺复兴时期的建筑理论和实践中表现得最为突出。这与古典传统直接相关，尤其是公元1世纪由罗马建筑师维特鲁威的作品奠定的传统。建筑不同部分之间的比例关系受到了极大的关注，这种比例关系伴随着关于美的数学理论。正如维特鲁威按照希腊传统所说的，美在于恰当的比例与和谐。这种观点可以直接追溯到毕达哥拉斯。顺便说一下，它也展示了理念论的另一种基础，因为肉眼显然不可能准确判断一个建筑不同部分之间的数量关系。在获得准确的比例关系的同时，一些审美上的满足感似乎也随之而来。因此，这种比例关系的存在是一种使美得以保证的理念。

在意大利人文主义思想家中，最重要的人物之一是阿尔伯蒂（1404—1472）。这位威尼斯人在很多领域都堪称大师，这是那个时代的特点。他最持久的影响可能是在建筑领域，但他同时也是一个哲学家、诗人、画家和音乐家。的确，正如我们想要理解毕达哥拉斯对希腊哲学的影响一样，我们必须具备一些关于和谐的基本知识；对于文艺复兴时期的建筑，要在设计中把握好比例关系，这种知识是必备的。简而言之，毕达哥拉斯音程之间的听觉和谐理论是建筑设计中视觉和谐的标准。歌德后来说"建筑是凝固的音乐"，对于一个文艺复兴时期的建筑师来说，这种说法确实表达了他实践中的一些真实情况。因此，以谐音弦为基础的和声理论提供了艺术完美的普遍标准，乔尔乔·瓦萨里和达·芬奇等人也使用这种和谐理论。比例关系也可以在人体结构和人类道德存在的调节功能中找到，所有这些都是纯粹而经过深思熟虑的毕达哥拉斯主义。但是，这里的数学还有另一个作用，那就是对以后几个世纪的科学复兴产生巨大影响。

如果一门艺术具有数学特性，它就会立即上升到更高的层次。这在音乐中最为明显，但也适用于其他艺术。数学的广泛应用在某种程度上也为当时人文主义思想家的多才多艺现象提供了解释，尤其是人文主义思想家如此之多，他们同时也是艺术家和建筑师。比例关系为理解宇宙的设计提供了一把万能钥匙。这一理论能否成为普遍美学的可靠基础，人们仍有争议，但不论如何，它取得了巨大的成就，即建立了一个真正客观的、没有情感和目的的美的标准。

把握事物的数学结构给了人们支配环境的新力量。在某种程度上，它让人更像上帝。毕达哥拉斯学派的信徒曾经认为神是最伟大的数学家。如果一个人能训练和提高他的数学技能，他就会更接近神。这并不是说人文主义不虔诚，甚至反对公认的宗教，但它确实表明，现有的宗教实践往往被视为日常事物。真正激发思想家想象力的，是古老的前苏格拉底理论。因此在哲学领域，一种新柏拉图主义的倾向再次占据了突出的位置。对人类力量的强调让人想起雅典最繁荣时期的乐观主义。

现代科学就是在这样的精神氛围中成长起来的。人们有时会认为，在17世纪末，科学像雅典娜一样，从宙斯的头中孕育出来，突然完美无缺地来到这个世界。这是最荒谬的观点。科学的复兴直接而有意识地建立在文艺复兴时期毕达哥拉斯传统的基础上。同样值得注意的是，在这一传统中，艺术家的作品和科学探索者的作品之间没有对立。两者都以各自的方式追求真理，真理的本质由数学呈现。这些数学模式是任何愿意尽最大努力观察它们的人都可以理解的。这种探索世界及其问题的新方法与亚里士多德学派截然不同。它是反教条的，因为它不依赖于文本，而是依赖于数学科学这唯一的权威。在这方面，它有时可能会走得太远。正如在其他所有领域一样，我们必须永远记住过度的危险。在目前的情况下，这种过度的数学神秘主义，把数学变成了一种巫术符号。这一点再加上其他因素，使比例关系在接下来的几个世纪里失去了声誉。此外，人们还觉得毕达哥拉斯的音程理论对设计师的创作天赋施加了不自然和令人窒息的限制。这种对规则和标准的浪漫抵抗可能一直延续到我们这个时代；而在不久的将来，回归某些原则显然是可能的，就像这种回归曾经激励了文艺复兴一样。

就哲学本身而言，15世纪和16世纪都不是辉煌的时代。新学术的传播，书籍的广泛传播，更重要的是毕达哥拉斯和柏拉图的古老传统的复兴，为17世纪各种伟大的哲学体系铺平了道路。

伟大的科学革命是在古老思维方式复兴之后开始的。科学革命从一些正统的毕达哥拉斯主义开始，然后逐渐推翻了亚里士多德建立的物理学和天文学概念，最后以完全遵循现象和发现一个非常普遍和强大的假设结束。在整个过程中，推动这些研究的人都知道它们是直接基于柏拉图的传统。

哥白尼（1473—1543）是第一位让阿里斯塔克斯的日心说重现人间的科学家。他是一名波兰教士，早年曾南下意大利，1500年在罗马教数学。哥白尼就是在那里接触到了意大利人文主义者的毕达哥拉斯主义。在意大利的几所大学学习了几年后，他于1505年回到波兰。1512年后，他再次成为弗龙堡大教堂的教士。他的工作主要是行政管理，偶尔也行医，他曾在意大利学过一些医学知识。在业余时间，他致力于天文学研究。当他住在意大利时，日心说引起了他的注意，他试图用当时能收集到的所有仪器在波兰证明自己的观点。

他的《天体运行论》对日心说有详细的描述，但这本书直到他去世那年才出版。他提出的日心说并没有摆脱所有的难题，在某些方面还受制于毕达哥拉斯的先入之见。行星必须做圆周匀速运动——在哥白尼看来，这是一个先定的结论，因为圆是完美的象征，匀速运动是唯一适合天体的运动。在可观测范围内，显然主张圆形轨道的日心说比托勒密的本轮说更合理，因为这个简单的假设可以解释所有现象。

哥白尼的理论受到天主教徒和路德宗信徒的极大憎恨。有人相当正确地认识到，哥白尼学说开启了一场反对教条主义的新运动，即使它不会摧毁宗教本身，至少也会摧毁宗教组织赖以生存的权威原则。最终，科学运动的巨大进步主要发生在新教国家，因为国家教会在控制其成员的思想方面很弱。

哥白尼之后，第谷·布拉赫（1546—1601）继续着天文学研究。他的主要贡献是提供详细而准确的行星运动记录。他还质疑亚里士多德的天文理论，指出月球轨道之外的空间不是一成不变的，因为人们发现1572年出现的一颗新星没有周日视差，所以它一定离月球很远。这也可以证明彗星离月球轨道很远。

在这方面，开普勒（1571—1630）取得了巨大的进步。年轻时，他是布拉赫的助手。通过仔细研究观测记录，开普勒发现哥白尼的圆形轨道并没有恰当地解释这一现象。他认为轨道是椭圆形的，太阳位于其中一个焦点上。其次，他发现特定时间内连接太阳和行星的半径所扫过的面积对于行星来说是不变的。最后，所有行星公转周期的平方和它们与太阳平均距离的立方之比是相同的。这就是开普勒的三个定律，它们与指导哥白尼研究的那些毕达哥拉斯主义完全决裂。很明显，圆周运动的想法是一个必须放弃的外部因素。很久以前，当一个简单的圆形轨道不足以解释这一现象时，托勒密及其后来的天文学家就会习惯性地用"本轮"运动来构建一个更复杂的轨道。这个方法大致解释了月球相对于太阳的运动。然而更仔细的观察表明，即使是复杂的"本轮"也不能完全描述人们的观测。开普勒第一定律立刻解决了这个问题。与此同时，他的第二定律表明，行星在自己的轨道上不会以均匀的速度运动。它们在接近太阳时比在远离太阳的轨道上移动得更快。所有这些都迫使人们承认，不顾事实，按照先入为主的美学原则或神秘主义原则进行论证是危险的。另一方面，开普勒三定律证明了毕达哥拉斯主要数学原理的正确性。现象中的数学结构似乎确实提供了理解现象的关键。同样明显的是，为了恰当地解释这一现象，我们必须寻找那些往往不容易被发现的关系。正如赫拉克利特指出的，宇宙运动的尺度是隐藏着的，研究者的任务是发现这些尺度。同时，不要为了维护某种外在原则而扭曲现象，这一点非常重要。

　　忽视现象诚然是危险的，但盲目记录现象就像漫无边际的猜测，也会使科学遭受挫折。亚里士多德就是这样一个例子。他指出如果你不继续推动一个物体，它就会停止，这是对的，也符合我们对自己能够推动的事物的观察。但如果由此推断这也适用于我们实际上无法推动的行星，那就错了。因此，有些人认为这些行星是以其他方式驱动的。所有这些在力学中站不住脚的推理都基于一系列从未深思便被接受的现象，正确的分析反而被掩盖了。物体之所以减速而不被进一步推动，这是阻力造成的，如果这些阻力被消除，物体将继续移动。当然，我们实际上不能完全去除阻力，但我们可以降低阻力。物体运动持续时间的长度对应于运动路径被清理的程度。如果一个物体不受任何阻力，它就会自由移动。伽利略（1564—1642）发现了这个新的力学假说，他是现代科学的伟大创始人之一。这种机械研究的新方法在两个方面与亚里士多德的完全不同。首先，它假设静止不是物体的优先状态，运动也是物体的自然状态。其次，它指出就这里使用的"自然"一词的特殊含义而言，"自然"运动不是人们过去认为的圆形运动，而是线性运动。如果一个物体不受干扰，它将继续沿着一条直线匀速运动。在伽利略之前，对观测数据的批判性研究方法的缺乏，阻碍了对落体运动规律的正确认识。在大气中，相同体积的重物体下降得比轻物体快，这是事实。但是在这里，物体下落过程中介质造成的阻力也必须考虑在内。介质密度越小，所有物体下落的速度越接近同一速度。在真空中，它们的速度完全相同。对落体的观察显示，下落速度每秒增加三十二英尺，它不是均速的，而是加速的，所以一定有什么东西干扰了物体的自然运动。这种扰动就是地球施加的引力。

这些发现在伽利略对弹丸弹道的研究中非常重要，对弹丸弹道的研究对伽利略的资助人托斯卡纳公爵具有一定的现实军事意义。这里，力学的一个重要原理第一次与一个显著的例子联系在一起。我们看弹丸的运动轨迹，可以把弹丸的运动看作是由两个独立的子运动组成的运动。其中一个是匀速水平运动，另一个是垂直运动，受落体定律支配。这种组合运动的轨迹变成了抛物线。这是一个遵循平行四边形加法定律的矢量合成的简单例子。速度、加速度和力都是可以这样分析的量。

在天文学上，伽利略接受了日心说，取得了许多伟大的发现。他改进了荷兰人刚刚发明的望远镜，并用它观测了大量事实，彻底推翻了亚里士多德对天体的误解。银河系最初是由许多恒星组成的。哥白尼的理论曾经指出金星肯定有盈亏现象，这一点现在被伽利略的望远镜证实。同样，他也用望远镜发现了木星的卫星，这些卫星确实根据开普勒定律绕木星运行。所有这些发现都打破了人们长期以来的偏见，并导致正统的经院哲学家责骂望远镜，因为它扰乱了他们教条的美梦。值得一提的是，三百年后发生了非常相似的事情——孔德谴责显微镜，因为它扰乱了气体定律的简单形式。从这个意义上说，实证主义和亚里士多德以及他在物理观察上的极端肤浅是一样的。

伽利略迟早会与教会发生冲突。1616年，他在宗教裁判所的一次秘密会议上受到谴责。但他的行为似乎还是太固执了，所以在1633年，他再次被送上法庭，这次是公开审判。为了寻求和平，他宣布放弃自己的观点，并承诺从现在开始抛弃所有关于地球运转的想法。据说，他确实按要求发过誓，但随后喃喃自语："然而，地球仍在转动。"他的这次公开承认只是一场表演，但宗教裁判所成功地压制了意大利几个世纪的科学活动。

艾萨克·牛顿（1642—1727）是最终完成力学一般理论的人。这个理论中包含的大多数概念都是过去曾被暗示或被使用过的，但牛顿是第一个能够理解先前探索全部意义的人。在1687年出版的《自然哲学的数学原理》中，他提出了三个运

动定律，然后按照希腊方式推导出了机械系统。第一定律是伽
利略原理的推广：在没有阻力的情况下，所有物体都以恒定
的速度做直线运动。用专业术语来说，就是匀速直线运动。第
二定律将力定义为非匀速运动的原因，并断言力与质量和加速
度的乘积成正比。第三定律的原理是任何动作都有大小相等方
向相反的反作用力。在天文学方面，他给出了从哥白尼和开普
勒开始的研究的最终和完整的解释。万有引力定律认为，任何
两个物体之间都存在引力，引力与两个物体质量的乘积成正
比，与它们距离的平方成反比。这样，行星及其卫星以及彗星
的运动就可以在当时得到最详尽的解释。由于每个物体都影响
其他所有物体，由于每个分子影响所有其他分子，上述理论可
以精确计算由其他物体引起的轨道偏移，以前的理论做不到这
一点。现在看来，开普勒定律只是牛顿理论的结果。这个理论
似乎终于找到了理解宇宙奥秘的数学钥匙。我们现在用来陈述
这些事实的最终形式是描述运动的微分方程，它去掉了所有外
部和偶然的细节。爱因斯坦更一般的论述也是如此。然而，相
对论仍然是有争议的，并包含固有的困难。就牛顿而言，表达
力学的数学工具是微分理论，它是微积分的一种形式，它也是
莱布尼茨独立发现的。从那以后，数学和物理取得了快速的
进步。

在 17 世纪还有许多其他伟大的发现。吉尔伯特于 1600 年
出版了一本关于磁体理论的书。17 世纪中叶，惠更斯提出了光
的波动理论。1628 年，哈维发表了他关于血液循环的发现。罗
伯特·波义耳结束了炼金术士的天方夜谭，在他的《神秘的化

学家》中回到了德谟克利特的原子理论。仪器制造取得了很大的进步，这反过来又为推动理论的发展提供了更精确的观测方法。科学活动的蓬勃兴起导致了相应的技术发展，使西欧在大约三百年的时间里成为世界的领导者。随着科学革命的发展，希腊精神再次盛行。

在强调关注现象的过程中，过去的哲学家主要考虑的是"强调关注"这一方面。至于各种现象本身，很少有人说。这种做法当然是正当的，然而由于过于关注推理的纯逻辑方面，现在是谈论观察材料的时候了。没有这种材料，实证研究将一事无成。老旧的亚里士多德三段论不能帮助科学的发展，人们似乎需要一种新的思维工具。

弗朗西斯·培根（1561—1626）是第一个明确讨论这些问题的人。他是英国掌玺大臣的儿子，受过法学训练，这种成长环境自然会引导他进入政坛。培根在二十三岁时进入议会，后来成为埃塞克斯伯爵的顾问。当这位伯爵因叛乱而失宠时，培根站在了君主一边，但他从未完全获得伊丽莎白女王的信任。当詹姆斯一世在1603年即位时，培根的未来变得充满希望。1617年，他被提升到他父亲的位置，第二年他成为一名法官，被封为维鲁兰男爵。1620年，他的敌人密谋毁掉他的政治生涯，并指控他接受诉讼当事人的贿赂。培根承认了这一指控，但辩称诉讼人的礼物从未影响他的判断。英国上议院判处他四万英镑的罚款，并命令他根据国王的意愿在伦敦塔监禁一段时间，且在此期间不得担任官方职务或在议会中占有席位。这一严厉判决的第一部分被取消，监禁只执行了四天，但被排除在政坛之外的惩罚被执行了。从那以后，他便过着退休生活并开始进行写作。

培根是一个对文艺复兴传统有广泛兴趣的人。他以法律和历史为主题写作，并以散文而闻名。这种文学风格是蒙田（1533—1592）不久前在法国发明的。在哲学方面，培根最著名的作品是 1605 年发表的英语著作《学术的进展》。在这本书里，培根为他后来的研究奠定了基础。正如这本书的标题所示，培根致力于扩大知识的范围和人们控制环境的能力。在宗教事务上，培根接受了奥卡姆的立场，让信仰和理性处理自己的事情，而不是互相侵犯。理性在宗教领域唯一的作用是从根据信仰所接受的原则中推导出结果。

就科学的正当追求而言，培根强调的是需要一种新的方法或新的工具来取代显然已经过时的三段论。他在归纳中发现了这个工具。归纳法这个概念本身并不新鲜，亚里士多德已经使用过了。然而，前一种归纳是通过简单地列举例子来应用的。培根认为他找到了更有效的方案，即在研究中，将那些有相同属性的、属性不同的以及有相同属性但程度有别的事物，分别列出来。这样，人们就有可能发现某种属性的特征。如果这个罗列过程能够完整详细，那么我们一定会达到研究的目的。事实上，我们必须满足于一个不完整的形式，然后根据它进行大胆的猜测。

简而言之，这是培根科学方法论的核心，他认为这是一种新的工具。提出这一理论的论文标题表达了这一观点——1620年出版的《新工具》试图取代亚里士多德的工具论。作为一种实用的程序，培根的新工具并没有被科学家接受；作为一种方法论，它也是错误的，尽管他对观察的坚持可以消解传统理性主义的偏执。这个新工具根本没有超越亚里士多德。它只取决于分类，取决于这样一种想法，即通过足够仔细的安排，可以为所有事物找到一个合适的分类框架。一旦我们为一个特定的属性找到了一个合适的位置，并为这个位置起了一个合适的名字，我们就认为已经掌握了这个属性。这个解释非常适合统计学研究，但对于假说的发现，培根的方法是错误的，因为他认为发现假说的基础是归纳；而归纳法，更准确地说，是与假设的检验有关。的确，为了从事一系列的观察，人们必须有一些初步的假设。对于假说的发现，人们无法制定出一套普遍的规则。培根认为可能有一种科学的发现工具，可以机械地用来使人们发现大自然的新奥秘。他的观点完全错了，假设根本不是这样表述的，培根对三段论的反对也导致他低估了演绎在科学研究中的作用。在这方面特别明显的是，他几乎不欣赏当时正在发展的数学方法。对于假设的检验，归纳是一个不太重要的方面。如果没有将假设引入具体的、可测试的情境的数学推导方法，你对要测试的内容将一无所知。

培根对人们容易犯的各种错误的阐述是他哲学中最吸引人的部分之一。在他看来，我们容易出现四种类型的思想错误，他称之为"假象"。第一种是"种族假象"，我们会有这种错误是因为我们是人。充满希望的思维就是一个例子，尤其是期望在自然现象中有一个比它实际存在的秩序更大的秩序。第二种是"洞穴假象"，这是指个人偏见，这样的错误数不胜数。第三种"市场假象"是被语言迷惑而导致的错误，这在哲学中尤为盛行。最后一个是"剧场假象"，它来自不同的思想体系和学派，培根经常引用亚里士多德的例子来说明这个错误。

尽管培根对科学研究感兴趣，但他实际上忽略了当时所有最重要的发展。他不知道开普勒在做什么；虽然他是哈维的病人，但他对哈维关于血液循环的研究一无所知。

和培根相比，托马斯·霍布斯（1588—1679）是英国经验主义哲学中更重要的人物。在某些方面，他属于经验主义传统，但他也欣赏伽利略和笛卡尔的数学方法。因为霍布斯理解演绎法在科学研究中的作用，所以他在掌握科学方法方面比培根可靠得多。

霍布斯早期的家庭生活似乎乏善可陈。他的父亲是一个粗鲁而迟钝的牧师，当霍布斯还是个孩子的时候，他的父亲在伦敦失踪了。幸运的是，霍布斯的伯父是一个负责任的人，他没有孩子，所以他承担起抚养小侄子的责任。十四岁时，霍布斯去牛津学习古典学术。经院逻辑和亚里士多德的形而上学是课程的一部分，他对这两样东西产生了极度的厌恶，这将伴随他一生。1608 年，他成为德文郡伯爵之子威廉·卡文迪许的家庭教师，两年后，他陪同他的学生进行了一次传统的大陆之旅。卡文迪许继承爵位后，这位年轻的贵族成了霍布斯的保护人。通过他，霍布斯认识了当时许多重要人物。老伯爵于 1628 年去世，霍布斯去巴黎住了一段时间，然后回来为他以前的学生的儿子当家庭教师。1634 年，他带着小伯爵访问了法国和意大利。在巴黎，他遇到了梅森和他的朋友。1636 年，他在佛罗伦萨遇到了伽利略。1637年，霍布斯回到英国，开始继续研究政治理论。对于即将到来的保王派和共和党之间的斗争，他对君权的看法不会取悦任何一方。出于谨慎，他逃到了法国，从1640年至1651年一直在法国居住。

在巴黎期间，霍布斯又一次接触了梅森的圈子并见到了笛卡尔。起初，他与英国保王派的流亡者关系密切，包括未来的查理二世，但当他在1651年出版《利维坦》时，他与所有人都闹翻了。他的保王派朋友不喜欢科学客观地对待忠诚，而法国教士则抗议他的反天主教态度。因此，霍布斯决定再次潜逃，这次他回到了英国。他屈服于克伦威尔，退出了政治活动。正是在他生命的这个时期，作为一名评论家，他参与了与牛津大学瓦利斯的辩论。霍布斯对数学的崇拜超过了他对数学的掌握，所以瓦利斯教授轻而易举地赢得了辩论。霍布斯继续与数学家争论，直到他生命的尽头。

王朝复辟后，霍布斯重新获得国王的赏识，甚至被恩准一百英镑的年薪，但这种慷慨从未兑现过。在瘟疫与伦敦大火之后，人们的迷信促使国会调查那些不信上帝之人。此时，霍布斯的《利维坦》成了持不同意见的批评者特别关注的对象。从此以后，霍布斯不得在英国发表任何有争议的讨论社会或政治问题的文章；在国外，霍布斯在他漫长职业生涯的后期享有比在英国更高的威望。

在哲学上，霍布斯为后来的英国经验主义奠定了基础。他最重要的著作是《利维坦》，在这部著作中，他从哲学的一般观点发展出一种君权理论。在转向社会理论的阐述之前，霍布斯在这本书的前言中对自己的一般哲学观点进行了非常完整的概述。在第一部分，除了一些关于语言和认识论的一般哲学思考外，霍布斯还用严格的机械论术语讨论了人和人的心理。和伽利略、笛卡尔一样，他认为我们的经验是外界物体的机械运动造成的，视觉、听觉、味觉不在物体之中，而是属于我们个人。在这个问题上，他还顺便提到当时大学里仍然教授一种基于亚里士多德主义的庸俗溢出理论。他狡猾地说，他不是反对大学的授课内容，而是鉴于这些大学对国家未来的重要性，他必须告诉我们大学应该纠正的主要缺陷，"其中之一往往是发表无足轻重的演讲"。霍布斯在心理学上持联想观点，在语言学上则是彻底的唯名论立场。在他看来，几何学是迄今为止唯一的科学。理性的作用在于它和几何学具有相同的论证性。我们必须从定义开始，在制定定义时，我们应该防止采用矛盾的概念。从这个意义上说，理性是通过实践获得的东西，而不是像笛卡尔所认为的是天生的东西。然后，霍布斯根据运动讨论激情。他认为在自然状态下，所有人都是平等的，每个人都试图以牺牲他人为代价来拯救自己，从而创造了一种所有人针对所有人的战争状态。

为了避免这种可怕的不稳定状态，人们团结起来，缔造出一个中央权力。这是《利维坦》第二部分的主题。人是理性的，是有竞争力的，所以他们必须达成一个人为的协议或习俗。通过后者，人们同意服从他们选择的权威。这样的制度一旦运行，就没有反抗的权利，因为被统治者受契约约束，而统治者不受任何契约约束。统治者之所以能当选，首先是因为他能提供某种保护，所以只有当他不能提供这种保护时，人们才可以宣布契约无效。一个基于这种契约的社会就是一个国家，它就像一个由许多普通人组成的巨人，一个"利维坦"。它比一个个个体要强大得多，所以它像一个神，尽管它会像普通人一样死去。掌握中央权力的人就是君主，他在生活的各个领域都拥有至高无上的权力。《利维坦》的第三部分大致解释了为什么不应该有一个统一的教会。霍布斯是一个绝对的埃拉斯图斯主义者，他主张教会必须是一个服从世俗权力的国家机构。在这本书的第四部分，霍布斯就罗马教会因没有意识到服从世俗权力的问题而对之进行谴责。

霍布斯的理论受到当时政治动荡的影响。他极度痛恨内乱，因此他的观点倾向于不惜一切代价赢得和平。洛克提出的克制与平衡的概念与霍布斯的思维方式是不相容的。他解决政治问题的办法摆脱了神秘主义和迷信，但很容易将这些问题过于简单化。对于他所生活的政治环境，他的国家观并不适合。

正如我们所看到的，文艺复兴逐渐引起了人们对数学的关注。文艺复兴后吸引思想家的第二个主要问题是方法的重要性。在这方面，我们注意到培根和霍布斯。由于勒内·笛卡尔（1596—1650）的努力，这两种影响以希腊人的奇妙方式融合成一个新的哲学体系，因此笛卡尔被正确地视为近代哲学的创始人。

笛卡尔的家族属于一个等级较低的贵族，他的父亲是布列塔尼议会的议员。从 1604 年到 1612 年，笛卡尔在拉弗莱什的耶稣会学校接受教育，除了完美的古典教育外，他还在那里打下了当时所能得到的最好的数学基础。离开这所学校后，他去了巴黎，第二年开始在普瓦捷学习法律，并于1616年毕业。然而，他的兴趣仍然分散在各个领域。1618年，他在荷兰参军，这让他有充足的时间学习数学。1619年，在三十年战争最激烈的时候，笛卡尔为了开阔眼界加入了巴伐利亚军队。那年冬天，他发现了启发他哲学体系的主要概念。这种体验在《谈谈方法》一书中有所描述。有一天，天气比平时冷，笛卡尔躲在一间小屋里，坐在一个砖砌的火炉旁。在身体暖和过来后，他开始陷入沉思。等到日落时分，他所有哲学的轮廓清晰呈现。笛卡尔在军队一直待到1622年，然后回到巴黎。第二年，他去了意大利，在那里住了两年。回到巴黎后，他发现法国的生活令他感到不安。他生性腼腆，想在不受干扰的环境中专心工作，于是在1628年去了荷兰。他卖掉了自己的一小块房产，这让他能够过上舒适的生活。在接下来的二十一年里，他一直住在荷兰，其间他只短暂访问了法国三次。笛卡尔逐渐沿着他偶然发现的思维方式构建了他的哲学。他有一本关于物理学的重要著作，采用了哥白尼的理论，但当他听说伽利略在1633年受审时，便没有让这本书出版发行。笛卡尔十分讨厌与人争论，在他看来，这是在浪费宝贵的时间。此外，他显然是一个忠诚的天主教徒，尽管他在教义上的纯洁总是未知的。因此，他只愿意出版与光学、气象学和几何学相关的三部文集。《谈谈方法》出版于1637年，旨在作为这三部文集的序言。他最著名的著作是《几何学》，阐述并应用了解析几何的原理。然后是1641年的《第一哲学沉思集》和1644年的《哲学原理》，他把后一本书献给了巴拉丁选侯的女儿伊丽莎白公主。1649年，一部关于灵魂激情的作品也是为伊丽莎白公主写的。那一年，瑞典的克里斯蒂娜女王对笛卡尔的作品产生了兴趣，她最终说服笛卡尔来到斯德哥尔摩。这位斯堪的纳维亚君主是真正具有文艺复兴精神的人物，她坚定而充满活力，坚持让笛卡尔在早上五点钟教她哲学。在瑞典冬天最冷的时候，这个不适合哲学思考的起床时间，超出了笛卡尔的容忍范围。他不久后便于 1650 年 2 月病逝。

笛卡尔的方法是他对数学感兴趣的结果。在几何学领域，他已经展示了这种方法如何推演各种各样的结果。利用这种分析方法，所有曲线的属性都可以用简单的方程来描述。笛卡尔认为，这种在数学上取得巨大成功的方法，可以推广到其他领域，使研究者获得像数学计算那样的确定性成果。《谈谈方法》旨在说明我们必须遵循什么规则才能充分利用我们的理性。至于理性本身，据说所有人在这方面都是平等的。我们之间唯一的区别是有些人比其他人更善于运用理性。但方法是通过实践获得的东西，笛卡尔无疑也承认了这一点，因为他并不想把某种方法强加给我们，而是想向我们证明他是如何成功地应用了自己的理性。这里的讨论是自传体的，作者长期以来对所有领域的不确定性感到不满。至于哲学，笛卡尔认为没有什么比哲学家各执一词更不能容忍的了。数学对笛卡尔有着深远的影响，因为它的推论是确定性的，但当时他仍然无法弄清楚这些推论的正确用法。他放弃书本知识，开始旅行，但他很快发现各地风俗间的不同和哲学家观点上的差异一样大。最后他决

定，为了发现真相，他必须审视自己，于是就有了我们前面提
到的炉边冥想。

笛卡尔强调，只有一个作者从一而终的作品才能令人满
意，于是他决定抛弃所学的一切，只保留逻辑、几何和代数知
识。他从这三种知识中找到了四条规律：第一，除了明确的概
念，不要接受任何东西；第二，我们必须根据解决问题的需
要，把每个问题分成几个部分；第三，思想必须遵循从简单到
复杂的秩序，在没有秩序的地方，我们必须假设一种秩序；第
四，我们应该经常进行彻底的检查，以确保没有遗漏。笛卡尔
以这种方式将代数应用于几何问题，从而建立了我们今天的解
析几何。至于这种方法在哲学中的应用，笛卡尔认为必须推迟
到他思想更成熟的时候再做讨论。在伦理学上，我们处于一种
矛盾之中。伦理学在各种学科中排名最后一位，但在生活中，
我们必须率先做出决定。笛卡尔因此采用了一个临时的、具有
实用主义意味的行为准则，以让自己过上最好的生活。笛卡尔
决心遵守自己国家的法律和习俗，并始终忠于自己的宗教；一
旦确定了某个行动方针，他就会坚定不移地行动；最后，他决
定控制自己，不违背自己的命运，让自己的希望适应事物的秩
序，而不是相反。从这个时候起，笛卡尔决定投身于哲学。

当笛卡尔用自己的这套方法切入形而上学问题时，他产生
了一种系统性的怀疑。感官经验因其不确定性必须接受质疑，
即便是不确定性较少的数学，也必须接受检查，因为上帝可能
正在有计划地把我们引入歧途。归根结底，怀疑者只能承认一
件事情——他在怀疑。这便成了笛卡尔哲学思想的一个基本命

题"我思故我在"。笛卡尔认为这是形而上学的起点，并由此得出结论：他是一个完全独立于自然物质——包括肉体——的思维性的存在。然后，他谈到了上帝的存在。在这个问题上，他基本上重复了本体论证明：既然上帝一定是可信的，他就不能用我们自己明确的想法欺骗我们，因为在他的设定下，我们产生了诸如身体或广延等概念，所以这些概念是存在的。然后，笛卡尔根据他未发表的论文中关于物理学问题的思考，粗略地用广延和运动解释了这些形而上学问题，甚至还包括生物学问题。他认为，因为心脏的活动就像一个加热器，它使进入心脏的血液受热膨胀，所以血液才会循环流动。这当然不同于哈维的观察，并引起了笛卡尔和哈维之间的激烈争论。在《谈谈方法》中，关于心脏活动的机械理论导致了动物是自动机器且没有灵魂的观点。笛卡尔进一步认为，这种观点是基于动物不会说话的事实，所以它们绝对是非理性的。这巩固了人类灵魂独立于身体的观点，若没有有力的反驳，我们便会自然而然地得出灵魂不朽的结论。最后，《谈谈方法》隐晦地谈到了伽利略受审，并讨论了本书是否该出版。笛卡尔最终的妥协是出版《谈谈方法》以及其他三部文集。关于《谈谈方法》的概述大致如上，这也是对笛卡尔哲学原理的简要说明。

笛卡尔理论中最重要的部分是怀疑的方法，作为一种批判手段，它引起了后来像休谟那样的普遍怀疑。然而，笛卡尔凭借他在自己的精神活动中发现的清晰观念，避免了怀疑主义的结论。广延和运动这样独立于感觉器官的一般概念，符合笛卡尔的天赋概念，真正的知识就是由这些第一属性构成的。感官知觉有颜色、气味、触觉等第二属性，但这些属性并不真正存在于事物中。在《第一哲学沉思集》中，笛卡尔引用了著名的蜡块变化的例子来说明这一点。永恒不变的是广延性，这是一种被思维认可的天赋观念。

笛卡尔哲学强调思维是不可置疑的基点，这一观点对后来的欧洲哲学——不论理性主义还是经验主义——产生了极大的影响。虽然它"我思故我在"的基础并不十分牢靠，但思维的不可置疑性仍然有效。因为只要我们承认思维是一个自我意识的过程这一隐藏的假设，"我思故我在"这一论断似乎就是可靠的。否则，我们也可以说"我走故我在"，因为如果我在走，那么我的存在一定是真实的。这一反对意见是由霍布斯和伽桑狄提出的。然而，当我实际上不走路时，我当然可以想象我在走路；但当我没有真正思考的时候，我却无法想象我在思考。正是这种据说发生在认知过程中的自我参照，使得"我思故我在"这一命题具有明显的不容置疑的特征。如果像休谟那样放弃自我意识，那么笛卡尔的哲学原则就会失败，但一个人的精神体验具有其他活动所没有的独特的确定性，这种观点是有效的。

笛卡尔哲学强化了古代精神与物质的二元论，使得这样一种理论必须面对的精神与身体的关系问题变得突出。物质世界和精神世界，在这个时候，似乎都在走自给自足的道路，被自己的原则所左右。在这种观点的基础上，人们已经不可能再坚持意志等精神活动能够影响物质世界了。笛卡尔本人在这里只承认一个例外，他认为人的灵魂虽然不能改变生命的运动量，但可以改变它的运动方向。然而，这种不自然的回避不符合他的哲学体系，也违反了运动定律，因此笛卡尔的追随者放弃了这个例外，认为精神不能移动身体。为了解释精神和身体的关系，我们必须假设世界是这样规定的，即每当一个特定的身体运动发生时，它都被视为精神的一个适当的伴随运动。但实际的情况是，当精神出现某种活动时，身体并不一定会产生某种相应的活动。这一观点是由笛卡尔的追随者发展而来的，尤其是海林克斯（1624—1669）和马勒伯朗士（1638—1715）。这种理论被称为偶因论，它声称上帝以这样一种方式指挥宇宙，即一系列物质事件和一系列精神事件遵循它们的平行路线，当精神事件发生时，物质事件也会同时发生。海林克斯用两个时钟来说明这个理论：如果我们有两个非常精确的时钟，那么当时针指向某个具体的时间时，我们可以看着一个钟的钟面，同时听另一个钟报时的声音，这可能会让我们认为是第一个时钟导致第二个时钟响起来。就像这两个时钟一样，精神和身体被上帝上了发条，它们走着独立而平行的路。当然，偶因论确实产生了一些难以克服的困难。就像我们为了守时可以去掉两个时钟中的一个一样，人们似乎也可以依照物质事件，推导出所有精神事件。

就这种冒险行为而言，偶因论可以保障其成功的可能性，我们也可以仅凭物质时间推导出一套完整的精神体系。18世纪的唯物主义者就这样做了，20世纪的行为主义心理学家对此做了进一步推进。可见，偶因论不仅没有让灵魂独立于身体，反而让灵魂成为一种多余的东西，或者也可以反过来说，它使身体成为一种多余的东西。但不论是哪一种观点，都无法与基督教的教义相符。笛卡尔对此在自己的作品中留下了余地，这便没什么可奇怪的了。比如，笛卡尔并不始终坚持自由意志，他在解释包括物理学和生物学的物质世界时，使用的是严格的决定论，这对18、19世纪的唯物主义产生了极大的推动作用；当它与牛顿物理学相结合时，便更是如此。

就经院哲学家使用的"物质"一词的特殊含义而言，笛卡尔的二元论只是研究物质问题的一种非常传统的方法的结果。实体是各种属性的承载者，但实体本身是独立的、永久的。笛卡尔认为精神和物质是两个不同的实体，每个实体都是自足的，在任何情况下都不能相互作用。他的偶因论旨在填补精神和物质之间的空白。然而很明显，如果我们承认这样一个原则，就没有理由说我们不应该像我们希望的那样依赖它。例如，一个人可以把每一种精神都看作他自己的一个实体。莱布尼茨在他的一元论中沿着这个方向发展了一个无限实体的理论，其中所有实体都是独立且协调的。或者人们可以回到巴门尼德的观点，即只有一个实体。这条路线被斯宾诺莎采用，他的理论可能是迄今为止最一致、最不妥协的一元论。

斯宾诺莎出生在阿姆斯特丹，是一个犹太家庭的孩子。斯宾诺莎的祖先放弃了他们在葡萄牙的家园，寻找一个可以用自己的方式崇拜上帝的地方。自从穆斯林被驱逐出西班牙和葡萄牙后，宗教裁判所建立了一个毫无宗教宽容的王国，这至少让非基督徒的生活变得很不舒服。宗教改革后，荷兰本身也在与西班牙专制主义进行斗争，为那些遭受宗教迫害之人提供避难所，阿姆斯特丹成为大量犹太人的家园。斯宾诺莎在阿姆斯特丹接受了早期的训练和教育。

这些传统的研究对于他优秀的智力是不够的。在拉丁语的帮助下，斯宾诺莎能够理解那些引起学术大复兴并发展新科学和新哲学的思想家的作品。很快，他发现自己无法停留在正统的范围内，这让犹太社区非常尴尬。那些意图改革的神学家不会对任何事物妥协，而由此带来的对宗教的激烈批判会让人觉得在荷兰普遍存在的宽容气氛遭到破坏。最后，人们对斯宾诺莎施加了他们能在《圣经》中找到的所有诅咒，并将他赶出了犹太教堂。

斯宾诺莎天生有点害羞，所以他从此变得很孤立。他在几个朋友的默默陪伴下，靠磨镜片生活，全身心投入哲学思考。虽然隐居，但他的名声很快传开了，后来他愿意与许多有影响力的崇拜者交流，其中最重要的是莱布尼茨，据说两人在海牙见过面。斯宾诺莎从未想过脱离隐居生活。1673 年，巴拉丁选侯向他提供了海德堡大学哲学教授的职位，他婉言谢绝了。他拒绝这一荣誉的原因显而易见。首先他说："我觉得如果我从事的工作是教育年轻人，那么我就不能推动哲学的发展。另外，我不知道自己要把哲学思维的自由限制到什么程度，所以在我看来，我不能打扰现有的宗教……所以，你会明白我的做法：我不想要更好的命运，只是因为珍惜和平而放弃讲台。我觉得我现在的生活方式最适合这种平静。"

斯宾诺莎的作品并不庞大，但却表现出罕见的专注和逻辑的准确性。他对上帝和宗教的看法远远超出了他的时代，以至于虽然他在伦理学上做出了令人尊敬的推论，但无论是在他有生之年还是在接下来的一百年里，他都被唾骂为邪恶的怪物。他最伟大的著作《伦理学》被认为极易引发争论，所以直到他去世才出版。斯宾诺莎的政治理论与霍布斯非常相似。他们认为一个完美的社会有许多令人向往的特征。在这方面，他们之间有一定程度的一致性，但斯宾诺莎的理论基础完全不同。霍布斯的论述基于某种经验方法，而斯宾诺莎从一般形而上学理论中推导出他的结论。事实上，人们必须把他的全部哲学著作看作一篇伟大的论文，才能看到斯宾诺莎的论证力量。部分出于这个原因，斯宾诺莎的著作不比经验哲学家的政治著作产生那么直接的影响。然而我们必须记住，斯宾诺莎的作品都是讨论至关重要的问题的，这些问题也是特定时代的现实问题。自由在国家职能中发挥了至关重要的作用，但这一作用在当时没有像19世纪那样得到广泛承认。

与霍布斯不同，斯宾诺莎是思想自由的倡导者。他认为只有在这样的情况下，一个国家才能恰当地发挥其作用，这源自他的形而上学和伦理学理论。《神学政治论》集中讨论了这个问题。这本书有点不寻常，因为这些话题是通过批评《圣经》进行间接讨论的。斯宾诺莎在这里对《旧约》的批判，在两百年后被称为"高等批判"。从这个源头出发，他对历史的考察导致了思想自由具有社会存在本质的论点。在这个问题上，我们发现了一个以结论形式表达的奇怪想法："然而我必须承认，这种自由有时会产生一些困难。但是谁曾如此明智地创造出一种不会出问题的东西呢？想用法律命令一切的人，会导致而不是减少各种缺憾。虽然有时会造成伤害，但不能被禁止的必须被承认。"

斯宾诺莎和霍布斯的区别在于，他认为民主不是最合理的社会秩序。最理性的政府在自己能做什么方面有有效的法律限制，对信仰和教育采取回避态度。在财产的基础上，一个社会需要一个在政治上可靠的特权阶层，这个阶层将产生最合理的政府。在这样一个政府的统治下，人们最有机会实现斯宾诺莎所说的智力潜能。用他的形而上学术语来说，这是人类生来要追求的目标。至于最好的政府，以下说法大概是正确的，即一个依靠自由和安全，在某种程度上从事活动的贸易共同体，最有可能发展出自由的规则。在这方面，斯宾诺莎的故乡荷兰为他的观点提供了一个范例。

现在是时候谈谈道德了。这里我们遵循的是斯宾诺莎体系发展的时间顺序，但其逻辑顺序是从《伦理学》开始的。这本书的标题很容易让人误解它的内容，因为在这里，我们首先看到的是斯宾诺莎的形而上学，其中隐含着对科学探索自然的理性主义蓝图的解释。这个问题已经成为17世纪最智慧的问题之一。其次，它是一个关于心灵、意志和激情的心理学阐述，是一个基于上述问题的伦理理论。

整部作品是用欧几里得的方法构造的。一开始，有各种各样的定义和一套公理，所有命题都是从这些定义和公理中产生的。这些命题和所有证明后面是各种推论和解释。这种哲学思维方式在今天并不十分流行，对于那些只看流行出版物的人来说，斯宾诺莎的体系确实显得奇怪。但如果考虑到该体系诞生的时代背景，它似乎并没有那么令人难以忍受，反倒是一个简洁流畅的阐述。

《伦理学》的第一部分讨论上帝。它给出了六个定义，包括实体的定义和上帝的定义，其术语与经院哲学的传统用法一致。公理陈述了七个基本假设，但没有给出进一步的解释。由此，我们可以像欧几里得一样探索各种结果。从定义一个实体的方式来看，它一定是可以完全解释自己的东西。据说，实体一定是无限的，否则它的各种限制会对它产生一些影响。斯宾诺莎还认为，这样的实体只能有一个，那就是整个世界；这也与上帝是一致的。因此，上帝即宇宙万物的整体。这就是著名的斯宾诺莎泛神论。必须强调的是，斯宾诺莎对这一理论的阐述根本没有掺杂神秘主义。所有问题都只是演绎逻辑中的一环，这种演绎逻辑是基于惊人的创造力所设定的一组定义和公理。这也许是哲学史上系统结构最杰出的例子。

正统的所有阵营都强烈反对上帝和自然一致的观点，但这种一致性只是演绎论证的结果。在这个论证范围内，这个结果是非常可靠的。如果有些人认为自己珍视的信念受到伤害，那只能说明逻辑不尊重情感。如果上帝和实体只能用传统的方式来定义，斯宾诺莎的结论是非常勉强的。人们很可能意识到这些术语有一些特殊之处。斯宾诺莎同意这一说法，他认为我们的一些智慧是上帝的智慧不可分割的一部分。他同意笛卡尔对清晰原则的坚持，因为他认为："谬误在于缺乏理解，其中包括不恰当的概念，即不完整和混乱的概念。"一旦我们有了一个恰当的概念，我们无疑就能知道事物的顺序和联系，这与概念的顺序和联系是一样的。凡事不是偶然，而是必然，这是精神本性所要求的。在这方面，我们做得越好，就越容易与神融合，或者可以说，越容易与世界接轨。正是在这样的背景下，斯宾诺莎创造了一句名言："精神的本性乃是在无时间性中理解事物。"这实际上是说精神将事物视为一种必然。

《伦理学》第三部分解释了精神如何被激情阻碍，无法充分实现对宇宙的睿智洞察。我们所有行为背后的动机是自我保护。人们可能会认为这种纯粹利己主义的原则会摧毁我们所有人，因为它只赞成愤世嫉俗的享乐主义者。但这种想法完全没有切中斯宾诺莎的思想，因为斯宾诺莎认为，当一个人追求自己的利益时，迟早会渴望与上帝融合。当他达到这个目标时，他将看到"永恒的相"下的事物。"永恒的相"即上面所说的"无时间性"。

在《伦理学》的后两部分，我们看到了严格意义上的斯宾诺莎伦理学。只要一个人受到外界的影响，他就处于被奴役的状态。这确实适用于任何有限的物体。但只要人们能认同上帝，人们就不再受这种影响，因为宇宙作为一个整体是没有极限的。因此，通过与整体越来越多的协调，人们获得了相应的自由。因为自由只是独立或自决，独立或自决只适合上帝。只有这样，我们才能摆脱恐惧。和苏格拉底、柏拉图一样，斯宾诺莎也认为无知是万恶之源。就知识而言，它是对宇宙更深刻的理解，是有利于采取明智和适当行动的条件。但与苏格拉底不同，斯宾诺莎不考虑死亡。"一个自由的人最少想到死，他的智慧不是对死的默念，而是对生的沉思。"恶乃是一种否定性，同时上帝或自然是圆满的整体，所以上帝或自然不可能是恶。在这个唯一可能的世界里，一切终究会变好。在具体事务中，人作为一个有限的存在，应该以一种自我保护的方式行事，以便尽可能地与宇宙取得最密切的联系。

上面简要描述了斯宾诺莎体系的轮廓。它对 17 世纪科学运动的意义在于，它暗示了对宇宙万物确定性的解释。事实上，这个系统为后来精心设计的科学系统提供了蓝图。如果没有严格的限制，那么任何科学尝试都是站不住脚的。同样，在伦理学上，把恶看成是一种否定性，这是不能被接受的，这就好像是说对这个世界而言，每一次残忍的行为都会给世界造成永恒的伤害。基督教的原罪思想或许就是这个意思。斯宾诺莎可能会说，在"永恒的相"下，没有什么是残忍的，但这是一件无法确定的事。不论如何，斯宾诺莎的体系仍然是西方哲学的丰碑，虽然其语言有点《旧约》的味道，但它是以希腊人的奇妙方式向世界展示一个可理解的整体的伟大尝试之一。

正如我们所看到的，关于实体的问题往往会有非常不同的解释。如果说斯宾诺莎坚持一元论的极端，那么莱布尼茨则走向了另一个极端，即假设了无数个实体。在某些方面，这两种理论之间的关系就像巴门尼德和原子论者的关系一样。当然，这种比较不应该走得太远。莱布尼茨认为，每一个单一的实体不可能具有广延的性质。他的理论归根结底是基于这种观点：广延意味着"多"，所以它只能成为几个实体的集合。因此，莱布尼茨推论说，存在无限多的实体，每个实体都不具有广延，因此是非物质性的。这些实体被称为单子，在"灵魂"这个词稍微笼统的意义上，它们都具有作为灵魂的基本属性。

莱布尼茨出生于莱比锡，他的父亲是当地一所大学的教授。莱布尼茨从小就表现出很强的批判能力。他十五岁进入大学学习哲学，两年后毕业去耶拿学习法律。二十岁时，莱布尼茨向莱比锡大学申请法学博士学位，但因年龄原因被拒。阿尔特多夫大学更宽容些，不仅授予莱布尼茨学位，还为他提供教授职位。由于莱布尼茨有其他计划，他没有接受这个职位。1667年，他在美因茨主教的领导下从事外交工作。美因茨主教是一位选侯和活跃的政治家，他决心从三十年战争的灾难中让支离破碎的帝国得以恢复，最重要的是，法国的路易十四一定不能进攻帝国。

1672年，莱布尼茨带着这个使命来到巴黎，在那里度过了他四年的大部分时光。他的计划是说服这位杰出的国王将他的军事力量用于反对异教徒和进军埃及。这个使命没有完成，但在此期间莱布尼茨遇到了当时许多重要的哲学家和科学家。马勒伯朗士的理论在巴黎很受欢迎，阿尔诺德也是如此，他是杨森主义在巴黎的主要代表。荷兰物理学家惠更斯是莱布尼茨遇到的人之一。1673年，莱布尼茨来到伦敦，会见了化学家波义耳和新成立的皇家学会的秘书奥尔登伯格，莱布尼茨也是该学会的成员。在他的雇主美因茨主教去世的那一年，不伦瑞克公爵给莱布尼茨提供了一个职位，公爵在汉诺威需要一名图书管理员。莱布尼茨没有立即接受这个提议，而是留在了国外。1675年，他开始在巴黎研究微积分，在不知道牛顿早期成就的情况下，有了关于微积分的发现。1684年，莱布尼茨终于发表了他的观点，这比牛顿的微积分理论更接近现代形式。三年后，牛顿的《自然哲学的数学原理》一书问世。接下来是一场漫长而毫无结果的辩论，人们没有讨论科学问题，而是站在民族主义一边。由于莱布尼茨的数学符号是更灵活的分析工具而被法国学界采用，英国数学落后了整整一个世纪。1676年，莱布尼茨在海牙与斯宾诺莎相遇，之后成为汉诺威的图书管理员，直至去世。他花了大量时间编纂不伦瑞克史，其余时间从事科学和哲学研究。此外，他继续设计各种方案来改变欧洲的政治局势。他试图弥合宗教分歧，但没有人注意他的计划。1714年，汉诺威的乔治成为英国国王，但莱布尼茨没有被邀请随朝廷前往伦敦，这无疑主要是由于微积分之争的恶劣影响。他留在汉诺威，饱受折磨，无人理睬，两年后去世。

讨论莱布尼茨的哲学并不容易。首先，他的许多作品都是不完整的，往往没有经过仔细的修改。这一点，莱布尼茨所处的生活环境要负主要责任。哲学著作要在难得的闲暇时间写，但这种闲暇经常被耽误和打断。还有另一个有趣的原因让莱布尼茨的哲学有时显得难以理解，即其哲学的双重性。一方面，他在单子论中提出了关于实体的形而上学；另一方面，他提出了一种逻辑理论，这与他的形而上学在许多方面是并行的。对我们来说，他的逻辑可能是这两者中更重要的，但莱布尼茨本人显然对两者同样重视。人们很容易从一个领域转移到另一个领域，这在莱布尼茨看来是毫无疑问的。总的来说，这种观点现在受到了英国哲学家的怀疑。虽然语言和逻辑在某种程度上是自给自足的观点是一种形而上学假设，但这种假设也有其自身的缺陷。就莱布尼茨的形而上学而言，它的一些重要特征是从当时的科学发展中接受的。莱布尼茨发表的包括单子论在内的形而上学著作，使他享有哲学家的美誉约两百年。但关于逻辑方面的著作在当时从未出版，直到 20 世纪初才得到适当的评价。如前所述，在形而上学理论中，莱布尼茨借助单子回答了实体问题。他同意斯宾诺莎的观点，即各种实体不能相互作用。这立即导致两个单子之间不可能有因果关系的结论。单子之间真的不可能有任何真正的联系，这个意思通过"单子没有窗户"的说法来表达。这种观点如何与普遍接受的事实相一致，即宇宙的不同部分似乎处于因果关系中，海林克斯的两个时钟的比喻已经给出了答案。将这个答案无限扩大，就能得出"预定和谐"的理论。根据这个理论，上帝是这样安排一切的：在一个拥有巧妙设计的平行路线的巨大系统中，所有的单子都按照自己的路线独立行进。从这个意义上说，每个单子都反映了整个宇宙。

每个单子都是一个实体，这些单子不仅拥有不同的理念，也有不同的属性。严格来说，认为它们占据不同的位置是不合适的，因为它们不在时间和空间中。时间和空间是感官现象，并不真实。真实的是一种单子排列，每个单子都是一种独特的理念，每个单子反映宇宙的方式略有不同，没有两个单子完全相同。如果两个单子相同，那么它们实际上是一个单子。这就是莱布尼茨"不可识别者的同一性"原则的含义。说两个单子可能只是位置不同，这是没有意义的。

由于所有单子都不同，我们可以根据它们反映世界的清晰程度来排列它们。每一个物体都是由一组单子组成的，人体也是如此，但这里有一个占主导地位的单子，因为它的清晰程度而显得突出。这个特权单子便是人类的灵魂。虽然所有单子都是广义上的灵魂，但它们是非物质的，不可摧毁的，所以它们是不朽的。占主导地位的单子或灵魂之所以突出，不仅是因为它有清晰的感知，还因为它有各种各样的目的，而正是为了这些目的，它的下属以一种预定和谐的方式行事。宇宙中的一切事物都有其发生的充分理由，但自由意志是被允许的，因为人类行动的理由不具有严格逻辑必然性的强制力。上帝也有这种自由，虽然他不能打破逻辑法则。这种自由意志理论使得莱布尼茨在斯宾诺莎可能提出异议的地方大受欢迎，它确实使单子论表现出某种程度的永恒性。正如我们将在下面看到的，事实上它又与之不同。

关于上帝存在这个经久不衰的问题，莱布尼茨对我们所看到的主要形而上学证明进行了完整的解释。四种证明中的第一种是安瑟伦的本体论证明；第二种是亚里士多德的第一因证明；第三种来自必然真理证明，据说必然真理的存在需要某种神的精神；第四种是预定和谐的证明，这其实是一种目的论证明。我们在其他地方讨论过这四种证明，并指出了它们的缺点。不久之后，康德打算从整体上否定这种形而上学证明。就神学而言，我们必须记住，形而上学的上帝是对关于事物本质的某些理论的最后一击，这个神不诉诸感情，与《圣经》中的神无关。除了新托马斯主义之外，神学家们不再依赖传统哲学中关于上帝的实体理论。

在某种程度上，莱布尼茨的形而上学受到了显微镜积累的许多新发现的启发。列文虎克（1632—1723）发现了精子，一滴水中充满了微小的有机体，这一点已经得到了证明。它似乎是一个比我们日常世界更小的完整世界。这样的思考导致了一种观点，即单子是没有广延的、形而上学的，是灵魂的栖息地。研究无穷小的微积分似乎也指向这个方向。莱布尼茨在这里关注的是这些基本成分的有机特性。在这方面，他的观点不同于伽利略和笛卡尔提出的机械论观点。虽然莱布尼茨的观点导致了各种各样的困难，但他发现了能量守恒原理和最小作用原理的最初形式。总的来说，物理学遵循伽利略和笛卡尔的观点。

无论科学发展和莱布尼茨的形而上学之间有什么联系，他的逻辑确实提供了很多线索，这使得他的形而上学即使不合理，至少也容易被理解。从莱布尼茨接受亚里士多德的主谓逻辑这一事实来看，我们有两个普遍的逻辑原则作为基本公理。第一个是矛盾原理，根据这个原理，两个矛盾命题中的一个必须为真，另一个必须为假；第二个是前面提到的充分理由原则，根据这一原则，一种特定的情况产生于前面提到的充分理由。我们把这两个原理应用于莱布尼茨的分析命题，即主语包含谓语的命题，如"所有的金属硬币都是由金属制成的"。根据矛盾原理，可以看出所有这样的命题都是真的；充足理由原则导致这样一种观点，即所有真命题都是分析命题，因为它们有足够的基础，尽管只有上帝才能这样理解它们。对人类精神来说，这样的真理似乎是偶然的。在这里，就像斯宾诺莎一样，我们找到了一种方法，试图对抗理想的科学程序。科学家研究的理论是抓住偶然的事情，指出这种偶然似乎是别的事情的结果，从这个意义上说，对偶然的研究让偶然成为必然。只有上帝有完美的知识，所以他可以根据必然的原则知道一切。

逻辑主词的意义限定在自身的概念之中，这导致了实体间没有相互作用的结论。这既符合实体本身，也符合真命题的分析性，这样，我们就不得不承认预定和谐论。但这种讨论与斯宾诺莎的理论一样，是绝对必然性的，其中没有自由意志的地位。至于上帝和他创造的这个世界，是上帝的善良引导上帝创造了最好的世界。在这个问题上，莱布尼茨有另一种理论，其中没有提到上帝和创造。他似乎受到亚里士多德的现实理论，或受到了从潜在到现实的理论的启发，认为在任何一个时刻都展现出最真实的世界终将存在。然而我们不要忘记，不是所有潜在都能同时变为现实。

如果我们不严格遵守主谓逻辑，莱布尼茨可能会在数理逻辑方面发表一种看法，将对这个问题的研究提前一个世纪。在他看来，有可能发明一种通用的符号语言，这种语言是完整的，从而将思考简化为计算。先不说计算机，莱布尼茨的想法可能有点草率，但他还是预见到了很多在逻辑领域逐渐变得普遍的事情。就这里完整的语言而言，它只是人们最终获得关于上帝的完美知识的另一种方式。

专注于清晰的思想，寻求完美的语言，这是笛卡尔理性主义哲学的主要目标。在某种程度上，这与我们已经提到的科学目标是一致的。另一方面，我们这里还有一条不遵循某种终极目标的道路。当莱布尼茨提到只有上帝拥有完美的知识时，他至少含蓄地看到了这一点。伟大的意大利哲学家詹巴蒂斯塔·维科更强烈地批判了理性主义的思维方式。包括维科在内的每一个虔诚的基督徒都会接受莱布尼茨的上述观点，这促使意大利人建立了新的认识论原则。因为上帝创造了这个世界，所以他对这个世界有着完美的理解。人是一种生物，所以他对世界的理解是不完美的。在维科看来，认知某个事物有一个前提，就是认知者曾创造过某个事物，换句话说，我们只能理解自己创造的事物。如果按照"事实"一词的本义来理解，那么上述思想可以表述为：真理就是行动。

维科在世时和他去世五十年后几乎无人知晓。他出生在那不勒斯，父亲是一个小书商。三十一岁时，他成为那不勒斯大学的修辞学教授。直到 1741 年退休之前，他一直从事这种有点低人一等的工作。他大半辈子过着贫困的生活。为了养家糊口，他不得不通过做私人教师和为贵族做不定期的写作工作来弥补微薄的工资。他的写作晦涩难懂，这是他在当时不被人们理解的部分原因，同时也使他从未得到与和他同级别的思想家见面或交流的好运。

真理就是行动的理论导致了许多极其重要的结果。首先，它为数学真理的确定性问题提供了一些依据。人类自己以抽象和任意的方式确定规则，并以这种方式创造了数学科学。因为我们实际上创造了数学，所以我们可以理解数学。同时，维科认为，数学不能使我们提出一种几乎等于理性主义者所认为的关于自然的知识。在他看来，数学是抽象的，但这种抽象不是就它似乎是从经验中提取的意义而言的；它指的是与自然的分离，在某些方面指的是人类思维的任意构建。自然本身是上帝创造的，所以只有上帝才能完全理解自然。就人而言，如果他想学习一些与自然有关的知识，就不应该使用那么多的数学程序，而应该通过实验和观察掌握一套经验方法。维科更赞同培根而不是笛卡尔。必须承认，维科在告诫人们不要使用数学方法时，并没有看到数学在科学研究中的作用。与此同时，人们会承认维科对一些不受约束的数学推测提出了警告，这些推测有时试图假装是实证研究。正如我们已经提到的，正确的方法介于这两个极端之间。数学的确定性来自创造数学的行动。这一理论影响了后来的许多思想家，尽管他们可能不同意维科的观点，即数学是他所谓的任意事物。另一方面，形式主义欢迎任意性，认为数学是一个精心构建的游戏。当然，很难说维科的各种具体而直接的影响是如何产生的。就马克思和索雷尔而言，我们知道他们研究过维科的作品。然而，想法经常以一种难以捉摸的方式让自己为人所知，但没有明显的可识别的影响。维科的作品没有被广泛阅读，但是它们仍然包含了许多19世纪哲学发展的萌芽。

维科的另一个主要成果是他的历史理论。他认为数学因是人为的而完全可以被理解，这与现实无关；自然不是完全可以辨认的，因为它是上帝创造的，但自然确实与现实有关。今天，只要纯数学只是一种人为建构的观点存在，这种悖论就仍然存在。维科试图发现一种"新科学"，这种科学是完全可识别的，并且与现实世界相关。他在历史中发现了这种科学。人与上帝合作是对传统观点的一次令人震惊的反驳，因为笛卡尔主义者已经废除了历史这种不科学的学问。与无生命的物质相比，社会本来就更容易被认识这一观点在19世纪由德国哲学家狄尔泰、社会学家马克斯·韦伯和桑巴特复兴。

这种新的想法在一本名为《新科学》的书中得到了充分的解释。对于现代读者来说，这本书有点莫名其妙，因为它是各种元素的混合物，而这些元素总是很难被恰当地区分。除了哲学问题，作者还讨论了经验问题和简单的历史问题，这些问题并不总是容易区分的。有时候，维科似乎并不知道自己正在从一个问题滑向另一个问题。虽然《新科学》有这些缺点和模糊之处，但它已经发展了一个非常重要的理论。

把真理等同于你所做的，或者等同于"做"是什么意思呢？仔细考察之后，我们可以看到，这个非正统的原理在认识论上构建了一些非常可靠的推论，因为"做"真的有助于提高我们的理解。毫无疑问，明智地完成某一行为会促进人们对相关问题的理解，这显然最自然地出现在人类行为或努力的范围内。对音乐的理解就是一个很好的例子。要完全理解一首音乐，光听是不够的。似乎我们必须通过阅读或演奏乐谱来再现它，即使我们用不太熟练的专业技能去做。更重要的是，专业技能是通过这种方式逐渐获得的。对于科学研究也可以这么说。与简单肤浅、抽象的知识相比，研究物质可以做成什么样的活的知识，能够使人更牢固地把握现实。正如我们将在后面看到的，这一观点为皮尔士的实用主义哲学奠定了基础。然而在这种观点下，无论如何都没有什么深刻的东西。"实践创造完美"这句话表明人们意识到了这个道理。因此，在数学中，仅仅研究定理是不够的，人们应该能够使自己的理论素养面对各种特殊的问题。这不是欣赏功利主义，提倡抛弃无私研究；相反，只有通过考察行动中的概念，我们才能正确理解这些概念。乍一看，这种方法似乎有点类似普罗泰戈拉的实用主义，但维科并没有使人完全成为诡辩意义上的一切的尺度。他强调的是认知过程中的生存和重建因素，这与把每个人的看法变成最终标准有着根本的区别。维科对行动的强调与理性主义者的明确想法完全相反。

理性主义者视想象为混沌之源而退避三舍，维科则重视想象在发现过程中的作用。他经常主张，在得到概念之前，我们总是根据非常模糊的情况来思考。这种观点并不令人满意，因为无论一个观点多么模糊，都很难看出它是如何完全缺乏概念内容的。我们不妨说，最初的思维是建立在描述和隐喻的基础上的，而抽象思维是最复杂的阶段。在这个完整的观点中可能有一条重要的线索，指出理性主义者把科学作为一种成品来讨论，按照解释的顺序来描述科学。维科含蓄的阐述是在行动中展示科学，采用创造性的秩序，但在维科的作品中，这一论述的许多内容根本没有明确阐明。

就人类创造的历史而言，维科认为有可能获得最大程度的确定性。他认为历史学家有可能发现历史进程的一般规律，并据此解释为什么已被证明的历史事件可以预测未来。维科不是说每一个细节都可以被机械地预测，而是说我们可以通过一些常见的方法知道历史的大致轮廓。在他看来，人类的事务是有趋势的，人类的命运是周期性的，就像潮水一样来回流动。我们已经看到，这种循环理论可以追溯到前苏格拉底理论。就像文学作品中的作家和演员一样，维科通过探索人类精神历史循环的形式，为这些古老的概念注入了新的思想。

维科的理论远非倒退，而是指向黑格尔的历史理论。同时，与理性主义相比，这种探索历史的方法更适合于实证的历史研究。因此，霍布斯和后来的卢梭阐述的社会契约论是一种典型的理性主义偏见，这是一个用机械的、几乎是数学方法检验的社会理论。维科的理论使他能够将社会组织视为一个与人类相关的、自然而渐进的发展过程，而人类则通过积累的传统慢慢发展自己的公共生活方式。与此相对，社会契约论假设人们突然发现自己完全理性，善于计算，这种存在通过理性的行动产生了一个新的社会。

一般适合社会的，也特别适合语言。在共同生活的过程中，当人们必须相互传递信息时，语言就开始出现了。语言的原始形式由手势和象征行为组成。语言逐渐变得清晰，其符号也随之变化：从与简单物体的直接的、自然的联系到常规的形式。的确，语言是从诗歌开始的，后来逐渐发展成科学语言。那些编纂了语法结构原则的语法学家在这方面也采用了理性主义，认为语言是有意识地、谨慎地被建构的，但他们的观点是错误的。科学和哲学的语言是文明的新产物，这是我们在讨论古代哲学时认识到的。在古代哲学中，我们看到人们是如何与当时流行的语言做斗争，以便说一些新的东西。这仍然是一个有时被遗忘的重要原则。科学和哲学起源于日常语言，它们的使命在于打造更敏锐的语言工具来理解新问题。这是笛卡尔清晰原则中包含的重要信息。维科本人似乎并没有从这个角度来看待这个问题，所以他忽略了理性主义对科学的意义。

我们可以用两种相反的方法来讨论语言问题。我们可以像莱布尼茨一样，把极端理性主义的语言观看作一种从头到尾贯穿清晰原则的计算，以及各种明确制定的计算规则。我们也可以以维科的精神来看待自然语言，以自然语言可以发展成一种适当的交流媒介的方式，反对用任何形式曲解它的企图。按照这种观点，逻辑的功能其实是多余的，唯一有意义的标准就是积极使用语言。这两种极端的观点都是错误的。理性主义在发展方向上犯了一个错误，为达到某种终极目标，它对形式化的排斥阻碍了让我们摆脱狭隘视野的可能性。后一种方法往往与日常语言需要什么和能做什么一样清楚的观点联系在一起，这完全是一种草率乐观的观点，没有考虑到以前的哲学偏见仍然保留在日常语言中。

虽然维科在社会学领域持有非正统的理论，但他仍然是一个虔诚的天主教徒。无论如何，他试图在他的系统中容纳公认的宗教。至于这样做是否会导致自相矛盾，这当然是另一个问题。另一方面，一致性不是维科的优点。维科的重要性在于，他几乎奇迹般地预见到了19世纪的哲学发展。在社会学中，他抛弃了理想共同体的理想主义概念，致力于探索各种社会是如何产生和发展的经验性任务。在这方面，他完全是开创性的，第一次提出了真正的人类文明理论。这些都与他所有思想中一个至关重要的观点密切相关，即"真理就是行动"，也就是拉丁语中的"事实"。

英国经验主义

继宗教改革运动之后，北欧出现了一种新的政治和哲学态度，英国和荷兰是其中的代表，其表现是反对宗教战争和罗马教廷。英国基本上没有受到大陆宗教分裂的恐怖影响。事实上，新教徒和天主教徒在一段时期内并不是处在你死我活的斗争中。尽管克伦威尔的清教势力与英国政府发生了冲突，但并未出现大规模的宗教迫害，特别是没有外国军事干涉。另一方面，荷兰人受到了宗教战争的强烈影响。在与信奉天主教的西班牙的长期艰苦斗争中，荷兰人终于在 1609 年获得了对其独立的暂时承认，这一点在 1648 年的《威斯特伐利亚条约》中得到了确认。

这种对社会和知识的新态度被称为自由主义。在这个模糊的标题下，人们可以认出一些明显的特征。首先，自由主义基本上是一种新教思想，但不是狭义的加尔文主义。更准确地说，这是新教思想的发展，即每个人都必须以自己的方式与上帝达成协议。另外，偏执也是不利的。自由主义是新兴中产阶级的产物，商业和工业是在中产阶级的控制下发展起来的，它反对根深蒂固的贵族特权传统以及君主制，其主要目的是信仰自由。17世纪，欧洲其他大部分地区一度被宗教纷争撕裂，被宗教狂热折磨，而荷兰共和国则成为非圣公会教徒和各种自由思想家的避难所。新教教会从未获得中世纪天主教所享有的政治权力，国家权力变得越来越重要。

通过自己的企业获得资产和财富的中产阶级商人逐渐不再支持独断专行的国王，因此这是一场民主运动，旨在保护私人财产和消减国王权力。在否定君权神授的同时，一种人们能通过自己的努力可以战胜环境的感觉逐渐出现，于是人们开始越来越强调教育的重要性。

一般来说，政府天然地会被怀疑阻碍了商业扩张的需要，限制了其自由发展。同时，法律和秩序被视为基本需求，这稍微缓解了人们对政府的敌对态度。从这个阶段开始，英国就养成了热衷于妥协的典型性格。在社会问题上，这意味着我们关心的是改善而不是革命。

17世纪的自由主义是解放的力量，它将那些践行它的人从所有政治、宗教、经济和知识的暴政，以及仍然附属于这些暴政的、垂死的中世纪传统中解放出来。同样，它既反对新教教派的极端狂热，也否认教会为哲学和科学事务立法的权力。直到维也纳会议将欧洲抛入神圣同盟的新封建泥潭，早期的自由主义在积极世界观的推动下大步向前，并且几乎没有遇到什么重大挫折。

在英国和荷兰，自由主义的发展与那个时代的普遍条件密切相关，几乎没有产生激烈的争论。在一些国家，尤其是法国和北美，自由主义在随后的事件中产生了革命性的影响。

自由主义的主要特征是崇尚个人主义。根据良知制定的法律并不具有恰当的权威性，这一点在新教神学中已被指出。在经济领域，它的特点是"自由放任"，而其理论化的形态是19世纪的功利主义。在哲学领域，它把自己对认识论的兴趣推到了突出的位置。此后，认识论占据了哲学领域。笛卡尔的著名命题"我思故我在"是典型的个人主义，因为它迫使每个人都把自己的存在作为知识的基础。

个人主义主要是理性主义的理论，人们认为理性至上。一般认为被感情支配是不文明的。然而在19世纪，个人主义逐渐延伸到感情领域。在浪漫主义运动的巅峰时期，个人主义导致了一系列宣扬强者可以恣意妄为的权力哲学。这一运动的结果与自由主义完全相反。这个理论真的是弄巧成拙，因为成功的人一定要毁掉通往成功的阶梯，才不会和同样有野心的人竞争。

自由主义运动对学术氛围产生了重要影响，所以坚持截然不同的哲学观点的思想家在政治理论上同样是自由主义者也就不足为奇了。斯宾诺莎和英国经验主义哲学家一样是自由主义者。

19世纪是一个工业社会兴起的时代，在这个时代，悲惨的工人阶级因遭受剥削而谋求社会改革，自由主义是其强大的改革动力。这一功能后来被崛起的社会主义运动中更具战斗性的力量吸收。总的来说，自由主义运动不是教条性的。不幸的是，作为一种政治力量，自由主义现在已经筋疲力尽了。关于我们的时代，我们遗憾地看到，也许由于 20 世纪的国际灾难，没有坚定的政治信条，大多数人将没有勇气生活下去。

笛卡尔的哲学工作导致了两个主要的发展趋势。其中之一是复兴的理性主义传统，其 17 世纪的主要继承者是斯宾诺莎和莱布尼茨。另一种是通常所说的英国经验主义。我们应注意不要过于严格地使用这些标签。理解哲学的一个主要障碍是盲目地、严格地用标签来给思想家分类。尽管如此，传统的划分并不是武断的，而是指出了两种传统的一些主要特征。诚然，即使在政治理论上，英国经验主义也表现出显著的理性主义倾向。

这一运动的三个代表人物，约翰·洛克、贝克莱和休谟，其活跃时期从英国内战一直持续到法国大革命。洛克接受了严格的清教徒训练。内战期间，他的父亲加入了议会军。洛克的基本目标之一是宽容，但对于这种宽容，对抗的双方都不买账。1646 年，他去了威斯敏斯特学校，在那里接受了传统古典文学的基本训练。六年后，他搬到了牛津，在那里住了十五年，先是当学生，然后是希腊语和哲学老师。他不喜欢当时牛津盛行的经院哲学，但对科学实验和笛卡尔哲学很感兴趣。圣公会不会让持宽容观点的人有什么好前途，所以洛克最终从事了医学研究。在此期间，他开始结识波义耳，后者与 1668 年成立的英国皇家学会有联系。1665 年，他陪同外交使团访问勃兰登堡选侯；第二年，他遇到了沙夫茨伯里伯爵，随后成为伯爵的朋友兼助手直到 1682 年。洛克最著名的哲学著作是《人类理智论》，这本书创作于 1671 年，是洛克和他的朋友们一系列讨论的结果。在讨论中，洛克及其友人开始明白，对人类知识的范围和局限性进行初步评估可能是有益的。1675 年沙夫茨伯里伯爵下台后，洛克来到法国居住了三年。在那里，他遇到了许多当时著名的思想家。1678 年，沙夫茨伯里伯爵重返政坛，成为枢密院司法委员会的大臣；第二年，洛克恢复了伯爵秘书的职务。沙夫茨伯里伯爵试图阻止詹姆斯二世就职，并参与了蒙默思公爵叛乱。1683 年，沙夫茨伯里伯爵在流亡途中死于阿姆斯特丹。洛克因被怀疑参与其事，于同年逃往荷兰。在这段时期，洛克隐姓埋名，以免被引渡回国。正是在这一时期，他创作了《人类理智论》《论宗教宽容》和《政府论》。1688 年，奥兰治的威廉成为英国国王，洛克在不久之后重回英国。晚年时期，洛克将大部分精力投入到规划未来版本和应对由这部作品引起的争论上。

在《人类理智论》中，洛克第一次试图直接阐明人类心灵的局限性和我们可能从事的各种研究。理性主义者含蓄地假设，完美的知识最终是可以获得的，然而洛克在书中的讨论对此却并不乐观。大致而言，理性主义是一种乐观主义，并且这种乐观已经将批判性排除在外。洛克的认识论研究是批判哲学的基础，是双重意义上的经验主义。首先，它不像理性主义那样预先判断人类知识的范围；其次，它强调感受体验的因素。这一研究不仅标志着贝克莱、休谟和穆勒继承的经验主义传统的开始，也是康德批判哲学的起点。洛克的《人类理智论》旨在扫除旧的偏见和先入为主的观念，而不是提供一个新的体系。他设定了自己的任务，并谦虚地认为这项任务无法与那些大师——比如"无与伦比的牛顿爵士"——的工作相提并论。就他而言，他觉得"被雇佣为杂役，稍微打扫一下地面，清除一些知识之路上的垃圾，已经够有野心了"。

这个新计划的第一步是将知识严格建立在经验的基础上，这意味着笛卡尔和莱布尼茨的天赋概念必须被拒绝。我们生来就有一定的先天素质，这种素质可以发展并使我们能够学习很多东西，这是各方面都认可的。但是没有必要假设没有受过教育的头脑有潜在的内容。如果是这样的话，我们将永远无法区分这种知识和真正来自经验的知识。我们可以说所有的知识都是天生的，这恰好是《美诺篇》提到的回忆的概念。

洛克认为，人的心灵原本是一块白板，是经验为它提供了精神内容。洛克称这些内容为观念，而"观念"一词的使用范围非常广泛。根据对象不同，观念一般分为两种类型。第一种是感觉的观念，即外部世界通过我们的感官给心灵带来的观念。第二种是内省的观念，它来自心灵对自身的观察。到目前为止，这个理论还没有引入任何令人惊讶和感到新奇的东西。心灵除了感官的东西什么也没有，这是一个古老的哲学命题，莱布尼茨还对它加了一个限制。经验主义的新颖独特之处在于，这些观念是知识的唯一来源。在思考的过程中，我们绝不能超越我们通过感觉和反思所推测的限度。

洛克进一步将观念分为简单观念和复杂观念，但什么样的观念算是简单的，洛克并没有提供一个让人满意的标准，他只是将不可再分解的视为简单的。这种说明几乎没有意义，并且他也没有严格按照这个定义使用"简单"这个词。不过这并不影响我们去理解他要做什么。他试图做的事情一目了然。如果只有感觉和内省的观念，就有可能说明精神内容是如何由这些观念构成的，也即简单观念如何组合成复杂观念。复杂观念被细分为实体、样式和关系。实体是可以单独存在的事物的复杂概念，样式依赖于实体。至于关系，洛克认为它并非真正的复杂观念，它源自心灵的比较，自成一类，比如因果关系，这一关系观念因观察变化而起。洛克主张，必然联系的观念是建立在先验假设的基础上的，这种观念没有经验根据。后来，休谟强调这一观点的后半部分，而康德则强调前半部分。

对洛克来说，某人知道什么意味着这个人对他所知道的事物确信无疑。在这方面，他只遵循理性主义的传统。"知道"这个词的用法可以追溯到苏格拉底和柏拉图。根据洛克的观点，我们知道的一切都是观念，观念被视为世界的形象或代表。知识的代表性理论使洛克超越了他如此强烈提倡的经验主义。如果我们知道的都是观念，那么我们永远无法知道这些观念是否与外界的事物一致。无论如何，这种知识观点引导洛克得出以下观点：文字代表思想，正如思想代表事物一样。但是，这里有区别。从某种意义上说，文字在传统上是一种符号，但思想不是。由于经验只为我们提供特殊的想法，所以产生抽象和一般想法的是心灵本身的功能。至于洛克在《人类理智论》中零星表达的关于语言起源的观点，与维科承认隐喻作用的观点是一致的。

洛克认识论的主要困难之一是解释错误。这个难题的形式就是《泰阿泰德篇》中的难题——我们只需用洛克的白板代替柏拉图的鸟笼，用观念代替鸟。根据这个理论，似乎我们永远不会陷入错误，但洛克并不总是被这样的问题困扰。他的论点不一致，当遇到困难时，他经常避免争论。他的实际心态使他以零敲碎打的方式处理哲学问题，而没有正视前后统一的任务。正如他声称的那样，他是一个杂役。

在神学上，洛克接受了理性真理和启示真理的传统划分。洛克是一个坚定不移、虔诚的基督徒，他最讨厌的是"神秘的灵感"，这个词义指受到上帝启发的状态，这是 16 至 17 世纪宗教领袖的特征。洛克觉得他们的狂热摧毁了理性和启示，还得到了宗教战争和可怕暴行的支持。总之，洛克确实把理性放在第一位，继承了他那个时代的普遍哲学倾向。

在洛克的政治理论中，我们也可以看到理性和经验主义的混合，这方面可见于他的《政府论》。在《政府论》的两篇论文中，第一篇驳斥了罗伯特·菲尔默爵士在其《父权制》中阐述的极端君权神授论，对于其中的世袭原则，洛克不费吹灰之力便将之瓦解。尽管有些人可能会发现这一原则并不那么违背人类的理性，事实上，它在经济领域被广泛接受。

在第二篇论文中，洛克提出了自己的理论。像霍布斯一样，他认为在政府出现之前，人们生活在由自然法则支配的自然状态中。这些都是传统的说法，就像霍布斯和洛克关于政府起源的观点是基于社会契约的理性主义。就其背景而言，这一理论优于那些主张君权神授的人，但不如维科的理论。在洛克看来，隐藏在社会契约背后的主要动机是保护财产。但这种契约签订后，个人就放弃了自己作为唯一主权者的资格。这一权力现在被移交给了政府。鉴于在君主制中，君主也会卷入争端，所以禁止自审自判的原则必然要求司法独立于行政。在他之后，孟德斯鸠详细讨论了权力的划分。在洛克那里，我们发现这些东西第一次得到了详细的阐述。他特别考虑了国王的行政权和议会的立法职能之间的平衡。立法机关必须是至高无上的，它只对它所代表的整个社会负责。当行政部门与立法机关发生冲突时该怎么办？显然，在这样的场合，行政部门不得不屈服。事实上，查理一世就是这种情况，他的独裁导致了内战。

还有一个问题，当武力可以正确地用来抵抗愤怒的君主时，人们该怎样做？这实际上是一个成王败寇的问题，虽然洛克似乎隐约意识到了这一事实，但他的观点与他所处时代政治思想的总体理性主义倾向是一致的。这种观点假设任何理性的人都知道什么是对的。在这里，我们再一次看到了自然法的身影。因为只有根据某种内在的原理，我们才能评价一个行为是否正确。就在这里，司法发挥着特殊的作用。洛克本人并没有把正义作为一种独立的权力来讨论。然而，只要三权分立逐渐得到承认，司法机构最终将获得完全独立的地位，使其能够在任何其他权力之间进行判断。在这方面，三种权力构成了一个相互制约和平衡的体系，并倾向于防止无限权力的产生。这是政治自由主义的核心。

在今天的英国，僵化的政党结构和赋予内阁的权力，确实削弱了行政和立法的分离。洛克渴望三权分立的最明显的例子是美国政府、美国总统和国会的独立作用。至于普通国家，自洛克以来，其公共权力取得了巨大进步，但牺牲了个人利益。

虽然洛克在思想家中既不是最深刻的，也不是最有创造力的，但他的作品对哲学和政治有着强大而持久的影响。在哲学上，他开辟了一种新的经验主义，这种经验主义首先由贝克莱和休谟发展起来，然后由边沁和穆勒接续。同样，18世纪法国的百科全书派，除了卢梭及其追随者，大多是洛克的信徒。马克思主义的科学情怀也归功于洛克的影响。

在政治上，洛克的理论是对英国正在实行的事务的概括，因此不会导致剧烈的变化。在美国和法国，情况就不同了，洛克的自由主义引爆了一些壮观的革命运动。在美国，自由主义已经成为国家理想，并被载入宪法。这是一条有理想的道路，虽然人们并不总是忠实地遵循这些理想；然而作为一项原则，早期自由主义几乎完好无损地继续在美国发挥作用。

奇怪的是，洛克的巨大成功与牛顿的所向披靡关系匪浅。牛顿力学彻底打破了亚里士多德的权威。同样，洛克的政治理论虽然没有什么新意，却摧毁了君权神授的观念。这种政治理论在迂腐的自然法基础上，进行了适当的变革以适应现代条件，并努力建立新的国家理论。这些趋势反映在后续事件的影响上。《独立宣言》的措辞带有科学倾向的痕迹。当富兰克林在他的声明"我们认为这些真理不言而喻"中用"不言而喻"取代杰斐逊的"神圣和不可否认"时，他重复了洛克的哲学语言。

在法国，洛克的影响力更大。法国大革命爆发前，过时的政治专制痛苦挣扎，与英国自由主义原则形成鲜明对比。此外，在科学领域，牛顿的科学体系已经取代了旧的笛卡尔世界观。在经济方面，英国的自由贸易政策得到了法国的高度赞赏，尽管它在一定程度上被误解了。整个18世纪，亲英的态度在法国盛行，这种态度首先是基于洛克的影响。

洛克的思想还导致了现代欧洲哲学的分裂。总的来说，大陆哲学一直属于构建庞大体系的类型。它的论证有一种先验的倾向，在它的视野里，问题的细节往往无关紧要。另一方面，英国哲学更紧密地遵循科学实证研究的方法。它以零敲碎打的方式处理大量的小问题，当它提出一般原则时，它用直接证据来检验它们。由于这些研究方法的不同，先验系统虽然本身是和谐的，但如果强行把它的基本原理去掉，它就会被打碎成粉末。经验哲学是基于可观察的事实，如果我们在某些地方发现错误，它不会随即崩溃。这种区别就像两座金字塔的区别。经验哲学的金字塔是以地面为基础的，即使从某个地方移走了什么东西，金字塔也不会倒塌。先验系统的金字塔则是倒立着的，你一斜眼看它，它就倒了。

在伦理学上，这种方法的实际效果更加明显。作为一种由严格制度制定的善，如果一个无知的暴君认为自己注定要完成这种善，那可能会制造一场可怕的大灾难。毫无疑问，有些人鄙视功利主义伦理，因为它是从追求幸福的基本欲望出发的。但是，与那些只追求理想目的而不顾手段的严肃而高尚的改革者相比，这一理论的支持者能为他的同胞带来更多的好处。根据伦理学观点的不同，我们发现了政治中不同态度的发展。洛克体系下的自由主义者不太热衷于基于抽象原则的激进变革。每一个争议都必须在自由讨论中根据其本身的价值来处理。惹恼欧洲大陆的是英国政治和社会实践的零敲碎打、实验性、非系统甚至反系统性。

洛克的那些自由主义和功利主义继承者支持开明的利己伦理。这种观念未必能唤起人最高尚的情感；但出于同样的原因，它避免了英雄式的暴行，这些暴行往往是以最高尚的制度的名义犯下的。这些系统假设了更高尚的动机，但忽略了一个事实——人不是抽象的存在。

洛克理论中留下的一个严重缺陷是他对抽象概念的解释。当然，这是一种处理普遍问题的尝试，是洛克在其认识论中留下的。其困难在于，如果我们从一个特殊的情况中抽象出来，那么最后什么也不会留下。洛克以抽象的三角形概念为例，认为三角形必须"既不是钝角，也不是直角；既不是等边、等腰的，也不是不等边的；同时，所有这些三角形又不能是任何一种三角形"。批判抽象概念是贝克莱哲学的出发点。

乔治·贝克莱（1685—1753），英裔爱尔兰人，1685年出生于爱尔兰。十五岁时，他在都柏林的三一学院学习，那里的传统学科与牛顿理学和洛克哲学齐头并进。1707年，他被选为该学院的研究员。在接下来的六年里，他发表了一些作品，这奠定了他作为哲学家的声誉。

在三十岁之前，贝克莱已经获得了很高的名望。之后，他将主要精力转向了其他事业。从1713年到1721年，贝克莱在英国和欧洲大陆生活和旅行。回到三一学院后，他担任高级研究员，并于 1724 年成为德利教区的负责人。在此期间，他开始在百慕大建立传教学院。在政府支持的保证下，他于 1728年前往美国寻求新英格兰人的支持。但是议会承诺的帮助遥遥无期，贝克莱不得不放弃这个计划。他于 1732 年回到伦敦。两年后，他被提升为克洛因主教。他一直担任这一职务，直到1752 年访问牛津，次年年初在牛津去世。

贝克莱哲学的基本命题是"存在即被感知"。在他看来，这个命题是如此不言而喻，以至于他从未向他同时代的那些不认同这一观点的人解释什么。乍一看，这个命题与常识格格不入。正常情况下，没有人会按照这一命题认为自己感受到的对象就在自己心里。然而，关键在于贝克莱的暗示，即洛克主张但未能前后一致的经验观点：关于对象的观念是存在错误的。和约翰逊博士一样，用踢石头来反驳贝克莱是完全跑题的。贝克莱自己的理论是否最终解决了洛克的困难，这是另一回事，但我们必须记住，贝克莱并没有试图用深奥的问题迷惑我们，他只是想纠正洛克哲学中的一些矛盾。至少在这方面，他是极其成功的。内部世界和外部世界的差异在洛克的认识论中无法得到恰当的处理，也不可能同时倡导洛克的观念理论和知识表象理论。当康德解释同样的问题时，他也将面临同样的困难。

贝克莱批判抽象概念理论的第一本书是《视觉新论》。在这本书里，他首先讨论了当时流行的一些关于感知的困惑。他十分正确地解决了下面这个显而易见的问题，那就是我们看到的正向的东西，在视网膜上的图像却是倒着的。这个现象在当时困扰着相当多的人，贝克莱指出这是由于一个非常简单的谬误：问题出在我们是用眼睛看事物，而不是像看屏幕一样在眼睛后面看眼睛。这种谬误的原因就在于我们在不知不觉间从几何光学掉入了感性语言的陷阱。贝克莱进一步发展了知觉理论，明确区分了不同感觉所针对的不同对象。

贝克莱认为，视觉不是一种外在的东西，而只是心中的一个观念。但他又认为触觉感知的是外在的东西，不过这一点在后来的著作中被他自己否定了，从而变成了所有感知都是心灵对感知的观念。所有的感知都不相同，每个人的感知也各不相同，贝克莱批驳他所谓的"唯物主义"，原因就在于此。物质不过是一种形而上学的载体，引起心灵经验的是一个个单独的性质。纯粹的物质无法被感知，因此是无用的抽象概念，这也符合洛克的想法。例如，如果将一个三角形的所有性质都去掉，那最终什么都不会留下，心灵对此也不会产生任何经验。

《视觉新论》出版一年后，《人类知识原理》于1710年出版。在这本书里，贝克莱没有任何限制和妥协地提出了他的基本命题：存在即被感知。如果人们认真对待洛克的经验主义，那么这个命题就是洛克经验主义的最终表述。只有当我们实际上有经验，我们才能说我们有一些感觉和内省的经验。因为这个原因，我们不仅局限于通过这种方式进入我们心灵的经验，而且只有当我们感知到这些经验时，我们才能说它们存在。因此，你只能在感知到经验时才具有经验。这样，说任何事物都只存在于经验之中，或者说事物只有通过经验存在，这种表达才是有意义的，因为存在和被感知是完全相同的事情。根据这一观点，说没有经验或知觉是没有意义的，这一立场继续被主张知识现象学的当代哲学家坚持着。根据这个理论，没有感觉不到的感官材料。至于抽象概念，它们必须代表一些没有被经验的现实，这与洛克的经验主义相矛盾。根据经验主义，实在性就等同于被经验。

如何处理普遍性问题？贝克莱指出，洛克认为的抽象概念只是一个普通名词，这种名词不是指某个具体的事物，而是指一组事物中的任何一个事物，比如"三角形"可以指称任何一个三角形，但它不是一个抽象概念。抽象概念的困难与苏格拉底的理念论所面对的困难有关，都不指称某个具体的事物，尽管它们存在于另外一个世界，我们还是有可能认识到它们。

无论如何，贝克莱不仅拒绝抽象概念，而且完全反对洛克关于对象和观念的区分，以及由此产生的知识表象理论。作为一个彻底的经验主义者，为什么我们一方面可以宣称所有的经验都是感官的和内省的，另一方面又可以断定概念与不被认知甚至不可认知的对象是一致的？在洛克哲学中，我们首先经历了康德对物自体和现象的区分。贝克莱不谈物自体，因为这与洛克的经验主义互不相容，所以将其排斥在外可谓明智之举，这是贝克莱唯心主义的要义所在。我们真正能理解和谈论的是精神内容。根据知识表象理论，洛克坚持认为，文字是思想的表象。每个词都与其概念一致，反之亦然。这种错误的观点是抽象概念理论的成因。通过这种方式，洛克必须声称言语中的话语唤起了思想；通过这种方式，信息从一个人传递到另一个人。

对贝克莱而言，证明这个理论行不通不是件难事。当我们听一个人的演讲时，我们理解的是他演讲的主旨，而不是一系列单词的意思——这些单词相互分离，然后像珠子一样穿在一起。人们可能会补充问道，既然表象论的困难无处不在，我们如何给一个观念命名？这就要求一个人能在不用语言的情况下，将心中某个明确的观念传达出来，然后再给它一个名称。然而，即使在这个时候，也不可能看出为什么这个名称和这个观念是一致的，因为根据这个理论，观念本身不是文字。可见，洛克对语言的解释严重不足。

我们已经看到，人们可以对贝克莱的唯心主义做一番解释，以使其不像乍看起来那样令人惊讶。贝克莱可以给出一些推论，但这些推论很难使人信服。这样看来，如果有持续的感性活动，那么这种感性活动必然有心灵或精神的活动支持。当心灵有了一个观念，心灵便不再是自己的经验对象，所以其存在不在于被感知，而在于感知本身。这就与贝克莱的观点矛盾了，因为这样的心灵正是被贝克莱批判的洛克的抽象概念，即感知的是某种抽象概念，而不是一个具体事物。至于当心灵处于休息状态时会发生什么，需要具体的解决方案。显然，如果就活跃的心灵而言，存在要么意味着感知，要么意味着被感知，那么不活跃的心灵一定就是永远活跃的上帝心灵中的某个观念。引入这种哲学上的上帝是为了解决理论上的困难，在这里，上帝的功能就是保证心灵的持续存在，以及保证我们所说的物理对象的持续存在。这种显得比较自由的解释使其回到了近于常识的领域。贝克莱的这一部分观点既无价值，也没有哲学意味。

这里值得强调的是，贝克莱的"存在即被感知"并不意味着他想让上帝解决这些问题。其实我们只需要仔细考虑如何正确使用词汇，就可以看出他的观点是正确的。因此，他在这里所做的没有形而上学的意义，这是一个如何使用某些词语的问题。只要我们决定在同一意义上使用"存在"和"被感知"，就肯定没有怀疑的余地。贝克莱认为，我们不是在讨论如何使用这些词汇，因为在谨慎的讨论中，我们已经在这样使用这些词汇了。我们已经尽了最大努力来揭示这并不是完全不可思议的，但是人们可能会发现这种说话方式并不像贝克莱想的那样合适。

第一个事实是，他被引向了关于心灵和上帝的形而上学理论，这与他哲学的其他部分极不相容。如果我们不坚持这一点，我们可能会觉得贝克莱的术语没有必要与常识冲突，虽然这一点有争议，但无论如何也不是人们必须放弃贝克莱术语的原因。除此之外，贝克莱的哲学还有一个弱点，这使他极易遭到批评。由于贝克莱本人也揭露了类似的关于视觉的错误，贝克莱的哲学弱点变得越来越明显。如上所述，他正确地主张一个人用眼睛看事物，而不是看眼睛；同样，人们可以说一个人是用心灵去感知，而不是在感知的过程中观察心灵。正如我们不观察我们的眼睛，我们也不观察我们的心灵；就像我们永远不应该说我们在视网膜上看到了东西，我们也永远不应该说我们感知到了我们心灵中的东西。至少这证明了"在心灵中"这种表达需要慎重考虑，但贝克莱忽略了这一点。

上述批评表明，我们有充分的理由用类似的方法反驳贝克莱的其他观点。就这个范围而言，贝克莱的观点极易误入歧途。或许人们认为这对贝克莱是不公平的，但这可能正是他自己让批评者这样做的。在《人类知识原理》一书的引言中，贝克莱写道："总的来说，我倾向于认为，到目前为止，那些困难中的大部分——如果不是全部——已经引起了哲学家的兴趣，但却堵塞了通向知识的道路，而知识应该完全归功于我们自己。我们开始扬起一点儿灰尘，便马上抱怨看不见。"

贝克莱的另一部主要作品《海拉斯和斐洛诺斯的对话》中没有引入新的讨论内容，而是以更具可读性的对话形式复述了他早期作品的观点。

洛克的观念理论很容易招致一系列严厉的批评。如果心灵只知道感觉印象，那么贝克莱的批评便指出第一属性和第二属性是不可或缺的。然而，彻底的批判必须比贝克莱走得更远，因为贝克莱仍然允许灵魂存在。正是休谟将洛克的经验主义推向了逻辑的终点，他最终通过过度怀疑的方式揭露了这些最初假设的问题。

大卫·休谟（1711—1776）出生于爱丁堡，十二岁进入爱丁堡大学。在学习了正规的文科课程后，他在十六岁之前离开了爱丁堡大学，并试图投身法律一段时间。但他真正的兴趣在于哲学，最终决定从事哲学研究。休谟也曾有过一段经商经历，但很快便放弃了。休谟于1734年去了法国，并在那里待了三年。由于没有多少财产，他不得不习惯省吃俭用的生活方式。他非常愿意忍受这些限制，这样他就可以专心学习了。

在法国期间，他开始创作他最著名的《人性论》。二十六岁之前，他就写完了这本书，后来他的哲学名气就靠它了。休谟从国外回来后不久，《人性论》在伦敦出版。起初，这是一次巨大的失败。这本书带有作者年轻时的痕迹，但问题并不在于书中的哲学内容，而在于它有些欠考虑和直言不讳的风格。它毫不掩饰地拒绝为大众接受的宗教原则，这让它很难找到喜欢的读者。出于同样的原因，休谟在1744年没能得到爱丁堡大学哲学客座教授的席位。1746年，他在圣克莱尔将军的军队服役；第二年，他与后者一起前往奥地利和意大利执行外交任务。借由这些职务，休谟积蓄了足够的财富。他于1748年退休，致力于写作。十五年间，他发表了许多关于认识论、伦理学和政治学的著作。更令人欣慰的是，《英国史》这部大作让他名利双收。1763年，他再次前往法国，这次的身份是英国大使的私人秘书。两年后，他成为正式的大使秘书。大使被召回后，他在新任命发布前临时担任大使一职。1766年，他回到英国，后来成为副国务大臣，任职两年，直到1769年退休。休谟的晚年是在爱丁堡度过的。

正如休谟在《人性论》导言中指出的，他认为所有的探究在某种程度上都被他所谓的关于人的科学决定着。与洛克和贝克莱不同，休谟不仅清理路面，而且设计了以后应该建立的制度——这是人类的科学。努力提供一个新的体系意味着休谟接受了大陆理性主义的影响，这源自休谟与法国思想家的交流，后者继承了笛卡尔的思想原则。总之，休谟是以未来人类科学为指导来探索普遍人性，并首先探索人类心灵的范围和局限。

休谟接受了洛克感觉论的基本原则，根据这一原则，他可以毫无困难地批判贝克莱的心灵和自我理论。因为在感官体验中，我们意识到的一切都是一种印象，而没有印象能产生关于自我同一性的观念。贝克莱确实怀疑他关于灵魂作为一个实体的讨论是以一种人为的方式移植到他的系统中的。他不能承认我们可以有心灵的观念，并建议我们接受关于心灵的"概念"。这些概念可能是什么从来没有被解释过。不管他说什么，这确实侵蚀了他自己的观念理论的基础。

休谟的论证基于一些普遍的假设，这些假设贯穿了他的整个认识论。原则上，他同意洛克的观念理论，尽管他的术语不同。休谟提到印象和观念是我们感知的内容。这种区分不符合洛克对知觉和内省的划分，但并不违背这种分类。

在休谟看来，印象既可以从感官体验开始，也可以从记忆等活动开始。印象据说能产生想法，这些想法不同于感官体验，因为它们没有相同的生动性。想法是印象的模糊副本，有时在感官体验中，印象必须先于想法。无论如何，当头脑思考时，它必须专注于感官体验范围内的想法。在这里，"观念"这个词是用希腊语理解的。对休谟来说，思想是一种形象思维，或者说是一种想象，这与拉丁语"想象"的原始含义相同。一般来说，所有的体验，无论是感觉还是想象，都叫作感知。

应该强调几个要点。休谟追随洛克，主张印象在某种意义上是独立的、独特的。因此，休谟认为可以把复杂的经验分解成对其简单成分的印象。简单的印象是所有体验的建筑材料，可以分开想象。此外，由于想法是印象的模糊副本，我们在思想中能想象的任何东西都必须是可能经验的对象。出于同样的原因，我们可以进一步得出结论，任何不可想象的事情都不可能经验。这样，可能想象的范围和可能经验的范围是相同的。如果我们想理解休谟的观点，记住这一点尤为重要。他不断地邀请我们去尝试想象一些东西，当他认为我们不能像他那样想象时，他就会断言假设的情境是不可被经验的。因此，经验由一系列感知组成。

除了这一系列的感知，感知之间的其他联系从未被感受到。在这方面，笛卡尔的理性主义和洛克及其追随者的经验主义有着根本的区别。

理性主义者认为事物之间有密切的本质联系，并强调这些联系是可知的。相反，休谟否认这种联系的存在，确切地说，他认为即使有这种联系，我们也无疑永远不会认识。我们知道的都是一连串印象或想法，因此，即使考虑是否有其他更深层次联系的问题也是无用的。

鉴于这些休谟认识论的一般特征，我们现在可以更仔细地考察休谟哲学的一些具体论点。首先我们来考察一下自我同一性问题，对该问题的讨论可以在《人性论》第一卷"论知性"中找到。休谟说："有些哲学家认为，我们每时每刻都亲身意识到我们所谓的自我"，相信我们感受到了它的存在及其存在的连续性，在证明的范围之外，我们确信它的完全同一性和简单性。当我们求助于经验时，我们可以看到，自我应基于经验。然而这经不起推敲："不幸的是，所有这些积极的陈述都违反了任何可以用来捍卫它们的经验，我们没有这里描述的任

何自我概念。因为这个概念能给人留下什么印象？"我们被告
知找不到这样的印象，所以我们不能有任何自我概念。

　　还有进一步的困难，那就是我们看不到我们的特殊感知是
如何与自我相关联的。对此，休谟以其独特的方式论证说，知
觉"互不相同，又可以相互区分和分离，所以可以分别考虑和
存在，而没有任何东西来支持它的存在。那么，这些感知是如
何属于自我的，它们又是如何与自我相关联的呢？就我而言，
当我感受自己时，总会遇到这样或那样的特殊感知，如冷或
热、明或暗、爱或恨、痛或幸福。任何时候，我都捕捉不到无
意识的自我，也观察不到任何东西，只有一种感知"。他又说：
"如果有人经过仔细的、不偏不倚的反思，认为他有不同的观
念，那我只能承认，我不能再跟他讲道理了。我承认他可能和
我一样正确，但我们在这方面有本质的不同。"他显然把这种
人视为怪人，并继续说："我可以大胆地向其他人宣称，他们
只是感官的集合，或者说是一堆以难以想象的速度相互连接、
不断流动和运动的感官印象。"

　　"心灵是个剧场，各种各样的感觉不断地暴露在那里。"但
这也有限制。"不要被'戏剧'这个隐喻误导，这里只有连续
的知觉构成了灵魂，我们甚至对展示这些布景的地方或构成这
个地方的材料都没有概念。"人们之所以会错误地相信自我同
一性，是因为我们容易混淆连续性和同一性这两个概念。有些
东西在一段时间后保持不变，所以我们形成了关于同一性的概
念。这样，我们被引向"灵魂""自我""实体"的概念，隐藏
了实际存在于我们不断经历中的变化。"由此可见，关于同一

性的争论不仅仅是一种字面上的争论。当我们以不恰当的意义把同一性归于可变的或间歇性的对象时，我们的错误并不局限于表现方式，而往往伴随着对事物的不间断的虚构，或者伴随着对神秘和无法解释的东西的虚构，或者至少伴随着一种虚构的倾向。"休谟接着继续揭示了这种倾向是如何起作用的，并解释了被视为自我同一性的想法是如何而来的。

现在我们需要讨论一下联想。我们在这里之所以大量引用休谟的文字，除了其文笔优雅，也是因为用他自己的方式表达观点是最好、最清楚的。总的来说，休谟为英国哲学写作树立了宝贵的典范。到今天为止，还没有人的哲学写作风格能和休谟相提并论。

从联想引出来的一个重要问题是休谟的因果理论。理性主义者声称，原因和结果之间的联系是事物本质的一个固有特征。我们可以看到，就斯宾诺莎而言，通过足够的研究，有可能以演绎的方式证明所有现象都必须是它们的存在，尽管人们普遍认为只有上帝才能获得这样的成果。根据休谟的理论，这样的因果联系是不能被承认的，因为在批判自我同一性时，他已提出了非常充分的理由。对这种联系的误解，其根源在于各个观念之间的排序会必然地引发人们产生一种归因的倾向。观念之间的联系源于联想，联想是由三种关系引起的，即相似性、时间和空间上的接近性、原因和结果。因为这三种关系在观念的比较中发挥作用，所以休谟称这三种关系是哲学性的。在某些方面，它们与洛克的自省是一致的。我们可以看到，当心灵进行自我比较时，洛克的内省就产生了。在一定程度上，所谓的哲学关系在任何场合都涉及相似性，因为没有相似性，比较就不可能发生。休谟将这些关系分为七类：相似性、同一性、时空关系、量的关系、质的关系、对立性和因果性。其中，他更具体地选择了同一性、时空关系和因果关系，并证明了其他四种关系只依赖于被比较的观念。例如，给定几何图形的数量关系只取决于人们对该图形产生的观念本身。这四种关系被认为会带来知识和确定性。就同一性、时空关系和因果关系而言，在不可能进行抽象推理的地方，我们必须依靠感官经验。因果关系是唯一具有真正推理功能的关系，因为其他两种关系都依赖于它。基于某种因果理论推导物体的同一性是必要的，时空关系也是如此。这里值得注意的是，休谟经常在无意中陷入一种关于客体的一般表述，这就十分严格地要求他只能提及观念。

休谟对如何从经验中获得因果关系给出了心理学解释。在感官知觉中，特定种类的两个物体的频繁连接形成了一种思维习惯，这导致我们联想到印象中的两个概念。当这种习惯变得足够强烈时，一个物体在感觉中的纯粹现象就会唤起头脑中对两个相关概念的联想。这种关联并非是可靠或必然的，可以说因果关系只是一种心理习惯。

然而，休谟的论点并不完全一致。我们在前面看到，联想本身被认为是由因果关系产生的，这里却又根据联想来解释因果关系。作为心理习惯是如何产生的解释，联想无论如何都是一个有用的心理学解释，并且这种解释继续发挥着巨大的影响。但休谟在这里确实不能谈论心理习惯或倾向，至少不能谈论心理习惯或倾向的形成。如前所述，在更严格的时刻，头脑只是一系列的感知，所以没有什么能形成习惯，也不能说感知的连续性实际上逐渐形成了某种风格。除非我们将其视为一种幸运，否则我们根本解释不清我们的因果陈述究竟是什么意思。

从休谟的认识论出发，人们不可能编织理性主义要求的原因与结果之间的必然联系。尤论我们面对某种连续的联系多少次，都不能说除了必然性的印象外，还有其他一系列的印象。因此，必然性是不存在的。一些理性主义者之所以反其道而行之，一定有某种心理机制误导了他们。恰巧在这里，心理习惯了进来。从经验来看，我们如此习惯于看到结果是由原因造成的，以至于我们逐渐确信情况一定如此。如果我们接受休谟的经验主义，那么这一点是无法被证明的。

休谟通过制定一些"判断因果的规则"来结束他的讨论。在这里，他提前一百年提出了穆勒关于归纳标准的论述。在制定规则之前，休谟回顾了因果关系的一些主要特征。他说，人们认为"一件事可能会导致另一件事"的情况一共有八种。第一，"因与果必须在空间和时间上相邻"。第二，"因必先于果"。第三，原因和结果之间必须有持久的联系。然后有几种情况，预示了穆勒的观点。第四，我们被告知同样的原因总是产生同样的结果，据说这是从经验中推导出来的一个原理。第五种情况是几个原因可能会有同样的结果，而这个结果一定是具有共同性的东西造成的。反过来就是第六种，不同的结果解释不同的原因。还剩两种，但我们在此不必考虑。

休谟认识论的结果是持怀疑态度。早些时候，我们看到古代怀疑论者是那些反对形而上学体系建构的人。"怀疑论者"这个词不需要通过它的通俗含义来理解，它暗示了一些根深蒂固的优柔寡断，希腊语原意只指研究谨慎的人。怀疑论者不太信服已有观点，而在他们已经找到答案的地方继续探索。历史上，正是因为他们缺乏自信才没能找出答案，这影响了他们的声誉，人们却也因此了解了他们。从这个意义上说，休谟的哲学是一种怀疑主义。和怀疑论者一样，他得出的结论是，我们日常生活中认为理所当然的一些事情，是无法用任何方式证明的。当然，人们一定不要认为怀疑论者不能对他们日常生活中面临的当前问题做出决定。休谟在阐述了怀疑论之后，明确表示它不会打扰人们的日常事务。"如果有人问我是否真的同意本人努力思考的观点，如果我真的是那些怀疑论者之一，我认为一切都是不确定的，我们的判断在任何事情上都没有真实性的标准；然后我会回答这个问题是完全没有必要的，我和任何人都没有忠实并一贯地坚持这种观点。自然，有着绝对和不可控制的必然性，决定了我们应该判断、呼吸和感受……无论谁试图反驳这种彻底怀疑的毫无根据的指控，他真的没有对手可以辩论……"

至于洛克的观念理论，休谟不屈不挠的坚韧展示了这一理论会把我们引向何方。人们不能沿着这些路线走得比休谟更远。如果有人认为当我们谈论因果关系时，不是指休谟所说的，那么一定有一个新的起点。显然，科学家和普通人并不只是按照固定的联系去思考因果关系。休谟对这个问题的回答如下：如果他们指出不是这样，那么他们都错了。这里的理性主义理论可能会被过于严厉地拒绝。科学家实际做的比理性主义描述的要好得多（正如我们所看到的斯宾诺莎）。科学的目的是根据演绎系统显示因果关系，在演绎系统中，结果是从原因中推导出来的，就像有效论证的结论是从前提中推导出来的一样。然而，休谟的批评仍然适用于各种前提。对于这些前提，我们应该保持一种询问或怀疑的态度。

如上所述，休谟的主要兴趣在于人的科学。此时，怀疑主义在伦理和宗教领域发生了巨大的变化。因为一旦证明我们无法知道必要的联系，至少如果我们要求通过理性论证来为伦理原则正名，那么道德要求的力量也会被暗中摧毁，所以伦理学的基础并不比休谟的因果律本身强。毫无疑问，根据休谟自己的解释，这将允许我们在实践中自由采纳任何我们想要的观点，即使我们无法证明其合法性。

启蒙运动与浪漫主义

英国经验主义运动的一个显著特点在于其普遍的宽容态度：人们可以遵循不同的传统。因此，洛克坚持认为，宽容必须不分对象地加以推广，即使是"教皇至上主义者"也不例外。休谟虽然嘲笑各种宗教，但也反对那种会引发镇压的宗教狂热。这种普遍的宽容态度逐渐成为那个时期知识分子特有的风气。18世纪，它首先在法国站稳脚跟，然后在德意志站稳脚跟。启蒙运动并非与某个具有特定哲学思想的学派有密不可分的关系，相反，它是16至17世纪残酷的宗教斗争的结果。正如我们看到的，宗教宽容的原则受到斯宾诺莎的欢迎和洛克的赞扬。同时，这种新的信仰态度也产生了深远的政治影响。它必然反对各领域不受约束的权威。君权神授不同意宗教观点的自由表达。在英国，政治斗争在17世纪末达到顶峰。由此产生的宪法并不民主，但它可以免除一些最恶劣的暴力行为，这些行为是其他地方特权贵族统治的特征。对英国来说，没有必要期望它经历剧烈的变化。法国的情况则不同，各种启蒙力量为1789年的大革命做了大量的准备。在德意志，启蒙运动依然保持着智慧复兴的势头。三十年战争以来，德意志只是逐渐恢复了活力，而在文化上却被法国主导。直到18世纪下半叶，腓特烈大帝统治下的普鲁士崛起，文学再生，德意志才开始摆脱对法国的依赖。

此外，启蒙运动与科学知识的普及密切相关。在过去，根据亚里士多德和教会的权威，许多事情被认为是理所当然的，但现在模仿科学家是时尚。就像新教提出每个人都应该在宗教领域行使自己的判断力一样，在科学领域，人们应该独立地观察自然，而不是盲目地听那些持陈词滥调之人的宣传。科学发现开始改变西欧的社会生活。

法国的旧制度最终被大革命摧毁，而18世纪的德国基本上被一个"仁慈的"专制君主统治。虽然言论自由不是无限的，但在某种程度上确实存在。尽管是军队立国，普鲁士可能是这方面最好的例子，它至少是一个由知识分子引导的、具有某种程度的自由主义国家。腓特烈大帝自称是国家的第一公仆，并承诺全国每个人都可以用自己的方式得到拯救。

启蒙运动本质上是对独立智力活动的价值重估。从字面上讲，它的目的是将智慧之光传播到仍然被无知统治的地方。人们可能会带着某种奉献和激情去追求它，但它不是一种鼓励强烈激情的生活方式。在此期间，一种反向的影响开始行使它的权威，那就是更加暴力的浪漫主义势头。

浪漫主义和启蒙运动有这样一种关系：它让人想到酒神精神和日神精神的比较。浪漫主义的根源可以追溯到古希腊的一些理想化观念，这些观念是随着文艺复兴出现的。18世纪的法国，浪漫主义运动对理性主义思想家冷漠超然的客观态度做出了反应，发展为对情感的崇拜。自霍布斯以来的理性主义政治思想试图建立并维持社会和政治的稳定，而浪漫主义者则赞成冒险，他们不寻求稳定，渴望狩猎的风险。舒适安全被斥为耻辱，而历经磨难的生活方式至少在理论上被提升为高尚。于是，理想化的贫民形象应运而生：他从自己的小土地上乞求贫穷的生活，却得到了自由并免受城市文明的腐蚀。这里提到的贫困本质上是小农式的。浪漫主义者特别倡导亲近自然，早期的浪漫主义者诅咒工业主义，因为工业革命确实在社会和身体方面带来了许多恶劣的影响。在随后的几十年里，在马克思主义的影响下，工业无产者形成了一种浪漫主义态度。此后，产业工人的冤屈得到了应有的控诉，政治学中对"工人"的浪漫态度长期存在。

联系浪漫主义运动，我们发现民族主义正在复兴。对科学和哲学的追求，基本上从来没有沾染过国家的色彩。启蒙运动是一股没有政治边界的力量，但它在意大利和西班牙这样的天主教国家中无法繁荣发展。浪漫主义则不同，它强化了民族差异，支持一种神秘的国家概念。这是霍布斯《利维坦》思想的自然结果之一。这个国家开始被视为一个巨大的怪物，被赋予某种意志。这种新的民族主义逐渐在引发法国大革命的各种力量中占据主导地位。英国很幸运拥有自然边界，它在一个更加和平的环境中获得了一种国家认同感。年轻的法兰西共和国，被周围充满敌意的统治者骚扰，不可能如此自然地确定自己的身份。更不用说德国人了，他们的土地被拿破仑的帝国军队吞并了。民族感情的强烈爆发激起了1813年的解放战争，普鲁士成为德国民族主义的聚集地。有趣的是，德国一些伟大的诗人已经提前预料到这种情况会导致麻烦。

浪漫主义者鄙视功利，相信审美标准，这影响了他们对经济、行为和道德问题的看法。自然的粗糙、坚韧与宏伟之美赢得了他们的钦佩。在他们看来，新兴中产阶级的生活枯燥乏味，局限于陈规陋俗。在这方面，浪漫主义确有其意义。如果说我们今天在这里的观点更宽容，一定程度上是浪漫主义反叛者公然蔑视那个时代认可的习俗的结果。

从哲学上讲，浪漫主义产生了两种相反的影响。首先是过分强调理性，其次是一种虔诚的希望，即只要我们稍微思考一下遇到的困难，所有的困难都会一劳永逸地被解决。这种17世纪思想家所缺乏的浪漫理性主义，突然出现在德国唯心主义著作和后来的马克思哲学中。功利主义者也略有此特点，他们假设，从理论上讲，人们的受教育能力没有限制。这个假设显然是错误的。通常的乌托邦观点，无论是纯粹理性的还是涉及社会问题的，都是典型的浪漫理性主义的产物。另一方面，低估理性的作用也是浪漫主义的典型表现。这种非理性的态度可能会把存在主义算作它最臭名昭著的一类，在某些方面，它也是对工业社会日益入侵个人存在的一种反抗。

浪漫主义最初是由诗人发起的，也许最著名的浪漫主义者是拜伦。在他身上，我们可以找到浪漫主义的所有要素：叛逆、高傲、蔑视习俗、无所忌惮以及高贵的举止。为了希腊人的自由而死在迈索隆吉翁是他一生中最英勇的浪漫行为。此后，德国和法国的浪漫主义诗歌都受到了他的影响。俄国诗人莱蒙托夫有意识地称自己为拜伦的弟子。意大利还有一位伟大的浪漫主义诗人莱奥帕尔迪，他的作品反映了19世纪初意大利的绝望与压抑。

由一群法国思想家和科学家编纂的百科全书是矗立在18世纪启蒙时代的一座丰碑。这些人相当自觉地把宗教和形而上学抛在脑后，看到了科学中新知识的发展。这部汇集了他们那个时代所有科学知识的伟大著作，不仅是按字母顺序排列的记录，也是对研究世界的科学方式的解释。这些思想家和科学家希望提供一种有力的手段来对抗已经确立的蒙昧主义权威。在18世纪，大多数著名的法国学者和科学人物都为这一事业做出了贡献。其中两位特别值得一提。让·勒朗·达朗贝尔（1717—1783）是一位著名的数学家，理论力学中有一个极其重要的原理以他的名字命名。他也是一个对哲学和文学有着广泛兴趣的人。别的不说，百科全书的序言应该归功于他。另一方面，狄德罗承担了大部分的编辑职责。他是一位抛弃所有宗教传统，从事多学科写作的作家。

然而，百科全书派并非没有广义上的宗教信仰。狄德罗的观点与斯宾诺莎的泛神论相似。为伟大事业做出巨大贡献的伏尔泰（1694—1778）认为即使没有上帝，我们也要造一个出来。他与基督教针锋相对，基督教已经成为一种组织和制度，但他确实相信有某种超自然的力量，当人们过上幸福的生活时，它就会达到自身的目的。这不过是某种无所依附的伯拉纠主义。同时，他还嘲笑莱布尼茨认为我们的世界是所有可能世界中最好的那个。他承认邪恶是真实存在的，必须与之斗争，因此他对传统宗教展开了激烈的批判。

法国唯物主义者在抵制宗教方面更为极端。他们的理论是笛卡尔实体理论的发展。我们可以看到偶因论实际上是如何使物质和心灵都不需要被研究的，因为这两个领域严格并行工作，我们可以省去其中任何一个。对唯物主义最好的解释可以在拉·美特利的《人是机器》中找到。拉·美特利反对笛卡尔的二元论，只允许一种实体，即物质存在。然而，这种物质并不是早期机械论所认为的不活跃的东西，相反，物质的特征之一是它在运动。这里不需要有第一推动者，上帝成了后来拉普拉斯口中的"不必要的假设"。按照这种观点，精神是物质世界的一种功能。这一理论与莱布尼茨的一元概念有关，尽管它只承认一个实体，这与无限单子概念形成对比。"灵魂"作为一个单子的观点，更接近于具有类似精神功能的物质概念。顺便说一句，正是从这个源头，马克思得出了这样一个理论：精神现象是物质组织的副产品。

基于上述理论，唯物主义公开坚持无神论。任何形式或任何种类的宗教都被认为是有害的、故意的谎言，被统治者和牧师为了自己的利益而传播和鼓励，因为这样更容易控制无知的人。马克思也受益于唯物主义，说宗教是人民的鸦片。唯物主义者揭露了宗教和形而上学思辨的真相，希望指出一条通往人间天堂的科学理性之路。这一观点与百科全书派一脉相承，也使马克思的空想社会主义再次从这些思想中得到启发。在这方面，他们都有浪漫的幻想。虽然虚心对待生活及其各种困难的态度确实帮助我们找到了应对困难的恰当手段，但所有的问题最终都被永久地解决这件事，显然不属于这个世界。

所有这些思想家都同样强调理性的卓越。法国大革命废除国家宗教后，创造了至高无上的神，并为其设立了一个特殊的节日，这本质上是对理性的神化。然而在其他一些方面，革命并没有表现出对理性足够的尊重。现代化学的创始人拉瓦锡在恐怖时代被革命法庭传唤受审。他曾经是纳税人，并提出了一些有价值的金融改革方案，然而作为旧制度的官员，他被判犯有危害人民罪。当有人强调他是最伟大的科学家时，法官回答说共和国不需要科学家。于是，他被送上了断头台。

在某些方面，百科全书派是 18 世纪启蒙运动的象征。它注重冷静理性的讨论，旨在为人类寻求新的利益开辟前景。与此同时，一场违背理性的浪漫主义运动兴起了。浪漫主义的主要代表人物之一是让 - 雅克·卢梭（1712—1778）。也许除了相关的政治理论和教育著作，他不是严格意义上的哲学家。正是因为如此，再加上他从事了大量的文学活动，卢梭对日后的浪漫主义运动产生了很大的影响。

卢梭的一生被记录在他写的《忏悔录》中，由于"写诗的独特自由"，他的叙述有些扭曲。他出生在日内瓦，是加尔文主义者的后裔。早年，他父母双亡，由一位阿姨抚养长大。十二岁辍学后，他尝试过几种不同的职业，但对其中任何一种都不感兴趣。十六岁时，他离家出走。在都灵，他皈依了天主教，出于权宜之计，他保持了这种信仰一段时间。后来，他成了一位女士的仆人，这位女士三个月后去世了，他又陷入了困境。这时发生了一件著名的事件，表现了一个只用情感的人的伦理态度。人们发现卢梭身上有一条腰带，是他从主人那里偷来的。卢梭认为这是一个女仆给他的，这个女仆因偷窃而受到及时的惩罚。卢梭在《忏悔录》中告诉我们，他对她的爱促使他这样做，当他需要解释时，他首先想到的是她，但他对此毫无悔意。卢梭当然不会否认他犯了伪证罪，他得到宽恕的原因可能是他没有任何恶意。

之后，卢梭得到了华伦夫人的支持，她也皈依了天主教。这个女人比年轻的流浪汉大得多，对卢梭而言，她是他的母亲兼情妇。在接下来的十年里，卢梭大部分时间都待在华伦夫人的家中。1745 年，他在巴黎遇到了泰蕾兹·勒瓦瑟，从那以后，他一直以夫妻名义和她生活在一起，其间也发生过其他艳事。他和她的五个孩子都被送进了育婴所。我们不清楚他为什么要和这个女人在一起，她又穷又丑，无知又不忠；然而，这些缺陷似乎满足了卢梭的优越感。

卢梭直到 1750 年才被认为是作家。那一年，第戎学院举办了一场论文比赛，主题是艺术和科学是否有益于人类。卢梭因一篇精彩的反方文章而获奖。他坚持认为文化教会人们产生各种非自然的欲望并奴役他们。他支持斯巴达，反对雅典。他谴责科学，因为它源于卑鄙的动机。文明人败坏道德，野蛮人拥有真正高尚的美德。这些观点在《论人类不平等的起源和基础》一书中得到了进一步发展。第二年，他把这本书献给伏尔泰。伏尔泰对他嗤之以鼻，这最终导致了他们的疏远。

卢梭成名后，于1754年应邀回到家乡日内瓦。为了有资格成为这个城市的公民，他再次皈依加尔文教。1762年，《爱弥儿》出版，这是一部教育论著。同年，《社会契约论》出版，该书阐述了他的政治理论。这两本著作都受到了批评，前者是因为它对自然宗教的解释让所有宗教团体都不高兴，后者是因为它的民主氛围。卢梭先是逃到了当时属于普鲁士的纳沙勒尔，然后逃到了英国。在那里，他遇到了休谟，甚至得到了乔治三世的年金。但最终，他与大家不和，患上了迫害妄想症。后来他回到巴黎，在贫困中度过晚年。

卢梭对与理性对立的情感的辩护是浪漫主义运动的强大影响因素之一，他使新教神学走上了一条新的道路，背离了遵循古人哲学传统的托马斯主义。新的新教观点取消了对上帝存在的证明，允许关于上帝的信息从内心浮现，而无须诉诸理性。在伦理学上，卢梭也认为，我们的自然情感会引导我们走向正确的方向，而理性则把我们引入歧途。这种浪漫主义自然观与柏拉图、亚里士多德和经院哲学背道而驰。这是一个非常危险的理论，因为它相当武断，而且它只鼓励自由放任，只要求当事人依靠他们的感觉。对自然宗教的整个解释出自《爱弥儿》中的"一个萨瓦省牧师的信仰告白"。从某种意义上说，起源于卢梭的新感伤主义神学是无可争议的，因为它从一开始就以奥卡姆的方式切断了与理性的联系。

《社会契约论》的写作风格完全不同。卢梭的理论在这里得到了充分的发挥。一旦人们将他们的权利转移到整个团体，他们就失去了作为个人的所有自由。卢梭确实考虑了一些保护措施，据说他认为一个人应该保留一些自然权利。但这取决于一个值得怀疑的假设，即君主总是尊重这些权利。君主不受任何更高权威的控制，他的意志是"共同意志"，是一种可以强加给那些个人意志可能不同的人的综合判断。

共同意志这个概念可以解决很多问题，但不幸的是，它没有被很好地理解。这个概念似乎意味着，在去除了相互冲突的个人利益之后，就有了某种为所有人共有的自我利益。但是卢梭从来没有遵循这种共同的利益。一个沿着这条路线运行的国家将不可避免地停止所有类型的私人组织，尤其是那些有政治和经济目标的组织。这具备了极权制度的所有要素。虽然卢梭似乎没有意识到这一点，但他没有解释如何避免这一后果。至于他对民主的讨论，必须理解为他想到的是古代城邦而不是代议制政府。当然，这部作品首先被反对它的理论的人误解，然后被支持它的革命领袖误解。

我们可以看到，笛卡尔之后的欧洲哲学沿着两条不同的路线发展，一条是大陆哲学的理性主义体系，另一条是英国经验主义的一般路线。就他们讨论的私人经验而言，两者都是主观主义。洛克给自己定的任务是对人类心灵的范围做出初步的理解，而休谟最明确的主要问题是如何解释这种关系。休谟的答案是，我们已经形成了一些习惯，使我们能够看到事物之间的联系。严格来讲，休谟处理不了这个问题，因为这个问题暗含了解决的可能性。正是休谟的解释将康德从独断论的迷梦中唤醒。康德将休谟的习惯上升到理性原则的位置，从而干净利落地否定了休谟的问题。当然，他也陷入了自己的一些新困境。

伊曼努尔·康德（1724—1804）出生于东普鲁士的柯尼斯堡，他一生从未离开过这个地方。由于早年的教养，他保持着虔诚的气质，这影响了他的日常生活和伦理倾向。康德在柯尼斯堡大学学习，他起初学的是神学，但最后投身于哲学，这才是他真正的兴趣所在。1755年，在他成为柯尼斯堡大学的哲学讲师之前，他以给地主贵族的孩子当家庭教师为生。1770年，他被提升为逻辑和形而上学教授，直到去世。虽然康德不是一个极端的苦行僧，但他却过着纪律严明、勤勤恳恳的生活。他的习惯如此有规律，以至于当地居民习惯在他每天经过门口的那一刻校对他们的钟表。他不是一个强壮的人，但由于生活规律，他没有生病。同时，他是一个非常健谈的人，在社交聚会上总是很受欢迎。在政治上，康德是一个继承了最佳启蒙传统的自由主义者。至于宗教，他持非正统的新教立场。他欢迎法国大革命，同意共和原则。虽然他从未发大财，但他以伟大的哲学著作在世界上站稳了脚跟。康德晚年精力并不充沛，但柯尼斯堡仍以他为荣。他死后，人们为他举行了盛大的葬礼，很少有哲学家获得过这种荣誉。

康德的作品涵盖了广泛的主题，而且这些主题关涉的学科他也都教过，除了纯粹基于牛顿物理，后来被拉普拉斯单独采纳的宇宙生成论，现在很少有人对它们感兴趣。我们在这里特别感兴趣的是康德的批判哲学。关键问题最早是洛克提出的，他想清理哲学的基础，然而在洛克之后，各种思维方式不可避免地导致了休谟的怀疑主义。在这个领域，康德发起了一场革命，他称之为"哥白尼式的革命"。与休谟不同，康德并没有试图用经验来解释概念，而是着手用概念来解释经验。我们可以说，康德在某种意义上保持了一种平衡：一端是英国经验主义，另一端是笛卡尔的天赋原则。康德的理论很难理解，很多部分还存在问题。如果我们想理解它对未来哲学的巨大影响，我们必须努力把握它的要点。

与休谟和经验主义者一样，康德认为所有知识实际上都是通过经验产生的。但他不同于休谟和经验主义者，他对这一观点附加了一个重要的解释：我们必须把实际产生知识的东西和这种知识所采取的形式区分开来。因此，虽然知识是通过经验产生的，但它不仅仅来自经验。我们可以换一种说法，就是感官体验对于知识来说是必要的，但并不充分。知识所采取的形式，即把经验材料转化为知识的组织原则，不是从经验中得来的——虽然康德没有这样说，但很明显，这些原则在笛卡尔的意义上是天赋的。

按照亚里士多德的术语，康德将心灵先天就有的、使经验变成知识的一般理性概念称为范畴。因为知识具有命题的性质，这些范畴必然与命题的形式相联系。但是，在解释康德如何演绎各种范畴之前，我们必须停顿片刻，先考虑一个关于命题分类的重要问题。康德追随莱布尼茨，坚持传统亚里士多德的主谓逻辑。他确实相信这种逻辑是完善的，不需要改进，因此命题可以根据主词已经包含谓词和不包含谓词分为两类。"一切物体都具有广延"是第一种命题，这是一个如何定义"物体"的问题。这样的命题被称为"分析性的"，它们只澄清主词。"一切物体都有重量"属于另一种类型，"物体"的概念本身并不包括"重量"的概念。这样的命题被称为"综合性的",它可以被否定,同时不引起矛盾。

根据这种命题的区分,康德把原则上独立于经验的知识称为"先天的"。此外,任何来自经验的东西都被称为"后天的"。重要的一点是,以上两种分类互不兼容。这是康德避免像休谟这样的经验主义者的困境的方法,他们会把这两种分类视为同一件事。分析命题具有与先天知识相同的外延,综合命题具有与后天知识相同的外延。除此以外,康德坚持认为存在先天综合判断。《纯粹理性批判》的目的是证明先天综合判断是存在的。尤其是,纯数学的可能性在这里对康德来说是决定性的。按照康德的思想,数学命题本来就是综合性的。他讨论的例子是5+7的这道算式。这个例子显然取自柏拉图的《泰阿泰德篇》,其中使用了相同的数字。5+7的命题是先天的,它不是来自经验,而是综合的,因为12的概念还没有包含在5和7相加的概念中。所以,康德认为数学本质上是综合的。

因果律是另一个重要的例子。休谟的解释无意中发现了必然联系的障碍。根据印象和观念的理论,必然的联系是不可能的。对康德来说,因果关系是一个与生俱来的综合原则。称之为先天只是强调了休谟关于它不能由经验产生的论点,但康德并没有把它看作一种受制于外部约束的习惯,而是把它看作一种认知原则。因果之所以是综合的,是因为我们可以否定它而不会陷入自我矛盾。尽管如此,它仍然是一个与生俱来的综合原则;没有这个原则,知识被认为是不可能的。我们很快就会看到这一点。

现在，我们可以回到康德的范畴理论。这些范畴是与算术概念不同的先天理性概念。正如我们已经表明的，我们必须以命题的形式寻找它们。考虑到康德的逻辑观点，范畴表似乎是自然推导出来的。事实上，康德认为他已经找到了一种方法来推导出一个完整的范畴表。他首先发现命题的一些传统形式特征，即数量、质量、关系和模式。关于数量，自亚里士多德以来，逻辑学家就已经确定了全称命题、专名命题和单名命题。相应的类别是单一性、多数性和总体性。命题的性质可以是肯定的、否定的和有限的，它们指向现实、消极和限制的范畴。在关系一栏下，我们可以把命题分为确定性、假设性和选择性。在这里，我们看到了实体和二元性、原因和结果以及相互作用的范畴。最后，一个命题可以具有以下三种模式之一的特征：它可以是可能的、存在的或必然的，对应的范畴是可能与不可能、存在与不存在、必然与偶然。我们不必在这里详述康德演绎的细节。不难发现，康德的范畴表并没有他想象的那么完美，因为它依赖的是一种略显狭隘的逻辑观点。然而，一般概念不是来自经验而是来自对经验起作用的范畴这种想法仍然具有重大的哲学意义，它为休谟的问题提供了答案，尽管人们可能不同意康德的解释。

康德从形式的思维中推导出范畴表，进而指出没有范畴，就不可能有任何后天经验。因此，在闯入感官的印象成为知识之前，这些印象必须通过智力活动以某种方式组织和统一起来，这就是我们所说的认识论。为了说明康德的观点，我们必须找出他对一些术语的用法。一方面，据说认知过程需要各种感官，这些感官只受外界事物的影响。另一方面，我们需要知性，它将这些感性的元素连接在一起。知性应该与理性区分开来，后来黑格尔在某种意义上表达了这一点，说理性是团结人的东西，知性是区别人与人的东西。我们可以说，人都是平等的，只要他们都是理性的或者被赋予了理性。但在知性上是不平等的，因为知性是一种灵活的智力。就智力而言，众所周知，人与人之间是不平等的。

为了获得可以通过判断明确表达的经验，必须有康德称之为统觉的东西。显然，休谟那种彼此孤立的印象，无论持续的速度有多快，都是不够的。康德提出了一些连贯性来代替经验主义者感官经验的不一致性。按照康德的观点，除非通过范畴，否则不可能获得任何外部事物的经验。因此，范畴的作用是这种经验的必要条件；当然，它不是充分条件，因为感官也必须发挥作用，但是范畴也参与其中。康德否认的似乎是被动接受印象的纯粹经验可能性，除非我们真的涉及文字无法表达的意识流。

空间和时间被认为是两个与生俱来的特殊概念，是属于外在感官和内在感官的纯粹直觉。康德对这些问题的论述相当复杂，且不太有说服力。整个理论的本质似乎是，没有与生俱来的空间和时间概念，经验是不可能的。在这方面，空间和时间有点类似于范畴。经验是由先天的观念塑造的，但导致经验的东西也受到心灵之外的东西的制约。这些经验的来源被康德称为物自体，与表象或现象相对。根据康德的理论，人不可能体验事物本身，因为所有的体验都伴随着空间、时间和范畴。充其量，我们可以根据外部印象的假设来源来推断有一些这样的事物。严格来说，即使这样也是不允许的，因为我们缺少一种单独的方法来发现这些东西的存在。而且即使有，我们还是不能说它们引起了我们的感官印象。因为如果我们谈论因果关系，那么我们已经处于智力活动中先天概念的网络里。在这里，我们再次经历了洛克的困境。正如洛克不应该根据自己的理论说外部世界引起感官印象一样，康德也没有理由说物自体引起现象。

存在于时空之外的物自体是一种形而上学前提。虽然它有些主观认识论的意味，但它保证了我们能够避免怀疑主义，承认一个至少是主观的经验领域。康德被迫转向这一立场，是因为他不允许空间和时间独立存在。从先天概念的表单中删除这两个，物自体就变得多余了。当然，这样做并不影响康德的范畴理论。然而，康德对物自体的需求还有其他原因。我们很快就会在他的伦理学理论中找到线索。请允许我们指出，物自体完全在先天概念和原则的范围之外。使用这些概念的危险之一是，我们可能会超越适用性的限制。先天概念的边界就是经验的边界。如果我们走得更远，就会卷入无用的形而上学和辩证法，但对于康德来说，辩证法有贬义色彩。

《纯粹理性批判》只讨论了摆在我们面前的三个主要问题之一。它为认知设定了界限，剩下的问题是意志和康德所谓的判断。前者属于伦理学范畴，在《实践理性批判》中有所论述。至于判断，是在评价各种意图或目的的意义上，这是《判断力批判》一书的主题，我们在这里不讨论这个问题。我们必须简要地考虑康德的伦理学理论，这在《实践理性批判》和《道德形而上学》中有所论述。

意志之所以被称为实践，是因为行动与理论认识的过程相反。与"看"和"做"相关的"理论"和"实践"这两个词，在这里必须按照希腊语的本义来理解。实践理性的基本问题是：我们应该如何行动？康德也在这个问题上引入了一种革命。如果伦理学总是认为意志受外部影响支配，那么康德假设的就是意志为自己立法。从这个意义上说，意志可以被描述为自主的。如果我们想获得一些行为的一般原则，或者想寻找外部目标或原因，那么我们就找不到它们。如果我们想发现康德所谓的道德法则，我们必须求助于自己。显而易见的是，这一道德法则不能由具体而明确的命令组成。它不能告诉我们在某些情况下应该如何行动，因为根据意志为自己立法的原则，这正是我们应该避免的。因此，剩下的是没有经验的纯粹形式原则，康德称之为绝对命令。这里我们遇到了另一个混合概念，它对理性的实际应用相当于对理性先天综合的理论应用。在传统逻辑中，绝对主义和规范主义是相互排斥的，但是康德认为，有些包含"应该"的语句可以是无条件的，而这些语句被称为绝对命令。因此，伦理学的最高原则可以在下面的绝对命令中找到，并且总是以这样一种方式行动：指导意志的原则可以成为普遍规律的基础。这个说法看似严谨，实际上恰好是一个华而不实的说法："我们应该把它给别人，就像我们希望别人给我们一样。"正是这一原则否定了特殊请求的合法性。

我们强调绝对命令是基于康德伦理学的形式原则。在这方面，它不能属于理论理性的领域，因为它涉及现象。康德的结论是，由这种绝对命令决定的善的意志必须是本体。正是在这里，我们终于明白了物自体的用处是什么。现象依赖于范畴，尤其是因果范畴，然而本体不是，它不属于这些限制。这样，康德就可以避免反对决定论的自由意志的困境。就人属于现象世界而言，他是由现象世界的规律决定的；但作为道德行为者，人是本体，所以他有自由意志。虽然它也会退化，但这种解决问题的方法已经足够聪明了。在康德的伦理学中，有一种令人不快的加尔文主义的味道。因为显然，唯一值得考虑的是，我们的行动应该由正确的原则来唤起。根据这种观点，喜欢做你注定要在道德上做的事情，是道德行为的真正障碍。假设我喜欢我的邻居，当他有困难时，我会帮助他。按照康德的理论，这种事情根本就没有那么值得称赞，不如用同样的慈善去对待一个非常恶心的人。整个事情已经变成了一系列相当不舒服和令人沮丧的责任，这些责任不是根据欲望而是根据原则来履行的。执行者是善良意志，只有善良意志才配称为无条件的善。

我们不能总是心血来潮，这是绝对正确的。在很多情况下，我们确实按照原则行事，即使这违背了我们现在的愿望。但似乎同样不可思议的是，一个人的所有行动都应该局限于原则。康德之所以持有这种观点，可能是因为他基本上过着强调理性的生活，否则他也会认为，在个人感情领域，可能有很多东西我们可以恰当地称之为善，而不能把一切都变成普遍规律的问题。如果值得关注的是情绪或者环境，并且你觉得那是你的责任，那么你会很高兴地陷入彻底的混乱。你的行为可能导致悲惨的结果，这一点都不重要。苏格拉底可以告诉这种伦理思想的倡导者，无知是最大的罪过。

说到物自体的伦理功能，还有一些其他的后果。在《纯粹理性批判》中，康德曾指出，在理论理性领域，通过论证不可能确立上帝的存在。纯粹理性的思辨活动确实包含着上帝存在的思想，但只有实践理性才能为这种信仰提供理由。的确，在实践领域，我们必须接受这个概念，因为没有它就不可能有真正的道德活动。对康德来说，按照道德法则的绝对命令行事的可能性具有上帝存在的实践意义。

可以说，康德的理论画了一条让人想起奥卡姆的线。因为"第一批判"意在为理性划定一个边界，以便为信仰留出地盘。上帝的存在不能被称为理论真理，但它总是把自己强加给前面解释的理论和实践意义上的信仰。然而，康德的伦理学不允许他遵循任何宗教教义。正如我们看到的，真正重要的是道德法则，不同宗教的具体教义被错误地宣称是上帝赐予的。虽然康德认为基督教是唯一真正符合道德规律的宗教，但他的宗教观却引来了普鲁士政府的官方批评。

康德在 1795 年出版的《论永久和平》中提出的和平与国际合作的观点同样激进。代议制政府和世界联合会是他提出的两个主要思想。在我们自己的时代，我们最好记住这些想法。

我们可以看到，康德哲学为休谟的难题提供了一些答案，但换来的是引入本体。在德国唯心主义运动中，康德的后继者果断地论证了这一概念的苍白无力，但他们也对认识论的发展带来了新问题。

唯物主义者指出了避免二元论的一种方法。在他们看来，精神是某种物质组织形式的衍生物。另一种可能的方式是把外界看作某种意义上的精神产物。康德不愿走这最后一步，因为他建立了本体论，而费希特若有所思地走到了这一步。

费希特（1762—1814）出身贫寒，从小学到大学一直由一位慷慨的资助人资助。当了家庭教师后，他的生活仍然入不敷出。他偶然读了康德的著作，立即找到了这位伟大的哲学家。康德帮助他发表了一篇关于启蒙运动的批判性论文。论文获得了直接而良好的结果，费希特因此成为耶拿大学的教授。然而，他的宗教观点不合当局的口味，所以他前往柏林工作。1808 年，他发表了著名的《对德意志民族的演讲》，号召所有德国人站出来反对拿破仑。在这些演讲中，有一种强烈的民族主义情绪。按照费希特的观点："有品德和做德国人无疑是一回事。"我们并不清楚他认为这是一个经验事实，还是一个恰当的词语定义。前者是一个可以商量的问题，从定义上看似乎有点奇怪。

1810 年柏林大学成立时，费希特成为该校教授并在这个职位上一直工作到去世。当 1813 年几场解放战争爆发时，他派他的学生去对抗法国人。像许多人一样，他是法国大革命的支持者，但他也是拿破仑的反对者。

在政治思想方面，费希特预示了马克思倾向于由国家控制生产和分配的社会主义经济思想。但是在哲学上，我们对他的自我理论更感兴趣，他的自我理论旨在反对康德的二元论。自我在某些方面相当于康德的统觉。它是一个动态的东西，在康德的意义上，它是自主的。说到体验世界，它是自我的无意识投射，被称为非自我。正是因为投射没有意识，才导致我们认为自己是被外界所逼。至于事物本身，这是一个永远无法提出的问题，因为我们所知道的只是一些表象。谈论本体论是矛盾的，它似乎在说知道自己定义不了的东西。但投射不仅是无意识的，而且是无条件的。因为它不是经验的，所以不是由因果范畴决定的。作为一个自由的过程，它源于自我的实践性和道德性。在这里，"实践"应该从词源的意义上来理解。按照这种方式，赋予自我活力的原则，只有在与自我的投射相调和时才能做到。

这种离奇的理论确实避免了二元论者的困境。正如我们将看到的，它是黑格尔主义的先驱。自我可以从自身出发创造整个世界，谢林在这方面做了最初的尝试，他的自然哲学后来启发了黑格尔。

谢林（1775—1854）和黑格尔、诗人荷尔德林一样，都是施瓦本人。谢林十五岁在图宾根大学学习时，三人成了朋友。康德和费希特是他哲学思想的主要来源。他的才华和文学天赋很早就显现出来，这使他在二十三岁时成为耶拿大学的教授。就这样，他开始认识浪漫主义诗人蒂克和诺瓦利斯，以及弗里德里希·施莱格尔和奥古斯特·施莱格尔兄弟。奥古斯特和蒂克将莎士比亚的作品翻译成德语，他离婚的妻子嫁给了谢林，尽管她比谢林大十二岁。谢林对科学感兴趣，并且熟悉它的最新发展。二十五岁之前，他出版了《自然哲学》，开始对自然进行先验的解释。谢林并没有忽视实证科学的实际情况，然而他确实相信，根据一些非常常见的非经验原则推导出这些发现是可能的。在这一尝试中，有斯宾诺莎理性主义的痕迹，也结合了费希特的主动性概念。谢林试图演绎先验世界，它被认为是活跃的；在他看来，经验科学的世界是沉默的。这种方法后来被黑格尔采用。对于现代读者来说，这种对科学问题的无关紧要的幻想几乎是不可理解的。这些讨论中有很多空话，也有很多荒谬琐碎的细节。除其他原因外，正是这一点后来使唯心主义哲学名誉扫地。

令人惊讶的是，谢林本人在晚年开始反对这种哲学思辨。在早期阶段之后，谢林的兴趣转向了宗教神秘主义。他的第一任妻子去世后，他转而反对黑格尔。1841年，当他被邀请为法国哲学家维克托·库辛作品的德文译本作序时，他借机对黑格尔的自然哲学发起了猛烈的攻击。尽管没有指名道姓，对象也早已不在人世，但其意图是众所周知的。谢林在这里强烈否认从先验原则中推导经验事实的可能性。他是否意识到这样做不仅对黑格尔的自然哲学，而且对他自己的自然哲学都是一种激烈的批判，我们对此并不清楚。

在费希特和谢林那里，我们都发现了黑格尔辩证法中的一些形式。在费希特那里，我们看到了自我如何面对战胜非自我的任务。在谢林的自然哲学中，有一个两极对立及其统一的基本思想，这更清楚地表明了辩证法的特点。辩证法的起源可以归结为康德的范畴表。康德对范畴表的解释是每组范畴的第三项是第一项和第二项的组合。因此，从某种意义上说，单一是多数的对立面，而整体则包含多个单位的复合，并统一了前两个概念。

德国唯心主义哲学在黑格尔手里获得了最终的、系统的形式。黑格尔受到费希特和早期谢林的启发，建造了一座哲学宫殿，尽管它不稳定，但仍然很有趣，很有教育意义。此外，黑格尔主义对整整一代思想家产生了深远的影响，不仅在德国，后来在英国也是如此。法国基本上没有屈服于黑格尔的哲学，也许是因为德语晦涩难懂，无法翻译成清晰的法语。黑格尔哲学尤其可以在马克思、恩格斯的辩证唯物主义中存活下来，这恰恰提供了一个说明它的不稳定性的例子。

黑格尔（1770—1831）出生于斯图加特，曾随谢林在图宾根大学学习。他当过几年的私人教师，1801年在耶拿大学与谢林相处。正是在这里，五年后，耶拿战役的前一天，他完成了《精神现象学》。他在法军获胜前就离开了，先是当了几年编辑，后来又当了几年纽伦堡中学的校长，在那里写了《逻辑学》一书。1816年，他成为海德堡大学的教授，并撰写了《哲学大全》。1818年，他成为柏林大学的哲学教授，从那以后他一直在那里。他非常崇拜普鲁士，他的哲学也成为普鲁士的官方思想。

在所有哲学文献中，黑格尔的著作最难懂，这不仅是因为其讨论的题目的性质，也因为作者的赘述风格。虽然偶尔会出现一些令人眼前一亮的隐喻，让人感觉舒服些，但不足以抵消整篇文章的难度。要理解黑格尔真正的意思，我们可以回顾一下康德对"理论"和"实践"的区分。黑格尔哲学被认为是坚持原始意义上的实践的第一性。为此，黑格尔非常重视历史和人类在历史中的一切实践。至于从康德、费希特、谢林到黑格尔的辩证法，其合理性无疑源于对历史运动波浪式发展的回顾。特别值得注意的是，前苏格拉底哲学的发展似乎遵循了这一模式，这个前面已经提到过了。黑格尔把这种方法上升到历史解释原则的地位。到目前为止，从两种对立的要求到某种和解的辩证过程仍然足够适用。然而，黑格尔继续证明了历史是如何根据这一原则经历不同阶段的。不用说也知道，黑格尔在这方面只可能歪曲事实。找出历史事件的模式是一回事，但从这一原则中演绎历史则完全是另一回事。这也同样适用于对谢林的自然哲学的批判。

辩证法在某些方面让人想起苏格拉底对善的形式的追求。在这方面，后者符合黑格尔所谓的绝对理念。正如苏格拉底的辩证法最终通过摧毁各种特殊的假说而达到善的形式，黑格尔的辩证法也通过这种方法上升为绝对理念。这个过程在他的《逻辑学》中有所说明。需要记住的是，在黑格尔看来，逻辑实际上是形而上学的代名词，所以在这个标题下，我们找到了黑格尔对范畴的描述。这些范畴按照正、反、合的辩证过程相互交织。这一理论显然受到康德对范畴论述的启发。之后，黑格尔走自己的路，构建了一长串多少有些主观的范畴，直到他达到了绝对理念。这时，我们绕了一整圈又回到了单一。从某种意义上说，黑格尔认为这是完备性和正确论证的保证。绝对理念实际上被证明是唯一最高的范例，在这个范例中，所有的差异都消失了。

讨论导致绝对化的辩证过程有助于我们更好地理解绝对理念这个难解的概念。用三言两语来说明这一点，超出了黑格尔的能力，也超出了任何人的能力。黑格尔的著作中有许多杰出的例子对此进行了说明。其中一个这样说道：有些人的绝对理念没有经过辩证过程，而有些人则经历了辩证过程，这就像祈祷对一个孩子和一个老人有不同的意义——两个人背同样的单词，但对于孩子来说，它们几乎只是嘈杂的声音；于老年人来说，它们唤起了各种各样的生活经历。

辩证法宣称，辩证过程完结处的绝对理念是唯一的现实。在这一点上，黑格尔受到了斯宾诺莎的影响。我们可以得出结论，整体中的任何一个片段都没有独立的现实性和意义；只有与整个世界联系起来，它才有意义。我们似乎可以认同这一独特的命题：绝对理念是现实的，且只有整体是真实的，任何部分都只能是部分真实的。至于绝对理念的定义，在黑格尔那里是如此模糊，以至于缺乏效用。但它的主旨很简单，对黑格尔来说，绝对理念就是思考自己的理念。

绝对理念是一种形而上学的展现，它在某些方面与亚里士多德的神相似，是一个思考自身但不可知的实体。在其他方面，它让人想起斯宾诺莎那相当于全宇宙的上帝。和斯宾诺莎一样，黑格尔否认任何形式的二元论。黑格尔跟随费希特从精神出发，根据理念来谈论问题。

黑格尔将这种形而上学理论应用于历史。它符合历史领域的一些一般模式，因为黑格尔是从历史中推导出辩证原理的。然而如前所述，对具体事件的详细描述不应该以这种先验的方式进行探索。此外，导致历史绝对化的过程为相当粗鲁的民族主义宣传提供了机会。历史似乎在黑格尔时代的普鲁士王国达到了顶峰，黑格尔在《历史哲学》中的结论就是这样。现在看来，这位辩证法大师的推断太过轻率。

同样的论证模式导致黑格尔认可极权主义国家的组织形态。按照黑格尔的观点，培养历史精神是日耳曼人的首要任务，因为只有他们知道自由的普遍范围。在这里，自由不是一个消极的概念，我们必须结合某种法律来考虑它。到目前为止，我们可以同意黑格尔的观点，但我们不能得出只要有法律就有自由的结论，而黑格尔其实就是这么认为的。如果是这样的话，"自由"将成为"守法"的代名词，这与常人的看法有些不同。黑格尔的自由概念中也有一个有价值的暗示。有些人经常把头往砖墙上撞，因为他们不愿意承认砖比头硬。我们可以说这些人固执，但不能说他们自由。从这个意义上说，自由意味着真实地认识世界，而不是抱有幻想。换句话说，自由是掌握必然性的行动。众所周知，这一思想已经被赫拉克利特预言了，但当它被用于普鲁士的具体法律时，似乎没有理由解释为什么这些法律在逻辑上是不可避免的。正如黑格尔想做的那样，鼓吹它、要求无助的公民盲目服从国家法律是不可避免的，他的自由是做他被要求做的事。

辩证法也从历史考察的另一个特征中汲取力量，即强调对立力量之间的斗争。像赫拉克利特一样，黑格尔非常重视斗争。他甚至提出，战争比和平具有更高的道德优越性。如果一些国家没有任何敌人可以对抗，那么这些国家将在道德上变得软弱。显然，黑格尔在这里想到了赫拉克利特的名言：战争是万物之父。他抛弃了康德的世界联邦思想，反对维也纳会议产生的神圣同盟。他对政治历史的片面兴趣扭曲了整个政治学和历史学的讨论。在这一点上，他缺乏维科的广阔视野，这种视野认识到艺术和科学的重要性。只有根据狭隘的政治观点，黑格尔才能得出外部敌人对一个国家的道德健康至关重要的结论。如果一个人的视野稍微开阔一点，他会清楚地看到，在任何特定的社会中，他的公民都有很多方式来发泄他们有益健康的攻击性习惯。国与国之间的争端只能通过战争解决的观点认为，国与国之间不可能有社会契约，在它们的相互交往中，必然有一种天然的状态，具有力量至上性。在这个问题上，康德的知识高于黑格尔。我们自己的时代已经表明，战争最终会导致整个世界的毁灭。若这真的可以算是辩证法的完善，一定会让最正统的黑格尔主义者满意。

黑格尔的政治历史理论如此离奇，实际上与他的逻辑无法协调，因为作为辩证过程的出发点，它并没有表现出像巴门尼德的"太一"或斯宾诺莎的上帝那样的，个体与宇宙合二为一的东西。相反，黑格尔的思想是以有机整体为基础的，这影响了后来的杜威哲学。按照这种观点，个体正是通过与整体的联系，才像有机体的各个部分一样，获得了充分的实在性。有人认为这个概念会让黑格尔允许国家内部各种组织的存在，但完全不是这样，黑格尔认为国家是一支压倒性的力量。作为一个优秀的新教徒，黑格尔自然宣称国家高于教会，因为它可以保证教会组织的民族性。对于罗马教会，黑格尔会持反对态度，其中的原因是它的主要优势——它是一个国际团体。同样，在社会内部，没有单独追求组织利益的空间，尽管根据他的有机观点，他应该欢迎这些活动。至于单纯的探究者沉迷于各种爱好，黑格尔丝毫不做考虑。例如，为什么集邮者不可以仅仅为了追求他们共同的集邮兴趣在俱乐部里聚会呢？值得注意的是，官方的马克思主义理论在这方面保留了深刻的黑格尔主义。出于某种原因，所有活动的组织方式都必须直接有助于国家的福祉。如果这种体制下的集邮协会不把自己的工作看作是对社会主义的贡献，那么它的会员就会被粗暴地剥夺集邮的权利。

黑格尔的政治理论在另一个重要方面也与他的形而上学相矛盾。如果他把自己的辩证法贯彻到底，他应该看到，绝对理念没有理由在国家间组织面前突然停下来，也许他会走康德建议的路线。事实上，政治学中的绝对者似乎是普鲁士。当然，他的结论推演是一场骗局。不可否认，有人真心相信这个命题。这些事情可能会提供一些安慰，但宣布它们是理性的命令是一种欺骗。这样，人们就可以为全世界所有的偏见和暴行找到虚假的借口。这真的是一件容易的事情。

现在，让我们回到辩证法，这确实是黑格尔体系的核心概念。正如我们前面解释的，辩证的道路包括三个阶段。我们先得到一个语句，然后是一个相反的语句反对它，最后这两个语句组合成一个复合语句。可以举一个简单的例子来说明这一点。一个人提出了黄金有价值的论点。他可以有相反的论点，黄金是没有价值的。那么，可以得出结论，黄金的价值取决于环境。如果你在牛津街，你会发现人们愿意用三明治换你的黄金。在这种场合，黄金是有价值的。但是如果你带着一袋黄金在撒哈拉沙漠迷了路，需要喝水，那么黄金就不值钱了。因此，环境似乎必须考虑在内。黑格尔可能不同意这个例子，但它适用于我们这里的目的。下面的论点是，题目的组合成为一个新的命题，同样的辩证过程又重新开始，如此往复，直到包括整个宇宙。这就相当于说，任何东西只有放在它所有可能的环节中才能被看到；也就是说，对于某一事物，只有在全宇宙的视角下去观察才能获得其完整的意义。

接下来我想发表几点意见。首先是关于辩证法的历史内容。有时，不一致的要求可以通过妥协来调和。比如，我可以说我不想交税，但国税局站在相反的立场，拿走了税收，最后达成了妥协，双方都很开心。这没有什么神奇的。需要注意的是，和解不是来自两个矛盾的要求，而是来自相反的要求。这个合乎逻辑的论点需要一些解释。如果一个是真的，另一个必然是假的，两种说法是矛盾的，反之亦然。可是两种相反的说法虽不能同时为真，但可以同时为假，因此在上面的例子中，协调方法证明了两个相反的要求是错误的。辩证法在真实的历史事件中产生的结果往往可以在相反的要求中达成某种一致。当然，如果双方都缺乏制订一个可以接受的计划的耐心，竞争可能会变得更加激烈；最终，强者获胜，失败者被赶出战场。在这种情况下，相反的要求可能会被视为事后矛盾。但这只是事后的事实，因为这种事情的发生并不是必然的。当他们持有相反的税收观点时，公民和有关当局不会被迫走向相互毁灭的一步。

　　其次，可以注意到，智慧也遵循同样的模式。在这方面，辩证法可以追溯到柏拉图对话中的互动问答。它只展示了当大脑遇到问题时是如何工作的。提出一个论点会引来各种各样的反对意见，这些反对意见会在讨论的过程中，或者通过更准确的观察进行调整，或者放弃原来的论点，并在考虑后接受一个反对观点。有些人可能只是反对赫拉克利特的观点，说有些东西是不动的。在这种情况下，这两种说法是矛盾的。无论哪种情况，我们都可以实现和解，即有些事情会变，有些事情不会变。

　　这表明了黑格尔不打算承认的一个重要区别。矛盾是发生在谈话中的事情，与其说一个人和另一个人发生冲突，不如说是一句话和另一句话冲突更合适。在日常的现实世界中，矛盾并不存在。无论我们如何观察语言与世界的关系，一个事实都不能与另一个事实相矛盾。所以，贫穷和财富并不矛盾，只是不同而已。黑格尔认为世界是精神的，所以他喜欢肆意践踏这种极其重要的差别。再者，按照这种观点，就不难理解为什么辩证法不仅被用作认识论的工具，而且还被直接用作对世界的描述。在技术层面上，黑格尔不仅赋予了辩证法认识论的地位，而且赋予了它本体论的地位。正是在这个基础上，黑格尔进一步辩证地解释了自然。我们已经提到谢林对此持反对意见。这种偏执完全被一些马克思主义者接受，此外，他们用拉·美特利的唯物主义原则取代了黑格尔精神上的偏见。

　　另一个来自辩证法的特殊偏见是黑格尔特别喜欢数字

"三"。一切似乎都是三个一组地出现，如辩证法由正题、反题、合题三个部分组成。只要有东西要分，黑格尔就把它分成三份。比如，黑格尔在解读历史时，把世界分成了东方世界，希腊 - 罗马世界，以及最后的日耳曼世界。对此，许多人似乎不屑一顾。这在对称性上当然是完美的，但作为一种历史研究方法，它无法让人完全信服。同样，我们在《哲学大全》中也发现了"三"，即绝对理念发展的三个阶段。首先是自由阶段，这就引出了逻辑。其次，据说理念经历了一个自我异化的阶段，处于不同的状态，这就是自然哲学阶段。最终，理念完成了它在世界各地的辩证之旅，回归自我，与此对应的是精神哲学。整个过程应该是一个辩证的三部曲。这种理论建构的方法如此荒谬，以至于即使是敬畏黑格尔的人也不再为捍卫它而奋斗。

在做出上述批判性评论后，我们不能忽视黑格尔哲学中的宝藏。首先，就辩证法而言，应该承认黑格尔在这里表现出了对精神活动的深刻洞察。心灵总是按照辩证的模式发展。作为对智能发展和心理学的贡献，辩证法在某种程度上是一种敏锐的观察。其次，黑格尔确实非常重视一个世纪前维科提出的历史的重要性。由于用词不当，黑格尔表达自己理由的方式有时是低劣的，这可能与语言本身的某种诗意观念有关。当黑格尔说哲学是研究它自己的历史时，我们必须根据辩证原理来看待这一点。黑格尔说哲学必须按照辩证的方式发展，因此把辩证法作为压倒一切的哲学原理来研究，似乎与研究哲学史是一致的。这就成了一种迂回的说法，即要正确理解哲学，必须对哲学史略知一二。人们可以不同意这一点，但这不是胡说八道。黑格尔在阐述时经常玩弄词语的不同含义，他确实相信语言有一种与生俱来的智能，这种智能在某种程度上独立于它的使用者。奇怪的是，今天牛津研究日常语言的哲学家竟持有非常相似的观点。

对黑格尔来说，绝对理念即将在他那个时代到来，因此为之建立一个哲学体系是必要的。根据他的观点，哲学体系总是在大事件之后出现，正如《法哲学原理》的序言所说："密涅瓦的猫头鹰只在黄昏时起飞。"

黑格尔哲学的灵感来源于哲学史上反复出现的一个普遍原则，即除非世界的一部分被放在它所在的整个宇宙中的某个位置上，否则无法被理解。所以，只有整体才是唯一的现实。

前苏格拉底思想家一直持有这种观点。当巴门尼德陈述宇宙是一个静止的球时，他试图表达的就是这种意思。毕达哥拉斯学派的数学哲学家在说一切都是数字的时候，也揭示了这一思想。在近代，斯宾诺莎是这种观点的代表，他称只有整体才是真正的终极存在。遵循毕达哥拉斯传统的数学家和物理学家在寻求解释整个宇宙的最高公式时，也受到了同样信念的启发。牛顿的物理学、拉普拉斯的宇宙学都是这方面的例子。我们不难证明唯心主义的宇宙体系观是站不住脚的，但如果你不试图理解它的目的，即使你只是模糊地驳回它，也会很危险。

有趣的是，唯心主义体系从一个方面恰当地描述了科学理论的野心。科学确实为扩大系统理解自然的范围做好了准备。到目前为止，所有未曾预料到的关系都被揭示了出来，越来越多的自然事件被纳入理论体系，这种发展原则上是永无止境的。再者，科学理论也不例外，它的统治力必须是普遍性的，不是万能就是万万不能。因此，我们可以说唯心主义体系是一种柏拉图式的科学整体观念，是莱布尼茨设想的研究神的科学。认为任何事物都以某种方式与其他事物联系在一起，这是非常正确的，但是认为事物因为与其他事物的联系而改变则是不正确的。另一方面，这种看待科学的方式也没有击中目标。既然科学的特征之一是无止境的探究，那么证明整体是终极存在的想法也是错误的。黑格尔学派的态度与 19 世纪后期的科学乐观主义有很大关系，当时所有人都认为一切答案就在眼前。但后来的事情证明这不过是一厢情愿的幻觉，我们不难预知到这一点。

　　不论如何，用神学来补充科学是无用之举。不管怎样做，神学的世界与科学的世界不是一个世界，我们之外的其他世界同我们没有关系。因而，唯心主义体系是一种虚假的概念体系。我们可以用一个例子更直接地说明这一点。我有很多真实的信念，比如我相信纳尔逊纪念柱比白金汉宫高。黑格尔主义则没有这样的信念，他会反对说："你不知道你在说什么。""要掌握你所讲述的事实，你必须知道这两座建筑是用什么材料建造的，是谁建造的，为什么建造它们，等等。这种问题没完没了。最后，你必须了解整个宇宙，才能说你知道纳尔逊纪念柱比白金汉宫高。"不用说也能看出，这种推理的困难在于，我必须在知道任何事情之前知道一切，这样我就永远无法开始了解任何事物。没有人谦虚到声称自己的头脑完全空白，事实上这是完全不真实的。我确实知道纳尔逊纪念柱比白金汉宫高，但在其他方面，我没有必要认为自己像上帝一样无所不知。事实是，你可以知道一些事情，而不知道与之相关的一切；你可以在不知道所有单词的情况下明智地使用一个单词。这就像黑格尔坚持拼图游戏没有意义，经验主义者则承认每件作品都有自己的意义。的确，如果它们没有意义，你就不能把它们放在一起。

对系统逻辑理论的批判在伦理学中产生了重要的成果。如果逻辑理论是正确的，那么基于它的伦理学也必然是正确的。但事实上，这又使问题暴露了出来。

黑格尔主义和洛克的自由主义是截然相反的。对黑格尔来说，国家本身就是好的，公民无关紧要，只要他们考虑到整体的荣耀就行。自由主义从另一面出发，认为国家应该考虑各个成员的个人利益。理想主义倾向于偏执、苛刻和武断，而自由主义孕育宽容、理解与和解。

黑格尔的唯心主义试图把世界看作一个系统。虽然黑格尔注重精神，但就目的而言，他的思想绝不是主观主义。我们可以称之为客观唯心主义。我们已经看到辩证法的体系建构后来是如何被谢林批判的。在哲学方面，这是丹麦哲学家克尔凯郭尔（1813—1855）突然而猛烈地批判黑格尔主义的起点。他的作品在当时影响不大，但在五十年后成为存在主义运动的源头。

克尔凯郭尔出生于哥本哈根，十七岁时就读于哥本哈根大学。他的父亲年轻时来到首都经商，取得了巨大的成功，所以他的儿子没有谋生的压力。克尔凯郭尔继承了父亲敏捷、聪明、体贴的气质。1841 年，他获得了神学硕士学位。在此期间，他与一个女孩订婚，但没有成婚。在他看来，她对他的神学缺乏欣赏。他解除了婚约，前往柏林从学于谢林。在那之后，他致力于神学和哲学冥想，曾经和他订婚的女孩也嫁给了别人。

现在让我们回到谢林对黑格尔体系的批判。谢林区分了消极哲学和积极哲学。前者关心的，用学术词汇来讲，是概念、共性或本质。积极哲学涉及事物的实际存在。谢林认为，哲学必须从消极阶段开始，然后转向积极阶段。这种说法让人想到谢林的两极性原理。想一想他在自己的哲学发展中经历的事情，那就是这条路的体现。从这个意义上说，谢林早期是"消极的"，后期是"积极的"。因此，谢林对黑格尔的主要批判在于，他认为后者止步于消极阶段，而不是想呈现一个积极的事实世界。存在主义就起源于这种批判。

然而，这只是对黑格尔的逻辑批判。在克尔凯郭尔看来，感性上的批判也同样重要。黑格尔主义是一个有些枯燥和理论化的东西，留给灵魂激情的空间很少。这确实符合一般德国唯心主义哲学的实际情况，甚至谢林后期的思想也是如此。启蒙运动倾向于带着一些疑虑看待激情，而克尔凯郭尔则希望激情在哲学上再次得到尊重。这与浪漫主义是一脉相承的，但它和将善与知识、恶与无知联系起来的伦理直接对立。存在主义，以一种真正的奥卡姆方式，彻底打破了意志和理性。存在主义试图把我们的注意力集中在人类行动和选择的需要上，但这不是哲学反思的结果，而是意志的自然功能。这将使人们很容易为自己的信仰腾出空间，因为现在，接受宗教信仰是一种自由的意志行为。

存在主义的原理有时表现为"存在先于本质"，换句话说，我们首先知道某样东西存在，然后才知道它是什么。这等于把特殊放在普遍之前，或者把亚里士多德放在柏拉图之前。克尔凯郭尔把意志放在理性之前，认为人类的问题不应该太科学化。探索一般事物的科学只能从外部触及事物，克尔凯郭尔则实现了"存在"的思维方式，即从内部把握情况。就人类而言，他觉得如果我们以科学的方式讨论自身，就会忽略真正重要的东西。

在克尔凯郭尔眼里，各种伦理理论都过于理性，以至于不允许人们自己安排生活。这些理论没有充分意识到个体道德行为的具体特征，还有一些违背规则的反例或例外。正是出于这些原因，克尔凯郭尔强烈主张我们应该把生活建立在宗教原则而不是伦理原则上。这是一个遵循受人尊敬的奥古斯丁主义的新教传统。一个人只对上帝和他自己的命令负责，没有其他人可以干预或改变这种关系。对克尔凯郭尔来说，宗教是一个思考存在的问题，因为它来自灵魂深处。

克尔凯郭尔是一个充满激情的基督徒，但他的观点与丹麦国家教会那种僵化的制度主义相冲突。他反对那些自负的经院哲学家的理性主义神学。上帝必须从存在的角度来理解，无论在本体论上进行多少论证，都无法证明上帝存在。因此，正如我们前面指出的，克尔凯郭尔切断了信仰与理性的关系。

　　总的来说，克尔凯郭尔对黑格尔的批判是有效的，但由此产生的存在主义哲学却远非正确。当限制理性时，它使自己容易受到各种谬误的影响。在信仰的层面上，这不仅是意料之中的，而且近乎流行。"因其荒谬，所以信仰"是开明信徒古老而受人尊敬的座右铭。从某种意义上说，他们可能是对的；如果你打算行使信仰自由的权利，你也会执着于一些奇怪的事情。

　　我们最好记住，低估理性和高举理性一样危险。黑格尔过分推崇理性，犯了理性可以创造世界的错误。克尔凯郭尔走到了另一端，强调理性不能帮助我们把握具体的事物，只有具体的事物才是真正值得了解的。这种观点否定了科学的全部价值，却符合最理想的浪漫主义原则。虽然克尔凯郭尔激烈地批判浪漫主义的生活方式，认为那完全是由不可预测的外部影响决定的，但他自己仍然是一个彻底的浪漫主义者——假设思维存在的真正原则是一个混乱的浪漫概念。

　　存在主义者否定黑格尔，主要是因为他们不同意世界本身构成一个系统。虽然克尔凯郭尔没有明确讨论这个问题，但他的存在主义实际上预设了一种反对唯心主义的现实主义认识论。如果你回到康德的二元论，把它稍微提炼一下，就会出现对黑格尔截然不同的反对意见，这种变化出现在叔本华的哲学中。

　　亚瑟·叔本华（1788—1860）是但泽一个商人的儿子，他的父亲崇拜伏尔泰并尊重英国文化。普鲁士于1793年吞并但泽使其成为自由城市，他的家人于是搬到了汉堡。1797年，叔本华去了巴黎，在那里待了两年。最后，他差点忘了自己的母语。1803 年，他来到英国，在一所寄宿学校学习了大约六个月，这足以让他讨厌学习英语，但在接下来的几年里，他经常订阅伦敦的《泰晤士报》。回到汉堡后，叔本华在事业上敷衍了事，当父亲去世后，他便彻底放弃了事业。这时，他的母亲搬到了魏玛，在那里她很快成为一家文学沙龙的女主人，许多当地著名的文人和诗人经常来这里。事实上，她后来成了一名小说家。与此同时，儿子开始对她轻佻的生活方式表示不满。她没有儿子那种抑郁的气质。二十一岁时，叔本华得到了一小笔遗产，随后母子二人逐渐疏远。

随后，叔本华进入大学深造。他首先进入哥廷根大学，在那里他第一次接触到康德哲学。1811 年，他转到柏林大学，主要学习科学。他听了几次费希特的课，却看不起费希特的哲学。解放战争爆发的 1813 年，他完成了学业，但战争并没有激起他持久的热情。在随后的几年里，他在魏玛遇到了歌德，并开始在那里研究印度神秘主义。1819 年，他开始在柏林大学做无偿讲师。他对自己的聪明才智深信不疑，他觉得对至今可能没有意识到的人隐瞒这个事实是不诚实的。因此，他把他的讲座和黑格尔的讲座放在同一时间。由于未能有效吸引黑格尔的听众，叔本华决定放弃讲课，定居法兰克福度过余生。作为一个男人，他自负、暴躁、虚荣，他受人敬仰的名声直到他生命的尽头才出乎意料地到来。

叔本华从小就形成了自己的哲学观点。他的主要著作《作为意志和表象的世界》出版于 1818 年，当时他只有三十岁。

这本书开始时鲜为人知。它提出了一种修正的康德理论，有意保留了物自体，并把物自体等同于意志。经验世界按照康德的意思被认为是由现象组成的，这方面叔本华认同康德的观点；但与康德不一样的是，叔本华把物自体等同于意志，这样一来，导致这些现象的不是一组不可知的本体，而是作为本体的意志。这与正统的康德学派非常接近。我们知道，康德认为意志属于本体。如果"我"在经验的世界里施展意志，就会有相应的肢体动作。顺便说一句，康德在这里实际上从未超越偶因论，因为我们可以看到，本体和现象之间不可能有因果关系。无论如何，叔本华认为身体是一种现象，它的现实性存在于意志之中。和康德一样，叔本华认为本体世界是脱离空间、时间和范畴的，意志作为本体，也不属于这些东西。因此，它是永恒的和非时空的，这意味一种统一。就真实的自我，也就是自我的意志而言，"我"并不独立和孤独，它只是一种现象的幻觉。相反，"我"的意志实际上是唯一的普遍意志。

　　叔本华认为这种意志是彻头彻尾的邪恶，必然导致人生的苦难，而且对他来说，知识不是自由的源泉，而是苦难的源泉，正如黑格尔认为的那样。因此，叔本华没有表现出理性主义者的乐观，在他认为的黑暗前景中，他没有给幸福留下任何位置。至于性活动，也是一种邪恶的行为，因为繁衍只会为苦难提供新的受害者。叔本华对女性的厌恶与这种观点有关，他认为女性在性方面比男性更富于心计。

　　把康德的认识论和悲观主义联系在一起，这是没有逻辑的。叔本华个人的气质和快乐无关，所以他声称快乐是一种神话。在他沮丧的冥想生活结束时，他的成就得到了认可，他的经济状况也有所改善。不管他的理论如何，这两件事突然让他很开心。即便如此，也不能说理性主义者过于相信这个世界的美好是正确的。像斯宾诺莎这样的思想家，至少在理论上，不希望看到邪恶；叔本华走向了另一个极端，看不到任何好的东西。

按照叔本华的观点，缓解这种苦难处境的方法必须在佛教神话中寻找。是我们的意志让我们痛苦，只有当我们的意志麻木时，我们才能最终达到涅槃或虚无，从而获得自由。神秘的专注使我们能够穿透代表幻觉的摩耶面纱，将世界视为一个整体。有了这些知识，我们就能战胜自己的意志。这种综合的知识并不像如爱克哈特主教这样的西方神秘主义者所认为的那样导致与上帝的交流，或者与斯宾诺莎的泛神论世界交流；相反，对整体的洞察和对苦难的同情为我们提供了一种逃避空虚的方式。

叔本华哲学反对黑格尔哲学，强调意志的重要性。这一观点后来被许多在其他方面截然不同的哲学家采纳。我们在尼采和实用主义者身上发现了这一点。存在主义也对与理性对立的意志深感兴趣。至于叔本华理论中的神秘主义，并不在哲学的主流之中。

如果说叔本华哲学最终试图提供一种逃避世界及其冲突的方式，那么尼采（1844—1900）恰恰走了相反的道路。总结尼采的思想并不容易，他不是普通意义上的哲学家，他的观点也没有得到系统的解释。人们可能会把他完全视为贵族人文主义者。他极力赞美那些禀性最为健康也最为强壮的人，认为这样的人应该享有最高的地位。他同时还强调了在面对苦难时要坚忍、顽强，这与公认的伦理标准是一致的，但在实践中却是另一种模样。很多人断章取义地把握这些特征，所以尼采才可能被当作我们这个时代政治专制的先知。独裁者可能从尼采那里得到了一些启发，但要让尼采为独裁者的行径负责，这是不公平的。如果尼采活得足够长，能够见证自己国家的政治发展，他肯定会奋起反抗。

尼采的父亲是新教牧师，这促成了一个虔诚而诚实的家庭背景。即使在尼采最叛逆作品的崇高道德基调中，我们仍然可以觉察到其家庭背景对他产生的微弱影响。尼采在很小的时候就表现出了学者的才华，并在二十四岁时成为巴塞尔大学的古典文学教授。一年后，普法战争爆发，此时尼采已成为瑞士公民，并在战争时期成为一名志愿看护兵。他因痢疾退役后回到了巴塞尔大学。他身体一直不好，离开战场后也再没有恢复过来。1879 年，他不得不辞职，但丰厚的养老金可以让他过上舒适的生活。在接下来的十年里，他生活在瑞士和意大利，继续写作，大部分时间都在孤独和被忽视中度过。1889 年，由于在学生时代感染的性病复发，他精神失常了，随后便一直处于这种状态，直到去世。

尼采的作品最初受到苏格拉底之前的希腊，尤其是斯巴达理想的影响。在其第一部重要著作《悲剧的诞生》中，他提出希腊精神可以分为日神精神和酒神精神，这一观点颇有名气。悲情的酒神气质与人类在生存境遇中对悲惨现实的理解息息相关。另一方面，奥林匹斯的万神殿是一道宁静的风景，是人类生活中平衡不幸的力量，日神精神就是这种力量的代表。我们可以把希腊悲剧描述为狄奥尼索斯渴盼的阿波罗式的升华。亚里士多德在这些问题上持有类似的观点。

从这种对悲剧起源的解释中，尼采最终得到了悲剧英雄的概念。与亚里士多德不同，他在悲剧中看到的不是情感共鸣的净化，而是对生活本来面目的接受。叔本华曾得出悲剧的结论，而尼采则持乐观的立场，他认为这种乐观可以从对希腊悲剧的恰当解读中获得。必须注意的是，他的态度并不是通俗意义上的乐观，而是一种对严酷的生活现实的积极态度。和叔本华一样，他承认意志至上，但他更进一步地把坚强的意志视为好人的突出特征，而叔本华认为意志是一切罪恶的根源。

尼采区分了两种类型的人和他们各自的美德，即主人道德和奴隶道德。基于这种区分的伦理学理论在《善恶的彼岸》中有详细的描述。一方面，我们有主人道德——独立、慷慨、自立等，所有这些美德都属于亚里士多德所说的高尚的灵魂。相反的缺陷是阿谀奉承、自卑、懦弱等，这些是邪恶的。在这里，善恶的对比大致相当于贵贱的对比。奴隶道德完全按照不同的原则运作。对奴隶来说，善良存在于普遍的沉默中，存在于一切消除苦难和斗争的事物中；主人说善的便是善，主人称恶的便是恶。主人的道德很容易令奴隶恐惧，而对于奴隶来说，所有引起恐惧的行为都是邪恶的。英雄或超人的道德，是超越善恶的。

在《查拉图斯特拉如是说》一书中，这些理论以道德宣言的形式发表，其语言风格是对《圣经》的模仿。尼采是一位伟大的文学艺术家，他的作品更像是诗意的散文，而不是哲学论著。

尼采最讨厌的是因技术发展而出现的新的大众性。对他来说，伟人实现崇高的理想，而社会的正当功能就是充当少数伟人的温床。这可能会给小人物带来痛苦，但在尼采看来，小人物的痛苦是微不足道的。他想象中的国家与柏拉图的理想国有很多共同之处。他认为传统宗教是奴隶道德的支柱。按照尼采的观点，自由的人必须意识到上帝已经死了；我们必须争取的不是上帝，而是成为更高等的人。尼采认为基督教就是至今仍发挥作用的典型的奴隶道德，它悲观地期待在另一个世界的幸福生活，认为温顺和同情等品格是有价值的。正是因为瓦格纳转向了基督教，尼采才开始抨击这位作曲家，此前他还是尼采钦佩的朋友。尼采的英雄崇拜有一种强烈的反女权主义色彩，他支持将女性视为财产的东方习俗，这反映了尼采自身缺乏与女性沟通的能力。

在这种伦理思想中，尼采对各种不同的人及其生活进行了大量有意义的观察。若是从个体角度出发，以某种无情的手段对待他人是可以被理解的；但为了少数人的利益，让大多数人受苦，自己却无动于衷，这样的伦理观是很难让人认同的。

功利主义以来

我们现在必须返回一个世纪之前来讲述另一条线索。那时的物质环境正在发生翻天覆地的变化，唯物主义哲学及其批判者就是在这样的世界中发展起来的。这些变化产生的原因是 18 世纪的英国工业革命。首先，机器的采用是一个渐进的过程。纺织机制造得到改进，纺织品产量随之增加。蒸汽机的改进为许多新建的车间提供了不可估量的动力来源。产生蒸汽最有效的方法是使用燃煤锅炉，因此煤炭工业取得了很大的进步。这种发展往往是在恶劣危险的环境中实现的。事实上，从人性的角度来看，工业化的早期是一个令人毛骨悚然的时代。

英国的圈地运动在 18 世纪也达到了顶峰。在过去的几个世纪里，贵族们为自己圈占公地是常有的事。这给受益于公地的农民带来了苦难。到了 18 世纪，大量农民离开家园，被迫进入城镇寻求新的生活，正是这些人后来被新工厂收编。他们的工资微薄，而且被严重剥削。他们定居在城市最贫困的地区和郊区，这为 19 世纪的大型工业贫民窟奠定了基础。那些觉得自己的手工越来越多余的人，会越来越厌恶机器的发明。随着机器操作的每一次改进，工人都有反抗的趋势，担心这会切断他们的生计。即使在今天，这种恐惧仍然存在。数控机器的引入，就像19世纪的大型纺织机一样，遭到了工会的抵抗。但悲观主义者总是错的，尤其是在以上几个方面。世界上工业国家的生活水平不仅没有下降，反而在各方面逐渐增加了财富和舒适度。必须承认，早期英国工业无产阶级的处境极其悲惨。有些十恶不赦的罪恶，一部分是由于无知，因为这些新问题是以前从未遇到过的。以手工业者和农民为基础的旧自由主义，很难应付工业社会中大量的新问题。虽然改革进行得很慢，但它最终纠正了这些早期的错误。在工业化发展缓慢的地方，比如大陆国家，一些给工业社会带来混乱的问题并不太严重，因为此时人们对问题的认识已经更加清晰。

19世纪初，科技之间相互促进的发展趋势开始出现。当然，这种趋势在一定程度上一直存在。自从工业化以来，科学原理在技术设备的设计和制造中的系统应用导致了物质领域的加速扩张，蒸汽机就是这种扩张的新动力源。在20世纪上半叶，我们对相关的科学原理做了全面研究，新的热力学反过来指导工程师制造更高效的发动机。

与此同时，蒸汽机开始取代交通工具中的所有其他动力。到了19世纪中叶，欧洲和北美逐渐形成了庞大的铁路网，帆船也开始被轮船取代。所有这些新事物都给人们的生活和视野带来了巨大的变化。总的来说，人似乎是保守的动物，人的技术能力发展往往快于政治智慧，这导致了一种至今仍未恢复的不平衡。

早期工业生产的发展使人们更加关注经济问题。作为一门独立的学科，现代政治经济学可以追溯到亚当·斯密（1723—1790）的著作。斯密和休谟一样是苏格兰人，也是一位哲学教授。他的伦理学著作沿袭了休谟的传统，但总的来说，其伦理学不如其经济学重要。他的声誉得益于《国富论》，这本书是研究在国家经济生活中起作用的各种力量的首次尝试。一个被提到突出位置的特别重要的问题是分工。斯密详细地说明了这一点，即当一件物品的生产分为几个阶段，并且每个阶段都由专职工人完成时，工业产品的产量是如何增加的。他举了珠宝制造的例子，其结论来自对生产的实际观察。从那以后，分工原则在工业中得到了广泛的应用，并被证明是完全正确的。当然，也有一些人的问题必须考虑。如果专业操作被打破，就会破坏人们对工作的兴趣，最后让工人苦不堪言。这个在斯密所处的时代还没有被很好地理解的困难，已经成为现代工业的主要问题之一，它对那些机器操作者带来了不人道的影响。

长期以来，政治经济学的研究一直保持着一种英国特色。18 世纪的法国重农主义者对经济问题非常感兴趣，但他们作品的影响力是无法和斯密相比的。斯密的著作已经成为古典经济学的"圣经"，随后被马克思继承的李嘉图劳动价值理论在这一领域做出了重要贡献。

在哲学领域，工业的兴起引起了对功利主义的某种强调，这遭到浪漫主义作家的强烈反对。与诗人和理想主义者激起的所有浪漫主义愤慨相比，这种有些无聊的哲学最终可以促进社会事务所急需的改善。它追求的是一个接一个的系统性变化，革命远非其目标。更感性的马克思理论却不是这样，它以自己特殊的方式保留了黑格尔坚定的理想主义中的诸多元素，其目标是通过暴力手段彻底改造现有秩序。

那些没有意识到工业社会中存在重大人类问题的人，从未体验过工业无产阶级遭受过的侮辱。那些人或许会觉得这些事令人不快，但也认为它们是不可避免的。这种麻木不仁的态度在 18 世纪后期受到了严厉的抨击，当时一些作家开始关注相关问题。1848 年的革命确实起到了一定的作用，它使得这些事实引起了社会的普遍关注。从政治策略来说，这些风波多少有些不合适，但它们确实让公众开始担忧时下的社会状况。在后来英国狄更斯和法国左拉的作品中，这些问题都被揭露出来，这有助于促进大众对形势形成更清晰的认识。

人们往往以为充分的教育是治愈各种社会疾病的良药，在这一点上，改革者可能并不完全正确。光是教大家阅读、写字、算数并不能消除社会问题。这些技能对于工业社会的正常运转并不是真正必要的。许多专门的日常任务主要由文盲承担。但是，教育也可以间接解决一些问题，因为它有时会让不得不吃苦的人寻求改善命运的方法。很明显，一个简单的教育过程不一定会导致这种结果，但它可以使人相信，事物的现有秩序是理所当然的，这种灌输有时相当有效。另一方面，改革者正确地坚持了这样一种观点：除非他们对相关情况有相当的了解，否则某些问题无法得到妥善解决。这确实需要一定程度的教育。

亚当·斯密讨论的与商品制造相关的分工理论几乎已经达到了哲学的高度，在 19 世纪的历史进程中，可以说这种探索也变得工业化了。

功利主义运动因一种伦理学理论而得名，更具体地说，这一理论可以追溯到哈奇森，他在 1725 年详细阐述了这一理论。简单来说，这个理论认为善是幸福，恶是痛苦，所以我们应该达到的最佳状态，就是幸福在最大程度上超过痛苦。这种观点被边沁采纳，后来被称为功利主义。

杰里米·边沁（1748—1832）对法学特别感兴趣。在这方面，他主要受到爱尔维修和贝卡里亚的影响。边沁认为，伦理学在研究如何以合法方式达成事情最佳状态上发挥着一种基础性作用。边沁是那些被称为"哲学激进派"之人的领袖，他们非常关注社会变革和教育，普遍反对教会权威和社会统治阶级的特权。边沁是一个不合群的人，他的观点一开始并不特别激进，但到了晚年，虽然他非常害羞，却也成了一个好斗的无神论者。

和他的激进伙伴一样，边沁非常关注教育，他异常确信教育具有造福世界的强大力量。在他那个时代，英国只有两所大学，招生对象仅限于发誓信仰英国国教的人，这种不合理的情况直到 19 世纪下半叶才改变。边沁致力于帮助那些无法获得现有制度所要求的狭隘资格的人，并为他们提供接受大学教育的机会。伦敦大学学院成立于 1826 年，边沁是帮助建立该学院的一个团体的成员。这所大学没有宗教考试，也从未有过教堂。这时，边沁本人已经完全放弃了宗教。临终前，边沁在遗嘱中要求把自己的遗体做成蜡像并保存在学院里。这尊穿戴整齐的蜡像被安置在学院的陈列柜中，人们以此来纪念边沁。

边沁的哲学源头可以追溯到18世纪初。首先是哈特莱曾经强调的联想原则，它源于休谟的因果理论。在哈特莱和后来的边沁那里，联想原则成为心理学的主要机制。边沁将联想原则视为唯一的方法，并将传统上种种关于认知活动的概念弃而不用，通过专注于经验材料对心理学做出确定的解释。事实上，这些概念已经被奥卡姆剃刀剔除了。后来，巴甫洛夫的条件反射理论正是基于与联想原则相同的观点。

第二个原则是功利主义的最大幸福原则。在边沁看来，该原则与心理学的联系在于人们试图做的是实现他们可能的最大幸福。在这里，幸福被理解为快乐的同义词。法律的作用是保证当人们追求自己的最大幸福时，没有人会妨害别人的追求。大多数人的最大幸福就是这样获得的，这是各种功利主义者的共同目标，尽管他们之间存在着差异。这个目标听起来有点缺乏创意且过于自信，但其背后的意图远非如此。作为一场热衷于改革的运动，功利主义取得的成就比所有唯心主义哲学加起来还要大，但这种成就并非一蹴而就。对于大多数人最大幸福的原则还有另一种解释，在自由主义经济学家眼中，它已经成为"自由放任"和自由贸易的理由。它假设每个人都可以自由、不受限制地追求自己的最大幸福。从法律的角度来看，它会产生社会的最大幸福。但自由主义者在这一点上过于乐观了。有些人可能会用苏格拉底的口吻承认，如果人们不费心去理解和估计自己行为的后果，他们通常会发现伤害社会最终会伤害到自己。然而，人们并不总是仔细考虑这些事情，不加思考地冲动行事才是常态。因此，在我们这个时代，"自由放任"理论受到一些限制性保护措施的制约。

因为上述理由，法律被视为一种确保每个人都能在不妨害他人的情况下追求个人最大幸福的机制。这样，惩罚的功能就不是报复，而是预防犯罪。违法行为当然应该受到惩罚，但不会用上当时英国常见的种种酷刑。边沁反对滥用死刑，在当时，对轻微的不当行为判处死刑是相当武断的。

根据功利主义伦理学，我们可以得出两个重要结论。首先，在某些方面，每个人都有同样强烈的幸福欲望，因此所有人都享有平等的权利和机会。在当时，这种观点似乎有点新奇，并构成了激进派改革计划的中心目标之一。另一个可以想象的推论是，最大幸福只有在局势保持稳定时才能实现，因此平等和安全是最重要的问题。至于自由，边沁认为那是次要的。在他看来，自由和人权一样，多少有些浪漫的形而上学色彩。在政治上，他倾向于仁慈的专制主义，而不是民主制度。顺便说一下，他的一个理论困境就暴露在这里。很明显，没有任何机制可以确保立法者真正采取仁慈的做法。根据他自己的心理学理论，这需要立法者有足够的知识，并始终以远见行事。然而如前所述，这一假设并不完全可靠。作为一门实践政治学，这种困难是无法被彻底根除的。我们能做的最好的事情就是保证立法者永远不会被允许拥有如此大的行动自由。

在社会批判方面，边沁与18世纪的唯物主义者是一致的，他指明了马克思后来坚持的许多东西。在他看来，现有的奉献道德是被统治阶级故意塑造的，目的是维护自己的既得利益，希望别人做出牺牲，自己则不会遭受任何损害。为了反对这一切，边沁提出了他的功利主义原则。

虽然边沁在他的一生中保持了激进知识分子的领导地位，但这场运动背后的推动者是詹姆斯·穆勒（1773—1836）。和边沁一样，他持有功利主义的伦理观，鄙视浪漫主义。在政治问题上，他认为人们可以通过推理来说服，他们习惯于在采取行动之前进行理性评估。与此相关，他对教育的作用也过于信任。詹姆斯·穆勒的儿子约翰·斯图亚特·穆勒（1806—1873）就是这种教育思想的第一个被试者，并因此受到了严重的伤害。穆勒在其晚年时抱怨说："我没有童年，也从来不打板球。"他从三岁开始学习希腊语，他被要求学习的其他一切东西都与他那不成熟的年龄不符。这些可怕的经历让他在二十一岁时患上了神经衰弱。后来，穆勒对19世纪30年代的议会改革运动产生了积极的兴趣，但他并没有费心去担任父亲和边沁之前都担任过的领导职务。从1865年到1868年，他作为下议院议员继续呼吁普选。他追随边沁的脚步，奉行自由主义和反帝国主义的路线。

穆勒的哲学几乎没有原创的成分，他的声誉几乎完全是靠其《逻辑学》确立的。他对归纳法的讨论在当时是一种新观点。归纳法受一套规则支配，这些规则提醒人们休谟讨论因果关系的方法。长久以来，归纳逻辑悬而未决的问题就是如何说明归纳推理是正确的。穆勒的观点是，人们观测到的自然恒常性就是归纳逻辑的基础，而自然恒常性本身就是最高的归纳。

这把整个争论变成了循环论证，但穆勒对此并不担心。然而，这里涉及一个更常见的问题，这个问题今天仍然困扰着逻辑学家。粗略地说，问题在于人们不知何故觉得归纳法没有得到应有的尊重，所以必须加以证明。这似乎导致了一种人们并不总能意识到的麻烦：证明归纳逻辑的正确是一个演绎逻辑的问题。如果归纳法必须被证明是正确的，那么它本身就不可能是归纳法。至于演绎法本身，没有人觉得有必要去证明它的正确性，它自古以来受到所有人的尊重。也许摆脱困境的唯一方法是让归纳法成为独一无二的逻辑形式，而不是将它和演绎法绑在一起。

穆勒对功利主义伦理学的解释体现在《功利主义》一书中。这本书中很少有超出边沁思想的观点。就像可被当作第一位功利主义者的伊壁鸠鲁那样，穆勒也认为有些幸福比其他幸福更高级，但他并未成功解释清楚这个问题：相较于数量上的差异，在质量上更高级的幸福是什么。我们不该对此感到奇怪，既然最大幸福原则是对幸福的计算，这就意味着幸福是只论量而不论质的。

在尝试论证人们实际上是在追求快乐这一功利主义原则时，穆勒犯了一个很大的错误："唯一能证明某种东西是可见的，就是人们实际上看到了它。声音可以听见的唯一证据是人们听到了它。我们经验的其他来源也是如此。同样，我意识到，唯一能证明某样东西是可取的，就是人们真的想要它。"这是一种避重就轻的说法，他依靠词语的相似性来抹去逻辑上的差异。我们说，如果某样东西可以被看到，那么它就是可见的。但是说到我想要什么，就模棱两可了。如果我提到什么是可取的，我的意思是我真的想要它。当我这样告诉别人时，我当然会假设别人的好恶和我的大致相同。从这个意义上说，我想要什么并不重要。另外，当我们说某件事是可取的时候，还有另一层意思，比如当我们说诚实是可取的，这实际上意味着我们应该诚实，这是在表达一种道德声明。穆勒的论点肯定有问题，因为"可见"和"期望"之间的类比是肤浅的。休谟已经指出，"应该"不能从"是"中推导出来。

无论如何，我们很容易直接引用反例来证明这个原则是无效的。把快乐或幸福定义为一个想要的东西，这是毫无意义的，也不是放之四海而皆准的，尽管满足我们的欲望真的会让我们幸福。另外，有时候我们可能会想要一些东西，但除了我们有欲望的这个事实，它和我们的生活没有任何直接关系。例如，一个人会渴望一匹马在赛马比赛中获胜，但他没有下任何赌注。功利主义很容易受到许多严肃的反对，但功利主义伦理仍然是社会有效行动的源泉，因为这一伦理理论宣称善良是大多数人的最大幸福，人们可以保持这一原则，完全抛开人们是否真的以促进这种普遍幸福的方式行事的问题。法律的功能是保证最大幸福的实现。在此基础上的改革目标与其说是实现一个理想的制度，不如说是实现一个能够真正给公民带来一定幸福感的可行制度。这就是民主理论。

与边沁相反，穆勒是自由的狂热爱好者。他关于自由最好的阐述可以在著名的《论自由》中找到。哈莉特·泰勒是这本书的合著者，她在自己丈夫死后嫁给了穆勒。在《论自由》

中，穆勒强烈捍卫思想和言论自由，并提议限制国家干预公民
生活的权力。他尤其反对基督教说自己是一切美好事物来源的
说法。

人们在 18 世纪末注意到的问题之一是人口的快速增长，
这一点在接种牛痘疫苗开始降低死亡率时就出现了。马尔萨
斯（1766—1834）研究了这个问题。他是一名经济学家，也是
激进分子的朋友，此外，他还是一名圣公会牧师。在其著名的
《人口论》中，马尔萨斯提出了人口增长远快于粮食供给的理
论。人口呈几何级数增长，而粮食供应仅在算术上增长。这不
可避免地导致了人口必须受到限制的论点，否则就会造成大范
围的饥荒。关于如何限制人口，马尔萨斯采用了传统的基督教
观点，即人们必须接受教育才能学会"控制"，从而减少人口。
马尔萨斯本人是一个已婚男人，他成功地在自己身上实现了他
的理论——他在四年内生了三个孩子。

现在看来，马尔萨斯的理论似乎并不像预期的那样有效。
在这些问题上，孔多塞似乎有更合理的看法。马尔萨斯提倡
"节制"，而孔多塞早就提出了现代意义上的节育。马尔萨斯从
未原谅过孔多塞，因为按照他严格的道德价值观，这种方法是
邪恶的。在马尔萨斯看来，人工节育和卖淫没有太大区别。

正是在这个共同的问题上，激进分子从一开始就分裂了。
边沁曾经支持马尔萨斯，而穆勒父子则赞同孔多塞。小穆勒年
轻时曾因在贫民窟散发宣传节育的小册子而被捕，并因这种冒
犯行为而被关进监狱。这或许也是他终身对自由给予特别关注
的一个原因。

即便如此，《人口论》仍然是对政治经济学的一大贡献，它提供了一些后来在其他领域发展起来的基本概念，尤其是达尔文（1809—1882），他从中得到了自然选择和生存斗争的概念。达尔文在《物种起源》中讨论生物生长的几何速度和随之而来的竞争时说过："这是马尔萨斯的理论，它以数倍的力量应用于整个动物界和植物界。在自然界，没有人为的方法增加食物，也没有谨慎的方法限制繁殖。"在这种有限生存手段的自由竞争中，胜利总是属于最能适应环境的有机体，这就是达尔文的"适者生存"理论。从某种意义上说，这只是边沁自由竞争的扩展。但是在社会领域，这种竞争必须遵守一定的规则，而达尔文的竞争在本质上没有限制。优胜劣汰理论转化为政治术语后，启发了 20 世纪的一些政治独裁者。达尔文本人不太可能同意这种延伸，因为他也是一个支持激进分子及其改革计划的自由主义者。

达尔文的另一大思想进化论也没有太多的创造性，这个理论可以追溯到阿那克西曼德。达尔文所做的是根据他对自然细致而持久的观察，为该理论提供大量的事实细节。和米利都学派的风评相比，达尔文的进化论无疑更受人们欢迎。此外，达尔文的理论首次将进化假说引入了更广泛的公共讨论领域，因为它是根据共同祖先生物的自然选择来解释物种起源的，这与当前宗教所持的创世论是对立的，它导致达尔文主义者和所有正统基督徒之间的激烈斗争。

托马斯·亨利·赫胥黎是达尔文主义阵营中的一员干将，他是一位伟大的生物学家，正是他让这些斗争渐趋平息。但在争论最激烈的时候，人类和高等类人猿是否有共同祖先的问题对人造成了巨大的情感冲击。我怀疑这是对类人猿的一种冒犯，但今天很少有人这样担心了。

另一条从激进派发展出的理论是社会主义和马克思的思想。边沁的朋友李嘉图（1772—1823）于1817年出版了《政治经济学及赋税原理》。在这本书中，李嘉图完善地提出了一个被忽视的地租理论，并且还提出了劳动价值理论。根据劳动价值理论，商品的交换价值完全取决于生产商品所用的劳动量，这导致托马斯·霍吉斯金在1825年提出劳动者有权从其创造的价值中收回收益。如果地租完全由资本家或地主获得，那就是一种掠夺。

与此同时，工人们找到了保卫他们的斗士罗伯特·欧文。他把一些新颖的原则运用到他的新拉纳克纺织厂的工人身上。他是一个有着高尚伦理观的人，声称当时以非人的方式剥削工人是错误的。他的实践表明，工商企业可以在盈利的同时，给予工人体面的工资，并使其不至于过度劳累。欧文是第一部《工厂法》制定的推动者，尽管其中的规定与他希望实现的目标相去甚远。我们发现欧文的追随者在1827年首次被称为社会主义者。

欧文的理论从未让激进分子满意，因为它似乎破坏了公认的财产概念。自由主义者更致力于自由竞争及其带来的回报。欧文发起的运动产生了合作社制度，并有助于促进早期工会制度的出现，然而由于缺乏哲学基础，这些早期创新并没有立即成功。欧文首先是一个实践者，他对自己的指导思想有着强烈的信心。为社会主义提供哲学基础是马克思的工作。在这方面，马克思以李嘉图的劳动价值理论为经济基础理论，以黑格尔的辩证法为哲学工具。这样，功利主义就成了那些被证明更有影响力的理论的垫脚石。

位于摩泽尔河畔的特里尔是圣贤辈出之地，它不仅诞生了安布罗斯，也是卡尔·马克思（1818—1883）的出生地。就圣贤的声望而言，马克思无疑是两者中更成功的，这是事实。

马克思出生在一个信奉新教的犹太家庭。在大学里，他深受盛行的黑格尔主义的影响。1843年，当普鲁士当局查禁《莱茵报》时，他的记者生涯戛然而止。之后他来到法国，遇到了一些重要的法国社会主义者。在巴黎，他遇到了恩格斯，恩格斯的父亲在德国和曼彻斯特拥有几家工厂。恩格斯在曼彻斯特经营工厂，因此他可以向马克思介绍英国的劳工和工业问题。1848年革命前夕，马克思发表了《共产党宣言》。他积极参加了法国和德国的革命。1849年，他被普鲁士政府流放，在伦敦避难。除了几次回老家的短途旅行，他一直住在伦敦，直到去世。在恩格斯的帮助下，马克思和他的家人基本能够维持他们的生活。然而，马克思不顾贫穷，热情地学习和写作，为他相信即将到来的社会革命做准备。

马克思思想的形成受到三种重要思想的影响。首先是他与哲学激进派的联系。和激进分子一样，马克思反对浪漫主义，追求自认为科学的社会理论。从李嘉图开始，他采用了被他改造了的劳动价值理论。李嘉图和马尔萨斯曾经论证过，现有的社会秩序不能按照一种默认的假设来改变，因此自由竞争使工人的工资保持在维持生活的水平，从而控制了人数。另一方面，马克思从资本家或雇主使用劳动力的立场来看待这个问题。一个人创造的价值大于他的报酬，而这种剩余价值被追求自身利益的资本家掠夺，使劳动者被剥削。但这其实不是个人问题，因为这需要大量的人和大量的机器一起工作，按照工业标准生产商品。因此，剥削应该从生产制度和工人阶级与整个资产阶级的关系来理解。

由此，我们注意到马克思思想的第二个来源，即黑格尔主义。马克思也如黑格尔那样，不重视个人，而重视整个系统。必须解决的问题是经济体制，而不是个人的抱怨。在这方面，马克思特别不同于激进自由主义者及其改革计划。马克思主义理论与黑格尔的哲学理论密切相关，这可能是马克思主义从未真正在英国流行起来的正当理由，因为英国人基本上没有被哲学触动过。

马克思的社会发展史观也是从黑格尔那里发展而来的。这种发展和进化的观点与辩证法相结合，被马克思原封不动地从黑格尔那里搬了过来。历史进程是辩证前进的，马克思的解释完全是黑格尔在方法上的解释，尽管他们对驱动力有不同的看法。在黑格尔看来，历史过程是一种理念的自我实现，它力求接近绝对；马克思用生产方式代替了理念，用无阶级社会代替了绝对。随着时间的推移，特定的生产制度会引起与之相关的社会阶层之间的内在紧张关系。按照马克思的说法，这些矛盾会转化为更高的问题。辩证斗争会采取阶级斗争的形式，斗争将一直持续到社会主义条件下无阶级社会的到来。一旦到了这一步，就不会再有斗争，辩证的过程也将结束。对黑格尔来说，这个终点是普鲁士；对马克思来说，那是一个没有阶级的社会。

在马克思看来，正如在黑格尔看来，历史的发展是不可阻挡的，两者都是从形而上学理论中推导出这一点的。对黑格尔的批判同样可以用来批判马克思。就马克思对某些历史事件的深刻评价而言，它们不需要一个据说是演绎出来的逻辑。

虽然马克思的阐述方法是黑格尔主义的，但他并不承认黑格尔强调的世界的精神本质。马克思说黑格尔必须被颠覆，他用18世纪的唯物主义理论对其进行改造。唯物主义是马克思主义哲学的第三大要素，但在这里，马克思也对旧唯物主义理论给出了新的解释。即使不谈社会经济解释中的唯物主义因素，我们也可以发现，马克思的唯物主义不是机械唯物主义。马克思倡导的是一种非常强的能动性理论，这种理论可以追溯到维科。在《关于费尔巴哈的提纲》中，他用一句著名的格言表达了这一点："哲学家只是用不同的方式解释世界，但问题在于改造世界。"在这本书中，他提出了一个真理的概念，这个概念很容易让人想到维科，同时也预示了某种实用主义。对马克思来说，真理不是冥想的问题，而是必须在实践中证明的东西。冥想的态度与资产阶级个人主义有关，马克思自然不屑于此。他自己的实践唯物主义属于无阶级的社会主义世界。

马克思试图做的是将能动性引入唯物主义，此前能动性一直是唯心主义学派特别是黑格尔研究的主题。各种机械论都因为忽略了这一点而失败，结果唯心主义将其收入囊中。当然，在这里你必须把它颠倒过来。虽然马克思可能了解《新科学》这本书，但这并不能说他自觉地接受了维科的影响。他称他的新理论为辩证唯物主义，强调了进化论和黑格尔主义的因素。

我们发现，马克思主义理论是一个非常复杂的体系。辩证唯物主义理论是一个被其追随者称为普遍适用的哲学体系。不出所料，它就像黑格尔主义一样，导致了对一些事情的大量猜测，但这些事情最好留给科学去探索。这方面最早的例子可以在恩格斯的《反杜林论》中找到，他在书中批判了德国哲学家杜林的各种理论。然而，根据量变到质变、矛盾、否定和否定之否定的演变，对水为什么沸腾的详细辩证解释并不比黑格尔的自然哲学更令人满意。指责传统科学追求资产阶级理想是没有用的。

马克思的观点在这一点上大概是对的，即一个社会的一般科学利益在一定程度上反映了其统治集团的社会利益。人们可以认为文艺复兴时期天文学的复兴促进了贸易的扩张，增强了新兴中产阶级的实力。或许有人会觉得这两者间的联系有些牵强，确实，这一理论在两个关键方面存在不足。首先，很明显，一个科学领域需要解决的特殊问题与任何一种社会压力都没有关系。当然，这不是否认在有些情况下，解决问题是为了满足迫切的需求，但一般而言，科学问题不是这样解决的。这就引出了辩证唯物主义的第二个缺点，即没有认识到科学运动是一种独立的力量。没有人能否认科学探索和社会上其他事物之间的重要关系，但随着时间的推移，科学研究聚集了自己的力量并保证了一定程度的自主性。这适用于所有不为得失所动的研究。虽然辩证唯物主义在指出经济对社会生活的重要影响方面是有价值的，但它过于简单地使用这唯一的观点是错误的。

在社会领域，这造成了一些相当奇怪的后果。如果你不同意马克思主义理论，你就不被认为是站在进步一边的。"反动"这个词是为那些从未被新启示洗脑的人保留的。从字面上看，这意味着你在与进步背道而驰。但是，辩证的过程保证了你会在某个阶段自行消亡，因为进步最终会胜利。所以，这就是用暴力去除不服从元素的全部原因。在这里，马克思主义政治哲学带有浓厚的弥赛亚色彩。正如一个教派创始人所说，不与我们站在一起的人就是反对我们的人。这显然不是民主理论的原则。

这一切都表明，马克思不仅是一个政治理论家，还是一个宣扬革命的作家。他的写作基调往往充满愤慨和正义感，但如果辩证法无论如何都要走完它不可抗拒的道路，那这种情绪就显得不合逻辑了。正如列宁后来说的那样，既然国家迟早要灭亡，提前抱怨就没有什么意义。然而，这个遥远的历史目标，虽然可以想象得很美好，却不足以抚慰此刻受苦的人的灵魂。所以，任何能够救人、助人的追求，即使不完全符合历史进化论的辩证理论，终究是可敬的。这种理论主张的是用暴力手段推翻现有秩序，它似乎主要反映了 19 世纪工人阶级的绝望处境。这是马克思自己对历史的经济解释的一个很好的例子，他按照主要的经济秩序来解释任何时期人们所持有的观点和理论。这一理论至少在一个方面有接近实用主义的危险，好像我们在背离真理，认同经济约束的偏见。如果现在用同样的问题来问理论本身，就不得不说它只是反映了特定时期的一些社会状况。但在这里，马克思默默地为自己的利益破例了。在他看来，基于辩证唯物主义模型的历史经济学解释是唯一正确的观点。

马克思基于历史辩证演变的预言并非在所有方面都是成功的。马克思确实相当准确地预见到，自由竞争制度最终会导致垄断集团的形成。这显然不同于传统的经济理论。然而，马克思的不足在于他认为富人更富，穷人更穷，直到这种"矛盾"的辩证张力得到加强，才引起革命。实际情况根本不是这样，相反，世界上的工业国家都想出了各种各样的调整手段，通过限制经济领域的行为自由和实施社会福利政策来缓解经济竞争的顽疾。当革命真正发生时，它并没有像马克思预言的那样发生在西欧的工业化国家，而是发生在俄国这个农业国家。

马克思主义哲学是19世纪产生的最后一个宏大体系。它产生了巨大的吸引力和广泛的影响，主要是因为其乌托邦预言的宗教特征，也因为其行动纲领中的革命因素。至于它的哲学背景，正如我们试图展示的那样，它既不是人们通常认为的那么简单，也不是那么新颖。历史的经济学解释只是几个一般的历史理论之一，归根结底都来自黑格尔。还有一个例子是属于后世的，那就是克罗齐的历史理论，认为历史是一种自由的虚构。马克思主义的矛盾理论显然是直接借用黑格尔的，这也使其经常遇到同样的困难。在政治上，这为我们的时代提出了一些重要的问题。如今，几乎一半的世界被绝对信任马克思理论的国家控制。共存的可能性必须包括理论上的和谐相处。

在法国，百科全书派哲学运动的后继者是奥古斯特·孔德（1798—1857）。像哲学激进分子一样，他尊重科学，反对既定宗教。他开始对从数学到社会学的所有科学进行全面分类。和同时代的英国人一样，他反对形而上学，虽然他对德国的唯心主义也了解不多。他坚持我们必须从经验中直接给出的东西出发，抑制探索现象背后的冲动。他称他的理论为实证哲学，实证主义就是这么来的。

孔德出生在蒙彼利埃，这是一座古老的大学城。他是一个备受尊敬的传统政府雇员家的孩子，他的父亲是一个绝对主义者和严格的天主教徒。孔德的知识很快就摆脱了家庭教养的狭隘视野。在巴黎理工学校期间，他参加学生反抗教授的活动并因此被开除，这使他无法进入大学学习。二十六岁时，他发表了第一篇实证主义概述。自1830年以来，他先后出版了六卷《实证哲学教程》。在他生命的最后十年，他花了大量时间精心构建经验宗教，以取代既定宗教。这本新"福音书"承认人性，而不是上帝，是至高无上的。孔德一生健康状况不佳，深受抑郁症的困扰，并曾尝试自杀。他以做私人教师为生，用朋友和崇拜者的礼物弥补自己财物的匮乏。在这些人中，我们发现了穆勒。然而，孔德似乎不喜欢那些不承认他是天才的人，这最终导致穆勒与孔德的疏远。

孔德的哲学与他研究的维科关系密切。从维科那里，他推导出历史在人类事务中占据首要地位的观点。同样，这个来源也提供了人类社会发展各个阶段的概念。维科本人是从研究希腊神话中得到这一结论的。孔德以社会从最初的神学阶段到达形而上学阶段，最终到达所谓的经验阶段，将历史进程带到其真正幸福的目标。在这方面，维科是一个更现实的思想家，他意识到社会确实能够从优雅和文明退回到野蛮。罗马世界崩溃后的黑暗时代就是一个例子，也许在我们这个时代也是如此。孔德认为，经验阶段是理性科学主导的历史时期。有人认为这里有一些黑格尔主义的色彩，但这种相似是肤浅的，因为从一个阶段到下一个阶段的发展不是用辩证法构想的，有三个阶段的事实完全是偶然的。孔德和黑格尔确实有一个共同点，那就是乐观地认为历史进程终将达到完美的状态。正如我们所看到的，马克思持有同样的观点。这是 19 世纪乐观主义的共同特征。

实证主义理论强调所有科学领域都经历了这三个阶段的演变。到目前为止，唯一清除了所有障碍的学科是数学。在物理学中，形而上学的概念仍然大量存在，尽管人们认为它离经验阶段不远了。后面我们会看到，在孔德死后五十年的时间里，马赫是怎样对力学进行实证说明的。孔德试图做的是对整个科研领域进行全面的、合乎逻辑的安排。他的努力表明他是百科全书派的真正继承人。这个秩序的概念非常古老，可以追溯到亚里士多德。按照层级顺序，每门科学都有助于解释后续学科，但不能解释之前的学科。这样，我们就有了孔德的学科表：以数学领先，其次是天文学、物理学、化学、生物学和社会学。

最后一件事很重要。孔德亲自为休谟的课题"人类科学"创造了"社会学"一词。在孔德看来，这门科学必须在今天建立，他认为自己就是创始人。从逻辑上讲，社会学是这个等级体系中最后也是最复杂的研究学科。但事实上，我们所有人都更熟悉我们生活的社会环境，而不是纯粹的数学公理。正如维科在其著作中对历史重要性的强调，历史的进程本质上就是人的社会存在。

社会存在的经验阶段激发了孔德的想象力，这种想象力具有所有乌托邦思想体系的共同缺陷。孔德的思想在这里有明显的唯心主义痕迹，尽管我们不清楚他是如何受到它的影响的。在三个发展阶段中的每一个阶段，都有一个贯穿三个阶段的逐渐统一的趋势。所以在神学阶段，万物有灵论把神圣的地位归于原始人所知道的一切。从这个阶段开始，我们转向了多神教和一神教。趋势总是走向更大的团结。在科学中，这意味着我们试图把各种现象放在一个框架里。在社会方面，这意味着目标是从个人发展到全体人类。这确实有些像黑格尔的观点。人类将被受制于科学精英的道德权威，权利的行使将被委托给技术专家。这个假设类似于柏拉图的理想国。

在伦理学上，制度要求个人约束自己的欲望，以为人类的进步做贡献。这种排斥私人利益、强调事业的倾向，也是马克思主义政治理论的特点。不出所料，实证主义不承认内省型心理学的可能性。之所以明确否定，是因为据说在认知过程中，认知无法以自身作为对象。或者说，认知者无法认知自己的认知。就某一方面而言，这种说法是合理的，但如果把一般假设作为形而上学的东西排除在外，实证主义就会误解解释的本质。

与实证主义截然不同的观点是查尔斯·皮尔士（1839—1914）的哲学。孔德抛弃了形而上学的假设，而皮尔士恰恰相反，他满足于证明建构假设是一种有其自身原因的积极活动。皮尔士的作品丰富，但零散、不完整。他喜欢与难题做斗争，经常提出新的想法，要清楚地给他进行定位并不容易。他无疑是 19 世纪末最具创造力的思想家之一，当然也是美国有史以来最伟大的思想家之一。

皮尔士生于马萨诸塞州的坎布里奇。他的父亲是哈佛大学的数学教授，皮尔士也是那里的学生。皮尔士从未得到过学校的长期聘书，他在几年时间里只开办过两次短期授课。他在土地测量局担任行政职务，除了科学工作之外，他还撰写了大量论文，涵盖了各种哲学主题。他未能获得教授职位与他无视社会规范有关。除了一些朋友和学者，很少有人欣赏他的天才，也没有人真正完全了解他，正是他自己的决心在一定程度上让他没有因为这种不被认可而失望。在最后的二十年里，他被疾病和贫困所迫，但他仍然不知疲倦地工作，直到去世。

一般认为皮尔士是实用主义的创始人，但这种观点需要做严格的限制。当代实用主义不是源于皮尔士，而是源于威廉·詹姆士的思想，这是皮尔士说的。造成这种混乱有几个原因。首先，皮尔士自己的观点在后来的作品中变得更加清晰，而詹姆士则在更容易被误解的早期论述中树立了自己的标准。皮尔士试图否认詹姆士的实用主义，于是把自己的哲学叫作实效主义，并希望这个不太精致的新词能让人们注意到他们的不同。

皮尔士的一些早期作品以某种形式表达了实用主义。表面上看，这种形式确实让詹姆士可以从中做出推论。皮尔士将真理的定义与整体讨论和探究以及追求探究的动机联系起来。探究产生于一种不满意或不安的状态，据说它的目的是为了达到一种平静的状态，在这种状态下，各种令人不安的影响都被消除了。一个人只有在这种平衡状态中接受的观点才是真理。即便出现新的证据，新的证据也不会强制要求人改变原有的观点，对于这一点，人类永远都搞不明白。我们永远不能保证自己不会犯任何错误，对于这种探究理论，皮尔士称其为可错论。关于这一点，皮尔士说真理是那种使社会最终安定下来的观点。表面上看，这是荒谬的，因为就算我们所有人都相信2+2=5，且地球会因此在一瞬间毁灭，2+2=5仍然是错的。如果我所有的邻居都真的相信这种事情，我假装同意他们的观点可能是明智的，但这是另一回事。我们必须在可错论的背景下理解皮尔士的说法。

皮尔士坚持认为，任何被称为真理的观点都必须具有现实意义，也即必须具有某种未来可行性，以及在任何情况下都能成为现实的倾向。一个观点的意义取决于其实践的结果，詹姆士正是在这个意义上构建了实用主义。但必须明确的是，皮尔士的观点与维科的"真理就是行动"非常吻合。真理是你可以用你的陈述做什么。例如，如果对一种化学物质做一个陈述，该物质能经受住实验和测试的所有性质都会增强陈述的意义。大致来说，这就是皮尔士的意思。詹姆士从这一切中选择的实用主义，让人想到了普罗塔哥拉那句名言——人是万物的尺度。与皮尔士的意图相比，维科的理论更好地表达了这一意图。

皮尔士在讨论假设的逻辑方面做出了非常重要的贡献。哲学家们曾就假设提出过观点，比如理性主义者认为假设是演绎的结果，经验主义者则认为假设源自归纳。皮尔士发现这些观点都不合适，他认为假设是第三种根本不同的逻辑的结果，并用他一贯生动的文学天赋称之为"不明推论"。这相当于就某种假设进行试验，以解释某些具体现象。不过，解释现象在于演绎，而非接受假设。

像他的父亲一样，皮尔士是一位有成就的数学家，他在形式逻辑领域有许多重要发现。其中，他发明了真值表法来建立复合真值。这种方法被后来的逻辑学家使用。新的关系逻辑也应该归功于他。

皮尔士非常重视他的图形论证系统，但因其程序规则复杂且难以理解，似乎从未得到广泛普及。皮尔士的实用主义使他强调了数学论证的一个有趣的方面，但却没有得到应有的重视。他坚持数学论证中具有重要意义，这些观点可在后来戈布洛和梅尔森那里再见到。

皮尔士不仅充分了解他那个时代的数学和科学发展，还掌握了科学史和哲学史。从这个广阔的视角来看，他预设了实在论的形而上学基础。他显然凭借邓斯·司各脱的经院哲学，精心打造了自己的形而上学。他确实认为实用主义和经院哲学是齐头并进的，而这也说明他的实效主义和詹姆士的实用主义几乎没有关系。

在他那个时代，皮尔士几乎没有什么影响力。威廉·詹姆士（1842—1910）将实用主义解释为一种有影响力的哲学。正如我们已经提到的，这从来没有让皮尔士开心过。皮尔士的理论比詹姆士的实用主义微妙得多，但他如今才开始得到应有的赞赏。

詹姆士是新英格兰人，也是坚定的新教徒。尽管他是一个自由思想家，对所有形式的正统神学持怀疑态度，其教徒身份还是体现在他的思想中。与皮尔士不同，他在哈佛大学度过了漫长而有声望的学术生涯。他是哈佛大学的心理学教授。他于1890年出版的《心理学原理》仍然是对该学科最好的综合描述之一。对他来说，哲学实际上是一门副业，但后来他被恰当地视为美国哲学的重要人物。他善良慷慨，强烈向往民主，这与他从事文学的弟弟亨利不同。与皮尔士的哲学相比，他的思想没有那么深刻；但由于他的个性和地位，他对哲学的影响要大得多，尤其是在美国。

詹姆士的哲学有两个重要的意义。我们已经提到了他在传播实用主义方面的重要作用。他思想的另一条主要线索与他所谓的激进经验主义有关。1904年，在一篇题为《意识存在吗？》的文章中，詹姆士第一次表明传统的主客体二元论对认识论而言是一种障碍。按照詹姆士的观点，我们必须抛弃把自我意识作为一个实体放在物质世界的对立面。在他看来，对认知主体和客体的解释是一种复杂的理性主义曲解，在任何情况下都不是真正的经验主义。除了詹姆士所说的"纯粹经验"，我们其实没有什么可以依靠的。它应该是具体充实的生活经

验，而不是事后对这些经验的抽象反思。因此，认知的过程是
纯粹经验不同部分之间的关系。詹姆士没有进一步解释这一理
论的全部含义，但他的追随者后来用"中性一元论"取代了旧
的二元论，后者声称世界上只有一种基本要素。对詹姆士来
说，纯粹经验是构成一切的原材料。在这里，詹姆士激进的经
验主义被他的实用主义搞得一团糟。实用主义否认任何与人们
生活没有实际关系的东西，存在的只有构成人类经验的相关组
成部分。与詹姆士同时代的英国人席勒持有非常相似的观点，
他称自己的理论为"人道主义"。这个理论的麻烦在于，它的
范围对于科学来说太窄了，科学总被认为是它的主要任务之
一；在这方面，常识也是如此。探索者必须将自己视为世界的
一部分，这总是超出他的视野，否则追求是没有意义的。如果
我必须与这个世界可能存在的事物有任何关联，那我其实可以
什么都不用做，随波逐流就好。虽然詹姆士正确地批判了旧的
心物二元论，但他自己的纯粹经验理论却不能被接受。

关于理性主义和经验主义的一般问题，我们必须提到詹姆
士提出的一个著名的区别。根据詹姆士的观点，理性主义者都
强调精神而忽视物质。他们有乐观的气质，力求团结，宁愿枯
坐冥想而不是进行实验研究。那些倾向于接受这种理论的人被
詹姆士称为理想主义者。另一方面，也有一些人更重视物质世
界，他们悲观地看到了世界的非整体性，他们更喜欢实验而
不是思想构建。后一种观点显然得到了实干者们的支持。当
然，我们不能偏信于这种区分。实用主义绝对属于这种二分法
实用的一面。在《实用主义》这篇论文中，詹姆士解释了他的

理论，并指出它有两个方面。一方面，实用主义是一种方法，詹姆士将其等同于经验主义。他谨慎地坚持认为，作为一种方法，它没有规定任何具体的结果，而只是一种对待世界的方式。这种方法的一般思想是，那些没有任何实际差异的差异是没有意义的。随之而来的是不承认任何问题都有最终结论。这种观点大部分直接来自于皮尔士，受到经验主义探索者的称赞。如果不涉及更多的东西，詹姆士会很恰当地说，实用主义只是一些旧的思维方式的新名词。

基于这些原则，詹姆士在不知不觉中陷入了一个非常有问题的想法。实用主义使他得出这样的观点：科学理论是未来行动的工具，而不是自然问题的最终可接受的答案。理论不应该被认为是几个字的魔法咒语，尽管它使巫师能够保持对自然的控制。实用主义者坚持严格检查每一个字，问詹姆士他所谓的"现金价值"究竟是指什么。从詹姆士这里，只要再走一步，就能达到求真务实的观点和结果。杜威的工具主义真理观也谈到了完全相同的事情。

实用主义本身已经成为最模棱两可的形而上学理论之一，我们不难理解皮尔士为何不厌其烦地想要摆脱它。我们先不说确定一个特定观点的后果有多难，也不问这个后果能否最终被证明有效，可以确定的是，这种思想只说明一个事实：有些后果要么有效，要么无效。这必须以一种一般的、非实用主义的方式来确定。想以后果效用的不确定性来回避上述问题是不行的，这只会让我们不加区分地接受所有事物。在某种程度上，詹姆士似乎感受到了这种困难，因为他承认一个人有采纳某些信仰的自由，只要这种信仰能促进幸福。然而，信仰者并不一定是出于这种理由才信仰宗教，他不必因感到满足而去信仰，他完全可以是因为信仰才感到满足。

从希腊哲学开始，数学就一直是哲学家特别感兴趣的学科。过去两百年的进步突出了这一点。莱布尼茨和牛顿建立的微积分导致了 18 世纪数学发展的重大突破。然而，数学的逻辑基础还没有被正确理解，一些站不住脚的概念仍被广泛使用。

在那个年代，数学分析非常重视无穷小的概念。无穷小是一个没有大小或限度又无限趋近零的量，人们认为正是这种量在微积分中发挥了重要作用。无穷小是数学最古老的秘密之一，它可以追溯到毕达哥拉斯的单元概念，两者的意义十分相似。我们已经看到芝诺是如何揭示毕达哥拉斯理论的。在现代，也有哲学家对无穷小理论做了批判。贝克莱可能是第一个批判者，黑格尔对该问题的讨论中也有一些强有力的论点。数学家们起初忽略了这些批判，继续以自己的方式发展他们的科学。他们这样做是有原因的，因为对新兴学科过早地强加一些严苛要求，会扼杀研究者的想象力。从批评中获得自由可以促进一门学科的早期发展，当然，这种自由也意味着犯错的风险。

但是，任何领域发展到一定时期，都必须施加严格的标准。数学的严谨时代在 19 世纪初到来。法国数学家柯西率先提出挑战，建立了系统的极限理论。它与德国魏尔斯特拉斯的后期工作相结合，使得避免无穷小成为可能。这些发展的背后是关于连续性和无限性的一般问题，这些问题是由格奥尔格·康托尔首先研究的。

自从芝诺悖论以来，数字的无限性总是引起麻烦。如果我们回忆一下阿喀琉斯和乌龟之间的比赛，我们可以这样解释这场比赛中一些令人困惑的地方：每当阿喀琉斯去一个地方，总有一个地方被乌龟占据，双方在任何时候都有相同数量的立足点，但是阿喀琉斯显然走得更远了，这似乎违背了整体大于部分的常识。不过，当我们讨论无限集合时，情况就不是这样了。比如，正整数系列是一个无限集合，包括奇数和偶数。排除所有奇数，你可能会认为剩下的数字是原来数字的一半，但实际上剩下的偶数和原来的总数一样多。这个有些令人惊讶的结论很容易证明。先记下自然数的级数，然后依次记下它旁边的每个数翻倍得到的级数。第一个系列中的每个数字在第二个系列中都有一个对应的项目。正如数学家指出的那样，它们之间存在一一对应的关系。因此，两个系列具有相同数量的项目。也就是说，就无限集合而言，部分包含与整体相同数量的项目。康托尔用这个属性定义了无限集合。

在此基础上，康托尔提出了一套关于无穷大的理论。他证明了存在大小不同的无穷多个数字，尽管人们不能通过谈论常数来考虑这些数字。比自然序列的无穷大更高的无穷大的一个例子是实序列，也就是连续统。假设所有的十进制小数都是按大小顺序排列的，我们现在取第一项的第一个数，第二项的第二个数，以此类推，每个数本身自乘一次，这样就形成了一个新的十进制。这个新数列的小数不同于原来数列的所有小数。

这就证明，要生成一个可数的数列是不可能的。和自然数相比，十进制小数具有更高的无限性。这种所谓的对角方法在形式逻辑中发挥了重要作用。

19 世纪末，另一个对逻辑学家具有根本意义的问题开始引起关注。数学家们长久以来一直雄心勃勃地想证明所有的科学都是从一个单一的起点，或者至少是从尽可能少的起点衍生出来的系统。这是苏格拉底关于善的理念的思想雏形。欧几里得在《几何原本》中提供了一个必要的例子，尽管欧几里得自己的论述是有缺陷的。

就算术而言，意大利数学家皮亚诺提出了一组公设，从这些公设中可以推导出其他一切。公设一共有五项，它们共同决定级数的类型，自然级数就是其中之一。简而言之，这些公设表明每个数的后继数也是一个数，每个数只有一个后继数。序列从零开始。零是一个数，但它不是任何一个数的后继数。最后，还有数学归纳法原理，根据这一原理，可以建立序列所有项目的一般属性。因此，原理就变成了如果任意数字 n 的特定属性也属于它的后继数，并且属于零，那么该属性也属于序列中的每一个数字。

自皮亚诺时代以来，人们对基础数学产生了新的兴趣。在这个领域，有两种对立的学派。一方面是形式主义者，他们主要关注的是一致性；另一方面是直觉主义者，他们采取某种务实的路线，要求你能够指出你碰巧在谈论什么。

这些数学发展的共同特征在于它们对逻辑学家的影响。的确，逻辑和数学开始在彼此的边缘位置融合。自康德以来，逻辑理论的研究发生了巨大变化，特别是出现了一种用数学公式系统处理逻辑论证的新形式。对这种处理逻辑问题的新方法的第一次系统解释应该归功于弗雷格（1848—1925），但他的工作在二十年间被完全忽视了，直到1903年我才注意到他。在他自己的国家，他一直是一个默默无闻的数学教授，直到最近几年，他作为哲学家的重要地位才逐渐得到承认。

弗雷格的数理逻辑可以追溯到1879年。1884年，他出版了《算术基础》一书，这本书意在对皮亚诺问题做更基本的讨论。虽然皮亚诺的公设非常精练，但从逻辑角度来看并不令人满意。断言这些公设而不是其他公设是数学的基础，似乎有些武断。皮亚诺自己甚至从未想过这些事情。以最一般的形式解决这个问题是弗雷格向自己提出的任务。

弗雷格着手做的是根据他的符号系统的逻辑结果来表达皮亚诺公设。这将立即消除任意性的缺陷，表明纯数学只是逻辑的延伸。特别是，这将不可避免地导致数字本身的一些逻辑定义。把数学化为逻辑的思想显然是从皮亚诺公设中想到的，因为这些公设数学的基本词汇限制在"数"和"后继"这两个术语上，后者是一个一般的逻辑术语。要把所有词汇转换成逻辑术语，我们只需要对前一个术语给出一个逻辑解释。弗雷格做到了这一点，他用纯粹的逻辑概念来定义数字。他的定义结果与我和怀特海在《数学原理》中提出的结果几乎相同。这本书表明，一个数是所有集合的集合，类似于一个特定的集合。因此，由三个对象组成的每一个集合都是数字3的一个例子，而数字3本身就是所有这样的集合的集合。至于一般数，这是所有特殊数的集合，所以证明是三阶的集合。

这个定义的一个可能意想不到的特点是数字不能加在一起。虽然你可以把三个苹果加到两个梨上，得到五个水果，但你不能把 3 加到 2 上。正如我们看到的，这实际上根本不是一个新发现，柏拉图早就说过数字不能相加。在数学的讨论中，弗雷格详细地表达了一个句子的意义和所指之间的区别。这需要解释这个等式不仅仅是一个空洞的重复，等式的两边有一个共同的所指，但有不同的含义。

作为一个符号逻辑系统，弗雷格的论述影响不大，部分原因是其错综复杂的记号方式。《数学原理》中使用的一些符号系统被认为是皮亚诺的符号系统，这种符号系统更适合。从那以后，数学逻辑中使用了相当多的记号。最优雅的是由著名的波兰逻辑学派创立的，该学派的思想在第一次世界大战期间开始传播。同样，符号和基本公理在简化方面也有很大的改进。美国逻辑学家谢费尔采用了一个单一的逻辑常数，根据这个常数可以依次确定命题演算的那些常数。借助这个新的逻辑常数，可以在一个公理上建立符号逻辑系统。所有这些都是高度技术性的问题，这里无法详细描述。

数学逻辑，就其纯粹的形式而言，不再是哲学家自己关心的问题，它由数学家处理。当然，它是一种非常特殊的数学。哲学家对由符号代表的一般假设所引起的问题感兴趣，这些假设是在系统运行之前提出的。同样，哲学家对一些矛盾的结论感兴趣，这些结论有时是在构建符号系统时得到的。

一个这样的悖论出现在《数学原理》中的数的定义中。

"所有集合的集合"的概念是它的原因。显然所有集合的集合本身就是集合，它也属于所有集合的集合；这样，它就把自己当成了它的一个分子。当然，还有很多其他集合没有这个属性。所有选民的集合并不能享受普选的好处。当我们考虑所有不属于自己的集合的集合时，一个悖论立即出现。

问题是这个集合是不是它自己的一个成员。如果我们假设它是我们自己的一员，那么它就不是一个真正包含自身的集合的例子；但为了成为自身的一员，它必须属于最初考虑的类型，即它不是自身的一员。另一方面，如果我们假设所讨论的集合不是自身的成员，那么它就不是不包含自身的集合的例子；但为了不成为自身的一员，它必须是最初提问的集合中的一员，所以它是自身的一员。无论是哪种情况，我们都得出了一个矛盾的结论。

如果注意以下一点，困难就可以消除了：不要把集合与集合的集合放在同一层面上，就像人们一般不把人和国家放在同一层面上谈一样。我们不应该像构建悖论那样，对那些不是我们自己成员的事件进行辩论。与悖论相关的一些难点有多种解决方案，但对于如何消除悖论却没有共识。这个问题使哲学家们再次意识到检查句子和表达的必要性。

当　代

　　当讨论过去七八十年的哲学时，我们面临一些特殊的困难。因为我们离这些发展还很近，很难保持适当的距离，以不偏不倚的态度看待它们。过去相距较远的思想家，都经受住了后世批判性评价的考验。随着时间的推移，一个缓慢的过滤过程正在进行，这可以帮助人们更容易地完成选择任务。一个次要的思想家很少能在很长一段时间内获得名不副实的声誉，当然也有另外一种情况，那就是重要的人被不公正地遗忘了。

　　就最近的思想家而言，选择的问题变得更加困难，达成平衡观点的机会更加不确定。对于过去的思想家来说，总体上可以看到他们思想发展的不同阶段，但今天的思想家离我们太近，让我们无法以同样的信心梳理出他们不同的发展线索。事实的确如此。事后了解哲学传统的发展，更容易得出明智的意见；但想象当代变化的意义可以从这些变化的特殊细节中推导出来，这是黑格尔式的幻想。一个人最多只能希望清楚地看到一些可以通过早期事件联系起来的普遍趋势。

　　19 世纪末的一些新发展影响了我们时代的知识氛围。首先，植根于前工业时代的旧生活方式土崩瓦解，科技力量的蓬勃增长让生活一反常态，变得异常复杂。我们在此不谈善恶，只需注意这个时代的需求更加多样化，日常生活的需求也比以往更加复杂。

　　这一切也体现在知识分子的世界里。曾经有一段时间，一个人可以掌握几门学科；现在对任何人来说，彻底掌握一个领域变得越来越困难。对理性的追求被分解到一个非常狭窄的空间，导致了我们这个时代的语言混乱。这种不健康的状况源自现代科技社会的发展对人们造成的影响。不久之前，在整个西欧，那些达到一定教育水平的人都有着占主导地位的共同背景。当然，这不是普遍性或完全平等的美好状态。在过去，教育通常是一种特权，而作为一种排他性，这种特权已经在很大程度上被消除了。现在唯一可以接受的标准是能力，这是另一种特权。过去的共识基础已经消失，职业需求和生活压力让年轻人在有时间发展更广泛的兴趣和理解之前，就走上了一条狭窄的道路。由于这一切，对那些致力于探索不同学科的人来说，相互交流往往极其困难。

　　然而，在 19 世纪还出现了另一种更为字面意义上的语言混乱。从西塞罗到文艺复兴，拉丁语已经成为学者、思想家和科学家的语言。但自那个不可追忆的时代以来，作为各国有学问之人的共同语言，拉丁语衰落了，最后消亡了。

　　19 世纪初，高斯用拉丁语写了一本关于曲面的名著，但这在某种程度上看起来有点古怪。如今，任何领域的探索者，如果想找到专业的工作方法，除了自己的母语之外，还必须会使用两三种语言。这已经成为当务之急。到目前为止，这个困难的解决方案还没有找到，但似乎现代语言最终将不得不扮演拉丁语曾扮演的角色。

19世纪知识生活的另一个新特征是艺术追求和科学探索的分裂。这是一种倒退的倾向，与文艺复兴时期人文主义者确立的思想态度背道而驰。当时，那些早期的思想家根据和谐和比例的一般原则来讨论科学和艺术。在浪漫主义的影响下，19世纪出现了一种极强的对抗，其反对的是科学进步对人的蚕食。科学的生活方式，连同它的实验室和实验，似乎抑制了艺术家所需要的自由和冒险精神。毫无疑问，歌德以一种浪漫的心情表达了一个非常奇怪的观点，即实验方法不能揭示自然的秘密。无论如何，实验室和艺术家工作室之间的对比很好地说明了我们已经提到的分裂。

与此同时，科学和哲学之间出现了一定的分离。在17世纪和18世纪初，那些在哲学上做出重要贡献的人往往也是科学问题的业余爱好者。19世纪，无论是在英国还是德国，由于唯心主义哲学的出现，这种哲学的业余爱好者已经消失。正如我们已经指出的那样，当时的法国人对德国的唯心主义有些免疫力，只是因为他们的语言不适合这种思辨，这也导致科学与哲学分离对法国的影响不同于德国和英国。从那以后，这种分离一直持续下去。当然，科学家和哲学家并没有完全忽视对方，但公平地说，双方往往无法理解对方在做什么。当代科学家在哲学中遨游，唯心主义哲学家则在相反的方向求索，并且这种求索往往是不愉快的。

政治方面，19世纪的欧洲也处于尖锐的民族冲突之中。在18世纪，我们从未以如此狂热的态度对待这样的问题。当时，法国和英国处于战争状态，英国贵族有可能像过去一样在地中海沿岸过冬。虽然这场战争很危险，但总的来说并不胶着，不像过去的百年战争。像许多其他当代事务一样，战争现在变得非常有效。到目前为止，我们只有希望世界的统治者们全都变得无能，只有这样，世界才能免于彻底毁灭的厄运。如果我们让阿基米德那类人来管理公共事务的话，我们很快就会在原子弹而不是枪炮的摧残下灰飞烟灭。

这些变化在19世纪末根本没有被预见到。相反，当时盛行的是科学乐观主义，它让人相信天国会出现在地球上。科学技术的巨大进步似乎使所有问题都有可能很快得到解决。牛顿物理学是完成这一任务的工具。但是在这里，下一代的发现对那些只需要将著名的物理原理应用于特殊情况的人来说是一个沉重的打击。在我们这个时代，那些关于原子结构的发现粉碎了从18世纪末到19世纪初发展起来的自我满足。

这种科学乐观主义的某些方面今天仍然存在。的确，从科学和技术的角度改变世界的前景似乎是无止境的。与此同时，即使在专家中，也有越来越多的人怀疑，一个勇敢的新世界可能并不像它的热心倡导者想象的那样纯粹是上帝的祝福。人与人之间的差异能够在很大程度上消除，这是一件不幸而又普遍的事情。在我们自己的生活中，我们有足够的机会去观察。这可能会把人类社会变成一个更有效、更稳定的机器。但在科学中，就像在任何其他领域一样，这种现象肯定会导致所有理性努力的消解。其实这个梦是黑格尔式的幻想，它假设有可以达到的终极事物，而探索是一个达到终极事物的过程。这是一种荒谬的观点，每个人都清楚，探索乃是无尽的。这种观点可以保护我们远离乌托邦幻想设计师不断设计的目标。

科学控制的巨大范围提出了具有伦理特征的新的社会问题。科学家的发现和发明在伦理上是中立的。他们给我们的那种力量，可以用来行善，也可以用来作恶，这个问题可谓老生常谈。今天使科学成就更加危险的是目前极具破坏性的可怕工具。此外，现代科学在破坏方面似乎不会去区分对象，须知在古希腊时代，一个希腊人在战争期间可能犯下的最严重的罪行也不过是砍了一棵橄榄树。

在这些警示之后，也许我们应该记住，正确观察我们自己的时代是非常困难的。在我们整个文明史上，曾经出现过这样一种情况，那就是当一切似乎都失去的时候，有远见和奉献精神的人最终会出来纠正。我们还可以说，我们面临的情况与以前发生的任何事情都完全不同。在过去的一百年里，西方经历了历史上无法预见的物质变化。

归根结底，科学对哲学的反应是孔德实证主义的结果。在这一点上，我们发现孔德满足于排除假设。自然过程应该被描述而不是解释，这在某种意义上与当时科学乐观主义的总体情况有关。只有当人们觉得科学事业已经达到了一定的完善程度，并且其目标清晰可见时，才会出现这样的对待理论的态度。值得注意的是，牛顿著作中有一段话经常被误读。当谈到光的传播方式时，牛顿谨慎地说，他没有设想出一个假设。这只是说没有尝试去解释，但并不意味着这个方法不能尝试。我们可以确认，像牛顿物理学这样强大的理论，一旦提出，将在一段时间内得到充分应用，而这个假设是不需要的。在科学家的心目中，牛顿的物理学会解决一切重大问题，因此他们自然会去描述而非解释。唯心主义哲学家倾向于以黑格尔的方式将探索的所有分支集中在一个广泛的、包罗万象的系统中；相反，科学家觉得他们的研究不应该淹没在一元论哲学中。至于实证主义者要求停留在经验和经验描述的范围内，这是有意识地吸引康德及其追随者的。为了探究这一现象的原因并试图提供各种解释，就相当于越界进入了解释范畴不适用的本体论领域。所以，这一定是一种沉迷于幻想的行为。

这种探索科学理论的方法是一群对探索者活动的哲学意义感兴趣的科学家的喜好。当那些思想家在那里读到康德的名字时，他们应该记住，他们感兴趣的观点不是正统意义上的康德的观点。我们知道，康德的知识论使解释的范畴结构成为经验的前提。在目前的情况下，这种解释被宣布是不科学的，因为它被认为是超越经验的。人们不能说这些科学实证主义者对康德有很好的理解。

这个群体最著名的代表是恩斯特·马赫（1838—1916）。在《力学及其发展的批判历史概论》中，马赫给出了一个机械运动的经验解释，他非常小心地避免使用会在某种程度上让人联想到牛顿物理学的学术术语，比如"力"这个词。力不是人们能看到的东西，我们能说的只是一个以确定的方式运动的物体。因此，马赫取消了力的概念，根据加速度的纯动力学概念来定义力。当然，马赫并不打算创造一种力学作为更有影响力的科学。事实上，实证主义的作用是将奥卡姆剃刀应用于似乎无效的科学概念的明显的过度增长。在这里，我们无法仔细考察这种行为合理到什么程度，但对于坚持一般的科学方法论来说，它具有一些重要的意义。对假设的排斥源自对科学中解释所起的作用的误解，如果假设的解释意味着它可以说明现象并预测未来，并且不歪曲事实，也不把假设本身当成研究的对象，那么它就起到了解释的作用。不过，假设之所以能起到解释的作用，前提是假设本身不被质疑，当假设需要被解释时，假设便不再有解释的作用了。你不能同时解释一切，但实证主义者的错误在于坚持你根本解释不了任何事情，因为你必须放弃所有假设。这样一来，我们还如何从事科学研究？剩下的似乎只有培根的分类法，然而这种方法正如我们所知的那样并不能让我们走得更远。因此，正是科学不断发展的事实表明，像马赫这样的人的实证主义是错误的。对实证主义最坦率的批评可以在梅耶松的著作中找到，我们可以从中发现一种真正的康德式认识论，尽管它并不详尽。

当试图用科学取代他们蔑视的形而上学时，科学家往往陷入自己形而上学的困境。从某种意义上说，这并不奇怪，因为尽管他们的态度不偏不倚，但他们拒绝哲学家的形而上学思辨；然而，他们可能忘记了科学探索本身总是在一些预先选定的假设基础上进行的。至少在这个范围内，康德似乎是正确的。比如对于科学工作来说，因果关系这种一般概念是事先需要的，它不是研究的结果，而是一种预设。即使只是心照不宣的预设，研究工作也离不开它。从这个角度来看，最近科学家作品中出现的哲学新思想并不像乍看上去那样令人感到鼓舞。

就科学陈述和程序的意义而言，它们往往被放在一边，以便数学家处理数学形式。从某种意义上说，科学发现颠覆了牛顿严格封闭的世界观。但科学家并不试图扩展这种观点，他们基本上满足于用数学理论来处理问题；当正确解释时，数学理论会产生足够的效果。计算和转换的一些中间阶段被忽略，它们只作为一种规则在工作。这种态度虽然不具有普遍性，但却广受欢迎，让人好奇地想到毕达哥拉斯的对数神秘主义和文艺复兴后期的追随者。

在哲学本身，这些普遍的倾向已经产生了一场远离科学的运动。无论是大陆唯心主义的复兴，还是英国占主导地位的语言哲学，确实有这样的倾向。对于后者，从某种意义上来说，这是真的。哲学不再从事发现，而是以不同的方式评价和谈论在各方面都被认可的事物。这是哲学通常已经完成的任务之一。然而，不同的哲学会在不同程度上促进或阻碍科学探索的进步。

现在我们必须转向真正的哲学。19 世纪末，来自大陆的唯心主义主导了英国舞台。在英国，降雨来自爱尔兰，唯心主义来自德国。在这个黑格尔主义领域中，占主导地位的却不是一个恰当的人物。在牛津从事研究及著书的布拉德雷（1846—1924）以批判的方式拒绝了唯物主义，其目的是达到绝对化，这使人们想到斯宾诺莎的上帝或自然，而不是黑格尔的绝对理念。就他在讨论中采用的辩证法而言，它不是黑格尔著作中的有机发展原则，而是柏拉图和爱利亚学派传统中的推理武器。的确，布拉德雷试图反对黑格尔的理性一元论。在黑格尔的著作中，有把认识等同于存在的倾向，还有一种观点是最终回到苏格拉底和毕达哥拉斯。布拉德雷试图超越理性思维及其范畴，达到纯粹感觉和经验的层次。在这个阶段，我们可以谈论现实。至于思维，它总是对实际存在的东西的扭曲；它只产生现象，因为它把不同的分类和联系框架强加给现实事物，从而扭曲了它。因此，布拉德雷认为，在思维的过程中，我们必然会陷入矛盾之中。布拉德雷的理论是在一本名为《现象与实在》的书中提出的。

布拉德雷对思维批评的要点在于思维必然是理性的，而关系必然会让我们陷入矛盾之中。为了使这个奇怪的结论成立，布拉德雷使用了第三者论证，就像柏拉图笔下的巴门尼德反对苏格拉底的分有说一样。一方面，自然和关系是有区别的；另一方面，它们是不可分割的。我们可以在任何给定的属性中，严格地将属性和关系分开，但我们不能区分属性本身各个不相容的部分。即便我们可以做到，也会把属性和关系重新糅在一起，并使之变成一种新关系。这就出现了第三者论证。

因此，思维领域和与思维相关的科学领域是矛盾的，它们属于现象而非实在。尽管布拉德雷和休谟的思想基础不同，但在绕了一个古怪的圈子后，他得出了与休谟相同的结论。和休谟一样，他拒绝自我的概念，因为它涉及各种关系。出于同样的原因，基督教中的上帝将不可避免地作为一种现象被淘汰。

以这种方式处理现象后，布拉德雷在绝对性中发现了实在。这种绝对性似乎是爱利亚学派所说的一，是从内部在比理性思维更直接的层面上体验到的。在这种绝对性中，所有分歧都得到了统一，所有冲突都得到了解决，但这并不意味着所有现象都被废除了。在日常生活中，我们思考并从事将我们与现象联系起来的科学研究，作为现象的人所犯下的罪行也深深植根于世俗世界，然而在绝对层面上，这些缺陷似乎已经消失了。

在贝奈戴托·克罗齐（1866—1952）的哲学中，我们发现了另一种形式的唯心主义，在某种意义上它同样起源于黑格尔的哲学，尽管维科的直接影响更重要。克罗齐不是一个学术哲学家。他长期享有经济独立。由于他的国际声誉，他在法西斯时期幸存下来，没有受到多少骚扰。战后，他在意大利政府中任职。

他写了大量的历史和文学著作。1905 年，他创办了文学杂志《批评》并担任编辑。他的哲学探索的特点是关注美学，他认为一个人在凝视一件艺术品时，其灵魂沉浸在具体的体验中。

黑格尔的一元论没有给处理英国经验主义甚至康德认识论的困难留有余地。克罗齐和黑格尔都认为认识是精神性的，但与黑格尔强调辩证法，坚持精神的过程与积极克服各种障碍有关的思想不同，克罗齐似乎直接回到了维科的"真理即行动"的命题。他认识到黑格尔主义的一些主要弱点，其中之一是将辩证法应用于自然，另一种是三分法的神秘主义。但最重要的是，黑格尔在唯心主义思想中迷失了前进的方向。我们对此已发表了一些批评意见，在这里，我们再补充一点：辩证发展和终极目标在某种程度上是矛盾的。克罗齐不接受黑格尔对发展概念的解释，但他保留了这一概念。他采用并修正了维科的阶段理论以取代辩证进步。维科认为，这些发展是循环往复的，所以归根结底，一切都会回到同一个起点。正如我们看到的，这种观点又回到了恩培多克勒。但是，克罗齐将这些变化视为进步，因为当理念回到初始阶段时，它在这个过程中获得了一些新的见解。

虽然克罗齐在某些方面与黑格尔不一致，但必须承认，克罗齐的作品在一定程度上保留了辩证法。克罗齐让人想起黑格尔的那段著名论述："错误和真理之间有着密切的关系，因为一个简单而完整的错误是不可想象的；而且因为不可想象，所以它根本不存在。错误有两种形式：肯定性错误和否定性错误。这就是对与错的冲突，这就叫作矛盾。"对克罗齐来说，这段话足以强调理念可以满足现实。原则上，世界上没有我们找不到的东西。不管是什么，只要是不可想象的就不能存在，所以存在的也是可以想象的。值得指出的是，布拉德雷坚持相反的观点。对他来说，可以想象的一定存在，他用"可能存在的，就是必然存在的"这一命题表达了这种思想。最后，正是黑格尔主义的影响使得克罗齐将 17 世纪的柏拉图主义者维科描述为 19 世纪的理性主义者。

在法国，19 世纪末 20 世纪初最有影响力的哲学家以不同的方式开始对抗科学。亨利·柏格森（1859—1941）代表了这种回归卢梭和浪漫主义运动的非理性传统。和实用主义者一样，柏格森最强调行动。在这样做的时候，他对哲学和科学探索中理性、谨慎和不带感情的操作表现出不耐烦。理性思维的主要特征之一是追求精确，笛卡尔在《谈谈方法》中的论述很好地说明了这一点。首先，当我们试图在语言的框架内把握不断变化的经验时，我们看似抓住了这种变化，其实只是用苍白而静止的文字代替了变化的经验。在这里，我们遇到了赫拉克利特和巴门尼德的老问题。相较于理性用其僵化的形式来模仿或扭曲现实，柏格森想做的是坚持不断变化的经验的实在性。

柏格森的观点在某种程度上让人想起布拉德雷，但两人的方向完全不同。布拉德雷的形而上学与他的逻辑理论，尤其是真理的一致性理论密切相关；对柏格森来说，逻辑本身就是一种必须克服的影响。从这个意义上说，布拉德雷可以说是一个理性主义者，而柏格森是一个非理性主义者。

与19世纪唯心主义和唯物主义的一元论相比，柏格森的哲学回归到了二元论世界观。然而，这种二元论与早期的二元论并不完全相同。柏格森的二元论一方面是物质，另一方面是一种生命力，后者不同于理性主义世界的精神部分。这两股巨大的力量——生命力和物质——与一场永恒的斗争有关，在这场斗争中，生命的本能冲动试图克服惰性物质在前进道路上设置的障碍。生命力虽然在一定程度上是由物质条件构成的，但在任何情况下它仍然保持着行动自由的基本特征。柏格森拒绝了传统进化论的理性主义倾向，因为这种倾向不允许任何新的东西出现。这种理性主义倾向似乎从根本上损害了生命力的行

动自由。对柏格森来说，进化确实是创造性的，它产生了真正
新颖的东西。这一理论在他最著名的《创造进化论》中得到了
充分的表达。柏格森假设的这一进化过程直接来源于艺术创作
的类比：就像艺术家是被某种创作冲动驱使一样，自然界中运
作的生命力也是如此。进化是通过不断的创造冲动进行的，它
的目标是创造一些到目前为止还不存在的新特征。

　　对人类来说，进化的过程使我们成为一种动物，除了本
能，理性也意外地出现了。柏格森认为这种进化在某种程度上
是不幸的，这很像卢梭的观点。人的理性往往会压抑人的本
能，从而剥夺人的自由，因为理性总是把自己的力量强加给世
界，给人一种扭曲的世界图景。我们确实取得了许多不同于理
性主义的进步，理性主义从理性中看到了解放的力量。

　　直觉是本能的最高形式，是与世界直接一致的精神活动。
理性扭曲了本能，而直觉抓住了经验的本来面目。根据柏格森
的观点，理性的困难在于它只能应付那些不连续的事物。这种
观点显然与把语言作为一个不连续的概念框架的想法有关。生
命本质上是连续的，所以理性无法理解，因此我们似乎必须依
靠直觉。对于柏格森来说，理性和直觉的区别与空间和时间的
区别有关。此前我们曾在词源学的角度比较过"理论"和"实
践"这两个词。理论以几何学的方式看待世界，对它来说，存
在的是空间而不是时间；但是，生命是实践性的，它是在时间
中流动的，这正是直觉介入的地方。当然，理论对空间的剖析
有某种意义，但它又是准确理解生命的障碍。物理学中的时间
并不是一种真正的时间，而是一种空间性的隐喻。柏格森把真

正的、直觉性的时间叫作绵延。我们很难说明绵延究竟是什么。柏格森似乎把这种时间看作纯粹的体验，当我们忍住理性思维，只使自己随时间的浪花漂流时，它就能支配我们。这种看法近似于克尔凯郭尔的存在主义认知模式，而且以改变了的形式被后来的存在主义者吸收。

柏格森的时间理论与其关于记忆的论述有关。在记忆中，意识使过去和现在产生某种联系：现在活跃了，过去就不再活跃。这种时间显然是数学意义上的时间，如果是在别处，柏格森便会使用绵延这个概念，而尽全力排除它。活动的陈述应该有意义，过去和现在必须分开。此外，由于"记忆"这个词的双重含义，还会产生一个简单的混淆，有时我们把记忆理解为当下的心理活动，有时理解为过去的事件。由于混淆了精神活动及其对象，柏格森谈到的过去和现在其实是混杂在一起的。

与柏格森的反理性主义倾向相一致，他通常不喜欢为了让我们接受他的思想而进行种种论证，相反，他依靠一些诗意的语言来讨论。这当然非常有趣且令人愉快，但不一定能说服读者。任何试图贬低理性作用的理论都会遇到这种困难，因为当我们谈论接受某一理论的原因时，我们已经进入了理性的领域。

柏格森的理论可能被认为是对经验的心理特征而不是逻辑特征的最好解释。从这个意义上说，它与心理学理论中的一些倾向是一致的。类似的考虑也适用于存在主义。在心理学领域，最伟大的新发展是精神分析理论。在我们开始对精神分析理论进行简短的讨论之前，我们必须提到心理学中另一种在许

多方面反对精神分析的倾向，即通常被称为行为主义的研究
倾向。

行为主义心理学是实证主义的旁系，它否认旧的内省心理
学的神秘性，并声称支持外显行为，认为真正有效的是人究竟
做了什么。在描述行为的概念结构时，我们最多可以利用在已
知环境中以某种方式行动的趋势。这些趋势可以被公开观察
到，其中大部分可以用物理学家进行实验的方式来测试。这种
研究方法的简单延伸是为心理事件寻找纯粹的物理、化学和生
理学解释，因此这一理论倾向于唯物主义和实证主义。在这一
发展路线中，俄国生理学家巴甫洛夫对条件反射的研究最为
广泛。大家都听说过巴甫洛夫的实验。简单来讲，这种实验就
是在向动物提供食物的同时，向动物施加某种信号，比如在屏
幕上显示一个图形；经过一段时间的反复后，只要这个图形出
现，该动物就会出现流口水的生理反应。这种反应被称为条件
反射。

这些研究想要证明的是，特定的和可观察到的情况可以揭
示某些关联的事件，并且这些事件可以在一定程度上被强加的
习惯改变。在这一点上，这种解释以一种相当传统和人性化的
方式使用了联想心理学。然而，其另一个意思似乎是，人们没
有必要设置种种概念谜团，可观察的相关事件涵盖了所有可被
言说的事情。这也许是一种极端的论证，即理应加上一些限制
条件，但就我们目前的讨论而言，它已足够向我们展现这种趋
势了。

在哲学上，类似的发展出现在某些形式的语言学中，它们

摆脱了传统的意义，代之以语言的实际用法，即在适当的场合以某种方式使用语言的倾向。或许我们也该像巴甫洛夫的狗那样去流口水，而不是去思考。

相反的研究方法是与西格蒙德·弗洛伊德（1856—1939）相关的心理学理论。从纯生物学的角度来看，弗洛伊德创立的心理学最终不受限制地发现了人的隐秘本质，即无意识。这是弗洛伊德理论中最重要的概念，它本质上是无法被直接观察到的。如果暂时抛开这个理论是否合理的问题，这是一个相当恰当的科学假设。那些不假思索地拒绝实证主义的人无法理解假设在科学方法中的作用。回到弗洛伊德，无意识理论和各种运作模式为心理学理论的一些重要发展提供了方法：第一个是弗洛伊德关于梦的一般理论，即发表于1900年的《梦的解析》；第二个是遗忘理论，它的通俗叙述出现在1904年的《日常生活的精神病理学》一书中。

梦与醒的区别在于，前者允许一些自由和幻想。梦境在清醒的现实生活中是经不起推敲的，但做梦者在梦中的自由显然要比在现实中的更彻底，这是所有关于梦的理论的普遍观点。弗洛伊德在其著作中的一般假设是，我们在梦里实现了希望和欲望；在日常生活中，它们因为各种原因被压制。我们不可能在这里讨论压抑的机制和个体的精神器官，指出做梦者有一定的自由度就足够了。对那些基于直接经验而被压抑的愿望，我们不仅可以追溯到白天，甚至可以追溯到童年，对各种因素进行重构。解读的任务是揭示梦的真谛，这涉及识别某些符号，这些符号介入压抑的过程以掩盖一些不愉快的真相，或者在真相得不到支持的时候避免被直接表达出来。在阐释的过程中，弗洛伊德构思了一整套符号。平心而论，弗洛伊德本人在使用这些符号时比他的追随者更加谨慎。从治疗的角度来看，必须记住弗洛伊德是医生。我们一般认为，心理过程的暴露和精神分析是调整抑郁症引起的精神疾病的必要条件。诚然，精神分析不足以治愈疾病，但没有它，即使尝试也是不可能的。这种知识疗法的概念并不新鲜，我们已经看到，它已经被苏格拉底采用。当代语言分析学家对哲学问题持有相同的观点，他们把这些问题比作语言的精神疾病，需要通过分析来治疗。

至于遗忘，弗洛伊德也将其与类似的抑制机制联系起来。我们会忘记某事是因为我们在某种意义上害怕回忆。为了治愈我们的遗忘，我们必须开始理解让我们害怕回忆的事情。

弗洛伊德理论的功绩是试图对梦做一般的、科学的说明。无疑地，在某些细节上，这一理论并不完全令人信服。举例来说，弗洛伊德的符号系统很难让人完全接受。与它可能造成的关注相比，精神分析引来的更大关注是对性行为及其压抑的坦率承认。同时，这种境遇也使得它成了愚昧无知者的辱骂目标。

20 世纪以来，美国哲学的主导力量是经过改造的实用主义。这一思潮的主要代表人物是约翰·杜威（1859—1952）。杜威是新英格兰人，他沉浸在这个地区古老的自由主义传统中。他的兴趣一直非常广泛，而不仅在哲学方面。也许他的主要影响是在教育领域。自从 1894 年他成为芝加哥大学的哲学教授以来，教育一直是他谈论最多的话题。如果说在我们这个时代，传统意义上的教育和技术社会日益需求的职业培训之间的区别在某种层面上变得模糊了，那么这在一定程度上是由于杜威著作的影响。

在杜威的哲学中，有三个主要思想与先前的哲学发展紧密相关。我们已经提到了实用主义的因素，杜威和皮尔士一样，认为探究是最重要的。二是强调行动，这是柏格森的观点而不是实用主义，正如我们所看到的，实用主义者也确信行动的重要性。我们必须记住，詹姆士误解了皮尔士，皮尔士的活动就是维科在建立"真理就是行动"时所想的。三是，杜威的理论中有很强的黑格尔式的思维方式。特别明显的是，他坚持一个有机的或统一的整体是探究的最终目标，探究过程中的逻辑步骤被认为是通向整体的工具。如果我们把逻辑作为指导整个体系的工具，那么这种观点在很大程度上与黑格尔的辩证法是一致的。和实用主义学派一样，杜威不愿意陷入传统的真理与谬误的概念，因为它们已经从毕达哥拉斯和柏拉图的数学哲学传到了我们这里。杜威总是提到主张的正当性，这是来自皮尔士的一个概念；然而我们应该补充一点，皮尔士晚年承认任何问题都有答案，不管这些答案离我们多么遥远。

就绝对意义上废除真理的一般问题而言，我们可以应用与毕达哥拉斯联系在一起的批评。如果有人断言我是个讨厌鬼，若我用务实的语气问他的断言是否有理，这家伙会怎么回答？事实上，他坚持这种关于我的观点可能是有用的。在这种情况下，他可能会用积极的方式回答我的问题；但无论他说是或不是，他都立即超越了自己的务实原则，因为这不再是一个辩护的问题，他根本没有想到第二个层次的适当性或正当性。事实上，这直接导致了无限倒退。在回答是或不是的过程中，他已经含蓄地承认了真理的绝对意义，他对事实的误解最终没有改变这一点。他可能会真诚地给出一个结果是错误的答案，但为了给出任何答案，他必须含蓄地接受一个绝对标准。这种批评不仅适用于实用主义的真理理论，也适用于任何试图用其他标准来定义真理的理论。

不难看出，这种将逻辑归于行动的尝试就来自于此。事实上，它来自柏格森的抱怨，即根据传统逻辑的客观观点，世界上不会产生真正新的东西。正是对新奇事物和社会扩张的需求激发了这种思想的理论化。归根结底，这里有一个问题，即人类活动的多样性与语言和逻辑表达的不变性之间的矛盾。不认可这些规范，人们很容易逾越自己的界限，忘记自己权力的极限。

在这里，必须提到我以前的同事怀特海。我们已经知道他是一个数学逻辑学家。写完《数学原理》后，他的兴趣逐渐转向当代科学产生的哲学问题，最后转向形而上学。1924年，他终于开始了哈佛大学哲学教授的新生涯。他晚年的作品往往很晦涩。当然，说一本书难读也不是批评，但是我必须承认，怀特海的形而上学思辨对我来说是陌生的。不过，我想尝试简单解释一下。

怀特海认为，为了把握世界，我们不必遵循伽利略和笛卡尔的传统，将现实分出第一属性和第二属性。在这条路上，我们只能到达一个被理性主义范畴扭曲的图景。世界是由无数真实事件组成的，这些事件似乎在某种程度上让我们想起了莱布尼茨的单子；但与单子不同，事件变化很快，它们的减少导致新事件的出现。在某种程度上，这些事件就像物体。一系列事件的变化可以看作赫拉克利特的流变，而物体本身则可视为巴门尼德的圆球。当它们分开时，它们是抽象的；在实际过程中，两者有着千丝万缕的联系。

就与现实的真实接触而言，似乎需要一种内在的认知，即认知的人和他的对象融合成一个单一的实体，这使我们想到了斯宾诺莎。事实上，怀特海坚持认为，每个命题都应该被视为它与整个系统的关系。这显然是系统唯心主义的一种形式，尽管它没有杜威哲学中唯心主义谱系的特征。杜威的整体性概念可以追溯到黑格尔，而怀特海的唯心主义与谢林晚年的有机概念有更多的共同点。

虽然很简单，但似乎这就是怀特海的形而上学主题。至于它在哲学史上的地位，我不想假装知道。无论如何，对一些一般科学问题的兴趣直接导致这里的形而上学之路。在17世纪的理性主义者和19世纪的唯心主义者身上，我们的确发现了一些共同点。在科学理论的范围内，有各种拥抱整个世界和追求形而上学目的的尝试。不同的是，科学对严峻而顽强的事实负有更大的责任。

如果说19世纪比以往任何时候都更彻底地改变了世界，那么最近这五十年也是同样，甚至更加剧烈。第一次世界大战标志着一个时代的结束。

"进步"这种观念常会成为激励人们前行的主导思想。世界似乎正在沿着一个更好、更文明的方向发展。西欧似乎是整个世界的恩人，而世界其他地区在政治上和技术上都依赖它。从某种意义上说，这种世界观并不是没有道理的。毫无疑问，西方在政治和工业方面占主导地位。所有这些都让西方人有了傲慢和自信，甚至想和上帝一较高下。工业社会的发展带来了人口的大量增加。一个世纪以来，英国人口增长了五倍，甚至马尔萨斯的模糊预言也变得不真实了。当工业社会开始克服最初的困难时，人们的生活会逐渐变得更加舒适。

由于这些变化，一种对未来的乐观和信心占了上风，尽管也有所动摇，这种普遍乐观的基调被 20 世纪的主要思潮认同。功利主义、实用主义和唯物主义都受到它的鼓励。最引人注目的例子可能是马克思主义理论，它成功地坚持了进步是不可避免的这一信念，直到现在。虽然自那以后暴乱颠覆了世界，但它仍然是唯一保持这一天真信仰的政治理论。从灵活的教条和乌托邦式的世界观来看，马克思主义是 19 世纪的遗物。

在这样的进步氛围中，世界似乎建立在坚实的基础上。这种观点不仅丰富了物质条件，也允许人们采取乐观主义的思想，让下层阶级的人觉得自己的命运总是可以得到改善，归根结底，希望肯定不会消失。同时，教育的普及也说明人是可以让自己变得更好的。在这个新的社会里，那些没有地位优势的人也可以通过知识和技术来提高自己的地位。

在社会领域，这种竞争因素是新事物。交易者之间的竞争和交易本身一样古老，但认为一个人可以通过自己的努力让自己变得更好的想法是最近才有的。在中世纪，人们认识到每个人都被上帝置于某种位置，改变这种由上帝决定的秩序是有罪的。这些旧思想受到文艺复兴思想家的质疑，但它们在 19 世纪才被彻底摧毁。

当然，我们描述的情况只属于那些已经确立工业化的地区，包括英国和西欧的一部分。请记住，这些地区只是地球上有人居住的一小部分。由于这些国家的巨大发展，它们对世界历史的影响与其规模不成比例。然而，这并不是人类事务中的新现象。就纯粹的规模而言，古波斯帝国远比希腊大，但其影响力最终是可以忽略不计的。

生活在这个时期并受到进步思想鼓励的人，似乎会满怀信心地对未来做规划。足够稳定的条件使人们能够合理地估计他们未来的所有职业。同时，这些计划完全是私人的。正是通过自己的不断努力，一个人获得了地位和安全感。对于没有权力的穷人来说，他们希望的是慈善救济以及有高尚情操和责任感的公民的自愿支持。特别奇怪的是，俾斯麦率先实行社会福利，为工人引入一种健康保险，并以先发制人的手段将他们的社会主义对手置于不利地位。

这一时期的另一个主要特点是政治上的自由主义世界观。不言而喻，政府的职能是在相互冲突的利益之间做决定，但让政府干预工业或商业运作，人们对此想都没想过。今天政府对各种企业的管理是马克思主义影响我们对社会问题的一般研究方法的结果。就活动自由而言，欧洲大部分地区不受限制。当时和现在一样，只有俄国是个例外。你可以在西欧任何地方旅行，不需要任何文件，除了俄国，因为那里需要护照。当然，人们过去也不曾像现在这样频繁地旅行。部分是由于较高的成本，这将活动限制在那些更具财力的人群。从那以后，各种各样的控制措施出台，显示出国际信任下降的程度。

在政治领域，自 1870 年以来，西欧享受了近五十年的和平。这种幸运并不是世界性的。在非洲，有殖民冲突；在远东，俄国人被日本人打败了。日本人在吸收西方技术文明方面取得了长足的进步。对于生活在我们地区的人们来说，世界似乎是一个充满和平的理想家园。这是五十年前的事了。当一个人回首往事时，他很容易感觉到，当时的人们仿佛生活在一个梦幻的世界里。

第一次世界大战摧毁了整个价值体系和以前的观念。虽然更强的民族意识是在 19 世纪发展起来的，但它们之间的差异是巨大的。这场大屠杀在世界范围内爆发，这是以往任何时代都没有经历过的。伴随着这场灾难，进步的信念下降，怀疑的气氛增长，世界仍未从这种气氛中恢复过来。

从纯技术的角度来看，第一次世界大战表明，武器的改进速度超过了战术概念的发展。结果是可怕的持续屠杀，这极大地削弱了西欧社会的力量。自 1918 年以来，法国软弱和不稳定的局势在很大程度上是这种杀戮的遗产。与此同时，美国开始在世界事务中发挥越来越重要的作用。另一方面，通过布尔什维克革命，俄罗斯建立了一个远强于沙皇帝国的新型工业化社会。自维也纳会议以来，无法控制的民族主义情绪现在以新的民族国家的形式表现出来。每一个这样的民族国家都怀疑它的邻居。行动自由开始受到限制，直到现在，这些限制才开始再次消失。

欧洲各国间进一步的自相残杀将从现在开始威胁西方文明的生存。这是 1919 年国际联盟成立的主要推动力，其主要倡导者是美国总统威尔逊，目的是为奠定国家间和平合作的基础。他的提议没有得到自己国家的支持，这从一开始就大大削弱了联盟的地位。与此同时，中欧列强的战败，通过反作用激起了民族主义更强烈、更不妥协的复兴。在国际联盟成立后的二十年里，德国的国家社会主义独裁导致了第二次世界大战。就范围和伤害而言，它超过了历史上任何一场战争。更强的军事科技和思想动力，使两军之间的战争事务在关键时刻转变为全面战争，直接影响到公民和士兵。在日本，原子弹第一次展现出惊人的力量，这种破坏力的最高成就现在已经把自我毁灭的可能性放到了人类力所能及的范围内。我们是否足够聪明以抵御这种诱惑，还有待日后观察。希望第二次世界大战后，联合国能取代旧联盟成功阻止人们互相轰炸。

纵观历史，对技术发展给予特殊刺激的两大力量是贸易和战争。最近的事件戏剧性地证实了这一点。电子和通信工程的发展被一些人称为第二次工业革命，它正在以比基于蒸汽机的第一次工业革命更激烈的方式改变我们当下的世界。

同样，交通工具也经历了 19 世纪做梦也没想到的变化。从罗马时代到铁路出现之前，出行方式的变化相对较小。从那以后，人们把伊卡洛斯的传说变成现实。大约八十年前，一个人八十天绕地球一圈还是一个幻想，现在只要八十个小时就能完成。

与人们能够适应环境相比，这些广泛的发展在某些方面更快。一开始，巨大的国际冲突摧毁了19世纪的安全氛围，使人们再也不可能以同样的方式接受关于事物的新观念。与此同时，国家活动严重侵犯了曾经属于个人的行动自由。造成这种情况的原因很多。首先，工业化国家经济生活日益复杂，使得它们对各种干扰非常敏感。与中世纪相比，当下的社会缺乏稳定性。因此有必要控制可以在一定程度上颠覆国家的暴力。其次，为了抵御不可避免的波动，也出现了提供某种平衡动力的问题，这包括国家在经济事务中的行动。再次，国家提供的服务在一定程度上补偿了独立性和安全性的丧失。这些变化很少与一个国家的政治制度有关，而主要取决于我们文明的技术。在政体不同的国家，这些问题似乎有些相似，这确实值得注意。

在现代生活中，使人难以忍受的组织力量在哲学上引起了非理性思想的新旋律。从某种意义上说，这些力量的爆发是对启发当代专制统治的权力哲学的反应，也是对科学对人类自由的威胁的一种反抗。

非理性主义的主要哲学思想可以在复兴的存在主义中找到，该理论最近在法国和德国的哲学中发挥了重要作用。关于这个问题，我们现在做一个明确而简短的评论；需要指出的是，这种倾向涵盖了广泛的不同理论，其观点往往不一致。

伴随着存在主义，欧洲大陆出现了对传统形而上学的回归。在英国，哲学最近转向了语言学。欧洲大陆哲学和英国哲学之间的裂痕从来没有像今天这样大。确实，双方都不承认对方是真的在搞哲学研究。

这是用简短的语言概括的当代哲学的背景。贸然描述其轮廓，风险不仅在于扭曲，还在于缺乏视角，我们对此没有补救办法。但是，我们可以强调一个总的结论。迄今为止，使西方文明主宰世界的是它的技术，以及它的科学和哲学传统。目前看来，这些力量仍然占主导地位，尽管没有理由说它们一定会持续下去。当西方发展的技术传播到世界其他地方，我们的优势就会减少。

欧洲大陆的存在主义哲学在某些方面相当晦涩。事实上，我们从中很难看到传统意义上的哲学能够认可的东西。然而，整个思潮的共同和普遍出发点似乎是，理性主义作为一种哲学，无法为人类存在的意义提供可靠的解释。理性主义者用概念系统做出的一般性解释，不能把握个体的经验特征。为了克服这种显而易见的无能，存在主义者主张回归到克尔凯郭尔所谓的存在主义思维模式。只从外部把握世界的理性主义，无法公平地对待生活经验的直接性，这必须以存在的形式从内部把握。

对于这个显而易见的问题，一个人可能给出不同类型的解决方案。人们可能试图从一开始就表明，人类的生命从思辨的角度来看是没有意义的。生活的目的是采用一种尽可能有趣的生活方式，并对未来充满幻想。此外，存在主义思维方式还有一个严重弱点——如果你反思任何事物的存在，你必须想到给定的东西。存在本质上是一种谬误的抽象，甚至黑格尔也没有意识到这一点。

　　这些都是强有力的、有根据的论断，但它们不能让我们清楚地看到这些思想家在暗示什么。因此，我们必须采纳在某种程度上足够称得上是存在主义的观点，并试图以简洁的方式表明它们想要证明什么。

　　虽然雅斯贝尔斯（1883—1969）的存在主义哲学拒绝唯心主义形而上学，但因为它承认三种存在形式，所以保留了黑格尔辩证法的某些因素。雅斯贝尔斯涉足哲学，缘于他早期对心理学和特殊心理病理问题的兴趣，因此，人是他哲学研究的中心。从这个意义上说，我们可以把他的存在主义描述为人道主义，这被萨特用作他自己哲学的一个术语。与文艺复兴时期的客观人道主义相比，存在主义提供了一种主观人道主义，萨特的名言显然是对存在主义哲学家的一种误解。

　　在雅斯贝尔斯的存在主义中，我们会看到三种不同的观点。在最底层，我们有客观世界，它就在那里，作为一种实在，它只能从外部加以把握，它包括科学领域的所有方面。然而，自我对自身存在的理解是不充分的，在科学领域坚持客观存在是对理解这种更高级存在的一种障碍。雅斯贝尔斯称这种更高级的存在为自我存在，这种存在方式不再由主宰客观存在领域的理性负责，它总是表现出对自我的超越。如果用亚里士多德的术语来说，一个个体的存在内部包含着无限的潜在，这对雅斯贝尔斯而言也是适用的。在自我努力超越自己的过程中，自我使自己适应了第三种存在，这种存在被称为超越性的存在，它包含了前两种存在的变体。虽然雅斯贝尔斯没有追求鼓励理想主义者的目标，但很明显，他的三种形式的存在构成了辩证进步的完美范例。在这种程度上，它们必须在理性的范围之内。正如我们之前看到的，这是任何试图在原则上排斥理性的理论的内在困难。人受激情的支配常常等同甚至超过受理性支配的程度，虽然这会让人感到难堪，但事实却正是如此，这不是原则上对理性的限制。当谈到一种理论试图使理性本身无效时，一个令人不安的矛盾出现了，因为人们不论解释什么都需要用理性，对理性的否定将使任何理论变得无效。这样我们就什么都不能说，只能保持沉默。某种程度上，这确实是存在主义者以一种模糊的方式认识到的，所以他们时不时地提倡沉默，即使他们自己并不实践。至于雅斯贝尔斯，他意识到了这个困难，并试图通过承认理性的重要性来弥补。

在划分存在的基础上，雅斯贝尔斯坚持认为科学不能真正把握现实，因为只要我们承认解释和它的对象的区别，我们就含蓄地承认我们失败了。这种假设似乎意味着，仅仅是因为一个陈述与其预期的情况不一致，所有陈述便都是对事实的歪曲。陈述总是与别的东西相关，因而被认为是不充分的。但需要指出的是，这里所说的陈述的不充分，是陈述本身的问题，而非像唯心主义认为的那样，是因为某一陈述脱离了能够赋予它全部意义的其他陈述。

在雅斯贝尔斯看来，哲学涉及超越的存在，即自由的存在。更准确地说，哲学是个人努力超越的一种尝试。就个体的道德生活而言，它在个体存在的层面上起作用。正是在这个层面上，人们相互理解，体验自由的感觉。既然自由不在理性的范围之内，我们就不能对此给出理性的解释。我们必须满足于知道它在某种精神状态下的表现。据说，我们自由的感觉伴随着烦恼，或者雅斯贝尔斯所说的"恐惧"的心理状态。"恐惧"这个词是从克尔凯郭尔借来的。我们可以说存在的层次是由理性支配的，而存在的境界是由情绪支配的。

雅斯贝尔斯的存在主义就像克尔凯郭尔在超验层面上的存在主义一样，给宗教留下了一席之地，而海德格尔（1889—1976）的作品中则展现了完全不同的基调，更具形而上学色彩。海德格尔的哲学晦涩难懂，他的术语古怪，让人不禁怀疑其对语言的运用是否太过混乱。海德格尔有一个有趣的观点，即认为虚无是真实的。像存在主义的许多其他思想一样，这是用心理观察替代逻辑分析。

在法国，存在主义运动与文学的关系更为密切。它最著名的倡导者，让-保罗·萨特（1905—1980），不仅写了大量的哲学论文，还写了大量的小说。在这些作品中，他的存在主义思想大部分是由各种各样的人物来呈现的，而这些人物面对的是那种行动的要求，这是存在主义的一个非常重要的方面。小说作为一种文学体裁，为反思人类的困境提供了完美的媒介。

在萨特的理论中，存在主义的自由观被推向了极限。人们不断地选择自己的命运，而这些选择与传统无关，也与个人生活中以前的事件无关。似乎每一个新的决定都取决于一些普遍的承诺。那些被这个可恨的真相吓坏的人试图寻求保护，以让世界合理化。在这种情况下，从事科学活动的人与宗教信徒是一致的，两者都试图逃避现实。但对萨特来说，他们的不幸是一种错误。世界不是科学家想的那样，至于上帝，他似乎从尼采时代就已经死了。其实，准备好面对现实世界的人，会让你想起尼采笔下的超人。正是从这个源头，萨特形成了自己的无神论。

归根结底，萨特反对理性主义的必然性概念，例如在莱布尼茨和斯宾诺莎的著作中发现并被唯心主义哲学家继承的必然性概念。应该记住的是，对于这些思想家来说，任何存在的东西，只要我们有足够的眼界，原则上都可以被认为是必然的。因此，自由理论必然具有我们在斯宾诺莎和黑格尔那里找到的形式。自由在于存在与必然的和谐。一旦这样一种自由的观点被萨特拒绝，其他的意见几乎就自行产生了。正如我们之前指出的，理性主义的必然性概念主导着理论科学领域。因此，只要我们采用存在主义的自由理论，必然的概念就会被否定。同样，理性主义神学必然会被抛弃，尽管萨特似乎走得太远，试图将这一理论与无神论联系起来。如果我们在萨特认为我们存在的意义上是自由的，那么我们可以选择去做任何决定。正如我们看到的，不同的存在主义思想家实际上在这个问题上做出了不同的选择。

存在主义把人们的注意力引向了批判理性主义必然性概念的一个重要方面。与其说这是一种哲学批判，不如说是一种基于心理学的热烈抗议。存在主义正是在一种情感压抑的氛围中，呈现出对理性主义的反叛。这导致了一种对现实世界奇怪而私密的态度，这种态度是自由的障碍。理性主义者在自然如何运作的知识中看到了自由，存在主义者在放纵自己的情绪中找到了自由。

所有这些背后的基本逻辑观点都可以追溯到谢林对黑格尔的批判。存在不能从一般的逻辑原理中推导出来，任何传统的经验主义者都会欣然同意这种批评。这个观点已经被讨论得够多了，不用再补充什么。如果我们在此基础上推导出一套存在主义心理学，似乎就会推翻这种优秀的批判，因为这种心理学恰好涉及萨特的理论。在对各种心理状态的描述中，有许多有趣而有价值的观点，但如果人们这样去行动或感知，就不合乎"存在不是逻辑上的必然"这种结论，这就既肯定又否定了谢林的观点。一个人虽然完全有可能把心理观察看成是准确的，但不可能把这种观察当作本体论，而这正是萨特《存在与虚无》一书的目的。就语言的晦涩和夸张而言，它算得上是德国传统中的一部佳作。对于传统哲学家来说，无论是属于理性主义还是经验主义阵营，这本书把特殊的人生观转化为本体论，似乎有点奇怪，这就像一个人把陀思妥耶夫斯基的小说变成了哲学教科书。

存在主义者总是否定我们的批判，认为它无关紧要。他们会说，我们用的是理性主义的标准，我们不是在解决现有的问题，而是在理性主义的逻辑领域工作。这可能是真的，但这种反对也可以反过来反对他们自己，这只需要换一种说法。任何标准总是在理性领域中，所以也是在语言领域中。因此，用它来鼓吹存在主义是危险的；否则，你当然可以满足于一种诗意的表达，每个人都可以尽最大努力从中受益。

与萨特不同，加布里埃尔·马塞尔（1889—1979）的存在主义哲学更倾向于宗教，他的理论有点像雅斯贝尔斯的理论。

和所有存在主义思想家一样，马塞尔对个人和他对特殊人类状况的具体体验特别感兴趣。至于一般哲学，马塞尔强调它必须超越日常反思。为了最充分地理解现实，我们必须重新综合被理性主义解剖的碎片。这种综合操作是通过马塞尔所谓的对第二力量的反思来实现的，这意味着宣扬一种更强、更高的反思形式。对第一力量的反思被引向外部，对第二力量的反思似乎是从内部作用于自身的。

马塞尔关心的问题之一是身体和精神的关系。这个问题的出现是因为他的兴趣在于人类的困境，它在给定的现实背景下侵犯了个人。马塞尔对笛卡尔二元论的批评让人想起贝克莱对那些将视觉与几何光学混淆的人的批评。我们可以说，心与身的分离预设了这样一个隐喻，即把心看作某种程度上盘旋在一个个体之上，把自己和身体看作两个不同的东西。乍一看，这似乎是马塞尔的观点，但他将这个问题的解决与实施全面反思联系起来。我们倾向于认为，一点点语言分析就会显示他犯了什么错误。

实证主义是在 20 世纪初发展起来的，代表人物是像马赫这样的人。我们已经提到了马赫在力学方面的工作。在接下来的二十年里，人们对符号逻辑产生了广泛的兴趣。这两种倾向的汇合导致了以石里克为中心的新运动的形成。和马赫一样，石里克也是维也纳大学的教授。他领导的团体叫维也纳学派，他们的哲学以逻辑实证主义著称。

顾名思义，这个理论首先是实证主义的。它坚持认为我们所有的知识都是由科学提供的，传统的形而上学严格来讲只是一句空话。除了经验，我们一无所知。如果省略了本体论问题，我们会发现这个理论与康德的思想息息相关。与他们坚持经验观察相一致的是意义标准的出现，这在一定意义上与实验科学的日常实用主义有关，这就是著名的可验证原则。根据这个原则，命题的意义就是它的确认方式。它起源于马赫，他在用机械术语定义它时使用了这样一种方法。

始于维也纳的逻辑实证主义运动并没有在它的发源地存活下来。石里克在1936年被他的一名学生谋杀，而其他成员则发现，由于即将到来的纳粹政府，他们有必要转移到其他地方。这些人不是前往美国就是前往英国，卡尔纳普去了芝加哥，韦斯曼去了牛津。这一运动与科学语言的普遍联合倾向是一致的。就在战前，他们出版了第一批小册子，这些小册子构成了《统一化科学的国际百科全书》，由芝加哥大学出版社出版，其主编奥图·纽拉特于1945年在英国去世。因此，逻辑实证主义开始转移到英语国家，在那里它又一次与它在某种程度上所属的旧英国经验主义传统联系在一起。在英国，逻辑实证主义理论最早是通过艾耶尔的《语言、真理与逻辑》广泛传播的。

在实证主义运动中，每个人都蔑视形而上学，尊重科学。至于其他方面，比如逻辑和科学方法，就有明显的区别。特别是，可验证原则导致一些不同的解释。这一运动的发展历史取决于围绕各种问题的讨论，其中涉及上述原则的地位和意义。

对可验证原则的最初批评是，它遇到了与实用主义真理理论相同的困难。假设我们已经找到了证明一个命题的方法，如果我们对这个过程给出一个描述性的解释，我们现在可以问这个解释的意义是什么。这将立即导致被证明意义的无限倒退；否则，到了一定阶段，我们就会承认一个命题的意义不可置疑。但是，如果那种说法被接受，原有的原则就会被破坏，所以我们也承认，此时此刻我们可以直接理解各种命题的意义。

实证主义的进一步困难是拒绝一切哲学思辨，认为它们是无稽之谈，但可验证原则本身就是一种哲学理论。为了避免这一困难，石里克通过大量论述，证明可验证原则本就蕴含在我们的行为中，我们需要的只是了解它是如何运作的。如果这种论证是成功的，那么作为一种合理的原则，它就是一种哲学立场，因为从各方面来看，它都不是一个经验性的科学说法。

石里克试图做的是避免无限倒退，他认为最终的意义来自不言而喻的经验，而这些经验反过来又赋予命题意义。卡尔纳普也追求类似的目标，他试图建立一个形式逻辑系统，并将认识论问题归因于由认知的相似性和基本关系联系起来的原始思想。

这种方法是基于某种真理一致性理论的默认假设，其弱点在于，它要求我们站在经验和命题的比较之外。纽拉特看到了这个困难，坚持认为能比较的只有命题。按照他的观点，支撑一个命题的是一个“基本句”，纽拉特把它看作日常经验在同一层面上的陈述；也就是说，它们不是不可避免的。卡尔纳普采取了类似的观点，但认为基本句的陈述是一个不容置疑的起点，这有点像笛卡尔的观点。无论如何，处理这个问题的方式使我们陷入了传统理性主义的真理一致性理论。

最后，卡尔纳普注意到研究逻辑实证主义哲学核心问题的完全不同的方法。如果一个人可以发明一种形式语言，这种语言的构成使得一个无法验证的陈述无法在其中系统地表达，那么采用这种语言将满足实证主义的所有需求。可以说，可验证原则已经发展成为系统的语法。然而，研究这个问题的方法也是不足的。例如，意义的问题不能简化为句法结构，这涉及单词的组合方式。要构建这样一个系统，必须假设现在所有事物都已经被发现了。这在某些方面相当于黑格尔的工作，它基于一种类似的观点，即世界已经进入最后阶段。

虽然不是维也纳学派的成员，但维特根斯坦（1889—1951）是逻辑实证主义的重要人物。他的早期逻辑理论对他们的思想产生了非常重要的影响。然而，正是维特根斯坦后期语言学的发展导致了逻辑实证主义的新转折，并使其在英国站稳了脚跟。

实证主义产生了几个不同的分支，其中最重要的是近几十年来主导英国哲学的语言分析学派。它相信与正统逻辑实证主义相同的原则，即所有哲学难题都是语言误用的结果。它通常认为每一个以准确的方式提出的问题都有一个清晰准确的答案。分析的任务是证明"哲学"问题源于对语言的粗心误用。一旦这个问题的模糊性在光天化日之下暴露出来，这个问题就会变得毫无意义。当哲学被准确地应用时，它将被视为某种语言疗法。

一个简单的例子可以说明这个方法。一个人会经常问自己世界从何而来，一切事如何开始的。对我们来说，首先要做的不是提供答案，而是仔细审视这个问题的措辞。问题的中心词是"开始"，这个词在日常话语中是如何使用的？为了解决这个问题，我们必须看看我们通常使用这个词的情况。我们可能会想到晚上八点开始的音乐会。在它开始之前，我们可以出去吃饭；音乐会结束后，我们将回家。需要注意的是，问开始前发生了什么，结束后又发生了什么是有意义的。开始是一个时间点，标志着某件事情的时间周期。如果我们现在回到那个"哲学"问题，我们将立即理解我们在那里以完全不同的意义使用"开始"这个词，因为我们的意图不是问在一切开始之前发生了什么。事实上，通过这样说，我们可以看出问题出在哪里。寻找前面一无所有的开始，就像寻找一个圆的正方形。一旦我们明白了这一点，我们就不会再问这样的问题了，因为我们发现它毫无意义。

在英国，分析哲学深受维特根斯坦的影响，维特根斯坦曾与维也纳学派有过接触。像维也纳学派的成员一样，他在纳粹掀起风暴之前离开了德国，住在剑桥，当摩尔 1939 年退休时，他被任命为教授。他一生中唯一出版的书是 1921 年的《逻辑哲学论》。在这部著作中，他提出了所有逻辑真理都是同义反复的观点。他所指的同义反复是一个命题，其中矛盾就是自相矛盾。从这个意义上说，"同义反复"一词大致相当于更常用的术语"分析"。他晚年时的兴趣导致他离开逻辑，转向语言分析，其观点可以在他的讲稿和他之后发表的论文中找到。由于其独特而深刻的风格，要笼统地描述他的理论并不容易。也许对他后期哲学理论的基本目的的公正陈述是，词的意义在于它们的使用。

在提出自己的理论的过程中，维特根斯坦引入了"语言游戏"这个比喻。根据这种观点，语言的某些部分的实际使用就像一场游戏。请允许我们说，这就像下棋。它有一些玩游戏的人必须遵守的规则，对下棋方式也有一些限制。维特根斯坦完全否定了他早期的逻辑著作《逻辑哲学论》。在他看来，当时有可能将所有语句分解成无法进一步分解的简单而基本的组件，因此这种理论有时被称为逻辑原子主义，它与以前的理性主义一元论有很多共同之处。人们试图以此为基础，找到最能准确表述任何事情的完美语言。维特根斯坦后期否定了找到这种完美语言的可能性，他认为我们永远无法彻底根除混乱。

因此，通过玩几个语言游戏并使用它们，我们得到了单词的意思。有时，表达这种情况的另一种方式是学习单词的语法或逻辑，这是当今语言分析中的一个流行术语。我们之所以提出形而上学的问题，是因为我们没有完全掌握单词的用法。一旦这些规则被正确理解，问形而上学问题的诱惑就会消失。语言疗法已经打消了这种欲望。

维特根斯坦对语言哲学有很大的影响，然而在某种程度上，语言分析仍按照自己的某些独特方式向前发展着。尤其是在语言特征上，无论它可能起到什么有益的治疗效果，一种新的兴趣已经逐渐形成。就像它的中世纪先驱一样，它已经进入了一个小角落。大多数语言分析趋势的共同信念是，有日常语言就足够了，问题源于哲学中的语法错误。这种观点忽略了一个事实，即日常语言充满了过去哲学理论的痕迹。

　　上面给出的例子显示了如何理解这种常用的疗法。这种分析确实是清除谬误和杂乱的形而上学蛛网的有用武器，然而作为一种哲学理论，它也有一些弱点。我应该想到哲学家一直在悄悄地做这样的事情。今天，人们不愿意承认这个事实，原因在于一些知识分子的狭隘观点竟然成为一种新的风尚。更严重的问题是，日常语言被抬高成为所有争端的仲裁者。在我看来，这是完全不可理解的，日常语言本身没有这种功能。无论如何，不去问语言是什么，它是如何产生的，它是如何工作和发展的，而只是把它看作一种完美的形式，这一定是一件危险的事情。这里隐含的假设是，日常使用的语言有一些超级创造力和隐藏的智慧。与此间接相关的另一个假设是，你可以忽略所有非语言知识，而它的信徒却醉心于这种慷慨的许诺。

结　语

　　我们的叙述已行将结束。跟随我们到这里的读者可能会问自己从中获得了什么好处。需要提醒读者的是，我们讨论的每个主题都有相关的、已经出版的资料。在写这本书的过程中，我只选取了众多材料的一小部分。就读一本书而言，不论它有多厚，它都不会让读者成为专家。一个人对事物的理解不会因阅读量的增多而自动提升。除了获取信息，更重要的是对一些问题进行一定程度的认真反思，研究哲学的一大理由便在于此。每当我们论述一个主题时，都会有专家为我们提供详尽的著作。对于门外汉，实际上也包括专家，重要的是沉下心来，避免冲动行事，要从更广阔的视角去把握问题。想要做到这一点，我们就要进行一番考察，而这种考察既不能大而不当，又不可过于繁杂。这种考察的前提是一种独立思考。我们并不是要像百科全书那样给予众多的名词解释，而是要根据需求有所取舍。我们最想达成的便是能给读者提供一种哲学的一般性的概貌，因此对于相关的历史背景，我们也要做严格的规划和筛选。这本书无意向读者讲授历史，但它会不时地让读者想起历史，想起那些不该被遗忘的哲学观点是在怎样的背景中出现的。另外，本书也强调了从古希腊直到当代的西方文化的联系性。

有人可能会问，在西方哲学史上，为什么不给通常所说的东方智慧留一个位置呢？这个问题可能有几种答案。首先，东西方世界的发展是相互隔绝的，所以独立而充分地叙述西方思想是可行的。其次，这个任务实在是让人望而生畏，所以我们决定把叙述范围限制在这个主题上。我们这样做还有另一个令人信服的理由，即在某些关键方面，西方哲学传统不同于东方冥想。只有在希腊文明中，哲学运动才与科学传统齐头并进。正是这一点赋予了希腊思想一种独特的视野，并塑造了西方文明。

现在重要的是澄清下面这种特殊的关系。某一领域的科学探究不同于哲学，但哲学反思的一个来源是科学。当我们问什么是科学的时候，我们问的便是一个哲学问题；当我们对科学的方法原则进行研究时，我们做的便是一种哲学研究。一个让哲学家着迷的常见问题是世界总体上是什么样子的，他们试图解释这个问题。让我们在这里仔细区分一下，用科学的方式描述事实，不是哲学研究的应有目的。若不注意这一限制，那些构建自足体系的唯心主义者就会误入歧途。哲学能提供的是一种检验实证研究结果的方法。可以说，哲学为将科学发现纳入某种秩序提供了一个框架。唯心主义只要不超越这条路，就完全在它应有的限度之内。与此同时，我们应该指出，当我们开始科学研究时，我们已经参与了一种哲学世界观。我们所说的常识，其实是一套关于事物本质的不言而喻的假设。让人们注意到这一点，或许正是批判哲学的价值所在。这种哲学并不是多余的，它提醒我们，不论科学理论可以为我们带来怎样的利益，其目的终究是要陈述世界上那些真实的事物。那些认为哲学不过是抽象体系的人常会忘记这一点，就像忘了数的用途在于计算一样。

　　作为研究对象的世界不是我们创造的。我们常常会产生种种错误和幻觉，而我们自己往往还很难发现。须知，使我们获得正确认知的并不是那些让我们觉得自由或宽慰的信念。一个人可以想象自己拥有无尽的财富，这种想象会给这个人带来一些满足感，可银行经理和法院是不会赞同这种想象的。研究结果有时是错误的，但这并不是说它们就是主观的。我们可以说有人犯了错，毕竟不做陈述的自然是不会犯错的。当人们提出想法时，他们可能会陷入错误。也许实用主义理论的动机之一就源于这一事实。如果错误是主观的，没有人能保证不会犯错，那么我们就会觉得自己避免不了主观的局限。然而，这是完全错误的。说可能会出错是一回事，但断定我们从来都不对却完全是另一回事。如果我说某件事是这样，事实上也是这样，那么这个判断一点也不主观。错误的情况也是一样，如果我错了，那么我的错误就是关于这个世界的真实的错误。特别重要的是强调公正研究的客观特征和这种研究追求的真理的独立性。有人坚持认为真理是可以主观改造的东西，但他没有想到，若坚持这种观点，探索便是不可能的。此外，他们错误地认为，探索者的作为不可能只是出于自己的好奇心，也必定考虑了发现可能带来的利益。没有人会否认大多数研究确实如此，但也有一些例外。我们不能用实用主义的观点来解释科学的发展。对客观真理的尊重可以抑制主观主义偏见带来的无限权力的错觉。

这就把我们带到了哲学思辨的另一个主要动机。到目前为止，我们只提到了科学的一般原理及其运行，这是哲学研究的一个对象。但是作为一种社会动物，人们不仅仅关心认识世界，还关心如何在世界中行动。科学的一面与手段有关，另一面与目的有关。人的社会性使他面临伦理问题。科学可以告诉他如何以最好的方式实现某些目标，但它不能告诉他应该追求这个目标而不是其他目标。

至于道德问题，我们已经看到了许多不同的处理方式。在柏拉图那里，伦理学和科学最终融为一体：善良等于知识。如果是这样的话，那就非常可喜了。遗憾的是，柏拉图的观点过于乐观。最有知识的人有时可能会利用他们的知识为非作歹。所以，不管一个人知道多少，这本身并不能解决做什么的问题。

这是一个常见的理性和意志问题。如果一个人反对两者在一定范围内一致的观点，他必须像奥卡姆那样承认理性和意志彼此独立。当然，这并不意味着它们没有联系。理性能够而且确实在控制和引导意志与感情方面发挥作用，但严格来说，这是意志选择的结果。

由于这一事实，我们无法为我们应该追求的目标或我们应该采用的伦理原则提供科学依据。若想进行论证，我们必须在一开始就承认某些伦理前提。人们可能会理所当然地认为，这种伦理前提是维护社会的稳定或是促进社会的变革，但不论这种前提是怎样的，不通过它我们便不能进行任何论证，以说明为什么要采取这样或那样的行动。我们要注意，如果没有某种"应该"的前提，我们就得不出要做什么的结论。

很明显，道德要求因人而异，人们在这些问题上存在分歧是很常见的。接下来的问题是，是否有可能找到一个在一定程度上普遍有效的伦理原则。就其可接受性而言，道德要求不能取决于提出这一要求的个人。因此，我们得出的结论是，如果有某种普遍有效的伦理原则，它必须适用于整个人类社会。这并不意味着所有人在各方面都是平等的。毫无疑问，认为人人平等是愚蠢的，因为事实上并非如此，人们在机会、能力和许多其他方面存在众多差异。但是就道德判断而言，它们不需要局限于某一个群体。例如，如果有人主张一个人应该诚实行事，那么这个人无论遇到谁，无论其地位、外表或肤色如何，都必须诚实对待他人。从这个意义上说，伦理问题产生了所有人都是兄弟的想法。这一观点最早在斯多葛学派哲学的伦理准则中被明确阐述，后来被基督教吸纳。

大多数为文明生活制定的原则都具有这种伦理特征。为什么肆意残忍地虐待同伴是邪恶的，科学无法解答。对我来说，这似乎是邪恶的，我想这种观点也被广泛接受。至于为什么残忍是坏事，我不确定能不能提供满意的理由。这些都是难题，需要时间去解决，或许可以通过适当的渠道找到答案。不过，那些持相反意见的人有权问我，我所持的观点是否和事实不符。这可能表明，看似普遍的伦理原则只是一种特殊的恳求。

正如我刚才所说，真正的伦理原则虽然是平等的，但并不意味着人人平等。在各种人们熟知的差异中，知识上的差异十分独特。我所指的知识不仅是见识，还包括可以被清晰表达的思想。从苏格拉底的角度，我们看到知识往往等于善，我们批评这种理论过于理性，但我们不该忽视苏格拉底非常坦率地承认，一个人的全部知识是微不足道的。归根结底，更重要的是人们应该追求知识。公正的探究是好的，这是一个起源于毕达哥拉斯的伦理原则。自泰勒斯时代以来，难以抑制的对真理的探索一直是科学发展的驱动力。不用说，这还没有提到因可能使用和滥用发明而产生的伦理问题。当人们不得不面对这个问题时，如果我们把这些性质截然不同、相互独立的问题混为一谈，将无助于我们理解这些有争议的问题。

因此，探索者面临双重任务。一方面，他有责任尽力去探究目标。他必须这样做，不管他的发现会给人类带来安慰还是不安。正如伦理原则要求平等一样，探究的结果也不尊重我们的情感。另一方面，就是在伦理意义上，如何把探索成果变成正当利益。

最后一个问题是，我们应如何理解"探究真理是一种善"？很明显，不是每个人都有能力从事科学研究，同时也没有人能在所有情况下都不做判断，人们必须行动和思考。但有一件事是每个人都可以做的，那就是让别人有自由，对一些自己不想怀疑的事情不做判断。从事公正的探究与自由有关，自由被视为另一种善。宽容是学术和社会繁荣的必要条件，言论和思想自由是自由社会的强大动力，在自由社会中，探究者有可能遵循真理。在这一点上，每个人都可以献身于现在受到威胁的美好事物。这并不意味着我们会对每件事都有相同的看法，但它确保了没有哪一条道路会被人为地限制堵塞。对人类而言，未经审视的生活是不值得一过的。

...

尽管我们所知不多，

但哲学可以指引我们如何生活。

*

© [英]伯特兰·罗素 丁伟 2022

图书在版编目（CIP）数据

哲学简史 / (英)伯特兰·罗素著；丁伟译 . --
沈阳：万卷出版公司, 2022.2
ISBN 978-7-5470-5861-9

Ⅰ . ①哲… Ⅱ . ①伯… ②丁… Ⅲ . ①西方哲学 - 哲
学史 Ⅳ . ① B5

中国版本图书馆 CIP 数据核字 (2021) 第 244693 号

出 品 人：王维良
出版发行：北方联合出版传媒（集团）股份有限公司
　　　　　万卷出版公司
　　　　　（地址：沈阳市和平区十一纬路 25 号　邮编：110003）
印 刷 者：艺堂印刷（天津）有限公司
经 销 者：全国新华书店
幅面尺寸：140mm×210mm
字　　数：320 千字
印　　张：14.75
出版时间：2022 年 2 月第 1 版
印刷时间：2022 年 2 月第 1 次印刷
责任编辑：张　莹
责任校对：尹葆华
监　　制：黄 利　万 夏
营销支持：曹莉丽
装帧设计：紫图装帧
ISBN 978-7-5470-5861-9
定　　价：89.90 元
联系电话：024-23284090
传　　真：024-23284448

常年法律顾问：王　伟　版权所有　侵权必究　举报电话：024-23284090
本书如有印装质量问题，请致电：010-64360026